L'intervention interculturelle

2e édition

Sous la direction de
Gisèle Legault et Lilyane Rachédi

Préface de Gilles Bibeau

L'intervention interculturelle

2e édition

gaëtan morin éditeur

CHENELIÈRE ÉDUCATION

L'intervention interculturelle
2e édition

Sous la direction de Gisèle Legault et Lilyane Rachédi

© 2008 **Les Éditions de la Chenelière inc.**
© 2000 gaëtan morin éditeur ltée

Édition : Sophie Jaillot
Coordination : Karine Di Genova
Révision linguistique : Sylvain Archambault
Correction d'épreuves : Martine Senécal
Conception graphique et infographie : Interscript

**Catalogage avant publication
de Bibliothèque et Archives nationales du Québec
et Bibliothèque et Archives Canada**

Vedette principale au titre :

L'intervention interculturelle

2e éd.

Comprend des réf. bibliogr. et un index.
Pour étudiants de niveau collégial.

ISBN 978-2-89632-015-8

1. Service social aux immigrants – Québec (Province).
2. Réfugiés, Services aux – Québec (Province).   3. Immigrants –
Intégration – Québec (Province).   4. Québec (Province) –
Émigration et immigration – Politique gouvernementale.
ı. Legault, Gisèle.   ıı. Rachédi, Lilyane.

HV4013.C2I57 2008   362.84009714   C2008-940747-4

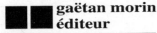

**gaëtan morin
éditeur**

CHENELIÈRE ÉDUCATION

5800, rue Saint-Denis, bureau 900
Montréal (Québec) H2S 3L5 Canada
Téléphone : 514 273-1066
Télécopieur : 514 276-0324 ou 1 800 814-0324
info@cheneliere.ca

ISBN 978-2-89632-015-8

Dépôt légal : 2e trimestre 2008
Bibliothèque et Archives nationales du Québec
Bibliothèque et Archives Canada

Imprimé au Canada

4   5   6   7   8   M   18   17   16   15   14

Nous reconnaissons l'aide financière du gouvernement du Canada par
l'entremise du Fonds du livre du Canada (FLC) pour nos activités d'édition.

Gouvernement du Québec – Programme de crédit d'impôt pour
l'édition de livres – Gestion SODEC.

Tableau de la couverture :
Happiness Ever (détail)
Œuvre de **Ludi Suryawan**

Ludi Suryawan, un artiste balinais né à
Lombok, a été stimulé dès son jeune âge par
la nature artistique de son environnement.
Son père, un réputé professeur de danse et
de musique balinaise et sasak, a su transmettre à Ludi l'amour de l'art et le respect de
l'harmonie du corps, des couleurs et des sons.

Ludi habite Montréal depuis 1994. Il exploite
sa créativité par l'entremise de la peinture, du
dessin et de la sculpture. Il a participé à plusieurs expositions, tant à Montréal qu'à Ottawa.

REMERCIEMENTS

Répondant à une sollicitation de l'éditeur, nous avons entrepris une « collaboration entre les générations » qui nous a menées à la publication de ce volume. Par ce travail, nous avons voulu à la fois assurer la continuité et la pérennité de l'intervention interculturelle dans le champ social, et laisser aux générations futures un « testament professionnel », fruit d'un investissement de plus de 15 ans dans ce domaine. Par ailleurs, cette nouvelle édition entièrement renouvelée a pu voir le jour grâce à nos disponibilités respectives, c'est-à-dire à la fois grâce aux bienfaits de la retraite et à un congé de perfectionnement accordé par l'UQAM.

Comme pour la première édition, nous nous sommes associées à des formateurs ainsi qu'à des intervenants du champ social. Nous remercions donc chaleureusement Renée Bourque, Michèle Vatz-Laaroussi, Ghislaine Roy, Aline Sabbagh, Joël Fronteau et Marie-Rosaire Kalanga Wa Tshisekedi. Nous remercions également Marie-Lyne Roc, Andreas Bischoff et Jean-Marie Messé À Bessong, qui ont accepté de se joindre au projet et de faire bénéficier les lecteurs de leurs réflexions sur leurs expériences de formation et d'intervention. Sans ces personnes, ce volume n'aurait pas vu le jour. Nous tenons d'ailleurs à témoigner notre reconnaissance toute spéciale à Ghislaine Roy, décédée il y a quelques mois, qui a toujours eu le souci de réfléchir à sa pratique et de communiquer le résultat de ses réflexions dans divers écrits, colloques et conférences.

Nous remercions aussi toutes les personnes et familles immigrantes, réfugiées et autochtones qui, par l'intermédiaire de ces intervenants, ont enrichi notre connaissance du vécu migratoire et du processus d'adaptation à une nouvelle société. Merci aussi à Anick Brunet de nous avoir permis d'utiliser le témoignage d'un de ces immigrants dont l'apport fut essentiel à la réalisation de ce volume. Par ailleurs, nous nous en voudrions d'oublier de remercier les étudiants et les étudiantes qui, par leur quête de savoirs et leurs expériences de stage, ont contribué à nourrir notre réflexion. Merci aussi à Margalit Cohen-Emerique, une formatrice française qui, depuis sa venue au Québec en 1989, peut être considérée comme la pionnière de la formation en approche interculturelle chez nous.

Nous adressons également un merci tout spécial à notre maison d'édition, Chenelière Éducation, à notre éditrice, Sophie Jaillot, et à notre chargée de projet, Karine Di Genova. Leurs commentaires tout le long du processus de préparation de ce volume nous ont permis de bonifier nos textes. Merci aussi à Sylvain Archambault, réviseur linguistique, et à Martine Senécal, correctrice d'épreuves, d'avoir contribué à la qualité de la langue employée dans cet ouvrage.

Merci enfin à tous nos proches pour leurs encouragements indéfectibles et leur soutien concret, ainsi qu'à Nicolas et Milie pour avoir toléré, toujours avec le sourire, nos longues séances de travail au café l'Imprévu.

GISÈLE LEGAULT ET LILYANE RACHÉDI

PRÉFACE

Il faut savoir que le monde est sans espoir,
mais être néanmoins résolu à le changer.
Francis Scott Fitzgerald, *Le Dernier Nabab*, 1941

Je travaille depuis plus de 30 ans dans un domaine spécialisé de l'anthropologie, celui de l'anthropologie médicale. Au fil des années, j'ai recueilli des récits d'utilisateurs de drogues injectables, j'ai écouté des patients atteints du VIH, j'ai partagé quelque peu la vie de membres de gangs de rue, j'ai rencontré des jeunes autochtones ayant survécu à une tentative de suicide et j'ai travaillé auprès de personnes exclues de notre société, de patients psychiatriques souvent abandonnés par leur famille, d'enfants touchés par une maladie évolutive chronique et de chômeurs vivant la disqualification sociale. J'ai mené mes recherches un peu partout dans le monde, au Québec, bien sûr, mais aussi en Afrique, en Inde et en Amérique latine. Les expériences de la souffrance que j'ai vues m'ont rendu particulièrement sensible aux questions de finitude, de mort, d'altérité et d'étrangeté, questions qui se sont imposées progressivement à moi avec toujours plus d'évidence, transformant ma vision de la réalité humaine et aiguisant mon sens de l'écoute de la parole des personnes qui ne réussissent souvent qu'à grand-peine à mettre des mots sur leur mal.

J'ai dû affronter, dans mon travail d'anthropologue, des drames qui accompagnent l'existence humaine de tant d'individus et cette face d'ombre qui se cache au creux de la vie de ces personnes, qui sont souvent des amis, des voisins ou encore des parents. Mes travaux auprès de gens blessés par la vie ont eu, et continuent à avoir, un colossal impact sur moi, me rendant sensible aux questions d'insécurité, d'injustice, de marginalité et de violence, cette dernière exprimant souvent, on le sait, une souffrance cachée. J'ai ainsi appris à pratiquer autrement mon métier, à écouter toujours mieux les bribes de récits que les personnes souffrantes m'ont adressés, autant de récits avortés tant la douleur est parfois vive, et à témoigner autrement, à travers mes textes, de la détresse rencontrée, en m'efforçant de trouver les mots qu'il fallait pour que les autres, les lecteurs, puissent entendre le silence, parfois aussi les cris, surgissant du cœur de la souffrance.

Vous comprendrez que j'ai souvent ressenti le désir, de plus en plus fort au fil du temps, de me transformer en un intervenant, en travailleur social, en psychologue ou en psychiatre, de devenir celui qui pourrait soulager quelque peu cette souffrance en s'appuyant sur ce que la proximité avec le mal-être et la maladie lui a appris. Je me suis en effet plusieurs fois demandé si nous pouvions nous limiter à simplement décrire, comme on le fait le plus souvent en sociologie et en anthropologie, les situations de souffrance, dans une sorte de distanciation qui bascule parfois dans le voyeurisme. Notre responsabilité citoyenne ne nous invite-t-elle pas, qui que nous soyons, anthropologue, psychologue ou travailleur social, non seulement à entrer pleinement dans le monde des personnes souffrantes, mais aussi à intervenir, sur la base de ce qu'elles nous disent, sur les causes souvent complexes qui sont à l'origine de leur mal et à essayer de changer leur environnement de manière à ce qu'il soit moins destructeur?

Au retour de mes voyages ethnographiques dans le monde de la souffrance, surtout lorsqu'elle touchait des jeunes filles et des jeunes garçons, j'ai souvent senti monter en moi une certaine obligation d'intervenir dans les situations parfois tragiques dont j'avais été le témoin et que j'avais décrites en montrant l'enchaînement des causes à l'œuvre dans la genèse des problèmes de telle ou telle personne. Je n'avais cependant aucun mandat, de par mon métier, pour intervenir. Je n'avais pas non plus la compétence nécessaire pour le faire. Je me suis alors limité à mettre en mots la détresse rencontrée, en reprenant le plus fidèlement possible les paroles mêmes des personnes qui m'avaient dit leur mal et en ancrant toujours mieux, du moins je l'espère, mes propres textes dans les récits que les personnes m'ont faits de leur histoire de souffrance.

Au point de départ de toute description de la vie de l'autre, qu'il soit malade ou bien portant, et encore plus quand nous souhaitons intervenir pour qu'il puisse résoudre ses problèmes, il y a notre capacité de ressentir les drames, voire les tragédies, qui accompagnent la vie de certaines personnes; il y a aussi la qualité de notre écoute, attentive et sensible, pour comprendre ce qu'elles ont à nous dire. L'intervention qui compte, celle qui est respectueuse et ajustée au monde de l'autre, ne peut naître, en fin de compte, me semble-t-il, que de notre propre richesse intérieure et de notre disponibilité à vouloir faire vivre l'humain en soi comme dans l'autre.

Peut-être convient-il de rappeler que le travail social est tout le contraire d'une discipline de l'intemporel, qu'il se pratique toujours à chaud, dans le corps à corps et dans une attention constante aux forces, parfois destructrices, qui travaillent, du dedans, une personne ou une famille. Le travailleur social se laisse forcément intoxiquer, ce sont les risques de son métier, par les conduites des hommes et des femmes auprès de qui il intervient, dans une espèce de fièvre qui lui fait éprouver l'errance et débusquer les dangers qui menacent les individus, et dans une proximité chaleureuse qui lui fait aussi ressentir le mal des blessures qui sont infligées aux personnes ou qu'elles s'infligent elles-mêmes. Le travailleur social cherche aussi à se déprendre de cette proximité, en créant une salutaire distanciation entre lui-même et les situations de souffrance, qui deviendraient autrement insupportables à la longue. C'est là la posture ambivalente qu'il se doit d'adopter, une posture qui le place en même temps «au dedans» et «au dehors», proche et à distance.

Si nous prenons au sérieux le paradoxe de cette position, c'est le statut même du travail social que l'intervention interculturelle nous invite à repenser. Les principaux modèles d'intervention qui ont marqué l'histoire de la discipline ont cherché à imposer ordre et cohérence dans l'organisation du monde des personnes consultantes, qu'elles aient été du même groupe culturel que l'intervenant ou d'un autre groupe ethnoculturel. Ces modèles ont ainsi minimisé ce qui résistait aux schèmes dominants d'interprétation relativement à la genèse des problèmes et ont éventuellement gommé les particularités des autres univers culturels, tant dans leurs modalités d'organisation de la famille et dans leur conception des rapports hommes-femmes que dans leurs systèmes d'explication de l'origine du mal. Les différences dont les familles néo-québécoises sont porteuses finissent ainsi souvent par échapper à nos modèles d'intervention, sans doute parce que nous tendons à nous projeter avec nos valeurs dans le monde des *autres* ou encore parce que nous effaçons les éléments qui ne correspondent pas à ce que disent les grands théoriciens de la discipline en matière d'intervention. On oublie trop souvent que nos modèles d'intervention se sont développés dans des contextes profondément eurocentrique et américanocentrique qui n'ont pas toujours été ouverts à la prise en compte du fait que l'humanité existe dans une pluralité de formes.

Les auteures de la seconde édition de *L'intervention interculturelle* réaffirment, à travers une riche pédagogie, une dimension fondamentale de l'expérience de la rencontre de l'autre, à savoir la nécessité de saisir les articulations originales du monde social, culturel, religieux et linguistique dans lequel il vit. C'est le territoire que l'autre habite que les professeures Gisèle Legault et Lilyane Rachédi nous invitent à baliser, à arpenter et à explorer, sans jamais le réduire à quelque chose que nous penserions connaître à l'avance. Les collaborateurs de cet ouvrage rappellent que chaque groupe humain s'applique partout — et tous les groupes le font selon une espèce de convention tacite — à se distinguer de ses voisins en marquant sa différence et en délimitant un espace culturel qui lui est propre, de manière à pouvoir ainsi se percevoir comme un groupe singulier et à se poser comme irréductible aux autres. Ils vous proposent des outils pour vous apprendre à tenir compte de la particularité des valeurs et des pratiques culturelles de tous les groupes humains, qu'il s'agisse des nations amérindiennes, des Québécois dits « de souche » ou de toute autre communauté de néo-Québécois.

Dans les chapitres de ce livre, vous découvrirez aussi que la relative fermeture sur soi qui permet à chacun des groupes humains de se construire un monde propre est toujours perméable à cause d'une ouverture des frontières, variable en degré selon les groupes et selon les circonstances (on sait que la réponse au racisme et à l'exclusion est souvent le retrait social), du tissage de puissants réseaux d'échanges, d'emprunts et de communications entre différents groupes, et de la main tendue en direction des autres. Aucune ethnie n'a jamais vraiment constitué, même dans les situations d'isolement extrême, une entité parfaitement close sur elle-même qui pouvait échapper aux processus d'interaction, voulus ou subis, avec les sociétés du voisinage. Et cela est plus vrai que nulle part ailleurs dans les sociétés fondées sur l'immigration, comme c'est le cas dans les pays d'Amérique. Le savoir anthropologique nous a appris que l'on parle souvent de soi quand on pense parler de l'autre : c'est cette grossière erreur que les éditeurs de la seconde édition de *L'intervention interculturelle* souhaitent vous voir éviter.

Pourquoi les groupes humains ont-ils inventé tant de systèmes symboliques, tant de langues et tant de codes culturels ? Sans doute est-ce pour mieux préserver l'identité collective de leur groupe et pour garder certains secrets qu'ils ne veulent pas nécessairement partager avec tout le monde. Vous apprendrez à voir dans la résistance des cultures au changement, même en contexte d'immigration, la mise en œuvre d'un des plus puissants mécanismes collectifs de défense jamais inventés par les sociétés humaines. Au terme du cheminement qui vous est proposé dans ce volume, vous aurez sans doute compris pourquoi chaque groupe ethnique invente des mots, des représentations et des images pour dire sa propre identité (dans sa langue, dans sa philosophie, dans ses mythes), pour exprimer aussi son mal, tout en s'efforçant, en même temps, de traduire son monde par l'entremise de mots étrangers (les nôtres) afin que la communication puisse se maintenir. En effet, il n'y a pas d'interculturel sans un dialogue, sans un souci permanent de l'autre et sans un processus continu de traduction (même si le *traduttore* est un *traditore*).

En tant que travailleurs sociaux, vous serez les témoins de la souffrance, du mal, de la pauvreté, de l'exclusion et de la guerre qui ont souvent marqué les personnes immigrantes de leur empreinte. Plusieurs d'entre vous s'efforceront, j'en suis sûr, de montrer de la compassion, et sans doute poseront-ils les questions qu'il faut pour savoir pourquoi la vie des personnes immigrantes a ainsi été traversée par tant d'événements destructeurs ; d'autres s'engageront peut-être dans des actions visant à changer le cours des choses, en refusant que tant de gens continuent à vivre, même après leur arrivée dans une terre d'accueil riche comme l'est le Québec, dans des conditions de marginalisation. D'autres encore se lanceront dans la lutte contre toutes les formes d'injustice. Compassion et engagement seront toujours des éléments essentiels de votre métier. Mais il vous faut aussi savoir que le sens de ce qui apporte la souffrance et de ce qui produit l'exclusion n'est pas écrit à la surface des événements, et que ce sens échappe même parfois aux personnes qui en sont les victimes. C'est pour aider à pénétrer par-delà la surface des prétendues évidences qu'un livre comme *L'intervention interculturelle* a vu le jour.

Nos descriptions du monde de l'autre, et des problèmes des individus et des familles, sont toujours habitées, nous le savons par expérience, par quelque chose de l'ordre du « non-su » qui ouvre un espace d'obscurité et d'approximation, voire d'étrangeté, dans tout travail d'intervention. Pour rendre compte de cette « obscurité » et de ce « non-su » qui imprègnent forcément notre lecture des situations problématiques quelles qu'elles soient, les auteures de l'ouvrage que vous tenez entre vos mains ont eu raison, me semble-t-il, de situer sur un double horizon, à la fois externe et interne, l'ensemble des étapes à suivre dans les pratiques en intervention interculturelle. Les outils qui vous sont suggérés pour recueillir de l'information sur les problèmes des personnes (l'*ecomapping* ou le génogramme, par exemple) et les modèles d'intervention proposés devraient vous permettre de vivre, dans la fidélité au réel, une rencontre réussie avec l'*autre*, avec sa différence culturelle.

Dans les réponses que nous apportons à la question du rapport à l'altérité dont sont porteurs les immigrants, les étrangers du dedans et tous ceux que l'on appelle les « néo-ceci » ou les « néo-cela », deux voies me semblent bloquées. D'une part, il y a celle où on rejette d'emblée toute possibilité de véritable rencontre avec les personnes issues de groupes ethniques différents, où on nie la capacité d'entrer dans l'intériorité du monde de l'étranger, et où on refuse de reconnaître que l'intervenant interculturel puisse mettre au point des outils et des modèles lui permettant d'avoir accès à la réalité du monde des autres. D'autre part, il y a cette voie où on soutient que toute connaissance de l'*autre* est purement subjective et que la différence dont l'*autre* est porteur est toujours effacée parce qu'elle est absorbée par l'univers de l'intervenant, qui appartient encore souvent au groupe dominant dans la société d'accueil.

L'intervention interculturelle telle qu'elle est présentée dans le livre avec lequel vous vous préparez à travailler ouvre, me semble-t-il, une voie entre ces deux culs-de-sac : cette avenue vous invite à être d'emblée conscients des contraintes nombreuses et complexes qui se dressent, à l'extérieur comme à l'intérieur, de manière objective et subjective, à toutes les étapes de votre travail d'intervenants. En tant que travailleurs sociaux, il vous faut aller plus loin que la seule prise de conscience des différences, et transformer les contraintes externes et internes qu'évoquent les auteures de la présente édition de *L'intervention interculturelle* en des outils susceptibles de vous aider à décrire les particularités du monde de l'autre, à baliser le territoire qu'il habite et à le rencontrer dans ce qui fait sa vie de tous les jours. C'est à cette condition que les travailleurs sociaux pourront inventer une intervention qui rejoindra véritablement le monde de l'autre, tel qu'il se donne dans sa singularité culturelle, et aussi dans la recomposition que les personnes et les familles ont faite de leurs valeurs à la suite de leur contact avec la société d'accueil.

Pour accéder à la pratique interculturelle du travail social, il vous faudra d'abord mettre en doute, au moins de manière provisoire, votre prétention à pouvoir dire, d'une manière vraiment objective, ce que vous pensez être la réalité de la vie des autres, comme si vos modèles vous donnaient d'emblée accès à leur monde. Vous ne pourrez intervenir de manière respectueuse que si vous prenez conscience, dans un retour critique sur vous-mêmes, de ce que vous apportez avec vous dans toute rencontre avec l'autre, et de la part de vos valeurs que vous transposez dans vos diagnostics et dans les prises en charge que vous proposez. L'exercice d'autocritique dans lequel vous êtes invités à vous engager devrait permettre au non-dit qui imprègne vos manières de penser de refaire surface, d'apparaître d'une manière plus visible et d'être dit, en quelque sorte, d'une manière ouverte.

Les façons dont s'articulent les problèmes dans les familles immigrantes ne pourront vraiment être appréhendées dans toutes leurs nuances que si l'intervenant interculturel s'équipe des outils qui lui permettront de rejoindre le monde de l'autre. Toute prétention à croire en la transparence des représentations, des croyances et des valeurs qui servent d'assises à la construction de l'identité de l'autre est ainsi anéantie. Si on prend au sérieux la « face obscure » des pratiques d'intervention interculturelle, c'est le statut même de la discipline du service social qui se trouvera reconfiguré, ce qui créera des espaces de nouveauté et de créativité fondés sur la rencontre avec l'altérité. Cette rencontre trans-formera immanquablement votre style de travail dans la mesure où vous serez amenés à être attentifs aux histoires migratoires des personnes, aux contingences familiales, aux conditions sociales et économiques dans lesquelles les familles vivent quotidiennement, et aux valeurs hybrides, celles issues de leur culture d'origine et celles de la société d'accueil, sur lesquelles les parents et les enfants reconstruisent leur identité.

Il arrive au travailleur social de se voir comme un médecin de la société et de se donner une vocation thérapeutique, à la manière des anciens philosophes de la cité dont le rôle a été, depuis Socrate, de «guérir la cité» en faisant penser les citoyens, ou à la manière d'Antonin Artaud, qui, par le théâtre social, désirait «vider les abcès». Ce n'est pas comme clinicien de la société que le travailleur social est, d'après moi, à son meilleur : ses prescriptions politiques risquent en effet d'être souvent plus dangereuses que le mal lui-même; ses interventions risquent aussi de basculer, au nom de la lutte contre les injustices, dans le moralisme.

Son travail se fait plutôt auprès des familles et auprès d'individus, dans des exercices qui sont souvent joyeux, quelquefois douloureux. Il est tantôt proche de l'attitude du *trickster*[1], qui ose dire publiquement que le roi est nu, et tantôt il emprunte au *joker* quand il ne trouve rien de mieux à faire que d'ironiser, de dénoncer les situations d'injustice de manière globale comme le ferait un militant, et de se mettre du côté des gens qui souffrent, en espérant que sa complicité pourra aider à débloquer des situations qui semblent échapper à toute possibilité d'intervention.

Il se pourrait bien que le plus urgent pour les travailleurs de l'interculturel soit de redire publiquement quelque chose au sujet des souffrances dont ils ont été les témoins dans leur pratique clinique, d'inventer une parole vive, d'écrire des textes dérangeants, de raconter des récits qui cultivent la liberté et de s'engager éventuellement dans la construction d'une société plus conviviale, davantage ouverte aux différences et à la pluralité. Il se pourrait bien aussi qu'il leur faille déserter moins souvent l'espace public, ce que certains déplorent, ce que d'autres disent être normal puisqu'ils n'ont rien à y faire. Mais j'ajoute : et puis après? Pourquoi, en effet, le travailleur social ne pourrait-il pas être aussi un agent de changement politique?

À l'instar de l'écrivain américain Francis Scott Fitzgerald, le travailleur de l'interculturel sait «que le monde est sans espoir», mais il n'en est pas moins «résolu à le changer».

GILLES BIBEAU
Département d'anthropologie
Université de Montréal

---

1 Personnage central de certains contes dans diverses traditions mythologiques : il a l'intelligence rusée, il aime se moquer et il dit des choses que les autres peuvent voir sans en découvrir le sens. Il est souvent représenté sous la forme d'un animal, le carcajou, par exemple, chez les Innus.

AVANT-PROPOS

Le présent ouvrage, qui est le résultat d'une collaboration entre des formateurs et des praticiens œuvrant dans le champ interculturel à Montréal et en région, se veut un instrument de travail et de formation pour les intervenants et les étudiants dans les domaines de la santé et des services sociaux. Il vise à leur fournir certains instruments théoriques et pratiques qui pourront leur être utiles dans leurs interventions professionnelles et communautaires.

Cette seconde édition entièrement remaniée présente plusieurs changements majeurs : de nouvelles rubriques (*Témoignages* et *Pour en savoir plus*) et l'ajout de chapitres portant spécialement sur les politiques d'immigration, sur les outils à utiliser en pratique interculturelle, sur les familles immigrantes, sur les réfugiés et les demandeurs d'asile, et enfin sur les autochtones. Ces divers changements contribuent à faire de ce livre un outil incontournable pour les professionnels et les futurs professionnels du champ interculturel.

Dans le contexte actuel où s'est tenue la Commission Bouchard-Taylor – dont le mandat élargi invitait «à prolonger la réflexion au-delà des accommodements au sens strictement juridique pour analyser également les enjeux fondamentaux qui les sous-tendent, à savoir les apports entre les cultures, les coordonnées du vivre ensemble» (Gouvernement du Québec, 2007, p. 3[1]) – il importe en effet d'outiller le mieux possible les personnes qui, quotidiennement, ont ou auront à œuvrer sur ce terrain.

Ce volume se divise en trois parties ; chacune s'ouvre sur des témoignages qui interpellent les lecteurs et les sensibilisent à des questions abordées dans les chapitres suivants. La première partie, intitulée *L'immigration : politiques et contexte,* vise une meilleure compréhension des faits et des enjeux de l'immigration. Ainsi, le chapitre 1 traite du phénomène migratoire sur les plans international et national, des politiques d'immigration canadienne et québécoise, et de l'effet du 11 septembre 2001 sur ces politiques et sur l'opinion publique. Il aborde également la question de la diversité religieuse et des accommodements. Ce chapitre est suivi d'une présentation théorique des mécanismes d'inclusion (chapitre 2) et d'exclusion (chapitre 3) qui ont cours dans la société d'accueil.

La deuxième partie de l'ouvrage, *Les modèles de l'intervention interculturelle,* présente d'abord les différents modèles de pratiques interculturelles associés à certaines idéologies d'intervention, comme l'interculturalisme et l'antiracisme (chapitre 4). Le chapitre 5 offre ensuite une présentation du modèle interculturel systémique développé par ses auteures, un modèle qui favorise une intervention globale et appropriée autant pour les immigrants que pour les réfugiés et les autochtones. Finalement, l'ethnopsychiatrie, un modèle en émergence particulièrement approprié pour les personnes et les familles souffrant de problèmes de santé mentale, fait l'objet du chapitre 6. Il faut comprendre que le lien entre l'ethnopsychiatrie et l'intervention sociale aura de plus en plus de répercussions sur les pratiques d'intervention au cours des prochaines années.

Enfin, dans la troisième partie, qui porte sur *Les outils et les clientèles de l'intervention interculturelle,* on s'intéresse d'abord aux outils de pratique. Ainsi, le chapitre 7 présente plusieurs de ces outils, la méthode relative à leur emploi et le contexte de leur utilisation. Le chapitre 8, quant à lui, présente une grille des valeurs et des croyances liées à certaines difficultés de l'intervention qui ont été répertoriées dans des recherches menées au cours des années 1990. Dans un dernier temps, on se concentre sur les clientèles de l'intervention interculturelle et sur leurs particularités : les familles immigrantes (chapitre 9), les réfugiés et les demandeurs d'asile (chapitre 10), et les autochtones (chapitre 11). Dans chacun de ces chapitres, on trouve des exemples d'interventions auprès des clientèles dont il est ici question.

---

1 Gouvernement du Québec (2007). *Accommodements et différences. Vers un terrain d'entente : La parole aux citoyens.* Document de consultation de la Commission de consultation sur les pratiques d'accommodement reliées aux différences culturelles (Commission Bouchard-Taylor).

TABLE DES MATIÈRES

REMERCIEMENTS V

PRÉFACE VII

AVANT-PROPOS XIII

INTRODUCTION XXIII
Gisèle Legault et Lilyane Rachédi

PARTIE 1 L'IMMIGRATION : POLITIQUES ET CONTEXTE

TÉMOIGNAGES 2

CHAPITRE 1 LE PHÉNOMÈNE MIGRATOIRE : POLITIQUES ET DIVERSITÉ 7
Lilyane Rachédi

1.1 LE PORTRAIT ET LA COMPRÉHENSION
DU PHÉNOMÈNE MIGRATOIRE 9
1.1.1 Les caractéristiques des migrations actuelles :
les migrations économiques et politiques 9
1.1.2 L'immigration au Canada et au Québec 12
1.1.3 Les événements mondiaux et leurs conséquences :
l'après-11 septembre 2001 18

1.2 L'IMMIGRATION : STATUTS ET POLITIQUES 20
1.2.1 Les politiques d'immigration du Canada et du Québec 20
1.2.2 Les statuts des immigrants, les catégories d'immigrants
et les procédures d'immigration 27

1.3 LA DIVERSITÉ RELIGIEUSE ET LA QUESTION
DES ACCOMMODEMENTS RAISONNABLES 30
1.3.1 Les effets du débat sur les accommodements raisonnables 30
1.3.2 La diversité et la religion 33

**CHAPITRE 2 LES MÉCANISMES D'INCLUSION DES IMMIGRANTS
ET DES RÉFUGIÉS** 43
Gisèle Legault et Joël Fronteau

2.1 LE PROCESSUS PRÉMIGRATOIRE ET MIGRATOIRE 44

2.2 LE PROCESSUS D'ADAPTATION 45
2.2.1 Le vécu subjectif : l'arrivée physique 46
2.2.2 Le vécu subjectif : l'arrivée psychologique 47

2.3 LE PROCESSUS D'INTÉGRATION... 50

2.3.1 L'intégration personnelle : les phases de confrontation et d'ouverture 51

2.3.2 L'intégration familiale 56

2.3.3 Les autres types d'intégrations 57

2.4 LE PROCESSUS D'ACCULTURATION.. 62

CHAPITRE 3 LES MÉCANISMES D'EXCLUSION DES IMMIGRANTS ET DES RÉFUGIÉS 67

Renée Bourque

3.1 LES MÉCANISMES D'EXCLUSION VISANT LA NEUTRALISATION DE LA DIFFÉRENCE.......................... 69

3.1.1 Les stéréotypes 69

3.1.2 L'ethnocentrisme 72

3.2 LES MÉCANISMES D'EXCLUSION VISANT LA DÉVALORISATION DE LA DIFFÉRENCE........................ 74

3.2.1 Les préjugés.. 75

3.2.2 La xénophobie 77

3.2.3 Le harcèlement.. 79

3.3 LES MÉCANISMES D'EXCLUSION VISANT L'EXPLOITATION DE LA DIFFÉRENCE........................... 83

3.3.1 La discrimination 83

3.3.2 Le racisme 86

PARTIE 2 LES MODÈLES DE L'INTERVENTION INTERCULTURELLE

TÉMOIGNAGES.. 98

CHAPITRE 4 LES MODÈLES DE PRATIQUE ET LES IDÉOLOGIES D'INTERVENTION 101

Ghislaine Roy, Gisèle Legault et Lilyane Rachédi

4.1 LES IDÉOLOGIES RELATIVES AUX INTERVENTIONS AUPRÈS DES MIGRANTS................................... 104

4.1.1 L'assimilationnisme ou monoculturalisme.............................. 104

4.1.2 Le multiculturalisme ou pluriculturalisme............................... 104

4.1.3 L'interculturalisme 105

4.1.4 L'antiracisme... 106

4.2 LES MODÈLES SE RATTACHANT À L'INTERCULTURALISME 107

4.2.1 Le modèle de la sensibilité ou
de la conscience culturelle (*cultural awareness*) 107

4.2.2 Le modèle du travail social interculturel
(*cross cultural social work*) 108

4.2.3 Le modèle de l'approche interculturelle
auprès des migrants 109

4.2.4 Le modèle basé sur le va-et-vient entre
la culture du client et celle de l'intervenant 109

4.2.5 Le modèle de l'ethnopsychiatrie 110

**4.3 LES MODÈLES À LA JONCTION DE L'INTERCULTURALISME
ET DE L'ANTIRACISME** 111

4.3.1 Le modèle systémique adapté à la culture 111

4.3.2 Le modèle systémique familial 112

4.3.3 Le modèle du travail social culturellement sensible
(*ethnic sensitive social work practice*) 113

4.4 LES MODÈLES SE RATTACHANT À L'ANTIRACISME 113

4.4.1 Le modèle axé sur le concept de minorités
(*minority issues*) 113

4.4.2 Le modèle basé sur les rapports sociaux d'insertion 114

CHAPITRE 5 LE MODÈLE INTERCULTUREL SYSTÉMIQUE   121
Lilyane Rachédi et Gisèle Legault

**5.1 UN MODÈLE D'INTERVENTION :
LE MODÈLE INTERCULTUREL-SYSTÉMIQUE** 123

5.1.1 L'ontosystème : la prise en compte de l'individu 124

5.1.2 Le microsystème et le mésosystème :
la prise en compte des réseaux primaires 129

5.1.3 L'exosystème : la prise en compte
des réseaux secondaires 130

5.1.4 Le macrosystème et les rapports
majoritaires-minoritaires 133

**5.2 UN MODÈLE DE FORMATION : L'INTERVENANT À LA JONCTION
DU SAVOIR, DU SAVOIR-ÊTRE ET DU SAVOIR-FAIRE** 135

**CHAPITRE 6 L'APPROCHE ETHNOPSYCHIATRIQUE
DE DEVEREUX ET NATHAN**   143
Marie-Rosaire Kalanga Wa Tshisekedi et Gisèle Legault

**6.1 LES NOTIONS DE BASE DE LA THÉORIE ETHNOPSYCHIATRIQUE
DE DEVEREUX ET NATHAN** 144

6.1.1 La notion de complémentarisme 144

6.1.2 Les théories étiologiques traditionnelles 145

6.1.3 Les notions de soi et de personne 145

6.1.4 Les notions d'initiation, de filiation et d'affiliation 146

6.1.5 Le groupe comme dispositif 147

6.2 L'EXEMPLE D'UN CAS D'ETHNOPSYCHIATRIE 148

6.2.1 L'origine de la demande 148

6.2.2 L'histoire de Michel et de sa famille 149

6.2.3 L'intervention du groupe d'ethnopsychiatrie 150

6.2.4 L'analyse de la situation 154

PARTIE 3 LES OUTILS ET LES CLIENTÈLES DE L'INTERVENTION INTERCULTURELLE

TÉMOIGNAGES 162

CHAPITRE 7 LES OUTILS DE PRATIQUE 167

Ghislaine Roy

7.1 LES FONDEMENTS DES OUTILS DE PRATIQUE 168

7.1.1 Penser l'action, exercer la réflexion 168

7.1.2 La notion de complexité 169

7.2 L'ÉLABORATION D'OUTILS POUR UNE PRATIQUE INTERCULTURELLE 170

7.3 LA GRILLE D'ÉVALUATION EN APPROCHE INTERCULTURELLE : POUR UNE ÉVALUATION « CULTURELLEMENT SENSIBLE » 172

7.4 LES ACTEURS EN PRÉSENCE OU L'ECOMAP : LA RECONNAISSANCE ET LA CONSTRUCTION DE NOUVEAUX RÉSEAUX 175

7.5 LE POINT DE VUE DU CLIENT : POUR ALLER AU-DELÀ DE L'ÉTIQUETTE 180

7.6 LE GÉNOGRAMME : POUR LA COCRÉATION DE SENS ET DE LIENS 182

**7.7 LE PROTOCOLE DE DISCUSSION DE CAS :
POUR UNE RENCONTRE ENTRE DEUX IDENTITÉS** 187

7.8 LES AUTRES OUTILS DE PRATIQUE 190

**CHAPITRE 8 UNE GRILLE DES VALEURS ET DES CROYANCES
APPLIQUÉE À DES DIFFICULTÉS D'INTERVENTION** 197
Gisèle Legault, Renée Bourque et Ghislaine Roy

8.1 L'ÉTUDE DES VALEURS 199

8.2 UNE GRILLE DES VALEURS ET DES CROYANCES 203
8.2.1 Le modèle individualiste-égalitaire
et le modèle collectif-communautaire 203

**8.3 LA CONFRONTATION DES VALEURS
DANS LE CADRE DE QUELQUES INCIDENTS CRITIQUES** 208
8.3.1 Les incidents critiques liés à la composition de la famille
et aux rôles de ses membres 210
8.3.2 Les incidents critiques
liés au mode d'éducation des enfants 215

8.4 L'ÉTUDE DES CROYANCES 218

**8.5 LA CONFRONTATION DES CROYANCES
DANS LE CADRE DE QUELQUES INCIDENTS CRITIQUES** 220
8.5.1 Les incidents critiques liés à la conception de la santé 221
8.5.2 Les incidents critiques liés au rapport
au temps et à l'espace 221

**CHAPITRE 9 LES FAMILLES IMMIGRANTES
ET L'INTERVENTION INTERGÉNÉRATIONNELLE** 229
Michèle Vatz-Laaroussi

9.1 LES DYNAMIQUES FAMILIALES DANS L'IMMIGRATION 231
9.1.1 Projets, trajectoires et stratégies 231
9.1.2 Les familles et les réseaux transnationaux 233

9.2 LES OBSTACLES ET LES DIFFICULTÉS DANS L'IMMIGRATION 236
9.2.1 L'insertion socioéconomique 236
9.2.2 Le regard de l'autre 237
9.2.3 Le problème des générations 237

9.3 Un modèle d'intervention interculturel intergénérationnel 239

  9.3.1 Les trois domaines fondamentaux :
  le matériel, l'expérientiel et le relationnel 240

  9.3.2 Les deux axes transversaux :
  l'histoire et la reconnaissance 241

  9.3.3 Deux processus d'intervention :
  l'accompagnement et la médiation 243

**CHAPITRE 10 LES RÉFUGIÉS :
PROBLÉMATIQUES ET INTERVENTION** — 251
Lilyane Rachédi et Gisèle Legault

10.1 Les réfugiés dans le monde 253

  10.1.1 Une définition trop restrictive 253

  10.1.2 La situation dans les camps de réfugiés 254

  10.1.3 Les familles réfugiées et leur rapport à l'histoire 254

10.2 Les demandeurs d'asile au Québec et au Canada 256

  10.2.1 Les particularités du statut de demandeur d'asile 256

  10.2.2 L'intégration des demandeurs d'asile 259

  10.2.3 Des exemples de ressources locales 260

10.3 Les problèmes de santé mentale des familles réfugiées 262

  10.3.1 L'expérience du deuil 262

  10.3.2 Le syndrome de stress post-traumatique
  et l'intervention 263

10.4 Une intervention en milieu scolaire basée sur un roman jeunesse 265

**CHAPITRE 11 LES PREMIÈRES NATIONS DU QUÉBEC :
RÉFLEXIONS SUR LE PROCESSUS DE BIEN-ÊTRE** — 273
Aline Sabbagh

11.1 La situation géographique des communautés des Premières Nations du Québec 274

11.2 Un survol historique 276

  11.2.1 Les missionnaires 278

  11.2.2 Les pensionnats 278

11.3 La roue de médecine 280

11.4 L'ÉTAT DE BIEN-ÊTRE DES PREMIÈRES NATIONS 282

11.5 QUELQUES PRINCIPES FAVORISANT LA GUÉRISON 285

BIOGRAPHIES DES AUTEURS 293

INDEX 297

INTRODUCTION

Gisèle Legault et Lilyane Rachédi

Il n'y a pas de doute que les sociétés québécoise et canadienne sont de plus en plus multi-ethniques et multiculturelles. Les conséquences de cette réalité se sont lentement fait sentir au Québec, notamment en raison de l'insertion, de longue date, de la majorité des immigrants dans le milieu anglophone. Cependant, divers facteurs, comme la compensation de la faible fécondité de la population québécoise dite « de souche », et le désir de maintenir un poids démographique dans l'ensemble canadien et d'augmenter le pourcentage de la population active, ont fait de l'insertion des immigrants dans la société francophone une priorité. Cette tendance historique des populations immigrantes à adopter d'abord l'anglais s'est ainsi peu à peu inversée. Ce souci d'intégrer les immigrants à la société francophone a notamment conduit à l'adoption de diverses lois, dont la plus importante est sans doute la Charte de la langue française (loi 101) en 1977, qui oblige les nouveaux arrivants à fréquenter et à utiliser les systèmes scolaire et médicosocial francophones.

Au cours des années 1980, la convergence culturelle mise jusqu'ici de l'avant au Québec est alors remplacée, dans plusieurs secteurs, par un interculturalisme qui vise à favoriser l'interaction dynamique entre les cultures minoritaires et la culture majoritaire. Cet interculturalisme ne se résume pas à posséder de l'information sur les autres cultures ; il suppose aussi le développement d'attitudes positives à l'égard de l'autre, le respect de la diversité et de multiples échanges culturels égalitaires. On constate ainsi que la culture commune majoritaire doit s'ajuster aux nouvelles réalités sociales, qui, elles, sont pluriculturelles.

Clanet (1993, p. 22) définit l'*interculturel* comme « un mode particulier d'interactions et d'interrelations qui se produisent lorsque des cultures différentes entrent en contact, ainsi que [...] l'ensemble des changements et des transformations qui en résultent ». Pour Ladmiral et Lipiansky (1989, p. 10), l'interculturel « définit moins un champ comparatif, où il s'agirait de mettre en regard deux objets, qu'un champ interactif, où l'on s'interroge sur les relations qui s'instaurent entre groupes culturellement identifiés ». Conséquemment, « l'accent doit être mis davantage sur les rapports que le "je" (individuel et collectif) entretient avec autrui que sur autrui proprement dit [...] » (Abdallah-Pretceille, 1985, p. 31).

Cette perspective interactionniste redéfinit donc la différence non pas comme une donnée naturelle ni comme un fait objectif à caractère statistique, mais plutôt comme un rapport dynamique entre deux entités qui se donnent mutuellement un sens. Dès lors, l'interculturel se définit essentiellement dans l'action, c'est-à-dire par rapport à une pratique ou à un ensemble de pratiques d'intervention destinées à résoudre des problèmes de terrain.

Toutefois, l'idéologie de l'interculturalisme, en se centrant essentiellement sur la culture des personnes, néglige le rôle des réalités sociales, économiques et politiques qui touchent ces individus, ainsi que celui des rouages qui forgent ces mêmes réalités. Pourtant, les groupes minoritaires ont plus de traits communs qu'ils n'ont de différences et ils doivent s'unir pour lutter contre les structures inégalitaires qui sont les bases objectives du racisme et de l'exclusion. Par conséquent, le point de vue culturaliste doit être tempéré par une vision des rapports sociaux tenant compte des phénomènes d'inégalité et de discrimination qui se manifestent dans le logement, le travail, l'école et dans d'autres secteurs.

La diversité culturelle et sociale qui prédomine au Québec a des conséquences sur l'organisation des services et leur prestation ; l'idéologie d'insertion qui découle de cette diversité est, en effet, étroitement liée au développement d'une approche interculturelle dans les milieux scolaires comme dans ceux des services sociaux et de santé. Ainsi, à partir des années 1980, divers interlocuteurs de la société québécoise cherchent à préciser les modalités d'une meilleure accessibilité des communautés ethnoculturelles à ces services.

Au cours de cette décennie, l'Alliance des communautés culturelles pour l'égalité dans la santé et les services sociaux (ACCESS), préoccupée par la question de l'accès aux Centres locaux de services communautaires (CLSC), qui offrent des services de première ligne, vise alors quatre objectifs principaux : l'accessibilité aux services, leur regroupement, l'embauche de personnel qualifié et la participation des communautés culturelles aux conseils d'administration des établissements publics. En 1986, le gouvernement au pouvoir crée le Comité sur l'accessibilité des services de santé et des services sociaux du réseau aux communautés culturelles (Comité Sirros), dont le mandat est d'évaluer la situation et de faire une synthèse des diverses recommandations faites à ce jour concernant l'accessibilité des services sociaux aux communautés culturelles. En 1987, la Commission d'enquête sur les services de santé et les services sociaux (Commission Rochon), qui accordait jusqu'ici peu de place aux communautés culturelles, note que les services ne se sont pas adaptés à l'évolution ethnoculturelle du Québec et qu'il est nécessaire de redonner la priorité aux clientèles. Cette commission reconnaît alors l'existence d'une discrimination systémique et de stéréotypes racistes néfastes à l'intégration des nouveaux arrivants dans les services sociaux. Dans un rapport présenté à la Commission Rochon, Bibeau (1987) élabore des recommandations précises et établit les paramètres d'une perspective d'intervention davantage sensible aux problématiques culturelles. Ce rapport, qui reconnaît la complexité de la construction culturelle des problèmes sociaux et de santé, recommande :

- que des modifications soient d'abord apportées au sein même du ministère de la Santé et des Services sociaux et des conseils régionaux ;
- que les questions d'ethnicité et de pluriculturalité soient mieux connues, et que des moyens soient pris pour améliorer les connaissances en la matière ;
- que des ressources soient prévues pour soutenir les modifications que devront nécessairement subir les institutions du réseau ;
- que la recherche et la formation des intervenants des secteurs social, médical et paramédical soient orientées de façon à tenir compte des rapports entre la culture et la santé ;
- que le contexte de travail permette aux professionnels d'en arriver à une écoute davantage axée sur les aspects culturels de la situation des bénéficiaires.

Parmi les documents les plus récents portant sur la question, les orientations et les plans d'action du ministère de la Santé et des Services sociaux en vue de faciliter l'accessibilité des services aux communautés culturelles (1994-1997) précisent les programmes à mettre en place, l'information à diffuser et les services à organiser. Cela inclut la formation du personnel en poste, le type de présence souhaitée pour les communautés à l'intérieur même du réseau des affaires sociales, le partenariat à mettre sur pied avec les organismes communautaires ethniques et les recherches à réaliser dans le domaine de l'accessibilité. Battaglini et ses collègues (2005) relèvent toutefois, dans le discours des gestionnaires, des intervenants et des professionnels, des éléments qui paralysent les changements organisationnels profonds, comme les coûts de l'adaptation des services et le besoin de ressources supplémentaires en interprétariat et en formation interculturelle.

Aujourd'hui, il semble que les préoccupations relatives à l'accessibilité des services aux communautés ethnoculturelles aient pris la forme d'un simple cadre législatif visant l'adaptation des services destinés aux personnes issues de ces communautés (McNeil, 2007). Cela constitue un recul par rapport à l'époque des plans triennaux, où les efforts concertés des divers partenaires assuraient la progression du dossier. C'est donc, en quelque sorte, un retour à la case départ; mais il faut souligner que la mise en œuvre de la réforme des services sociaux et de santé, entreprise en 2005, est toujours en cours et que les dispositions quant à l'accessibilité des services aux communautés ethnoculturelles sont encore inconnues.

Par exemple, même si un organisme comme le Centre jeunesse de Montréal s'est clairement donné pour objectif, entre 2003 et 2006, d'améliorer la qualité de ses services en contexte interculturel, de mieux connaître sa clientèle, de développer un partenariat avec les organismes du milieu et d'améliorer la représentation ethnoculturelle en son sein, il semble que l'intégration de la dimension interculturelle reste encore à faire et que le dossier de l'accessibilité soit toujours relativement marginal. Heureusement, des initiatives comme celle qui a mené à la constitution, en 1998, d'une banque de consultants interculturels mis à la disposition des intervenants des Centres jeunesse (une banque destinée à soutenir autant les usagers dans leur parcours migratoire que les intervenants qui sont exposés à des défis de taille) s'avèrent des apports particulièrement utiles.

Aujourd'hui, au Québec, les familles représentent la deuxième catégorie d'immigrants. Les besoins des membres de ces familles, comme les jeunes, les femmes et les personnes âgées, constituent donc des enjeux importants de la formation et de l'adaptation des services qui sont offerts à ces clientèles. Il est donc important de bien former les professionnels au regard des réalités actuelles et de la complexité des relations interculturelles. Pour ce faire, l'enseignement théorique est fondamental, mais on ne doit pas négliger le rôle de la recherche interculturelle dans le processus de formation des professionnels et des intervenants. En effet, l'enseignement, la recherche et l'intervention ne sont pas des univers distincts, mais bien des domaines interdépendants. Ainsi, parce qu'elle mobilise les savoirs des acteurs sociaux, et parce qu'elle alimente et remet en question les pratiques en contexte interculturel, la recherche permet de rendre compte des réalités de personnes trop souvent marginalisées, de mettre en lumière des problématiques et d'enrichir les interventions. Elle permet donc de faire avancer les connaissances. Le Québec abrite de nombreux réseaux et centres de recherche, comme le Centre Métropolis du Québec (CMQ), associé à Immigration et Métropoles à l'échelle canadienne, le Centre d'études ethniques des universités montréalaises (CEETUM), le Centre de recherche sur l'immigration, l'ethnicité et la citoyenneté (CRIEC) de l'Université du Québec à Montréal, la Chaire d'enseignement et de recherche interethniques et inter-culturels (CCERII) de l'Université du Québec à Chicoutimi ou encore l'Observatoire canadien de l'immigration dans les zones à faible densité d'immigrants.

Enfin, on ne saurait être un professionnel responsable et capable d'accompagner efficacement les personnes suivies si on ne peut prendre en compte les considérations éthiques et déontologiques liées au travail d'intervention. Porteur d'une éthique personnelle et profes-sionnelle, l'intervenant peut en effet œuvrer pour le changement social, un changement qui permet aux acteurs de rendre compte de leur réalité, de la transformer et de participer à la construction de l'Histoire. Avant toute chose, il est donc bon de s'interroger : L'intervention interculturelle forme-t-elle des intervenants libres de mener des actions en conformité avec leurs valeurs, une certaine éthique et un projet de société ? Vise-t-elle une intégration citoyenne des immigrants, soit une intégration qui leur permet de véritablement participer au développement de la société ? Enfin, favorise-t-elle la liberté et l'affranchissement des populations multiethniques et marginalisées ?

POUR EN SAVOIR PLUS

 ARTICLES ET RAPPORTS DE RECHERCHE

Numéros spéciaux de revues traitant des questions ethniques et de la pratique sociale dans un contexte pluriculturel.

Intervention, « La multiethnicité : De nouveaux enjeux pour la pratique », n° 96, 1993.

Intervention, « Le travail social et les pratiques interculturelles », n° 120, 2004.

Nouvelles pratiques sociales, « Relations interethniques et pratiques sociales », vol. 5, n° 2, 1992.

PRISME, « Parcours de l'exil : Cliniques transculturelles », vol. 8, n° 3, 1998.

PRISME, « Situations de violence sociale et intervention humanitaire », n° 28, 1999.

Revue canadienne de santé mentale communautaire, « La diversité culturelle : La parole, l'accès et la participation », vol. 12, n° 2, 1993.

Revue canadienne de service social, « Forum spécial », vol. 24, n° 1, 2007.

Revue internationale d'action communautaire, « Migrants : Trajets et trajectoires », vol. 14, n° 54, 1985.

Revue internationale d'action communautaire, « Villes cosmopolites et sociétés pluriculturelles », vol. 21, n° 61, 1989.

Revue internationale d'action communautaire, « Identité et nouveaux rapports sociaux dans les sociétés pluriethniques », vol. 31, n° 71, 1994.

Santé mentale au Québec, « Dossier : Communautés culturelles et santé mentale », vol. XVII, n° 2, 1992. ▶

► *(SUITE)*

Santé mentale au Québec, «Dossier : Communautés culturelles et santé mentale II», vol. XVIII, n° 1, 1993.

Santé mentale au Québec, «Dossier : Le soutien social», vol. XXX, n° 2, 2005.

Service social, «Intolérance, oppression et intervention», vol. 40, n° 3, 1991.

Service social, «Culture et intervention», vol. 42, n° 1, 1993.

Sociologie et sociétés, «Enjeux ethniques», vol. XV, n° 2, 1983.

Sociologie et sociétés, «Racisme, ethnicité, nation», vol. XXIV, n° 2, 1992.

 SITES INTERNET

Association pour la recherche interculturelle (ARIC)
http://www.unifr.ch/ipg/sitecrt/ARIC/Ouverture.htm

Centre d'études ethniques des universités montréalaises (CEETUM)
http://www.ceetum.umontreal.ca/

Centre de recherche sur l'immigration, l'ethnicité et la citoyenneté (CRIEC)
http://www.unites.uqam.ca/criec/

Chaire d'enseignement et de recherche interethniques et interculturels (CERII)
http://www.uqac.ca/recherche/organismes/cerii.php

Le Centre Métropolis du Québec (Immigration et Métropoles)
http://im.metropolis.net/

Observatoire canadien de l'immigration dans les zones à faible densité d'immigrants
http://membres.lycos.fr/reseauimmigration/

Observatoire international sur le racisme et les discriminations
http://www.unites.uqam.ca/criec/observatoire/

BIBLIOGRAPHIE

ABDALLAH-PRETCEILLE, M. (1985). «Pédagogie interculturelle : Bilan et perspectives», dans *L'interculturel en éducation et en sciences humaines,* tome 1, Colloque de l'Université de Toulouse-Le Mirail, Toulouse.

BATTAGLINI, A. *et al.* (2005). *Les services de première ligne et les populations immigrantes,* Québec, Agence de développement de réseaux locaux de services de santé et de services sociaux.

BIBEAU, G. (1987). *À la fois d'ici et d'ailleurs : Les communautés culturelles au Québec dans leurs rapports aux services sociaux et de santé,* Rapport de recherche, Commission d'enquête sur la santé et les services sociaux.

CLANET, C. (1993). *L'interculturel : Introduction aux approches interculturelles en éducation et en sciences humaines,* Toulouse, Presses universitaires du Mirail. ►

► (SUITE)

LADMIRAL, J. R. et LIPIANSKY, E. M. (1989). *La communication interculturelle,* Paris, Armand Colin.

MCNEIL, R. (2007). *Encadrement législatif pour l'adaptation des services de santé et des services sociaux destinés aux personnes issues des communautés ethnoculturelles,* Comité pour la prestation des services de santé et des services sociaux aux personnes issues des communautés ethnoculturelles, Ministère de la Santé et des Services sociaux du Québec.

PARTIE 1

L'IMMIGRATION : POLITIQUES ET CONTEXTE

Ana et l'inclusion

Je m'appelle Ana, j'ai 32 ans et je suis une immigrante d'Argentine, arrivée au Canada en 1994 avec mon mari Eduardo, âgé de 30 ans. Après sept ans de séjour au Québec, on peut dire que mon processus d'intégration et celui d'Eduardo sont en bonne voie de réalisation.

Eduardo et moi, nous avons voulu quitter l'Argentine en 1991, en raison de la crise économique qui sévissait dans notre pays et du peu de possibilités d'amélioration que cette crise laissait entrevoir. Nos contacts avec l'ambassade canadienne d'Argentine nous sont apparus prometteurs, et nous avons suivi le conseil qui nous a été donné de visiter d'abord le Canada en tant que touristes avant de prendre la décision d'émigrer. Ce voyage s'est effectué au cours de la saison estivale; nous avons alors rencontré d'autres Argentins vivant déjà au Québec et, globalement, nos impressions de pouvoir y améliorer nos conditions de vie ont été positives. Eduardo a même décroché un contrat de travail dans un garage, un domaine où il travaillait déjà dans notre pays, un contrat qui a facilité notre admission en tant que résidents permanents au Canada. Nous avons donc poursuivi nos démarches d'émigration et, après trois ans d'attente, nous émigrions finalement au Québec.

Notre processus d'adaptation au Québec fut alors favorisé par le fait que nous avions déjà des amis chez qui nous pouvions habiter à notre arrivée. Nous pouvions partager avec eux et aborder ce nouvel espace à notre rythme, soutenus par les conseils et les renseignements fournis par nos amis. Nous n'avons donc pas éprouvé de véritable « choc » à notre arrivée.

Mais les choses se sont compliquées quand nous avons essayé de nous intégrer à notre société d'accueil. Alors que l'*intégration socio-économique* d'Eduardo se fit assez rapidement en raison du contrat obtenu, la mienne fut beaucoup plus ardue et compliquée. Psychologue de métier, j'ai entrepris, dès notre arrivée, des démarches de reconnaissance de mes compétences professionnelles. Entrevoyant que ces démarches seraient longues, j'ai alors commencé à fréquenter le Centre d'orientation et de formation pour les immigrants (COFI), qui m'a permis d'apprendre la langue française tout en me soutenant financièrement avec une allocation. Mon *intégration linguistique* se fit ainsi relativement en douceur; je me débrouille assez bien en lecture et en écriture, mais j'estime ne pas toujours réussir à me faire bien comprendre dans les communications verbales. On note souvent mon accent, ou encore l'utilisation de mots qui, bien qu'ils soient corrects dans la langue française, ne sont pas utilisés dans le langage courant au Québec. J'éprouve aussi beaucoup de difficulté dans l'apprentissage de l'anglais, que j'estime tout aussi nécessaire que le français pour vivre ici. Bien que je l'étudie depuis un certain temps, je n'arrive toujours pas à le maîtriser, pas plus qu'à comprendre ce qui se dit autour de moi en anglais.

Les embûches s'empilaient dans la reconnaissance de mon diplôme de psychologue. J'ai effectué des démarches auprès de deux ordres professionnels connexes, qui exigeaient d'abord des compléments d'études avant de m'accorder l'équivalence de diplôme demandée; j'ai alors constaté que les frais d'étude de mon dossier et de traduction de mes diplômes étaient considérables.

Mon *intégration professionnelle* fut donc douloureuse et pénible. Je ne me sentais pas reconnue, j'étais déçue et découragée, et en colère de ne pas avoir été adéquatement informée et prévenue des difficultés qui m'attendaient. J'ai alors entrepris des démarches pour obtenir un emploi dans un organisme communautaire, un secteur proche de mes habiletés professionnelles de psychologue. Ces démarches furent aussi longues et infructueuses, si bien que je dus me résoudre à accepter un emploi dans une usine d'appareils électriques. J'ai alors expérimenté la déqualification professionnelle et la non-reconnaissance de mes acquis, en plus de vivre une intégration forcée dans le secteur du travail manuel, un secteur que je n'aurais jamais pensé devoir intégrer.

J'ai finalement décidé de poursuivre mes études pour obtenir l'équivalence de mes diplômes. J'ai effectué les études exigées par l'Ordre des conseillers en orientation du Québec et j'en suis devenue membre quelques années plus tard. J'ai alors postulé un emploi d'agente consulaire au consulat d'Argentine de Montréal et je l'ai obtenu. J'éprouve beaucoup de satisfaction dans cet emploi qui requiert des compétences en relations humaines. Toutefois, ce travail comporte de nombreuses tâches administratives et me maintient dans un «univers argentin» qui cadre mal avec mes ambitions de m'intégrer pleinement dans la société québécoise et d'en fréquenter ses membres quotidiennement. J'ai donc entrepris depuis quelque temps de nouvelles démarches en vue d'obtenir un poste d'agente d'aide à l'intégration socioéconomique dans la fonction publique du Québec. Ma quête d'intégration professionnelle, longue et ardue, se poursuit donc.

Parallèlement, mon *intégration personnelle* se fit surtout avec les membres de ma famille immédiate, soit mon mari et ma mère, arrivée peu de temps après nous et que j'ai parrainée. La reconnaissance de ma mère en tant que résidente permanente ne fut toutefois pas chose facile : ayant subi un infarctus en 1997 et étant en perte partielle d'autonomie, elle dut subir des examens pour qu'on détermine son admissibilité. Cela a créé de l'insécurité chez moi, car je soutenais ma mère dans ce processus. C'est tout de même une personne de 76 ans qui a eu beaucoup de difficulté à s'adapter au Québec; elle est peu mobile, ne maîtrise pas la langue française et connaît peu de personnes avec qui elle pourrait socialiser. Elle vit donc un grand isolement, et ne compte que sur moi et sur son gendre pour se distraire. Une bonne partie de mes temps libres est donc consacrée à ma mère et à mon mari, sinon utilisée pour les courses, pour l'entretien de la maison et des vêtements, pour les achats, etc. J'avoue que j'ai pour le moment une

vie sociale assez réduite. Mon mari a cependant plusieurs connaissances, surtout des immigrants, avec qui il crée une communauté d'intérêts. Nous vivons en banlieue de Montréal et fréquentons un peu nos voisins, surtout l'été. Nous ne recherchons pas particulièrement la compagnie d'Argentins ou de Latino-Américains, principalement en raison de notre manque de temps. J'espère toutefois qu'avec un nouveau travail, j'aurai plus de temps pour une vie sociale, car cela me manque un peu. Pour les mêmes raisons, je participe peu à la vie culturelle québécoise (cinéma, théâtre, danse, musées). Il n'y a que la radio et la télévision que j'écoute, et ce, en français, tout en m'affairant souvent à autre chose. J'éprouve aussi parfois une certaine nostalgie de l'«univers latino» dans lequel j'ai baigné jusqu'à mon départ de l'Argentine. Bien que j'écoute les informations en provenance d'Amérique latine et que je regarde aussi certaines émissions en espagnol produites par des chaînes «ethniques», mon univers culturel me manque. Aussi, je demande à une amie en Argentine de m'enregistrer certaines émissions que ma mère et moi pouvons ensuite regarder sur vidéocassette.

Sur le *plan politique*, puisque je n'ai pas encore ma citoyenneté canadienne et que je ne me sens pas encore prête à la demander, je n'ai pas le droit de vote. Je m'intéresse toutefois à l'actualité québécoise et canadienne, mais surtout, de par mon travail, à ce qui se passe en Argentine. À l'heure des regroupements à l'échelle internationale, j'ai de la difficulté à comprendre l'aspiration de certains Québécois à l'indépendance. Cette question m'insécurise, car j'ai fait le choix de vivre dans un Québec français rattaché au Canada. J'ai adopté le Québec comme le Canada et je regretterais d'avoir à remettre ce choix en question. Je préfère ne pas y penser.

Sur le *plan institutionnel*, c'est surtout avec le système de santé que j'ai eu à interagir. Ainsi, lorsque ma mère a été hospitalisée, j'ai été impressionnée par les soins et l'attention du personnel hospitalier qu'elle a reçus, et aussi

➤

surprise et prise au dépourvu par sa sortie subite et précipitée de l'hôpital. Il a aussi été difficile de trouver les ressources nécessaires pour sa convalescence à la maison, l'absence du statut de résidente permanente compliquant l'obtention de ces services. J'en suis ainsi venue à comprendre que les services institutionnels de la société québécoise sont objectivement bien conçus ; toutefois, dans leur application, il y a divers problèmes d'accessibilité. J'ai observé le même phénomène dans le secteur du logement : les services des agences immobilières sont impeccables, mais leur fonctionnement est difficile. Je suis donc à la fois impressionnée et déçue, et je cherche à comprendre les « règles du jeu ». Finalement, j'ai aussi dû consulter pour un problème d'infertilité et j'ai eu, cette fois, beaucoup de difficulté à me faire comprendre, car le spécialiste ne parlait qu'anglais. Mon problème comportant plusieurs dimensions, dont certaines sont d'ordres psychologique et émotionnel, j'ai, pour le moment, décidé d'attendre et d'y revenir plus tard.

Ana, immigrante d'Argentine, 1998

Miguel et l'exclusion

Je m'appelle Miguel, je suis un Péruvien de 24 ans et j'étudie à l'université. J'ai toujours demeuré à Montréal, mais quelques-uns de mes déménagements ont été le résultat de problèmes liés aux mécanismes d'exclusion. Je suis arrivé au Québec en 1979 avec mes deux sœurs, ma mère et mon frère. Nous sommes venus rejoindre notre père, qui avait émigré un peu plus tôt. Ce dernier avait un emploi sur un bateau, ce qui l'amenait à voyager beaucoup. Un jour, il est venu ici pour son travail et il a constaté que les conditions de vie étaient meilleures qu'au Pérou. Il a donc décidé d'y faire venir sa famille. J'ai alors décidé de me faire appeler Mario, qui est mon second prénom, car je trouve qu'il correspond plus à un prénom d'ici. C'est ma manière d'être un peu moins perçu comme un étranger.

[...] À mon arrivée ici, j'ai ressenti la peur des étrangers, je voyais des gens qui parlaient une langue différente, je les sentais hostiles. C'est peut-être parce que ma timidité, à cette époque-là, était forte, et que j'étais gêné de parler ou d'essayer de parler avec les gens. À notre arrivée, ma famille et moi éprouvions une certaine crainte que des gens à l'aéroport, des inconnus, profitent de notre incompréhension du français pour nous arnaquer. Aussi, comme on arrivait dans un pays étranger, on savait qu'il ne fallait pas trop déranger les gens de l'aéroport. Il ne fallait pas non plus faire des gaffes qui pouvaient les mettre en colère. J'ai remarqué qu'au début, plusieurs « Blancs » changeaient de place lorsque je m'asseyais à côté d'eux. Un jour, une dame a même attendu que je sois distrait pour changer son sac de place. J'ai vu alors qu'elle avait peur. À ce moment-là, je me suis dit : « Je suis un étranger. » Je lui ai fait peur. Je n'ai pas jugé la dame. Je ne lui ai pas non plus dit qu'elle était raciste. Je me suis mis dans sa peau. Ben oui ! J'ai l'air dérangeant... Peut-être aussi qu'elle s'est déjà fait agresser par un Latino...

[...] J'ai déjà entendu dire que « les Latinos font une sieste l'après-midi parce qu'ils mangent trop de chilis ». Ça m'a fait rire, car les Péruviens ne font pas de sieste, ce sont les Mexicains qui en font une. Les Péruviens utilisent un peu le chili, mais pas autant que les Mexicains, qui en mettent même dans leur soupe. C'est ridicule, les gens généralisent un peu trop. Je ne sais pas si c'est un travers intellectuel, mais ça m'attriste d'entendre dire des choses comme ça [...] J'ai aussi entendu : « Ils dansent bien les Latinos. » C'est flatteur pour les Latinos, mais pas pour les « Blancs ». J'ai aussi entendu dire que les Latinos sont un peu des don Juan, qu'ils aiment flatter les filles. Ce n'est pas le cas de tous les Latino-Américains, ni le mien, car je suis trop timide. Nous, on est amicaux, mais dès qu'on se sent agressés par une autre personne, on arrête d'être amicaux ! Dans mon pays, on se fait surtout avoir par les politiciens. On se fait mentir par eux et par les autorités. Ça ne nous empêche pas d'être gentils et ouverts avec les gens qu'on rencontre pour la première fois.

Mais dès qu'on trouve que les gens veulent en profiter, on coupe! On devient sérieux. On ne parle plus. On devient même agressifs.

[…] Lorsque j'ai entendu dire que «les immigrants sont des voleurs de jobs», je me suis senti coupable parce qu'on venait ici pour travailler. Peut-être qu'on prenait la place d'un «Blanc»? Peut-être que, parce qu'on est arrivés avant, il n'y avait plus de place pour lui? À ce moment-là, je me suis senti coupable. Alors j'ai inventé une espèce de filtre. Je me suis dit: «Il faut manger, il faut faire notre vie, il faut travailler.»

[…] Un jour, j'étais assis à côté d'un «Blanc» dans la cinquantaine. Le monsieur s'est mis à parler. Il a dit ceci: «Maudites ethnies! Maudits immigrants! Ils sont là, ça fait chier! En plus, ils s'assoient à côté de nous… Ils n'ont pas à être là! Ils sont des voleurs de jobs! Pourquoi ne retournent-ils pas chez eux?» À ce moment-là, je me suis senti mal à l'aise. Je ne savais pas qu'il fallait faire valoir ses droits. J'aurais dû lui dire: «Si tu n'es pas bien, change de place. Essaie donc d'arrêter de dire des conneries, parce que je vais appeler la police ou quelqu'un.» Je me suis senti

mal de ne rien faire… Certains jeunes m'ont aussi déjà dit: «Retourne dans ton pays, le Québec, c'est notre pays! Tu n'as pas le droit d'être là, sale immigrant. Maudite race d'inférieurs!»

Peut-être que je suis une ethnie… Je n'ai pas trop mémorisé les fois où je me suis fait agresser par d'autres ethnies. J'ai toujours vu la discrimination comme venant surtout des «Blancs». Peut-être que je suis trop axé sur les «Blancs». Peut-être que je veux leur ressembler. À l'école, je ne me sentais pas accepté par les «Québécois de souche». Je me sentais exclu. Je sentais que je n'avais pas le choix d'être avec des Latinos. J'avais l'impression de ne pas avoir le choix de continuer à entretenir les mêmes valeurs qu'eux, même si elles étaient négatives. Il fallait toujours que je tente de sortir de mon ghetto. Il fallait que je sois plus ouvert à la culture québécoise et que je m'intègre. Quand j'étais rejeté, je revenais vers la bande des Latinos. Ce fut la même chose pour mon intégration sociale dans mon quartier. Je me suis senti rejeté par les «Québécois de souche» et par d'autres ethnies. J'étais donc davantage porté à aller vers les Latinos.

Miguel, immigrant du Pérou, 1997

CHAPITRE 1

Le phénomène migratoire : politiques et diversité

Lilyane Rachédi

Depuis les dix dernières années, on assiste [...] à une augmentation de la migration interna-tionale, en particulier dans les pays développés qui deviennent par le fait même de plus en plus multiethniques et multiculturels. [...] Il faut insister sur le fait que la diversité culturelle ne constitue pas un phénomène nouveau. Toutes les régions du monde ont toujours été traversées pas des différences religieuses, linguistiques et ethniques, différences introduites par des invasions, des migrations massives [...] (Piché, 1997, p. 73-78).

L'immigration n'est pas un phénomène qui s'est imposé du jour au lendemain au Québec et au Canada, dans ce vaste territoire où nous sommes tous des immigrants et où nous «avons tous découvert l'Amérique» (Noël, 2000). Seuls les peuples des Premières Nations peuvent véritablement revendiquer une quelconque primauté sur le Canada, dont le nom, selon la tradition, provient d'un mot iroquois signifiant «village» ou «groupe d'habitations». De fait, les autochtones et les immigrants font partie depuis plusieurs siècles de la diversité ethnique qui forme la population canadienne. Le peuple québécois présente une aussi grande diver-sité: ce serait donc une erreur d'associer exclusivement cette diversité aux autres, aux gens venus d'ailleurs (Roy et Montgomery, 2003). Dans ce chapitre, on trace d'abord un bref portrait du phénomène migratoire en adoptant une perspective planétaire, de manière à montrer que les mouvements migratoires sont très sensibles à la fois à la mondialisation, aux fluctuations économiques et aux turbulences politiques. Puis on s'intéresse aux politiques qui réglementent l'immigration au Canada et au Québec, et aux idéologies d'insertion des immigrants qui les sous-tendent. Ainsi, différents statuts (citoyen, résident permanent, résident temporaire et personne sans statut) catégorisent les immigrants dans les pays d'accueil. Car, exception faite du cas des réfugiés, immigrer reste avant tout un «privilège» octroyé, non un droit. Toutefois, si on ne peut déclarer, dans les faits, qu'il existe véritable-ment des Québécois ou des Canadiens dits «de souche», et que la diversité est exclusivement importée, il n'en demeure pas moins que les interactions dans le pays d'accueil entre les indi-vidus (mais aussi entre les éléments de l'ensemble du système socio-économico-politique) ne sont pas sans poser quelques défis. Ce chapitre montre ainsi que la religion, notamment, est un élément emblématique des crispations possibles des relations interethniques, comme l'ont illustré les premières réactions médiatiques de 2007 à la question des accommodements raisonnables. Ces événements ont toutefois l'avantage de déclencher des débats sur la discri-nation et le racisme qui existent au Québec comme partout dans le monde, et de faire du religieux un objet de réflexion sociale reflétant des choix et des décisions collectives.

L'intervenant en contexte culturel étant un témoin de première ligne de certaines inéga-lités sociales et d'un processus d'exclusion des minorités, il apparaît essentiel qu'il puisse prendre en compte ces divers éléments historiques, conjoncturels, statutaires et sociopoli-tiques, et les intégrer dans son intervention.

1.1 LE PORTRAIT ET LA COMPRÉHENSION DU PHÉNOMÈNE MIGRATOIRE

1.1.1 LES CARACTÉRISTIQUES DES MIGRATIONS ACTUELLES : LES MIGRATIONS ÉCONOMIQUES ET POLITIQUES

Les formes et les courants d'immigration ont évolué au cours de l'histoire en fonction de plusieurs facteurs (économiques, politiques et écologiques). Mais des conjonctures particulières provoquent aussi des mouvements massifs de migration. Ainsi, depuis le milieu du XIXᵉ et le début du XXᵉ siècle, on constate qu'il y a une planétarisation des migrations internationales, dont les plus importantes adviennent pour des raisons économiques (mondialisation de l'économie, libre circulation des marchandises et des personnes, etc.). Les vagues actuelles de migration (des pays du Sud vers le Nord) révèlent donc de manière frappante les inégalités économiques existant entre les pays pourvoyeurs et les pays récepteurs d'immigrants. Les pays d'immigration sont, en effet, majoritairement des pays riches. De l'autre côté, les pays d'émigration sont le plus souvent des pays en développement, vivant des conflits politiques ou subissant des catastrophes écologiques. Essentiellement, à l'aide des données de Piché (1997), on peut, à l'heure actuelle, reconnaître et schématiser deux grands systèmes de mouvements migratoires : les migrations économiques et les migrations politiques.

■ LES MIGRATIONS ÉCONOMIQUES : PARTIR POUR LE COMMERCE, OU POUR FUIR LA MISÈRE ET CROIRE EN L'AVENIR

> « C'est ça qu'on disait à nos enfants : l'État s'occupe de vous. Chez nous, ils marchaient pour aller à l'école ; ici, le bus vient les prendre. Il est à ta disposition, alors automatiquement tu peux te rendre à l'école facilement. Tous ces avantages-là, ils vous accompagnent, et il faut en profiter pour étudier convenablement, décrocher tous vos diplômes et justifier votre présence au Canada. »
>
> *Jeanne, originaire d'Afrique, installée en Estrie*

La mondialisation du commerce et l'internationalisation de l'économie ont provoqué des déplacements temporaires ou définitifs de nombreux individus et familles ; ces déplacements sont aussi appelés *flux migratoires* (*voir la carte 1.1, p. 10*). Dans cette forme de migration, on peut mettre en évidence une hiérarchisation des économies et une inégalité dans la répartition des richesses. De manière grossière, on peut décrire trois principaux axes de migration. Le premier relève des conditions de vie dans le pays d'origine : les personnes et les familles décident de quitter leur pays pour améliorer leur vie et celle de leurs enfants. Ce premier système migratoire concerne donc, principalement, les déplacements en provenance des pays pauvres du Sud (Afrique, Asie du Sud, Amérique latine et Caraïbes) vers les pays industriels et capitalistes du Nord (Europe de l'Ouest et Amérique du Nord) et de l'Océanie (Australie et Nouvelle-Zélande), qui constituent de véritables pôles d'attraction. Dans ce même système migratoire, et selon cette même logique économique, on remarque aussi deux axes secondaires. Ces dernières années, une immigration massive provenant de certains pays de l'Europe, en particulier de l'Europe de l'Est vers l'Europe de l'Ouest et l'Amérique du Nord, crée un premier axe secondaire de migration ; le deuxième axe secondaire est constitué d'une migration intrarégionale, c'est-à-dire entre des régions ou des pays du Sud vers d'autres pays du Sud. Selon Piché (1997), ces migrations sont encore sous-estimées, donc moins bien documentées. Elles s'expliquent généralement par des motifs économiques, et touchent essentiellement des pays africains vivant des conflits ethniques et politiques.

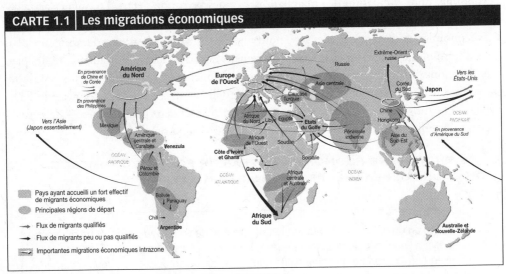

CARTE 1.1 | Les migrations économiques

Source : Philippe Rekacewicz, *Atlas du Monde diplomatique*, 2006.

■ LES MIGRATIONS POLITIQUES OU DE REFUGE : PARTIR POUR SAUVER SA VIE

« Vous savez, on a dû se cacher, courir beaucoup avec mon mari et mes enfants. Ils voulaient la tête de mon mari parce qu'il était musulman, il était même dans un groupe qui luttait contre les dirigeants en place. Heureusement, on a réussi à atteindre le premier camp de réfugiés. Là, au moins, on était en sécurité, même si, vous savez, la vie dans les camps, c'est très dur : on y est entassés, y'a pas d'hygiène, parfois y'a des bagarres. »

Zvetlana, originaire d'ex-Yougoslavie, réfugiée à Montréal

Les migrations politiques correspondent aux mouvements des réfugiés dans le monde (*voir la carte 1.2*). Ces mouvements sont en croissance (Sassen, 2002) : le nombre de réfugiés dans le monde se situe entre 130 et 170 millions de personnes, ce qui représente de 2 à 2,5 % de la population mondiale (Laacher, 2006). Selon les statistiques fournies par le Haut Commissariat des Nations Unies pour les réfugiés (HCR, cité dans Laacher, 2006), il y avait 21 millions de personnes déracinées dans le monde en 2005, un chiffre qui ne comprend pas les personnes déplacées (que nous définirons en détail plus loin). Ces statistiques montrent que, parmi les populations relevant de la compétence du HCR, les Afghans, les Colombiens, les Irakiens, les Soudanais et les Somaliens sont les plus nombreux. Les réfugiés proviennent généralement de pays qui vivent des situations économiques difficiles, certes, mais surtout des conflits armés ou civils. Enfin, la faim et les catastrophes environnementales sont aussi devenues des motifs d'émigration de plus en plus fréquents. Plus précisément, les diverses causes qui expliquent l'accroissement du nombre de réfugiés dans le monde sont :

> 1) [...] d'insidieux conflits internes [...] causés par des tensions nationalistes, ethniques ou intercommunautaires (corne de l'Afrique, Soudan, ex-Union soviétique, Balkans, Moyen-Orient) ; 2) la perte d'autorité des régimes totalitaires combinée aux effets destructeurs des guerres civiles qui ont fragilisé les États (Somalie, Bosnie-Herzégovine) ; 3) le dénuement généralisé qui incite les populations à quitter leur foyer et exacerbe le climat d'instabilité sociale et politique donnant naissance aux mouvements de réfugiés. (Ogata dans HCR, 1993, cité dans Legault, 2000, p. 111)

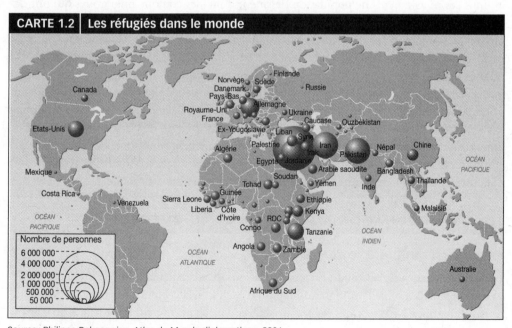

CARTE 1.2 Les réfugiés dans le monde

Source : Philippe Rekacewicz, *Atlas du Monde diplomatique,* 2006.

C'est la raison pour laquelle, selon Legault, «si on devait auparavant offrir protection et asile aux réfugiés de façon ponctuelle, on doit maintenant le faire de façon permanente» (Legault, 2000, p. 111). Selon Laacher (2006), parmi les pays qui accueillaient ces réfugiés en 2004, la France arrivait, exceptionnellement, en première position avec 61 600 demandes de candidats à l'asile, suivie des États-Unis, du Royaume-Uni, de l'Allemagne et, enfin, du Canada. Ce même auteur nous met cependant en garde contre ce classement, à cause de la stratégie de quantification des demandeurs d'asile, qui ne met pas en évidence la superficie des pays d'accueil, évaluée en nombre d'habitants. Ainsi, «sur la base d'une référence *per capita* utilisée par le HCR depuis 5 ans, Chypre, l'Autriche, la Suède, le Luxembourg et l'Irlande se situeraient aux premiers rangs des pays d'accueil des 25 membres de [l'Union européenne], avant le Royaume-Uni, la France et l'Allemagne» (*News,* HCR, 17 juin 2005, dans Laacher, 2006, p. 33).

Lorsqu'il est question de personnes se réfugiant dans les villes ou les régions les plus proches, on parle alors de *personnes déplacées.* En 2005, le HCR dénombrait plus de six millions de personnes déplacées (Laacher, 2006). Ces personnes ne franchissent pas de frontière internationale; elles quittent leur domicile, mais pas leur pays, et elles se déplacent par vagues, la plupart du temps pour fuir la persécution. Elles vivent alors une situation doublement difficile puisqu'elles trouvent refuge dans des camps ou dans des sortes de bidonvilles où elles ne sont pas toujours les bienvenues, et où elles subissent une stigmatisation et une pauvreté souvent extrêmes (Arevalo, 2006). Avec deux millions de déplacés, la Colombie arrive en tête de classement, mais ces migrations se produisent dans bien d'autres pays, que ce soit en Asie (Corée, Afghanistan, etc.) ou en Afrique (Congo-Kinshasa, Soudan, Ouganda, etc.).

Tous ces mouvements de population dessinent donc des couloirs migratoires qui ont des caractéristiques bien particulières, ne sont pas accidentels et répondent à une certaine logique. Les flux de migration révèlent, en effet, les rapports inégalitaires entre les pays pauvres et les pays riches, entre les pays en conflit et ceux en paix, entre les régimes démocratiques et certains régimes dictatoriaux. Néanmoins, les positions des riches pays capitalistes ne sont pas immuables et sont toujours sujettes à être modifiées. Cette géographie des mouvements migratoires pourrait ainsi être transformée à plus ou moins long terme. L'œuvre d'Abdourahman Waberi intitulée *Aux États-Unis d'Afrique* (2006) nous invite à réfléchir sur la précarité de notre confortable position de majoritaires et riches. L'auteur met en scène des pays d'Afrique et d'autres minorités qui sont les hypothétiques nouvelles puissances mondiales. Il décrit alors une Amérique en guerre et une Afrique qui agit comme arbitre du monde.

1.1.2 L'IMMIGRATION AU CANADA ET AU QUÉBEC

■ LE CONTEXTE HISTORIQUE

Exception faite des autochtones, Premières Nations de ce vaste territoire, le premier peuplement du Canada issu de l'immigration remonte à la Nouvelle-France (migrations de colonisation et de travail). Depuis, des vagues successives d'arrivants ont continué à faire du Canada une véritable terre d'accueil.

Durant la période coloniale, l'urgence quant au peuplement du pays entraîne une immigration sans précédent dans l'histoire du Canada. Des lois permettront de sélectionner les immigrants jugés « désirables » et d'écarter les candidats « indésirables ». La politique canadienne favorise l'accueil et l'établissement des personnes issues des deux peuples dits fondateurs : les Français et les Anglais. Les critères de sélection des immigrants privilégient jusqu'au milieu des années 1860 une immigration britannique, américaine et européenne. Ce favoritisme se traduit donc par l'imposition de sévères restrictions aux personnes venues d'Orient (par exemple, une taxe d'entrée est imposée aux immigrants chinois voulant immigrer au Canada entre 1885 et 1923) et limite l'arrivée d'immigrants d'Afrique aux esclaves, qui constituent une main-d'œuvre très bon marché. Les immigrations japonaise et indienne suscitent ensuite une certaine hostilité, d'autant plus que le Canada connaît, dès 1907, une période de récession économique. Avec les guerres mondiales, ce sont ensuite les Austro-Hongrois et les Allemands qui, à cause de leur lien avec le nazisme, deviennent les nouveaux « indésirables ». Le besoin en main-d'œuvre étrangère fait ainsi osciller le Canada entre une politique d'ouverture et une politique de fermeture jusque dans les années 1960. Progressivement, on passe alors d'une immigration surtout européenne (France puis, après la Seconde Guerre mondiale, Italie, Grèce, Portugal, etc.) à une immigration provenant des populations de l'hémisphère sud (Antilles, Amérique latine, Afrique) et d'Asie.

Le Québec, quant à lui, passe d'une immigration francophone à une immigration plus anglophone. Linteau et ses collaborateurs (1989) montrent qu'au milieu du XIXe siècle, le Québec est au trois quarts français, les Britanniques constituant le dernier quart de la population totale. Cette population britannique est alors principalement composée d'Anglais, d'Écossais, d'Irlandais et de Gallois. Les autres groupes ethniques, très diversifiés (Juifs, Italiens, Allemands, etc.), sont encore peu présents. À la fin du XIXe siècle et jusqu'au milieu du XXe siècle, plusieurs groupes ethniques se concentrent à Montréal. La métropole, avec son activité économique intense, exerce un fort attrait. Il apparaît qu'à cette époque, la situation du Québec est particulière : « Le Québec présente un cas unique de double majorité-minorité : les Canadiens français sont majoritaires au Québec et minoritaires au Canada, tandis que c'est l'inverse pour les Britanniques. » (Linteau *et al.*, 1989, p. 63) Cette situation fait du Québec la province la plus bilingue du pays en 1931.

À partir du milieu du XXe siècle, l'immigration présente une diversité sans précédent, diversité qui s'amplifiera autour des années 1980. Haïti occupe alors la première place dans les pays pourvoyeurs d'immigrants. Un grand nombre de réfugiés d'Amérique du Sud (Argentins, Chiliens, Salvadoriens, Péruviens, etc.), de personnes quittant le Vietnam (les *boat people*) et de Libanais fuyant la guerre composent également l'immigration au cours de cette période. Les années 1990 sont caractérisées par l'arrivée d'Européens de l'Est : des professionnels qualifiés russes, des Roumains (dont la plupart sont des intellectuels) fuyant le régime dictatorial de Ceaucescu, des populations de l'ex-Yougoslavie victimes du nettoyage ethnique, etc. La montée du terrorisme en Algérie amène également, à cette époque, de nombreux intellectuels algériens. Les années 2000 (*voir le tableau 1.1, p. 14*) correspondent ensuite, pour le Canada, à l'installation de résidents permanents principalement originaires de la Chine, de l'Inde, des Philippines et du Pakistan (Citoyenneté et Immigration Canada, 2006).

TABLEAU 1.1 Les résidents permanents au Canada selon les principaux pays d'origine (1997-2006)

Pays d'origine	Nombre									
	1997	1998	1999	2000	2001	2002	2003	2004	2005	2006
Chine, République populaire de	18 526	19 790	29 148	36 750	40 365	33 307	36 256	36 429	42 292	33 080
Inde	19 615	15 375	17 457	26 123	27 904	28 838	24 593	25 575	33 148	30 753
Philippines	10 872	8 184	9 205	10 119	12 928	11 011	11 989	13 303	17 525	17 717
Pakistan	11 239	8 089	9 303	14 201	15 354	14 173	12 351	12 795	13 575	12 332
États-Unis	5 030	4 776	5 533	5 828	5 911	5 294	6 013	7 507	9 262	10 943
Iran	7 486	6 775	5 909	5 617	5 746	7 889	5 651	6 063	5 502	7 073
Royaume-Uni	4 657	3 889	4 478	4 649	5 360	4 725	5 199	6 062	5 865	6 542
Corée, République de	4 001	4 917	7 217	7 639	9 608	7 334	7 089	5 337	5 819	6 178
Colombie	571	922	1 296	2 228	2 967	3 226	4 273	4 438	6 031	5 813
France	2 858	3 867	3 923	4 345	4 428	3 963	4 127	5 028	5 430	4 915
Sri Lanka	5 071	3 329	4 728	5 849	5 520	4 968	4 448	4 135	4 690	4 490
Roumanie	3 916	2 976	3 468	4 431	5 589	5 689	5 466	5 658	4 964	4 393
Russie	3 735	4 304	3 782	3 523	4 073	3 677	3 520	3 685	3 607	2 851
Taiwan	13 324	7 193	5 483	3 535	3 114	2 910	2 126	1 992	3 092	2 823
Hong Kong	22 250	8 087	3 672	2 865	1 965	1 541	1 472	1 547	1 783	1 489
Yougoslavie (ancienne)	1 384	1 172	1 492	4 745	2 803	1 623	941	708	272	126
Dix principaux pays d'origine	118 070	87 490	98 461	121 520	134 285	123 228	119 055	123 757	144 449	135 346
Autres pays	97 968	86 705	91 496	105 939	116 356	105 823	102 296	112 067	117 790	116 303
Total	216 038	174 195	189 957	227 459	250 641	229 051	221 351	235 824	262 239	251 649

Source : Citoyenneté et Immigration Canada. Reproduit avec la permission du ministère des Travaux publics et Services gouvernementaux Canada, 2008.

En 2006, on dénombre au Canada 251 649 immigrants admis, qui s'établissent surtout dans l'espace communément appelé *MTV* (Montréal, Toronto, Vancouver). La même année, le Québec compte 44 686 immigrants reçus, qui se concentrent essentiellement à Montréal et dans sa grande région, à Québec, en Estrie et en Outaouais (*voir le tableau 1.2*). Montréal se classe en tête, accueillant plus de 70 % des immigrants (Ministère de l'Immigration et des Communautés culturelles [MICC], 2007a). C'est ce qui explique, notamment, la politique de régionalisation de l'immigration, qui vise à «démontréaliser» quelque peu l'immigration pour la rediriger vers d'autres régions et villes de la province (Trois-Rivières, Chicoutimi, Trois-Pistoles, Lac-Mégantic, etc.).

TABLEAU 1.2	Les immigrants admis au Québec selon la région projetée de destination (2002-2006)							
Région projetée de destination	2002	2003	2004	2005	2006		2002-2006	
	n	n	n	n	n	%	n	%
Bas-Saint-Laurent	64	106	68	105	109	0,2	452	0,2
Saguenay–Lac-Saint-Jean	138	220	267	131	174	0,4	930	0,4
Capitale-Nationale	1 359	1 686	2 105	2 017	1 754	3,9	8 921	4,3
Mauricie	171	322	291	280	369	0,8	1 433	0,7
Estrie	682	943	938	849	1 165	2,6	4 577	2,2
Montréal	30 501	29 928	33 141	32 189	32 755	73,3	158 514	75,7
Outaouais	698	910	1 035	1 022	1 029	2,3	4 694	2,2
Abitibi-Témiscamingue	19	39	34	25	45	0,1	162	0,1
Côte-Nord	30	28	15	29	17	0,0	119	0,1
Nord-du-Québec	-	9	6	9	8	0,0	32	0,0
Gaspésie–Îles-de-la-Madeleine	14	14	15	16	20	0,0	79	0,0
Chaudière-Appalaches	81	123	137	178	135	0,3	654	0,3
Laval	891	1 302	1 622	1 684	2 027	4,5	7 526	3,6
Lanaudière	200	261	300	253	373	0,8	1 387	0,7
Laurentides	444	512	565	628	578	1,3	2 727	1,3
Montérégie	1 739	2 566	3 062	3 204	3 345	7,5	13 916	6,6
Centre-du-Québec	237	291	318	355	318	0,7	1 519	0,7
Non déterminée	361	323	327	338	465	1,0	1 814	0,9
Total	37 629	39 583	44 246	43 312	44 686	100,0	209 456	100,0

- : Néant ou zéro

Source : Ministère de l'Immigration et des Communautés culturelles (MICC). Permission des PUBLICATIONS DU QUÉBEC.

Ces vagues successives qui font partie intégrante de l'histoire du Canada et du Québec nous montrent donc que la population est hétérogène, et ce, depuis le début, puisque les Premières Nations ont été rejointes par les peuples fondateurs du Canada français et du Canada anglais puis, progressivement, par plusieurs autres populations de diverses origines.

Depuis les années 1990, la population du pays affiche ainsi un caractère un peu moins occidental. Au-delà des faits, cela montre l'ouverture continuelle du Canada et du Québec à une immigration de peuplement et d'expansion économique. En effet, l'histoire collective du Canada et du Québec est marquée par l'établissement et la participation socioéconomique de ces immigrants de toutes provenances.

> L'apport des immigrants et des communautés culturelles au développement du Québec demeure un fait, une réalité réjouissante. L'identité collective au Québec est et sera davantage marquée dans les années à venir par la diversité culturelle, comme partout ailleurs sur la planète. Cette incontournable réalité invite tous les citoyens, les dirigeants et les entreprises dans une commune volonté, à mettre la main à la pâte pour contribuer à l'émergence de conditions (socio-économiques) qui favorisent l'avènement d'une société égalitaire. (Ordre professionnel des travailleurs sociaux du Québec, 2006, p. 15)

■ LES ENJEUX

Comme nous l'avons vu, la circulation des personnes est un phénomène ancien qui répond aux besoins des pays ; par ailleurs, dans le présent cas, l'immigration a toujours été considérée en fonction du peuplement et du développement économique du Canada. Mais l'immigration n'est pas sans soulever des questions importantes. Aussi, pour bien comprendre le phénomène migratoire, il est essentiel de ne pas perdre de vue les enjeux économiques, démographiques et sociopolitiques que représente la présence immigrante.

Les enjeux économiques

Sélectionnés pour leurs compétences professionnelles, les immigrants reçus par le Canada sont aujourd'hui majoritairement scolarisés et n'ont pas besoin d'éducation. Ces «cerveaux», déjà formés et éduqués, qui n'aspirent qu'à travailler, représentent une valeur ajoutée pour l'économie nationale. Par ailleurs, «disposant dans la plupart des cas d'un capital financier, les immigrants font rapidement usage des biens de consommation, contribuent à l'élargissement des marchés et paient des taxes et des impôts» (Gaudet, 2005, p. 8). Toutefois, même si les personnes issues des minorités visibles sont perçues comme un apport essentiel à l'économie, elles connaissent tout de même un taux de chômage plus élevé que celui du reste de la population du Québec. Plusieurs raisons expliquent cet écart, dont le manque de reconnaissance des acquis et la fermeture de l'accès aux corporations professionnelles. S'ajoutent à cela le racisme et la discrimination dont sont victimes certains immigrants. C'est la raison pour laquelle le Canada s'est doté, en 2005, d'un plan d'action en matière d'intégration et de lutte contre le racisme et la discrimination, dont l'un des objectifs est de refléter la diversité dans les politiques, les programmes et les services fédéraux. Le Québec, quant à lui, a adopté la Charte des droits et libertés de la personne du Québec, qui interdit la discrimination (article 10) et a adhéré à la Convention internationale sur l'élimination de toutes formes de discrimination raciale, en 1969. Ces mesures sont très importantes, mais elles restent insuffisantes et doivent être conjuguées à d'autres actions individuelles et collectives dans les différentes sphères de la vie pour intégrer les minorités au quotidien et de façon concrète. L'emploi étant le pivot de l'intégration, il est important de mener des actions ministérielles conjointes qui favoriseront l'ouverture des corporations professionnelles aux diplômés étrangers. Enfin, une sensibilisation des employeurs aux problèmes des immigrants s'avère également incontournable.

Les enjeux démographiques

Dans la plupart des pays occidentaux, on assiste à un vieillissement rapide de la population conjugué à une baisse de la natalité. Ainsi, au Québec, la pyramide des âges présente une base de plus en plus étroite et un sommet de plus en plus large (*voir la figure 1.1*). Cette tendance laisse présager un problème sérieux de décroissance, donc un déclin de la population québécoise d'ici 2010. L'immigration apparaît dès lors comme une des «solutions» pour corriger ce problème. Pour que le «renouvellement» des générations soit assuré, il faudrait que le Québec ait un indice de fécondité de 2,10 enfants par femme. Or, cet indice était de 1,62 en 2006 (MICC, 2007c). Le volume des flux migratoires est donc un enjeu majeur au regard de la croissance démographique au Canada et au Québec. Grâce à lui, «la contribution de la migration nette à la croissance démographique totale atteindra 100% d'ici 2025» (Statistique Canada, 2005, dans Antonius *et al*, 2006, p. 7).

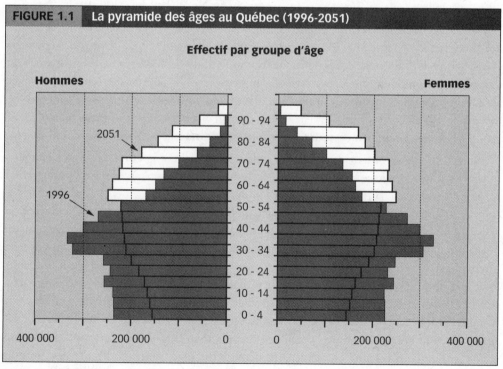

FIGURE 1.1   **La pyramide des âges au Québec (1996-2051)**

Source : Tremblay (1992).

Ces enjeux majeurs associés à l'immigration ont une résonance particulière dans un Québec où la question nationale est très présente et où la langue française est reconnue comme un marqueur important de l'identité québécoise. La connaissance du français devient donc un enjeu important pour les immigrants. Les cadres économique, démographique et linguistique de l'immigration amènent donc inévitablement une redéfinition des modalités du «vivre ensemble» au Québec, modalités dans lesquelles s'inscrivent les enjeux sociopolitiques de la diversité.

1.1.3 LES ÉVÉNEMENTS MONDIAUX ET LEURS CONSÉQUENCES: L'APRÈS-11 SEPTEMBRE 2001

Les conflits internationaux qui font la une des journaux, comme les grands événements qui marquent l'histoire, ont presque toujours des effets sur les ressortissants des pays impliqués. Ainsi, les événements du 11 septembre 2001 ont entraîné des conséquences sur les mouvements migratoires, sur les politiques d'immigration et sur la population arabo-musulmane en général. Ce 11 septembre 2001 a créé «une rupture dans le monde entier» (Touraine, 2005, p. 23), une rupture qui s'est produite sur plusieurs plans (économique, politique, sociopolitique). Cet attentat a notamment eu des conséquences directes sur les politiques d'immigration et sur les relations interethniques dans la majorité des sociétés multiethniques, que ce soit en Europe ou en Amérique du Nord (Laacher, 2007).

Même si la tendance sécuritaire dans les politiques existait déjà, elle s'en est trouvée amplifiée. En effet, le 11 septembre 2001 a instauré un climat international de peur des étrangers qui a légitimé le durcissement des politiques d'immigration. La lutte contre le terrorisme s'est dès lors transformée en une lutte contre l'immigration. Il est pourtant bon de rappeler que tous les Arabes ne sont pas musulmans et, surtout, que tous les musulmans ne sont pas des terroristes. Par ailleurs, le terrorisme n'est pas exclusif aux musulmans puisque bien d'autres groupes l'exploitent un peu partout dans le monde (en Irlande du Nord, au Sri Lanka, etc.).

Faujas (2006) affirme très justement que, relativement à l'immigration, l'Europe s'est barricadée et qu'une «forteresse Europe» a émergé. Au Canada, les conséquences sur l'immigration se sont concrétisées dans l'élaboration et l'adoption de nouvelles lois (Loi antiterroriste, Loi de 2002 sur la sécurité publique, projet de loi C-44 sur la divulgation d'information relative aux passagers des compagnies aériennes, etc.), ainsi que dans l'augmentation du personnel et des mesures de sécurité. Les lois se sont d'autant plus durcies que la communauté internationale a accusé le Canada d'être trop laxiste en ce qui a trait à l'admission d'immigrants et de réfugiés. Ainsi, la France a comparé le Canada à un «Club Med pour terroristes» (cité dans Crépeau, 2002, p. 13). Par ces lois spéciales, l'objectif poursuivi par le Canada était d'empêcher les terroristes d'entrer au pays et de protéger les Canadiens contre des actes terroristes, un motif qui peut paraître louable, en théorie, mais dont la mise en application pose encore aujourd'hui certains problèmes. Et même si des organismes de défense des droits et libertés ont fortement réagi à ce durcissement en dénonçant l'atteinte aux libertés civiles que constituent ces lois (et surtout le projet de loi C-44, qui «viole» des droits et garanties consignés dans la Charte canadienne des droits et libertés), ils n'ont pas été vraiment entendus. Dans un climat de suspicion et d'insécurité, les libertés civiles n'ont pu faire le poids face aux questions de sécurité nationale.

Dans le même ordre d'idées, Cleveland et Nakache (2005) soutiennent que l'attitude du Canada à l'égard des réfugiés à la suite du 11 septembre 2001 s'est polarisée à la fois sur la protection de ces réfugiés et sur celle de la nation. Ainsi, l'Agence des services frontaliers du Canada, créée en 2003, détient aujourd'hui dans son centre de prévention (qui est, en réalité, un centre de détention situé dans un ancien pénitencier de Laval) des personnes qui, pour la majorité, n'ont commis aucun acte criminel au Canada ou à l'étranger, mais qui sont menacées d'expulsion (Gauvreau, 2005). Dans l'entretien et l'envenimement de ce climat de peur, les médias ont joué un rôle de premier ordre, le filtre médiatique des événements du 11 septembre ayant mis exclusivement de l'avant les positions occidentales et américaines en rapport avec l'événement.

Au Québec comme partout ailleurs, à cause d'une stigmatisation médiatique créée par la surinformation et, souvent, par la désinformation, des images stéréotypées ont été véhiculées sur les communautés musulmanes et arabes. Bien sûr, une méconnaissance des musulmans existait déjà avant les attentats du 11 septembre 2001 et transparaissait même dans certains manuels scolaires (Oueslati, MacAndrew et Helly, 2004), mais la tendance «anti-arabo-musulmane» qui a suivi ces attentats a eu des conséquences plus directes sur la discrimination que subissent les personnes provenant du monde arabo-musulman, que ce soit à Montréal ou en région (Pietrantonio *et al.,* 2002; Daher, 2001). Un «néo-racisme» a vu le jour, se traduisant, entre autres, par l'idée selon laquelle certaines cultures seraient incompatibles avec d'autres (Huntington,1997). Dépassant les événements du 11 septembre 2001, Kymlicka (2006) nous amène encore plus loin dans le questionnement: il s'interroge sur l'acharnement que mettent certains à associer systématiquement les musulmans à des mouvements antidémocratiques. Pourtant, déclare-t-il, d'autres régions du monde (Amérique latine, Asie de l'Est) ont aussi des pratiques non libérales, à la différence que ces pratiques «sont perçues comme de simples coutumes et traditions» (Kymlicka, 2006, p. 15). Or, d'après Kymlicka, que ce soit à tort ou à raison, ce sont principalement (si ce n'est exclusivement) aux musulmans que l'on attribue une pratique intransigeante de la foi.

Au Québec, l'après-11 septembre a aussi eu des conséquences sur les communautés musulmanes et sur les relations interethniques. Ainsi, Ali Daher écrit:

> Il ne fait pas bon être arabe ou musulman ces jours-ci. Plusieurs ont limité leurs sorties, sauf pour le strict nécessaire; des femmes ont laissé tomber leur voile; des hommes ont rasé leur barbe ou ont caché les corans en or ou en argent qu'ils portaient autour du cou. La fréquentation des lieux de culte islamique a diminué, et plusieurs ont cessé d'utiliser certains vocables dans leur discours par peur d'être mal compris. À la porte d'un restaurant, on a même affiché: «Arabs, go home». Des familles québécoises qui vivaient ici depuis plusieurs années ont de fait plié bagages et sont retournées dans leur pays d'origine. (Daher, 2001, p. 15)

Comme le reste du monde, le Québec et le Canada ne sont donc pas imperméables aux événements internationaux. Ce qui se passe ailleurs sur le plan de l'immigration a des conséquences directes sur la société et sur les politiques locales. On s'est aussi rendu compte que les médias et les politiciens sont des acteurs clés dans la perception que les gens ont des immigrants. En ce sens, MacAndrew (2007) souligne que le Québec est la province où les journaux traitent le plus fréquemment du multiculturalisme, mais généralement en l'associant à des problématiques. En accentuant la dichotomie entre le *nous* et le *eux*, c'est-à-dire entre les Québécois francophones et les immigrants, les médias ont une influence directe sur le regard que les Québécois portent sur les communautés ethnoculturelles.

1.2 L'IMMIGRATION : STATUTS ET POLITIQUES

1.2.1 LES POLITIQUES D'IMMIGRATION DU CANADA ET DU QUÉBEC

L'histoire de la politique d'immigration au XXe siècle est plutôt l'histoire des dilemmes qui ont partagé le Canada quant aux objectifs de cette politique : aux traditionnels objectifs économiques se sont ajoutées des exigences démographiques, humanitaires, diplomatiques, culturelles et linguistiques qui, bien que souvent divergentes et parfois incompatibles, ont assumé une place d'égale importance dans la politique nationale. (Daniel, 2003, p. 33)

Au Canada, l'immigration est un champ de compétence partagé entre le gouvernement fédéral et les gouvernements provinciaux. En 1867, l'Acte de l'Amérique du Nord britannique permet la création de la Confédération canadienne, qui regroupe alors quatre provinces, dont le Québec. Selon l'Acte, l'immigration est sous l'autorité du ministère de l'Agriculture. Les premières lois voient alors le jour ; l'une d'elles, l'*Immigration Act*, prévoit le partage des responsabilités entre le fédéral et le provincial même si, dans les faits, le fédéral conserve un pouvoir dominant sur la sélection des immigrants.

Comme nous l'avons vu, l'histoire de l'immigration canadienne montre que le Canada n'a pas toujours été ouvert à l'établissement de populations diversifiées sur son territoire. En 1950, la création d'un département de l'Immigration et de la Citoyenneté marque une volonté de continuer à accueillir des immigrants, mais aussi celle de maintenir une sélection méticuleuse dans le choix des ethnies et de respecter la capacité d'absorption de l'économie du pays.

Grâce aux réformes adoptées à partir de 1962, le Canada en vient à élargir ses critères de manière à ce qu'ils deviennent moins discriminatoires et plus universels. Dans un contexte de forte croissance économique où les États-Unis deviennent un sérieux concurrent en ce qui a trait à l'immigration et à l'accueil d'une main-d'œuvre étrangère, le Canada souhaite désormais accueillir des immigrants qualifiés et diplômés. Il établit son premier système de pointage pour les candidats à l'immigration. Cette nouvelle politique d'immigration privilégie alors la valeur de l'individu plutôt que son appartenance ethnique (Daniel, 2003). Bien que louables, ces nouvelles législations montrent des failles et, selon les fluctuations de la conjoncture économique, rendent l'immigration plus ou moins populaire aux yeux des Canadiens.

À la suite d'une vaste consultation nationale, un rapport est déposé au Parlement en 1975. En 1976, on met sur pied «une déclaration de principe, ou "charte" de l'immigration, qui définit pour la première fois des objectifs nationaux positifs tels que l'égalité des races et des nationalités, la réunification des familles, l'accueil de réfugiés et la recherche d'intérêts économiques, démographiques et culturels du Canada» (Daniel, 2003, p. 41).

La politique d'immigration canadienne actuelle date donc de 1976 et a pour mandat de :

- réaliser les objectifs démographiques du pays ;
- participer au développement culturel et social du pays ;
- favoriser le développement économique du pays ;
- encourager et faciliter l'adaptation des résidents permanents ;
- remplir les obligations canadiennes envers les réfugiés.

Soumise aux aléas de la conjoncture économique et politique, cette politique sera maintes fois amendée afin de privilégier des candidats performants dans la nouvelle économie et de mieux planifier les volumes d'immigration, notamment par l'établissement de plans quinquennaux. Ce souci d'efficacité permettra d'envisager et de reconnaître l'apport économique et démographique de l'immigration. Plusieurs provinces signeront alors des accords avec le fédéral pour participer à la sélection de travailleurs qualifiés et d'investisseurs étrangers en fonction de leurs besoins locaux.

Au Québec, en 1966, le gouvernement crée la Direction générale de l'immigration, rattachée au ministère des Affaires sociales. L'élite québécoise commence elle aussi à percevoir à la fois les enjeux linguistiques et démographiques de l'immigration pour un Québec francophone minoritaire où la natalité est en baisse, et les conséquences d'une immigration qui serait mal adaptée aux besoins de la province. S'ensuit alors une série d'ententes avec le gouvernement fédéral afin de mettre en place une véritable politique d'immigration qui tient compte des intérêts des Québécois (*voir la figure 1.2, p. 22*). C'est dans cette perspective que le ministère de l'Immigration du Québec est finalement créé, en 1968. Soucieux de considérer la question du français dans la problématique de l'intégration des immigrants, le Ministère met aussitôt en place des COFI (Centres d'orientation et de formation pour les immigrants), qui offrent des cours de francisation aux immigrants non francophones.

L'immigration devient alors rapidement un enjeu politique, économique et idéologique de plus en plus évident pour le Québec. En 1976, alors que le Parti québécois arrive au pouvoir, plusieurs mesures sont adoptées ; la Charte de la langue française, par exemple, vient officialiser l'obligation pour les parents allophones d'envoyer leurs enfants à l'école française. Dans le souci de maintenir le statut de la langue française au Québec, le gouvernement

Domaine fédéral de l'immigration : admission

1991	*Accord Gagnon-Tremblay-McDougall*	Pouvoirs et moyens accrus
1978	*Entente Couture-Cullen*	Pouvoirs élargis et déterminants pour le Québec en matière de sélection et d'acceptation
1975	*Entente Bienvenue-Andras*	Obligation de la part du gouvernement fédéral de tenir compte de l'avis du Québec
1971	*Entente Cloutier-Lang*	Renseignements
1969	Promotion	
1968	Place du Québec dans le domaine de l'immigration	

Source : Tremblay (1992).

provincial se bat aussi pour obtenir le droit de sélectionner les immigrants. Ainsi, en 1978, l'entente Couture-Cullen donne le droit au Québec de choisir ses immigrants à l'aide d'une grille de sélection qui fait de la connaissance de la langue française une priorité. Au début des années 1990, le Québec et le Canada concluent une autre entente. Il s'agit de l'accord Gagnon-Tremblay-McDougall[1], du nom des ministres de l'Immigration du Québec et du Canada de l'époque. Cette entente permet au Québec de sélectionner depuis l'étranger, et conjointement avec les services d'immigration canadiens, les candidats à l'immigration permanente et temporaire. Le Québec devient en même temps responsable des services d'accueil, et d'intégration linguistique et culturelle de ses immigrants. Cependant, l'établissement des volumes annuels, les critères de sélection, les catégories d'immigrants, le parrainage familial et les demandeurs d'asile relèvent toujours du gouvernement fédéral.

En 1990, le gouvernement du Québec produit un nouvel énoncé de sa politique d'immigration et d'intégration dans un document intitulé *Au Québec pour bâtir ensemble*. Ses objectifs sont les suivants : redressement démographique, prospérité économique, pérennité

---

1 Entente formellement intitulée *Accord Canada-Québec relatif à l'immigration et à l'admission temporaire des aubains.*

du fait français et ouverture sur le monde. En y introduisant l'idée d'un «contrat moral» favorisant le développement d'un sentiment d'appartenance au Québec au sein des communautés culturelles, le gouvernement traduit sa volonté d'être plus inclusif et de sortir de la dichotomie Québécois-communautés culturelles. Le ministère de l'Immigration du Québec (MIQ) est rebaptisé ministère des Communautés culturelles et de l'Immigration (MCCI), puis ministère des Relations avec les citoyens et de l'Immigration (MRCI), avant de devenir, en 2007, l'actuel ministère de l'Immigration et des Communautés culturelles du Québec (MICC). Ces changements successifs d'appellation témoignent de l'évolution de la vision québécoise de l'intégration des immigrants. Loin d'être anodins, ils reflètent plutôt les différentes visions gouvernementales de l'intégration (Roy et Montgomery, 2003; Marhraoui, 2005).

■ LES IDÉOLOGIES D'INSERTION

Une politique d'immigration est indissociable d'une vision précise de l'intégration des immigrants. Ainsi, dans l'énoncé de leurs objectifs et de leurs moyens d'action, les politiques québécoise et canadienne font toutes deux référence à des idéologies particulières d'insertion des immigrants (*voir le tableau 1.3, p. 24*). Ces politiques présupposent une vision d'une société multiethnique qui s'intéresse à la place accordée aux groupes culturels en son sein. Pour le Canada comme pour le Québec, l'objectif est «d'affirmer l'existence d'une nation [...], de créer un ordre social nouveau par le biais de la culture et d'assurer la sécurité culturelle des membres des groupes ethniques afin qu'ils contribuent à l'enrichissement de la culture nationale» (Legault, 2000, p. 45).

Le Canada: l'idéologie du multiculturalisme

L'adoption, en 1971, de la toute première politique officielle sur le multiculturalisme est l'œuvre du Canada. Avec cette politique, la diversité obtient un véritable statut d'atout pour le pays. Le multiculturalisme devient le modèle d'une cohabitation pacifique des communautés, groupes et ethnies. Ce modèle, qui se veut unificateur, met de l'avant trois principes fondamentaux: l'égalité, la liberté et la diversité culturelle. Cette politique reconnaît également les droits des nations autochtones ainsi que le statut des deux langues officielles du pays, privilégiant ainsi le bilinguisme.

Par ce modèle de société, on vise à donner aux groupes culturels une place de choix et à valoriser leurs appartenances ethniques, religieuses et linguistiques, entre autres. On cherche avant tout à respecter les différences, au point de les afficher dans l'espace public et de les considérer d'un point de vue institutionnel, politique et juridique. Ce modèle est donc basé sur une conception additive des groupes et de leur culture respective, c'est-à-dire sur une société où les différences culturelles sont juxtaposées les unes aux autres, et où les groupes se côtoient et affirment leurs identités respectives, mais sans nécessairement être en interaction, ce qui peut parfois entraîner certains cloisonnements au sein même de la nation.

TABLEAU 1.3	Les idéologies d'insertion des immigrants au Canada et au Québec	
	Multiculturalisme ou pluralisme culturel canadien	**Convergence culturelle québécoise**
Contexte	• Influence grandissante de la culture anglo-américaine • Sens d'un nationalisme canadien • Réponse à l'atomisation culturelle de la société canadienne et au nationalisme québécois • Réponse à l'immigration massive du tiers-monde	• La culture est considérée comme un facteur primordial de solidarité et de cohésion sociale. • Cohérence des objectifs pour l'ensemble de la société • Interdépendance des parties
Définition	• La société pluraliste repose sur trois principes fondamentaux : égalité, liberté et diversité culturelle. • Respect des droits humains de base, incluant la non-discrimination raciale	• La société québécoise dit non au monoculturalisme américain et au multiculturalisme canadien. • La société québécoise affirme que les cultures minoritaires seront en partie fusionnées à la culture majoritaire francophone et en partie maintenues en périphérie.
Point commun	Dans les deux cas, il s'agit de la nation à bâtir. Un objectif similaire : créer un ordre social nouveau par le biais de la culture et assurer la sécurité culturelle des membres des groupes ethniques.	
Point divergent	• Les projets individuels (et, par extension, des projets de groupes «ethniques») priment.	• Le projet collectif prime.
Langue	• Bilinguisme (français-anglais)	• Unilinguisme (français)

Source : Ministère de l'Immigration et des Communautés culturelles (MICC), Direction de la recherche et de l'analyse prospective.

Le respect des droits humains et la non-discrimination raciale sont donc au cœur de cette politique, qui comporte tout de même certains risques, dont celui de considérer les descendants des premiers arrivants au sein des communautés culturelles comme d'éternels immigrants identifiés à une minorité et réduits à une certaine forme de ghettoïsation, et de folkloriser leurs différences (Jacob, 2005).

Le Québec : l'idéologie de la convergence culturelle

Alors que le Canada insiste sur la notion de multiculturalisme et de valeurs communes, le Québec privilégie, au cours des années 1980, un modèle basé sur la convergence culturelle où la culture de la majorité francophone est centrale, et où les cultures «immigrées» sont périphériques et doivent converger vers la culture majoritaire pour l'enrichir et la transformer. Les cultures des groupes minoritaires jouissent tout de même d'une relative autonomie. Dans cette optique, la culture est perçue comme un facteur primordial de solidarité et de cohésion sociale, et c'est le projet collectif qui prime. Ainsi, la politique de convergence culturelle ressort clairement de l'énoncé de politique en matière d'immigration et d'intégration du gouvernement du Québec (MICC, 1990, p. 15), où on stipule que :

- le Québec est une société dont le français est la langue commune de la vie publique ;
- le Québec est une société démocratique où la participation et la contribution de tous sont favorisées ;
- le Québec est une société pluraliste, ouverte aux multiples apports culturels dans les limites qu'imposent le respect des valeurs démocratiques fondamentales et la nécessité de l'échange intercommunautaire.

Marhraoui résume ainsi la convergence culturelle : « C'est en terme de nation qu'est appréhendée la réalité québécoise. Cette nation est définie sur une base culturelle composée d'une culture centrale vers laquelle convergent les autres traditions culturelles (anglophones et "ethniques") que l'État veut maintenir originales et vivantes partout où elles s'expriment dans un cadre francophone. » (Marhraoui, 2005, p. 10) Ce modèle réfère ainsi à une société qui valorise les points communs et les points de ressemblances entre le peuple québécois et les communautés culturelles. La convergence culturelle permet donc des échanges et des inter-actions qui déclenchent des transformations à la fois dans la société d'accueil et chez les minorités. Elle donne l'image d'une nation ouverte où les différences sont tolérées, mais jusqu'à un certain point : elles ne doivent pas, en effet, entrer en collision avec le projet de la société d'accueil. Ainsi, dans certaines critiques de cette politique, on souligne l'ethnocentrisme qui découle de ce modèle.

Au cours des années 1980, l'idéologie interculturelle émerge dans plusieurs secteurs et remplace progressivement la convergence culturelle. L'*interculturalisme* est défini par Harvey, en accord avec le Conseil de l'Europe, comme « l'interpénétration entre les cultures, sans gommer l'identité spécifique de chacune d'elles, mettant le multiculturel en mouvement pour le transformer véritablement en interculturel, avec tout le dynamisme que cela implique » (Harvey, 1993, p. 939). À la fin des années 1990, un modèle d'intégration citoyenne fait ensuite son apparition avec l'adoption de la Loi sur le ministère des Relations avec les citoyens et de l'Immigration, en 1996. Ce modèle exclut les différenciations ethniques au profit de l'universalité et de la promotion de la citoyenneté. Cette dernière est désormais vue comme le « fondement de l'intégration des nouveaux immigrants, de la gestion des relations entre l'État et les citoyens en général et de la gestion de la diversité ethnoculturelle en particulier » (Marhraoui, 2005, p. 11). Ce virage veut permettre la participation civique des citoyens, quelles que soient leurs origines.

La nouvelle appellation du ministère de l'Immigration et des Communautés culturelles marque finalement, en 2007, le retour d'une différenciation ethnique qui, pour certains, risque de glisser vers un certain communautarisme au lieu de favoriser le développement d'une réelle citoyenneté (Marhraoui, 2005). Ceci étant, c'est encore le modèle de l'interculturalisme qui est privilégié au Québec. Comme on le déclare dans un document de la Commission Bouchard-Taylor, « ce modèle de pluralisme est devenu en quelque sorte la marque distinctive de notre société en matière de rapports interethniques. Sa caractéristique principale est de vouloir conjuguer à part égale deux éléments a priori difficilement conciliables, à savoir le respect de la diversité et les impératifs de l'intégration collective. » (Commission de consultation sur les pratiques d'accommodement reliées aux différences culturelles, 2007, p. 19)

■ LA POLITIQUE DE RÉGIONALISATION DU QUÉBEC : « DÉMONTRÉALISER » L'IMMIGRATION

La politique de régionalisation mise en place par le gouvernement du Québec au début des années 1990 émane de deux principaux constats : la majorité des immigrants s'établissent dans la région de Montréal, contre une faible minorité dans le reste de la province, et particulièrement dans certaines régions du Québec qui, par ailleurs, se dépeuplent et se dévitalisent. En 1988, un dossier, « Le Québec cassé en deux » (Harvey *et al.*, 1988), montrait que certaines régions de la province étaient en croissance économique (Sud-Ouest, Laurentides, Lanaudière, Montérégie, Montréal métropolitain et Outaouais) alors que d'autres (Bas-Saint-Laurent, Gaspésie, Saguenay–Lac-Saint-Jean, Côte-Nord, Abitibi-Témiscamingue, Estrie, etc.) se dévitalisaient depuis des années à cause d'une baisse de la qualité de vie, d'une hausse du chômage, de la fermeture d'écoles, etc. Préoccupé à la fois par ce phénomène et par la forte concentration des immigrants dans la grande région de Montréal, le gouvernement du Québec, dans son Énoncé de politique en matière d'immigration et d'intégration, fait alors de la régionalisation de l'immigration un de ses objectifs stratégiques pour réduire le clivage entre la métropole et les régions, rééquilibrer la répartition géographique de l'immigration et permettre aux régions de profiter des bénéfices de l'immigration. En 1992, le gouvernement produit un document intitulé *Orientations pour une répartition régionale plus équilibrée de l'immigration* et prend plusieurs mesures favorisant la régionalisation de l'immigration. Après quelques années d'expérimentation de cette politique, on constate, entre autres, que les régions ne parviennent pas à retenir leurs immigrants fraîchement débarqués. En dehors du fait qu'on ne peut obliger les immigrants à s'installer en région, des études ont été menées afin de connaître les raisons profondes de cette incapacité de retenir les immigrants. Les résultats de ces études ont mis en lumière, d'une part, le fait qu'il est nécessaire de faire en sorte que l'immigration en région corresponde à un besoin de main-d'œuvre et, d'autre part, l'importance de mener des actions concrètes dans les régions d'accueil (sensibilisation de la population à l'apport des immigrants dans la région, soutien et mesures d'accompagnement accrus du gouvernement dans les régions, etc.).

En dépit des bonnes intentions gouvernementales, les immigrants ne peuvent régler à eux seuls le problème actuel des régions du Québec et du Canada. Les travaux effectués dans les zones à faible densité d'immigrants par les membres de l'Observatoire canadien de l'immigration démontrent que l'intégration des immigrants en région exige que la population soit impliquée dans l'accueil des immigrants et informée quant aux réalités interculturelles. De véritables occasions de dialogue et d'échanges doivent également être créées dans les régions, où l'immigrant est trop souvent perçu comme une curiosité. En ce sens, les travaux soulignent l'importance de mettre les médias locaux à contribution dans la diffusion de l'information. Par ailleurs, les immigrants doivent eux aussi être informés des réalités régionales existantes, qui vont au-delà des attraits touristiques tant publicisés par les dépliants ministériels.

1.2.2 LES STATUTS DES IMMIGRANTS, LES CATÉGORIES D'IMMIGRANTS ET LES PROCÉDURES D'IMMIGRATION

■ UN APERÇU DES DIFFÉRENTS STATUTS

En matière d'immigration, on distingue plusieurs statuts et catégories au Canada. Ils sont forts complexes, et il est, par conséquent, difficile de tous les décrire de façon précise et exhaustive. Nous avons tout de même choisi d'en faire une brève présentation, au risque de gommer certaines nuances et exceptions. Notre objectif demeure celui de fournir des renseignements fondamentaux en poursuivant deux buts importants : démystifier l'idée selon laquelle il est facile d'immigrer au Canada et souligner la précarité de certaines situations, et les failles ou les vides de certains processus juridiques concernant des statuts particuliers (celui des revendicateurs du statut de réfugié).

Selon le droit fédéral, plusieurs statuts distinguent les personnes se trouvant au Canada et au Québec (MICC, 2007b, p. 5) :

- citoyen canadien : ce statut est celui des personnes nées au Canada et des personnes ayant obtenu la citoyenneté canadienne ;
- résident permanent : immigrant ayant obtenu le droit de s'établir de façon permanente au Canada. Cet immigrant n'a pas la citoyenneté canadienne, mais il possède les mêmes droits qu'un citoyen canadien, sauf le droit de vote. Il ne peut bénéficier d'un passeport canadien pour voyager à l'étranger ;
- résident temporaire : personne qui bénéficie d'un statut temporaire au Canada ; il peut s'agir d'un visiteur, d'un étudiant, d'un voyageur d'affaires, d'un travailleur temporaire, d'un stagiaire, etc. ;
- réfugié : il s'agit d'un résident permanent à qui l'asile a été accordé ;
- personne sans statut : se dit des revendicateurs du statut de réfugié en attente de leur statut et des personnes en situation irrégulière (clandestins).

■ LES RÉSIDENTS PERMANENTS

Les résidents permanents regroupent plusieurs catégories de personnes. On trouve d'abord les personnes issues de l'immigration économique. Appelés *indépendants* (professionnels, gens d'affaires, entrepreneurs, investisseurs, etc.), ils formaient, en 2006, la catégorie d'immigrants la plus nombreuse au Canada et au Québec (54,9 %) (MICC, 2007a).

Parmi les résidents permanents, on trouve aussi les immigrants issus du regroupement familial. Au Canada, un résident permanent ou un citoyen canadien peut déposer une demande de regroupement familial afin de faire venir au pays un ou plusieurs membres de sa famille directe (conjoint, enfant, fratrie). En contrepartie, le demandeur doit s'engager à subvenir financièrement aux besoins de ce parent durant une période déterminée. Ces immigrants représentaient 28 % des résidents permanents du Canada en 2006.

Enfin, les résidents permanents comprennent aussi les réfugiés. Selon la Convention relative au statut des réfugiés des Nations unies, signée à Genève en 1951, un réfugié est une personne qui, « craignant avec raison d'être persécutée du fait de sa race, de sa religion, de sa nationalité, de son appartenance à un certain groupe social ou de ses opinions politiques, se trouve hors du pays dont elle a la nationalité et qui ne peut ou, du fait de cette crainte, ne veut se réclamer de la protection de ce pays [...] » (Haut Commissariat des Nations Unies aux droits de l'homme, 1999). Ces immigrants constituaient 12,9 % des résidents permanents du Canada en 2006.

Alors que le Québec gère les catégories économiques de l'immigration, le Canada est responsable, quant à lui, des autres catégories (regroupement familial et réfugiés). Il faut noter qu'après un certain temps passé au Canada, un résident permanent peut choisir ou non de faire une demande de citoyenneté canadienne. S'il désire obtenir cette citoyenneté, il doit satisfaire à certaines conditions : avoir 18 ans ou plus ; avoir vécu au Canada pendant au moins trois des quatre années précédant la demande ; être en mesure de communiquer en français ou en anglais ; avoir des connaissances sur le Canada, et connaître les droits et responsabilités liés à la citoyenneté canadienne. Les personnes qui font une demande de citoyenneté doivent d'ailleurs réussir un petit examen sur le sujet, effectué après la lecture obligatoire d'un manuel intitulé *Regard sur le Canada*. Comme pour toute démarche d'immigration, des frais sont rattachés à cette demande.

■ LES PERSONNES SANS STATUT

Les revendicateurs du statut de réfugié au Canada

Représentant la catégorie des immigrants la moins nombreuse au Canada (28 % en 2006), les revendicateurs du statut de réfugié doivent prouver qu'ils ont besoin de protection et que leur vie est en danger dans leur pays d'origine, au sens où on l'entend dans la Convention relative au statut des réfugiés. Ils doivent ensuite faire une demande d'asile officielle, laquelle suit alors tout un processus légal. La Commission de l'immigration et du statut de réfugié du Canada (CISR, tribunal administratif indépendant) rend directement compte de ses décisions au Parlement par l'intermédiaire du ministre de l'Immigration. En 2007, les revendicateurs du statut de réfugié au Canada[2] étaient principalement

---

2 L'appellation actuelle et la plus utilisée est *demandeurs d'asile*.

originaires de la Colombie et du Mexique, et ceux installés au Québec provenaient principalement du Mexique et de l'Inde.

Les enfants de moins de 18 ans séparés de leurs parents ou d'un tuteur légal qui demandent l'asile sont désignés par l'appellation *mineurs non accompagnés*. La plupart arrivent aux frontières par l'intermédiaire d'un réseau de passeurs et réclament le statut de réfugié à leur arrivée. Depuis les années 1980, le Québec a assisté à l'arrivée d'un flux régulier de ces enfants, qui viennent surtout, aujourd'hui, de l'Afghanistan, de la République démocratique du Congo, du Sri Lanka et du Pakistan.

Les personnes vivant illégalement ou clandestinement au Canada

Sont considérés en situation illégale ou immigrés clandestins les individus qui vivent sans statut légal sur le territoire canadien. Il peut s'agir de personnes entrées clandestinement au pays, mais aussi de touristes ou d'autres résidents temporaires n'ayant pas quitté le territoire alors que leur visa est échu, ou encore, de revendicateurs du statut de réfugié dont la demande a été refusée et qui font l'objet d'un avis d'expulsion. Ces personnes, parce qu'elles n'ont pas de papiers légaux, sont bien souvent considérées comme une sous-catégorie d'êtres humains sans droits ni libertés (Laacher, 2007). Ces sans-papiers sont souvent exploités dans des industries manufacturières ou sont victimes de diverses formes d'esclavage. Ils font néanmoins rouler l'économie en travaillant pour des salaires de misère. Dans de nombreux pays, cette main-d'œuvre illégale est même canalisée dans des réseaux où des acteurs gouvernementaux, des entrepreneurs locaux et des trafiquants d'hommes (marchands d'esclaves, passeurs spécialisés, etc.) participent à son recrutement. À partir des années 1990, ce commerce mondial a d'ailleurs connu une forte croissance, les femmes et les enfants devenant les premières cibles d'un trafic destiné à l'industrie du sexe (Bellefeuille, 2005). Au Canada, on ne connaît pas précisément le nombre d'individus en situation clandestine ou illégale, mais on l'évalue à plusieurs centaines de milliers.

■ LES PROCÉDURES DE DEMANDE ET DE SÉLECTION

On estime qu'il faut de six mois à deux ans avant qu'une réponse soit donnée à une demande de résidence permanente au Canada. Cette démarche a un coût, un montant qui varie selon la catégorie concernée (économique, regroupement familial, réfugié) et qui est versé aux deux paliers de gouvernement (fédéral et provincial).

Toute personne qui souhaite immigrer au Québec doit d'abord obtenir un Certificat d'acceptation du Québec (CAQ), délivré par le gouvernement provincial, puis faire suivre sa demande au gouvernement du Canada. Afin de juger de leur admissibilité, on soumet tous les demandeurs à une sélection qui s'effectue en fonction d'un système de pointage où on prend en compte plusieurs critères (âge, niveau de qualification, expérience professionnelle, état de santé, connaissances linguistiques, autonomie financière, antécédents judiciaires, etc.). Cette sélection a pour objectif de favoriser une immigration qui répond adéquatement aux objectifs et aux besoins du pays, et qui ne représente, pour lui, ni une menace à la sécurité ni une charge financière trop lourde. Parfois, cette sélection peut être complétée par une entrevue avec un responsable gouvernemental.

1.3 LA DIVERSITÉ RELIGIEUSE ET LA QUESTION DES ACCOMMODEMENTS RAISONNABLES

Compte tenu de l'histoire du peuplement du Canada et de l'arrivée constante d'immigrants au pays, la diversité est une réalité omniprésente qui marque l'ensemble de l'espace public (épiceries, restaurants, lieux de culte, etc.). De plus, la tenue, en 2007, d'un débat sur les accommodements raisonnables a suscité plusieurs questions fondamentales concernant le Québec de demain, dont celles-ci : quelle place sommes-nous prêts à accorder aux communautés ethnoculturelles et jusqu'à quel point pouvons-nous gérer les transformations sociales provoquées par les relations interethniques ?

La polémique déclenchée par les accommodements raisonnables n'est peut-être que la pointe de l'iceberg, mais elle a permis de lever le voile sur les possibles dérapages liés à la gestion de la diversité dans la société québécoise. En effet, ce débat a mis de l'avant la question identitaire, mais de manière négative, les préjugés et l'hostilité à l'égard des immigrants apparaissant alors au grand jour comme des réalités brutales dans le Québec de la Charte des droits et libertés de la personne.

1.3.1 LES EFFETS DU DÉBAT SUR LES ACCOMMODEMENTS RAISONNABLES

Il est bon de rappeler, dans un premier temps, que l'accommodement est un concept juridique qui découle des chartes canadienne et québécoise des droits et libertés. Il s'agit donc d'un terme précis, défini, et très détaillé. Saris (2007), citant Woerhling, en précise la définition : l'*accommodement raisonnable* « est une obligation qui entraîne, dans certains cas, l'État, les personnes et les entreprises privées à modifier certaines normes, pratiques, et politiques légitimes et justifiées, d'apparence neutre, qui s'appliquent donc sans distinction à tous, pour tenir compte des besoins particuliers de certaines personnes appartenant à certaines catégories caractérisées par un motif de discrimination interdit » (Saris, 2007, p. 386).

C'est donc pour éviter toute forme de discrimination à l'égard de certaines minorités (religieuse, culturelle, ethnique, sexuelle, par exemple) que le Québec s'est doté de cette notion juridique. L'accommodement raisonnable est donc un droit et non un privilège. À propos de la question de la diversité religieuse, Pierre Anctil écrit :

> Notre société a beaucoup à offrir à tous ses citoyens, notamment un espace de liberté individuelle fort précieux dans les circonstances, et qui inclut le droit de porter les signes extérieurs de sa foi ou d'en refléter les valeurs en public. Il importe toutefois

de rappeler que l'accommodement raisonnable n'est pas une mesure équivoque ou partiale favorisant les seuls immigrants ou leurs descendants. Continuer de percevoir la diversité culturelle sous la forme d'une opposition entre nouveaux arrivants et Canadiens français, ou entre tenants d'une croyance religieuse et défenseurs de la laïcité, ne peut que contribuer à creuser un fossé encore plus profond entre Québécois de toutes origines. C'est précisément ce que l'application d'une forme ou l'autre d'accommodement raisonnable tente de faire. (Anctil, 2006, p. 4)

De fait, même si l'accommodement est encore parfois perçu, à tort, comme un privilège accordé aux minorités ethniques, ce sont pourtant les personnes handicapées et protestantes qui présentent le plus de demandes d'accommodements raisonnables à la Commission des droits de la personne et des droits de la jeunesse. De plus, ces demandes sont surtout faites dans le cadre du milieu du travail (Geadah, 2007). Et lorsqu'on y répond favorablement, des solutions *ad hoc* et très détaillées sont formulées. Enfin, comme le souligne très justement Saris (2007), l'accommodement raisonnable n'est pas une mesure d'intégration des immigrants.

Il faut dire que cette mesure est dangereusement galvaudée par les médias, qui montent souvent en épingle des situations où il ne s'agit pas d'accommodements raisonnables, mais bien d'ajustements ou d'efforts d'adaptation faits par des institutions qui choisissent de répondre favorablement à des demandes émanant de certains membres d'une communauté (par exemple, l'installation de vitres givrées dans un YMCA de Montréal en 2007). Ce tapage médiatique a des effets pervers sur l'image des immigrants en général. En effet, même si ce sont des individus qui présentent des demandes d'accommodements raisonnables, celles-ci sont très rapidement associées à l'ensemble de leurs communautés, et les amalgames sont alors nombreux. S'ajoute à cela un concentré d'épisodes particulièrement médiatisés où le religieux a été mis de l'avant tout le long de l'année 2007 (port du turban au travail, port du *kirpan* et du voile à l'école, volonté d'instaurer le tribunal islamique de la charia au Canada, etc.). Une équation entre *immigrants* et *menaces contre les valeurs démocratiques* a pris forme à la suite de ces débats médiatiques (MacAndrew, 2007). De la même façon, un sentiment d'envahissement religieux véhiculé par les immigrants a commencé à faire surface.

D'un autre côté, il est impératif que ce débat sur les accommodements raisonnables soit public, car les décisions doivent représenter des choix collectifs. De plus, comme le déclare Geadah, il convient aussi de sortir des positions duales suscitées par la diversité religieuse, qui oscillent entre le racisme et le relativisme culturel, et «de cesser de voir du racisme dans toute critique des accommodements, comme de cesser de croire que la seule façon de lutter contre les préjugés est d'appuyer toutes revendications religieuses, y compris celles qui sont issues des interprétations les plus rigides de la religion» (Geadah, 2007, p. 28).

Il est donc important que des experts se penchent sur la question des religions pour nous aider à comprendre certaines réalités et à intervenir adéquatement. La création de la Commission Bouchard-Taylor, en 2007, témoigne de la volonté du gouvernement de réfléchir sérieusement à cette question des accommodements raisonnables et de proposer des pistes d'action. Mais, dès le départ, la ronde de consultations publiques mise sur pied par la Commission est surtout apparue comme un débat de la majorité sur les minorités. Comme l'a bien souligné la présidente de Québec solidaire, Françoise David, au cours d'une entrevue radiophonique, il aurait peut-être été bon de nommer parmi les membres de cette commission des représentants des communautés ethniques et religieuses (imam, rabbin, prêtre). En effet, ces représentants doivent oser occuper l'espace public pour définir leur communauté. Dans le cas contraire, ce sont les autres qui continueront à les définir et à les stigmatiser. Sur ce point, il faut reconnaître qu'en octobre 2007, *Qui sont les Québécois?*, un forum national de consultation publique sur les Québécois musulmans organisé par la Commission, a été très pertinent.

Le débat sur les accommodements raisonnables a donc révélé un Québec tiraillé entre sa tradition et sa réputation d'ouverture et de tolérance, et ses dérives racistes; un Québec fracturé entre ses régions et ses métropoles; un Québec ambigu par rapport à l'accueil et à la reconnaissance de ses immigrants. La polémique a eu pour effet de dévaloriser l'*autre*, cet *autre* étant évidemment l'immigrant, l'étranger, celui qui vient d'ailleurs. Ajoutons que, du côté des immigrants, cette commission aura eu un double effet: une conscientisation des perceptions que les Québécois ont des immigrants et une mobilisation par rapport à leurs requêtes (par exemple, le besoin d'une reconnaissance des diplômes et les besoins en francisation).

La diversité religieuse n'est pourtant pas l'exclusivité des immigrants, ce qui rend la question religieuse d'autant plus complexe. Comme nous l'avons vu durant plusieurs mois, les différentes consultations menées par la Commission Bouchard-Taylor ont ouvert une véritable boîte de Pandore. Le débat est ainsi passé de la question de l'intégration et de l'adaptation des communautés culturelles à celle de la religion, puis de l'identité nationale et de la langue française, et enfin, de l'égalité dans les rapports entre les hommes et les femmes. Au vu de ce débat et de l'agitation médiatique qu'il a provoquée, il apparaît donc important de demeurer attentif et de ne pas tomber dans des associations simplistes réduisant, par exemple, la religion à la tradition et l'athéisme à la modernité. Il est tout aussi important d'éviter deux écueils après cette commission: l'alarmisme et l'angélisme.

Dans son mémoire portant sur le document de consultation *La planification de l'immigration au Québec pour la période 2008-2010* adressé à la Commission de la culture, la Commission des droits de la personne et des droits de la jeunesse émet également une mise en garde contre les amalgames.

> [...] bien qu'il soit opportun d'aborder la problématique des accommodements religieux en lien avec celle de l'immigration, il serait hasardeux de vouloir réduire l'une à l'autre. Un tel amalgame semble pourtant s'être durablement enraciné dans l'imaginaire collectif à la faveur d'une couverture médiatique n'ayant braqué les projecteurs que sur des demandes d'accommodement religieux formulées par des membres de minorités issues de l'immigration, récente ou ancienne. (Commission des droits de la personne et des droits de la jeunesse, 2007, p. 9)

Le mémoire déposé par le Centre de santé et de services sociaux (CSSS) de la Montagne souligne ce même point.

> Au Québec, nous assistons présentement à un débat marqué de perceptions divergentes quant à la diversité culturelle, ainsi qu'à l'égard des valeurs, principes et comportements qui y sont associés. Les médias reflètent ce débat dans l'actualité, mais le traitement médiatique qui a cours en ce moment ne présente pas l'éventail complet des positions avancées. Un tel déséquilibre vient exacerber les perceptions et biaiser la réalité reliée à la diversité culturelle. Cette situation alimente les préjugés et les stéréotypes envers les personnes immigrantes et nuit à la compréhension des conditions de vie et des enjeux d'insertion qu'elles vivent. (Centre de santé et de services sociaux de la Montagne, 2007, p. 4)

L'enjeu est donc de tenter d'amorcer un dialogue interculturel et interreligieux, ce qui passe par une reconsidération de l'histoire collective du Québec et de celle des immigrants, et par l'acceptation de se voir inévitablement transformé et enrichi par la culture de l'autre, et ce, de façon réciproque. Il convient aussi de ne pas avoir des attentes trop irréalistes par rapport à la Commission Bouchard-Taylor : le rapport produit ne sera que le début d'un important travail qui restera à faire.

1.3.2 LA DIVERSITÉ ET LA RELIGION

Des débats comme celui sur les accommodements raisonnables ou, encore, celui sur la légalité de l'application de la charia (loi musulmane) nous amènent à revoir à la fois l'histoire du rapport au religieux au Québec et la question cruciale de l'identité nationale. Surtout, ils montrent que la société d'accueil est manifestement interloquée par les différentes religions que les immigrants pratiquent. Il est donc important de profiter de ces débats pour se sensibiliser davantage à la question de la diversité religieuse et pour désamorcer les craintes surréalistes qu'on entretient à l'égard des religions. De la même façon, comme l'a souligné Micheline Milot[3] lors d'une entrevue à la radio de Radio-Canada, l'usage social de la laïcité a laissé croire que cette laïcité équivalait à l'effacement du religieux. Or, le terme *laïcité* signifie le contraire de l'absence du religieux. En effet, l'État canadien, même s'il reste « indifférent » aux religions, protège la liberté de conscience et de religion (qui est une liberté fondamentale) grâce à la Charte canadienne des droits et libertés. C'est pourquoi il nous apparaît essentiel de dresser un portrait de la diversité religieuse actuelle au Canada et au Québec, et d'expliquer la façon dont est gérée cette diversité.

■ UN PORTRAIT DE LA DIVERSITÉ RELIGIEUSE AU CANADA

Bramadat (2005, p. 89) présente la nouvelle réalité démographique de la religion au Canada : « […] entre 1991 et 2001, les communautés musulmanes, hindoues, sikhes et bouddhistes ont chacune soit plus que doublé, soit presque doublé en importance ».

---

3 Professeure titulaire au département de sociologie de l'Université du Québec à Montréal.

Il y a donc une augmentation réelle de la diversité religieuse au Canada. Ce constat ne signifie pas pour autant qu'il y ait une invasion du fait religieux. Par ailleurs, dans les discours, on a tendance à simplifier la question des religions en parlant des communautés religieuses comme si elles représentaient des réalités homogènes et uniformes. Or, elles présentent des réalités tout aussi diversifiées que celles des Québécois eux-mêmes.

La plupart des pays occidentaux ont opté pour le principe de la laïcité, qui promeut la séparation du religieux et de l'État. S'appuyant sur cette pensée laïque, l'Occident valorise l'expression des droits et libertés dans l'espace public, et relègue la pratique de la religion à l'espace privé. Cependant, cette dualité, qui impose une véritable rupture, ne correspond pas à la réalité de certains pays qui adhèrent à une idéologie religieuse dont l'influence se fait sentir jusque dans l'appareil étatique. Certains immigrants proviennent donc de pays dirigés par un régime dans lequel le religieux est omniprésent et imprègne l'ensemble de la vie collective et quotidienne. Dans ces pays, l'espace public et l'espace privé sont, de fait, en continuité. Lorsque ces immigrants font face au principe de la laïcité, ils doivent faire un effort pour vivre cette rupture, tout en développant, parfois, des stratégies visant à réintroduire dans leurs pratiques religieuses et celles de leur famille une certaine forme de continuité.

Se référant au modèle canadien du multiculturalisme, qui promeut la diversité culturelle, Kymlicka suggère une prise en compte diversifiée des calendriers religieux par l'État canadien. Ainsi, déclare-t-il, « il semble bien injuste que les congés fériés consacrés par l'État coïncident avec le calendrier chrétien et non avec celui des autres religions » (cité dans Cornellier, 2003). Et il se demande également si nous ne devrions pas « abandonner un des congés chrétiens (disons Pâques) et reconnaître, en lieu et place, un jour férié pour une des deux autres religions d'importance, comme le Yom Kippour ou le ramadan » (cité dans Cornellier, 2003). Cette proposition, qui peut paraître exagérée, est pourtant en totale cohérence avec le principe d'égalité si cher aux tenants du multiculturalisme, et elle a l'avantage de soulever la question de l'inclusion des différences dans la collectivité. Mejía Pérez Campos et Vaillancourt (2006) font état des différents modèles qui prévalent dans plusieurs pays, notamment au Canada et en France (*voir la figure 1.3*). Le Canada, dans l'ensemble, adopte une approche qui privilégie la tolérance à l'égard des communautés ethniques, et la Charte des droits et libertés agit comme garde-fou contre les discriminations possibles. Par ailleurs, de nombreux programmes ont été créés pour assurer l'égalité des personnes, en incluant leur différence. À tel point qu'en cas de conflit menaçant ce principe d'égalité, on peut recourir aux tribunaux pour défendre sa cause. Tenant d'une véritable politique du multiculturalisme au regard de la religion, le Canada, tout en préservant l'héritage judéo-chrétien auquel il tient, a donc opté pour le principe de la neutralité. Selon cette conception, l'État ne doit pas prendre parti pour une religion en particulier. À l'opposé, la France, fidèle au modèle républicain et porteuse d'une politique plutôt assimilationniste, a opté pour l'absence de tout signe religieux ostentatoire dans les institutions publiques, en accord avec le principe de laïcité qu'elle revendique. Les défenseurs de ce modèle refusent ainsi les tentatives de différenciation basée sur des critères ethniques, culturels et religieux, et ne manifestent donc aucune tolérance envers des communautés particulières. Par conséquent, aucun symbole religieux n'est admis à l'école ou dans toute autre institution publique, et il n'y a pas non plus de recours possible devant les tribunaux en cas de conflits (Mejía Pérez Campos et Vaillancourt, 2006). Toutefois, la laïcité ne signifie pas non plus l'absence du religieux. Selon Bosset (Bosset et Grey, 2007), c'est même un principe régulateur qui permet de gérer les tensions entre l'État et les religions.

FIGURE 1.3 **Les modes de gestion des États au regard de la diversité religieuse**

A S S I M I L A T I O N N I S M E	**Modèle républicain**	**Modèle canadien**	M U L T I C U L T U R A L I S M E
	Séparation formelle entre le religieux et l'état	Processus de laïcisation et principe de neutralité pour le Québec	
	• Rejet de toute reconnaissance des droits des communautés basés sur des critères ethniques, culturels ou religieux	• Reconnaissance de la diversité culturelle comme droit fondamental	
	• Pas de traitement particulier	• Traitement particulier	
	• *Tolérance zéro*	• *Approche plus tolérante*	
	• Règlement interdisant tout symbole religieux ostentatoire dans les services publics	Axé sur la charte et pris en compte dans les institutions comme condition d'actualisation de l'égalité : Obligation d'accommodement raisonnable	
	Pas de recours à la voie légale pour régler des conflits	Recours aux tribunaux lorsqu'il y a des conflits culturels	

Source : Inspiré de Mejía Pérez Campos et Vaillancourt (2006).

■ LE CAS MONTRÉALAIS : DIEU EST DANS LA VILLE[4]

La ville de Montréal est l'illustration éloquente d'une transformation urbaine consécutive à l'arrivée et à l'installation de communautés ethniques possédant un héritage religieux autre que judéo-chrétien. Ce fait permet une fois encore de mettre en lumière la complexité de la pratique religieuse. Au Québec, la construction de lieux de culte est réglementée, et ce sont les municipalités qui l'autorisent (le cadre législatif étant défini par la province). Avec l'arrivée massive d'immigrants, les municipalités (Montréal en tête) ont été submergées, dès la fin des années 1990, par des demandes de construction de tels lieux. L'augmentation des lieux de

---

4 Titre d'un documentaire réalisé par Aziz El Jahidi (2005) qui montre l'omniprésence des religions mono-théistes à Montréal.

culte est souvent interprétée comme une manifestation de sectarisme de la part des communautés ethniques et religieuses. Pourtant, comme l'explique Annick Germain (2007), plusieurs études européennes montrent que la visibilité des lieux de culte doit plutôt être interprétée comme une volonté de faire partie du « tout », c'est-à-dire d'être intégré dans l'espace public. Selon elle, ces lieux sont des indicateurs d'intégration dans le paysage urbain. Sur le territoire montréalais, on dénombre actuellement environ 500 lieux de culte, dont la moitié sont des églises de confessions catholique et protestante. Sur le reste de l'île de Montréal, on en compte environ 300 autres, ce qui fait près de 800 lieux de culte différents (Gagnon et Germain, 2002). Après les églises catholiques et protestantes, les synagogues juives constituent les lieux de culte les plus répandus, suivies par les lieux de culte des chrétiens d'Orient, puis par les mosquées des musulmans. Les lieux de culte présentement en expansion sont ceux des mouvements protestants de réforme radicale (comme les évangélistes et les pentecôtistes) et des religions dites orientales non chrétiennes (comme le bouddhisme et l'hindouisme).

Ces données, même si elles permettent de se faire une idée de la représentation des religions à Montréal, ne montrent toutefois pas la dynamique de transformation des pratiques religieuses qui s'opère sous l'influence de la migration et du contexte prévalant dans le pays d'accueil. En effet, il est souvent difficile pour les communautés religieuses issues de l'immigration de reprendre leur pratique sous sa forme habituelle dans leur nouveaux pays d'installation, étant donné l'absence dans ce pays d'une collectivité qui soutiendrait cette pratique. Par exemple, avant d'avoir les fonds nécessaires pour construire un lieu de culte et l'autorisation formelle de le faire, les communautés pratiquantes doivent généralement occuper d'abord un espace temporaire plutôt informel qui n'est pas nécessairement adapté à une pratique religieuse (local, salle communautaire, sous-sol d'un particulier). Par ailleurs, lorsqu'ils existent, il n'est pas rare que ces lieux provoquent certaines controverses ou conflits de voisinage en rapport avec le stationnement, la circulation, les chants religieux, etc. De plus, comme le souligne Germain (2007), ces lieux sont souvent polyfonctionnels et servent de lieux communautaires pour des activités sociales (pièce pour la prière, bibliothèque, salle de lecture). On assiste donc à une transformation des espaces religieux et de leur rôle, transformation induite par les contraintes imposées par le nouvel environnement, ainsi qu'à une transformation de la pratique religieuse en tant que telle. Comme le dit Touraine, même si « nous assistons aujourd'hui à l'affaiblissement des institutions religieuses » (2005, p. 211), on constate, parallèlement, qu'il y a une « affirmation d'expressions moins institutionnalisées du sentiment religieux » (Touraine, 2005, p. 211). Helly et ses collaboratrices (2001) montrent bien la façon dont les parents et les familles décident de préserver, de changer, de négocier, voire d'abandonner certaines de leurs pratiques du seul fait de la migration et de l'absence de contexte religieux dans le pays d'accueil. L'appartenance religieuse faisant partie intégrante de l'identité et étant le vecteur de la culture et des manières de voir le monde d'une personne, ce sont donc aussi les valeurs et la manière d'être des immigrants qui en viennent à se transformer en même temps que leur pratique.

Les sociétés occidentales ont souvent une idée figée de la religion et réagissent parfois vivement aux pratiques religieuses. L'étude des lieux de culte de Montréal est donc intéressante, car elle permet de constater que le religieux peut être à la fois un indicateur d'émancipation et un facteur d'intégration des immigrants à la société majoritaire.

CONCLUSION

Afin de rendre compte de la diversité canadienne et québécoise actuelle, nous avons opté pour une vision globale qui tient compte à la fois de l'histoire des immigrants, et des politiques d'immigration qui en définissent et en contrôlent le flux. Nous avons vu que, de manière générale, l'immigration est un phénomène qui mène à l'adoption de politiques sélectives et parfois répressives lorsqu'elles assimilent les flux migratoires à une menace contre la sécurité du pays. D'autre part, afin de bien comprendre la cartographie de l'immigration actuelle, il convient aussi de savoir qu'il existe dans les pays d'origine une réalité économique et des situations particulières qui provoquent ces flux migratoires. Mais il est tout aussi important d'être conscient que la médiatisation des conflits internationaux a des conséquences sur nos perceptions de certains pays et de certaines communautés, et, de fait, sur les relations interethniques dans les sociétés qui accueillent ces immigrants.

La description des statuts et des procédures de demande d'immigration en vigueur au Canada et au Québec permettent également de mettre en évidence les différentes catégories d'immigrants et les processus de sélection auxquels sont soumis les nouveaux arrivants. Ces statuts et procédures sont tributaires de politiques d'immigration qui évoluent constamment et qui s'inscrivent dans des idéologies d'insertion bien définies. Ainsi, le Canada comme le Québec se sont construits et continuent de se construire à l'aide de populations immigrantes qui répondent d'abord aux besoins du pays. Enfin, comme nous le montre, entre autres, la polémique sur les accommodements raisonnables, il apparaît que la diversité, notamment celle des pratiques religieuses, pose certains problèmes, qu'on tend parfois, dangereusement, à expliquer par un « excès de diversité ».

En travail social, nous devons toujours tenir compte, dans nos interventions, de l'ensemble des éléments historiques, conjoncturels, factuels, statutaires et sociopolitiques qui fondent la diversité. Dans son travail, par sa relation directe avec les personnes, l'intervenant est un témoin de première ligne des inégalités sociales et des processus d'exclusion des minorités. Il ne peut donc faire l'économie d'une réflexion sur son engagement et sur le projet de société dont il est porteur; le travail social peut être coercitif dans la mesure où chaque intervenant peut devenir, au nom de valeurs démocratiques, égalitaristes et laïques, un agent de « normalisation » ou d'« hyper-intégration ». Notre engagement repose sur une sensibilité, sur une motivation personnelle et sur une forme de solidarité qui va jusqu'à la proximité avec l'autre : c'est ici que sont définis les vrais enjeux du changement. En effet, c'est notre attitude qui nous amène à la rencontre de l'autre, qui est créatrice de liens et qui produit du sens.

Dans cette perspective, la recherche interculturelle est extrêmement précieuse parce qu'elle fait avancer les connaissances sur les immigrants par le travail qu'elle suppose auprès d'eux. La formation collégiale et universitaire en travail social gagne donc toujours à s'inspirer non seulement de la démarche méthodologique suivie en recherche interculturelle (où on intègre les immigrants dans le processus de cueillette des données et où on n'hésite pas à recourir au partenariat avec des groupes associatifs ethnoculturels), mais aussi des résultats qui nous incitent à bonifier et à transformer nos pratiques.

POUR EN SAVOIR PLUS

 LIVRES

LAACHER, S. (2006). L'immigration, Paris, Le Cavalier bleu (Coll. Idées reçues).

 ARTICLES ET RAPPORTS DE RECHERCHE

BELLEMARE, A.-M. et TAILLON, A. (2006). «Détention au Centre de prévention de l'immigration : La réalité des détenus vue par des intervenantes sociales», *Vivre ensemble*, vol. 14, n° 48, automne, [en ligne], http://www.cjf.qc.ca/ve/bulletins/2006/Vol14No48/Bellemare_No48.pdf (consulté le 9 mars 2008).

Commission de consultation sur les pratiques d'accommodement reliées aux différences culturelles (2007). *Accommodements et différences. Vers un terrain d'entente : La parole aux citoyens, Guide de participation,* [en ligne], http://www.accommodements.qc.ca/documentation/guide-participation.pdf (consulté le 9 mars 2008).

Ministère de l'Immigration et des Communautés culturelles du Québec, Direction de la recherche et de l'analyse prospective (2006). *Bulletin statistique trimestriel sur l'immigration permanente au Québec (1er trimestre),* [en ligne], http://www.micc.gouv.qc.ca/publications/fr/recherches-statistiques/BulletinStatistique-2006trimestre1-ImmigrationQuebec.pdf (consulté le 9 mars 2008).

 SITES INTERNET

Groupe d'information et de soutien des immigrés (GISTI)
http://www.gisti.org/

L'autre Montréal, collectif d'animation urbaine
http://www.autremontreal.com/

Ministère de l'Immigration et des Communautés culturelles du Québec
http://www.micc.gouv.qc.ca/

➤

Ministère de la Citoyenneté et de l'Immigration Canada
http://www.cic.gc.ca/

Revue européenne des migrations internationales (REMI)
http://remi.revues.org/

Société historique du Canada
http://www.cha-shc.ca/
Immigrant Voices, «L'immigration juive à Montréal»

 AUDIOVISUELS

Clandestins, réalisation : Denis Chouinard et Nicolas Wadimoff, 1998.

L'Ange de goudron, réalisation : Denis Chouinard, 2001.

Loin de chez eux, réalisation : Stephen Frears, 2002.

The Day After Tomorow, réalisation : Roland Emmerich, 2004.

Hôtel Rwanda, réalisation : Terry George, 2004.

Paradise Now, réalisation : Hany Abu-Assad, 2005.

Va, vis et deviens, réalisation : Radu Mihaileanu, 2005.

Azur et Asmar, réalisation : Michel Ocelot, 2006.

La Porte d'or, réalisation : Emanuele Crialese, 2006.

Un Dimanche à Kigali, réalisation : Robert Favreau, 2006.

Africa paradis, réalisation : Sylvestre Amoussou, 2007.

BIBLIOGRAPHIE

ANCTIL, P. (2006). «Quel accommodement raisonnable?», *Le Devoir,* 11 décembre.

ANTONIUS, R., Icart, J.-C. et LABELLE, M. (2006). *Canada et Québec: Les grands enjeux de l'immigration,* Montréal, Observatoire international sur le racisme et les discriminations.

AREVALO, R. (2006). *La violencia: Récits de guerre et récits de réfugiés internes colombiens,* Mémoire de maîtrise en travail social, Université du Québec à Montréal.

BACHOUSE, C. (2006). *Les musulmanes au sein des sociétés occidentales,* Vancouver, Colloque annuel de la Fondation Trudeau, 16 au 18 novembre.

BELLEFEUILLE, J. (2005). «Dénoncer la traite des femmes… au Canada», *Vivre ensemble,* vol. 13, n° 44, hiver-printemps.

BOSSET, P. et GREY, J. (2007). *Le respect des diversités culturelles, la laïcité et la liberté d'expression,* Conférence prononcée dans le cadre de l'événement Droits et cultures: Juridicisation de la culture et acculturation du droit, Université du Québec à Montréal, 22 février.

BRAMADAT, P. A. (2005). «Au-delà du cheval de Troie», *Canadian Issues/Thèmes canadiens,* printemps.

Centre de santé et des services sociaux de la Montagne (2007). *L'adaptation reliée à la gestion de la diversité dans le secteur de la santé et des services sociaux de la région de Montréal,* Mémoire présenté à la Commission de consultation sur les pratiques d'accommodement reliées aux différences culturelles, 19 octobre.

Citoyenneté et Immigration Canada (2006), [en ligne], http://www.cic.gc.ca (consulté le 16 mars 2008).

CLEVELAND, J. et NAKACHE, D. (2005). «Attitudes des commissaires et décisions rendues», *Vivre ensemble,* vol. 13, n° 44.

Commission de consultation sur les pratiques d'accommodement reliées aux différences culturelles (2007). *Accommodements et différences. Vers un terrain d'entente: La parole aux citoyens, Document de consultation,* Gouvernement du Québec.

Commission des droits de la personne et des droits de la jeunesse (2007). *Mémoire sur le document de consultation «La planification de l'immigration au Québec pour la période 2008-2010»,* Mémoire présenté à la Commission de la culture, septembre.

CORNELLIER, L. (2003). «Le modèle canadien de Kymlicka», *Le Devoir,* 19-20 juillet, [en ligne], http://archives.vigile.net/ds-actu/docs3/03-7-19-1.html (consulté le 16 mars 2008).

CRÉPEAU, F. (2002). «Le contrôle des frontières: Le risque d'une mise en cause de l'État de droit», dans L. Pietrantonio, G. Bourgeault et J. Renaud (dir.), *Les relations ethniques en question: Ce qui a changé depuis le 11 septembre 2001,* Montréal, Presses de l'Université de Montréal.

DAHER, A. (2001). «Les événements du 11 septembre et les Québécois de religion islamique», *Vivre ensemble,* vol. 10, n° 34, automne 2001, [en ligne], http://www.cjf.qc.ca/ve/archives/themes/sp/spdaher_34.htm (consulté le 16 mars 2008).

DANIEL, D. (2003). «Une autre nation d'immigrants: La politique d'immigration du Canada au 20e siècle», *Vingtième siècle,* n° 77.

FAUJAS, A. (2006). «Comment l'Europe s'est barricadée», *Jeune Afrique,* n° 46, 28 mai au 3 juin.

GAGNON, J. É. et GERMAIN, A. (2002). «Espace urbain et religion, esquisse d'une géographie des lieux de culte minoritaires de la région de Montréal», *Cahiers de* ➤

géographie du Québec, vol. 46, n° 128, septembre, [en ligne], http://www.cgq.ulaval.ca/textes/vol_46/no128/02-Gagnon.pdf (consulté le 16 mars 2008).

GAUDET, É. (2005). *Relations interculturelles : Comprendre pour mieux agir,* Mont-Royal, Groupe Modulo.

GAUVREAU, C. (2005). « La détention des étrangers au Canada », *Vivre ensemble,* vol. 13, n° 44.

GEADAH, Y. (2007). *Accommodements raisonnables : Droit à la différence et non différence des droits,* Montréal, VLB Éditeur.

GERMAIN, A. (2007). *L'intégration urbaine des immigrants à l'épreuve des lieux de culte,* Conférence-midi organisée par le CRF du CLSC Côte des neiges, 25 janvier.

HARVEY, J. (1993). « L'intégration des immigrants », dans F. Dumont, S. Langlois et Y. Martin (dir.), *Traité des problèmes sociaux,* Montréal, Institut québécois de recherche sur la culture (IQRC).

HARVEY, J. *et al.* (1988). « Le Québec cassé en deux », *Relations,* n° 545, novembre.

Haut Commissariat des Nations Unies aux droits de l'homme (1999). *Convention relative au statut des réfugiés,* [en ligne], http://www.unhchr.ch/french/html/menu3/b/o_c_ref_fr.htm (consulté le 16 mars 2008).

HELLY, D., VATZ-LAAROUSSI, M. et RACHÉDI, L. (2001). *Transmission culturelle aux enfants par de jeunes couples immigrants : Montréal, Québec, Sherbrooke,* Immigration et Métropoles, [en ligne], http://www.im.metropolis.net/research-policy/research_content/doc/Transmission.pdf (consulté le 16 mars 2008).

HUNTINGTON, S. (1997). *Le choc des civilisations,* Paris, Odile Jacob.

JACOB, A. (2005). *Le développement du travail social et le pluralisme au Québec,* [en ligne], http://www.unites.uqam.ca/rufuts/ts%20et%20diversit%E9%20culturelle%20AJacob.doc (consulté le 16 mars 2008).

KYMLICKA, L. (2006). *Tester les limites du multiculturalisme libéral ?,* Vancouver, Colloque annuel de la Fondation Trudeau, 16 au 18 novembre.

LAACHER, S. (2006). *L'immigration,* Paris, Le Cavalier bleu (Coll. Idées reçues).

LAACHER, S. (2007). *Le peuple des clandestins,* Paris, Calmann-Levy.

LEGAULT, G. (2000). *L'intervention interculturelle,* Montréal, Gaëtan Morin éditeur.

LINTEAU, P.-A. *et al.* (1989), *Histoire du Québec contemporain : De la Confédération à la crise 1867-1929,* Montréal, Boréal.

MACANDREW, M. (2007). « Pour un débat inclusif sur l'accommodement raisonnable », article soumis à la revue *Éthique publique,* 19 février.

MARHRAOUI, A. (2005). « Le retour des communautés culturelles », *Vivre ensemble,* vol. 13, n° 45, automne.

MEJÍA PÉREZ CAMPOS, É. et VAILLANCOURT, J.-G. (2006). *La régulation de la diversité et de l'extrémisme religieux au Canada,* [en ligne], http://classiques.uqac.ca/contemporains_campos_elisabeth/regulation_extremisme_religieux/regulation.html (consulté le 16 mars 2008).

Ministère de l'Immigration et des Communautés culturelles (MICC) (1990). *Au Québec pour bâtir ensemble : Énoncé de politique en matière d'immigration et d'intégration,* Québec, Direction des communications du ministère des Communautés culturelles et de l'Immigration.

►

Ministère de l'Immigration et des Communautés culturelles (MICC) (2007a), [en ligne], http://www.micc.gouv.qc.ca/ (consulté le 16 mars 2008).

Ministère de l'Immigration et des Communautés culturelles (MICC) (2007b). *L'immigration au Québec : Partage des responsabilités Québec-Canada, Statuts des personnes se trouvant au Québec, Catégories d'immigration,* [en ligne], http://www.micc.gouv.qc.ca/publications/fr/planification/Immigration-quebec-partage-responsabilites.pdf (consulté le 16 mars 2008).

Ministère de l'Immigration et des Communautés culturelles (MICC) (2007c). *Caractéristiques de l'immigration au Québec : Statistiques, Consultation 2008-2010,* Montréal, Direction des affaires publiques et des communications.

NOËL, F. (2000). *Nous avons tous découvert l'Amérique,* Arles, Actes Sud (Coll. Babel).

Ordre professionnel des travailleurs sociaux du Québec (2006). *Relativement au document de consultation « Vers une politique gouvernementale de lutte contre le racisme et la discrimination »,* Mémoire présenté à la Commission de la culture, 30 août.

OUESLATI, B., MacANDREW, M. et HELLY, D. (2004). *Le traitement de l'islam et des musulmans dans les manuels scolaires de langue française du secondaire québécois (histoire, géographie, éducation économique, formation personnelle et sociale),* Montréal, Rapport de recherche, CIC et Chaire en relations ethniques de l'Université de Montréal.

PICHÉ, V. (1997). « Les grandes migrations internationales », *Relations,* n° 629, avril.

PIETRANTONIO, L., BOURGEAULT, G. et RENAUD, J. (dir.) (2002). *Les relations ethniques en question : Ce qui a changé depuis le 11 septembre 2001,* Montréal, Presses de l'Université de Montréal.

ROY, G. et MONTGOMERY, C. (2003). « Practice with immigrants in Quebec », dans A. Al-Krenawi et J. R. Graham, *Multicultural Social Work in Canada,* Don Mills, Oxford University Press.

SARIS, A. (2007). « L'obligation juridique d'accommodement raisonnable », dans H. Dorvil et R. Mayer (dir.), *Problèmes sociaux,* tome IV, Québec, Presses de l'Université du Québec.

SASSEN, S. (2002). « Mais pourquoi partent-ils ? », *Histoires de migrations : Manière de voir, Le monde diplomatique,* n° 62, mars-avril.

TOURAINE, A. (2005). *Un nouveau paradigme pour mieux comprendre le monde d'aujourd'hui,* Paris, Fayard.

TREMBLAY, Y. (1992). *Connaissances du ministère des Communautés culturelles et de l'Immigration du Québec,* Montréal, Ministère des Relations avec les citoyens et de l'Immigration.

WABERI, A. A. (2006). *Aux États-Unis d'Afrique,* Paris, J.-C. Lattès.

CHAPITRE 2

LES MÉCANISMES D'INCLUSION DES IMMIGRANTS ET DES RÉFUGIÉS

Gisèle Legault et Joël Fronteau

Le Québec et le Canada, ouverts à l'immigration au même titre que des pays comme les États-Unis, l'Australie et les pays scandinaves, sont attentifs à la période postmigratoire et se préoccupent autant de l'inclusion des nouveaux arrivants, qui se fait à l'aide de certains mécanismes, que des obstacles nuisant à cette inclusion. Nous définissons ici les *mécanismes d'inclusion* ou *d'insertion* (dans le présent contexte, les termes sont interchangeables, que l'on parle des immigrants ou des réfugiés, puisque les processus sont semblables) comme les divers processus que traversent les nouveaux arrivants au moment de leur insertion dans la société d'accueil.

L'expérience migratoire est une expérience déstabilisante qui représente à la fois un projet de vie, un trajet (le voyage) et un parcours (des étapes). Rappelons, en effet, que la migration est d'abord une émigration et, ensuite, une immigration. Le processus migratoire comprend ainsi l'ensemble des phénomènes, émotifs et physiques, affectant un individu à partir du moment où il prend la décision de migrer jusqu'à son adaptation dans son nouveau pays. Ce processus s'inscrit dans trois principaux contextes : prémigratoire, migratoire et postmigratoire. Même si le présent chapitre traite principalement des aspects postmigratoires du processus, il n'est pas inutile de se pencher brièvement sur les deux premiers contextes.

2.1 LE PROCESSUS PRÉMIGRATOIRE ET MIGRATOIRE

Les conditions de la migration ont une influence déterminante sur le processus d'adaptation et d'intégration à la nouvelle société. Il y a donc lieu de s'interroger sur le contexte d'élaboration du projet migratoire. Comment s'est prise la décision de migrer ? Quelles en ont été les motivations sur le plan des attentes pragmatiques et sur celui du rêve ? Était-ce pour améliorer des conditions de vie personnelles et familiales, ou pour fuir un pays en guerre ? Était-ce un départ volontaire ou forcé ? Un membre de la famille était-il persécuté ou menacé de violence ? Y a-t-il eu un séjour transitoire ? Était-ce un projet personnel, de couple, familial ? Les membres de la famille étaient-ils tous prêts à quitter le pays ? Quelles étaient les attentes au regard du pays d'accueil ? On retiendra que la personne qui a volontairement choisi de migrer aura de meilleures chances de s'intégrer à son nouveau contexte de vie que celle qui a quitté son pays en catastrophe, laissant parfois derrière elle des proches en danger, et entretenant souvent le projet d'un retour au pays ou, encore, une peur en ce qui a trait à un éventuel retour.

La personne immigrante n'arrive pas toujours dans le pays hôte accompagnée de son conjoint et de ses enfants. En effet, il est assez fréquent que les membres d'une même famille soient séparés au cours du processus migratoire. Les délais bureaucratiques et la nécessité d'accumuler suffisamment d'économies pour être en mesure d'assumer le rôle de garant font en sorte qu'il s'écoule parfois plusieurs mois, voire plusieurs années avant que n'ait lieu la réunification de la famille. La durée de la séparation détermine la qualité de la reprise de la relation, car les époux vivent souvent, l'un par rapport à l'autre, un décalage culturel plus ou moins important. Que tous les membres de la famille migrent en même temps ou qu'un des membres arrive en premier (souvent le père), la famille est donc appelée à vivre une période d'adaptation, qui peut varier selon l'ampleur des difficultés éprouvées.

À chacune des phases du processus migratoire correspondent des moments particuliers qui sont essentiels (ou qui le deviendront) du fait qu'ils déterminent, pour l'avenir, des balises, des repères et des limites, des points d'ancrage, des filtres ou des écrans ; il faut comprendre que la migration est avant tout une expatriation qui ne se fait pas sans deuils, sans désirs et sans transgressions. Les phases s'enchaînent, mais le passage de l'une à l'autre n'est pas toujours nettement marqué. Chaque phase est le produit des précédentes, et les effets de l'une continuent à se manifester dans les autres. Par ailleurs, chacune a sa propre nécessité, même les plus courtes, et comprend des moments et des expériences particulières. Ainsi, le fait de ne pas pouvoir vivre pleinement l'une d'entre elles peut avoir de sérieuses conséquences par la suite, notamment pour l'intégration.

Ce chapitre aborde les mécanismes d'inclusion des immigrants et des réfugiés par l'entremise de l'étude des processus d'« adaptation », d'« intégration » et d'« acculturation », suivant en cela la proposition d'Abou, qui affirme « que la trajectoire que les immigrants sont appelés à effectuer dans le pays récepteur recouvre trois processus distincts qui se déroulent spontanément, mais à des rythmes différents, à trois niveaux du réel : ce sont les processus d'adaptation, d'intégration et d'acculturation » (Abou, 1988, p. 2). L'étude de ces processus, de façon distincte dans un premier temps, peut aider à comprendre cette trajectoire.

De son côté, la phénoménologie de l'expérience migratoire subjective montre l'importance de la dynamique pendulaire qui anime la personne, qui va de l'intérieur à l'extérieur, du subjectif à l'objectif, de l'émotionnel au rationnel, de l'imaginaire au réel. Nos actions (pensées, comportements, paroles) sont des réponses à un stimuli qui nous influence, soit de l'intérieur (émotions, désirs, peurs), soit de l'extérieur (situations, conditions, circonstances). Tout est donc une question d'attitude, tout repose sur une oscillation entre une certaine disposition psychologique (interne) et un comportement (externe). Dans ce continuum migratoire, on peut cerner différentes phases, chacune se trouvant sous la dominante de la dimension intérieure ou de la dimension extérieure.

2.2 LE PROCESSUS D'ADAPTATION

De Rudder (1995) explique que, en anthropologie et en sociologie, la notion d'adaptation renvoie généralement à des modifications, plus ou moins superficielles, relatives à des situations nouvelles particulières: climat, vie urbaine, logement, etc. La notion d'adaptation renvoie aussi au processus d'interaction entre l'individu (ou le groupe restreint) et le milieu social plus large où il se trouve, processus où l'individu modifie ses attitudes et son comportement afin de s'insérer dans ce milieu social. Abou, pour sa part, présente l'adaptation comme un concept à teneur écologique, comme une acclimatation du migrant au milieu physique du pays d'accueil. Il renvoie ainsi non seulement aux conditions climatiques du nouvel habitat, mais aussi à l'aménagement de l'espace auquel procèdent les immigrés «dans le but de réduire la différence qualitative entre l'habitat nouveau et l'ancien» (Abou, 1988, p. 3). Quand il est dans «l'espace du souvenir», l'immigrant fait en sorte que son nouvel habitat soit une copie conforme de l'ancien, essayant d'y perpétuer son mode de vie antérieur. Mais lorsqu'il se retrouve dans «l'espace du projet», qui abrite toujours le passé, mais qui tient aussi compte de l'avenir, un regroupement ethnique provisoire s'opère alors, ce qui lui permet d'adoucir son adaptation. Cette stratégie, la plus fréquemment adoptée par les nouveaux arrivants, se révèle très efficace à court terme, en ce sens qu'elle permet «d'amortir le choc que représente le passage d'une société à une autre [...], de s'initier graduellement à la fréquentation du groupe majoritaire et de ses institutions, et de répondre à des besoins que la société d'accueil ne pourrait généralement pas combler à elle seule» (Ministère des Communautés culturelles et de l'Immigration [MCCI], 1991, p. 8). Ce regroupement ethnique peut toutefois devenir un handicap s'il débouche, à long terme, sur une situation d'isolement dans la vie et dans le travail. Enfin, Abou mentionne l'existence d'un troisième espace, «l'espace de la création», adopté d'emblée par certains immigrants qui ne craignent pas d'aborder un espace entièrement nouveau, souvent en raison de qualifications professionnelles précises qui sont requises dans le pays d'accueil.

2.2.1 LE VÉCU SUBJECTIF: L'ARRIVÉE PHYSIQUE

Extérieur

Intérieur

■ LE DÉPAYSEMENT

Le moment de l'arrivée marque le début du processus d'adaptation dans le pays hôte. On pourrait, à juste titre, nommer cette adaptation *phase touristique*. Cette dernière est marquée par l'attrait du monde extérieur, la curiosité, la fascination de la nouveauté et de l'étrangeté, les premiers contacts et les premières impressions, l'exploration, la découverte, l'étonnement, le laisser-aller, le détachement de son code de valeurs, l'abandon, l'euphorie (griserie, ivresse), le repérage, l'orientation, la familiarisation et l'apprivoisement, soit les premiers apprentissages. Cette période de découverte, c'est le plaisir de relever des façons de faire inhabituelles, souvent déconcertantes, d'apprendre de nouvelles choses, bref de satisfaire sa curiosité par rapport au nouvel environnement. Et même s'il est ici question de vécu subjectif, nous ne devons pas oublier que ce vécu est souvent teinté et influencé par le vécu familial et celui du groupe d'appartenance.

L'arrivée physique est donc un temps assez court durant lequel on se familiarise avec le nouvel environnement. Pendant cette période, la personne vit un certain sentiment d'ambiguïté et d'ambivalence : elle est en même temps fatiguée et excitée. Elle est bombardée d'impressions nouvelles (odeurs, parfums, couleurs, luminosité, goûts, saveurs, sons, bruits, etc.). Le dépaysement est une source d'intérêts. Au début, il représente un changement agréable d'habitudes. On ne se sent plus contraint par les règles de conduite auxquelles on était accoutumé. Il y a de la transgression dans l'air ; on exulte. Le dépaysement conduit enfin aux premiers repérages, à une cardinalisation de l'espace, qui précède celle du temps. La désorientation spatiale est plus immédiate et évidente que la désorientation temporelle, car il est, somme toute, plus aisé de se réorienter dans l'espace que dans le temps, et cela se fait plus rapidement.

■ LA PERTE OU L'INADÉQUATION DES SCHÈMES DE RÉFÉRENCE

La perte (ou l'inadéquation) des *schèmes de référence* favorise l'émergence de nouvelles conduites : on fait l'expérience du tâtonnement, et l'imitation devient un mode quasi obligé pour se familiariser avec les nouveaux codes et les apprivoiser. Le regard positif que l'on porte sur les choses et les gens, associé aux grandes attentes que l'on nourrit, stimule l'envie d'expérimenter sans aucune réserve. Cela correspond au désir de changer, c'est-à-dire de se voir sous d'autres angles que ceux par lesquels on se perçoit habituellement, et de se découvrir de nouvelles facettes. Ce désir de changer se manifeste également par la recherche de l'autre, différent de soi (un être se dissimulant sous la similitude), et par la rencontre effective avec cet autre, laquelle met en jeu le processus d'identification.

■ LA TRAVERSÉE DU MIROIR

L'arrivée représente en elle-même le miroir. Avant le départ, *là-bas* est un rêve ; c'est l'inconnu. Au moment de l'arrivée, *là-bas* prend de plus en plus consistance, tandis que *ici* en perd peu à peu. Lorsque la traversée du miroir est réalisée, un renversement s'est opéré : *là-bas* est devenu *ici,* et vice-versa ; l'inconnu est devenu le connu, et le connu, le méconnu. L'aventure au-delà du miroir se poursuit sur un plan sémantique, mais aussi dans une dimension temporelle, car il y a également une distorsion affectant le passé, le présent et le futur qui apparaît.

2.2.2 LE VÉCU SUBJECTIF : L'ARRIVÉE PSYCHOLOGIQUE

Extérieur

Intérieur

Après l'arrivée physique commence la phase de l'arrivée psychologique, soit celle de l'établissement. C'est une phase de prise de conscience au cours de laquelle on mesure mieux les véritables enjeux de la décision de migrer, et où l'on fait face aux conséquences d'un tel choix. Cette phase se caractérise par l'émergence du monde intérieur, par une intériorité, un repli sur soi, un isolement, voire un renfermement, ainsi que par une difficulté (quand ce n'est pas une impossibilité) de parler de ses souvenirs (l'amnésie de l'immigrant). Elle se caractérise également par des désillusions et par l'apparition de difficultés (dont l'indifférence ou des attentes trop élevées des autres par rapport aux capacités du nouvel arrivant), ainsi que par une fatigue culturelle, un abattement nerveux et de l'anxiété.

Très tôt (après quelques semaines seulement), l'immigrant commence à éprouver de la difficulté à formuler les impressions suscitées par l'environnement. En effet, les impressions glanées au gré d'observations curieuses étonnent le nouveau venu par leur caractère d'étrangeté ou leur aspect peu familier. La complexification des impressions ressenties en l'absence immédiate de sens correspond à l'émergence de l'abstrait. Cette émergence est généralement révélée par un état de fatigue et par la difficulté qu'a la personne d'exprimer quoi que ce soit, puisque l'essence de l'autre culture lui échappe encore. Les impressions les plus évidentes sont alors généralement superficielles et, quand elles gagnent en profondeur, il manque encore au nouvel arrivant la lumière nécessaire pour les rendre intelligibles.

■ L'ÉCUEIL DE LA PAROLE

L'incapacité de communiquer avec les gens du pays dans leur langue, donc de s'exprimer par les «canaux ordinaires», produit un isolement et génère un profond sentiment de solitude, qui est généralement accompagné d'ennui et de mélancolie (état d'abattement et de tristesse, accompagné d'une rêverie qui n'a rien à voir avec la nostalgie). La barrière linguistique croît jusqu'à devenir un véritable mur. Qui plus est, le fait de ne pouvoir converser entraîne un sentiment, parfois profond, de dévalorisation. Être à la merci de quelqu'un pour traduire et se faire traduire les choses les plus simples a également un effet déstabilisant, car on n'existe plus que par personne interposée. Il arrive souvent que les enfants constituent alors une ressource importante : par leur facilité à entrer en contact avec les autres, ils brisent l'isolement du nouvel arrrivant et font en sorte qu'il se sent moins seul.

■ LA CONSTRUCTION ET LA DÉCONSTRUCTION IDENTITAIRES

Compte tenu du fait qu'un individu n'est pas un être prédéterminé et constitué uniquement d'éléments innés, toute personne se voit soumise à un phénomène de construction identitaire. Lorsqu'on parle de construction identitaire, il faut toujours considérer deux facteurs antagonistes, soit l'identité telle qu'elle est perçue de l'intérieur (par soi) et l'identité telle qu'elle est perçue de l'extérieur (par les autres). Chez une personne migrante, la construction identitaire s'accompagne d'une déconstruction identitaire. Privé de repères et de moyens d'expression, l'individu se trouve dans l'incapacité de communiquer autrement que par l'entremise d'autrui ; il vit alors un sentiment de dévalorisation. Par son assujettissement aux autres, il perd également sa qualité de sujet et se voit réduit à n'être plus qu'un objet que l'on peut manipuler. Ces processus de dévalorisation de soi et de réification, c'est-à-dire de transformation en un état d'objet figé, évoluent selon l'état de tension suscité par les situations et les moments particuliers. L'utilisation d'un langage «infantilisant» par les représentants de la société d'accueil lorsqu'ils s'adressent au nouvel arrivant contribue généralement à créer ce double processus de dévalorisation et de réification. Pour surmonter les handicaps de la communication, l'individu doit donc réussir à s'affirmer comme sujet « sourd et muet » : « sourd » parce qu'il n'entend pas ou ne comprend pas ce qu'on lui dit, et « muet » parce qu'il ne peut lui-même répondre, questionner et converser. Cette affirmation équivaut alors à une épreuve de séduction qui permettra la reconquête d'une identité reconnue non plus seulement par la personne elle-même, mais aussi par les autres.

■ LES « RÉ-APPRENTISSAGES »

Le nouvel arrivant se rend parfois compte que certaines tâches de la vie quotidienne doivent être réapprises. La simple exécution de tâches jusque-là considérées comme automatiques devient laborieuse et pénible, et nécessitera donc un nouvel apprentissage. L'individu se sent alors tout à la fois gauche, infantilisé, perdu, aliéné, frustré… Toutefois, cette situation l'amène aussi à prendre conscience de sa propre façon de faire.

Le repli se fait sur un double plan, individuel et collectif, sur soi, et sur ses pairs, ou compatriotes. La personne vit de plus en plus de situations de frustration. Elle réagit à de petites difficultés comme s'il s'agissait de catastrophes majeures. Mais elle peut en même temps rechercher la compagnie de compatriotes pour renforcer son attitude du « nous » et du « eux », car le besoin de reconstruire un réseau social, un nouveau cadre de référence, un sentiment d'appartenance se fait sentir. On est ici dans l'espace du projet dont parlait Abou.

Le sentiment qui prédomine alors est celui du doute, autant au regard de la réalité des faits observés que par rapport au sens à attribuer à ce qu'on perçoit ou à la conduite à adopter dans bon nombre de circonstances. Ce doute n'a rien de réfléchi ni de raisonné ; c'est plutôt un état d'esprit qui s'impose et qui fait que l'individu ne peut rien affirmer, car tout, ou presque, lui est étranger. Cette situation est difficile, car l'individu comprend également qu'il y a nécessité pour lui d'échanger et d'interagir avec les membres du pays hôte pour réussir son « ré-apprentissage ». En même temps, la fatigue engendrée par l'adaptation et les multiples apprentissages à faire rend cette période particulièrement éprouvante et contribue grandement au sentiment d'écartèlement de l'immigrant, qui se trouve assis entre deux chaises, une position qui n'a rien de confortable.

Paradoxalement, c'est aussi en étant plongé dans une culture différente qu'on apprend à reconnaître et à mieux connaître sa propre culture. On prend ainsi conscience de certains de ses aspects qu'on ne soupçonnait pas auparavant, soit parce qu'ils étaient trop évidents et paraissaient aller de soi, soit parce qu'ils n'étaient, en réalité, que vaguement connus. On procède alors à leur actualisation, c'est-à-dire qu'on est capable de les verbaliser, de les exprimer en termes intelligibles, pour soi comme pour autrui. D'autre part, un nouvel arrivant peut également, au cours de cette période, acquérir une connaissance intellectuelle de l'autre culture, ou s'en faire une idée (par exemple, en lisant des livres ou en regardant des films), et, ainsi, mieux saisir les différences et les ressemblances entre sa culture d'origine et la culture de son pays d'accueil. Il acquerra, par le fait même, une certaine sensibilité culturelle.

Quoi qu'il en soit, il demeure qu'une culture est aussi une partie de nous-mêmes... et que nous ne nous en amputons pas délibérément. Aussi, toute tentative que nous pouvons faire pour nous en débarrasser, même momentanément, est irrémédiablement vouée à l'échec. Tout nouvel arrivant en contexte interculturel doit donc apprendre à composer avec ces traits culturels dès qu'il sera mis en situation de les reconnaître.

Le tableau 2.1 résume les principales étapes qui marquent l'arrivée physique et psychologique du nouvel arrivant dans son pays d'accueil.

TABLEAU 2.1	Le vécu subjectif du processus d'adaptation		
Arrivée physique		**Arrivée psychologique**	
Extérieur		Extérieur	
	Intérieur		Intérieur
• Dépaysement • Perte ou inadéquation des schèmes de référence • Traversée du miroir		• Écueil de la parole • Déconstruction et reconstruction identitaires • «Ré-apprentissages»	

2.3 LE PROCESSUS D'INTÉGRATION

Le processus d'intégration qui s'amorce avec l'adaptation fait en sorte que celle-ci se prolonge et s'amplifie. De Rudder (1994) attire l'attention sur le fait qu'il est difficile de proposer une définition unique de l'*intégration* susceptible de recueillir l'adhésion de tous. Elle ajoute cependant que, «au-delà des modes politico-médiatiques, et même si une zone de flou continue de l'entourer, le terme recèle encore un intérêt théorique certain, par les problèmes fondamentaux qu'il soulève et les questions auxquelles il conduit» (p. 31). Abou, quant à lui, présente l'*intégration* comme un concept à teneur sociologique, en ce sens qu'il désigne «l'insertion des nouveaux venus dans les structures économiques, sociales et politiques du pays d'accueil» (Abou, 1988, p. 4). Il délimite trois niveaux d'intégration en se référant à Archambault et Corbeil (1982) : l'«intégration de fonctionnement», dans laquelle l'adulte est capable de communiquer (dans la langue du pays) et de gagner sa vie en toute autonomie ; l'«intégration de participation», dans laquelle l'adulte est actif dans la société et veut y jouer un rôle dans un domaine d'activités spécifique ; l'«intégration d'aspiration», dans laquelle l'adulte, comme membre à part entière de la société, décide de lier son avenir et celui de ses enfants aux projets d'avenir du groupe.

Le processus d'intégration a suscité un grand intérêt au Québec, surtout à la suite de l'Énoncé de politique en matière d'immigration et d'intégration du gouvernement du Québec (1990). En effet, ce n'est qu'avec cet énoncé que le Québec s'est doté d'une véritable politique concernant l'ensemble de ces questions. Le ministère des Communautés culturelles et de l'Immigration (MCCI, 1991) a présenté alors l'intégration comme un processus à long terme, multidimensionnel et dynamique, qui s'inscrit dans le temps et requiert un engagement tant de l'immigrant que de la société d'accueil. Ces deux parties sont placées dans un rapport d'inégalité, car «même si certains auteurs considèrent qu'il ne peut y avoir de véritable intégration sans que soit assurée, au moins, une égalité formelle, il n'en demeure pas moins que celle-ci s'opère toujours dans des sociétés qui, même régies par un principe égalitaire, sont de fait inégalitaires» (De Rudder, 1994, p. 28).

Pour le MCCI, un parallèle peut être fait entre l'intégration et la première socialisation de l'enfant, définie comme le processus par lequel une culture est transmise à la nouvelle génération. Durant l'intégration, il s'agit de la transmission de la culture du pays d'accueil aux nouveaux arrivants, donc, en quelque sorte, d'une *resocialisation,* laquelle requiert un engagement actif du principal intéressé, une négociation entre les partenaires et leur transformation mutuelle, ainsi que la mise en lumière des obstacles et des difficultés qui ne manquent pas de se présenter. Il faut comprendre que ce parcours n'est pas linéaire et que, conséquemment, il ne comporte pas de stades prédéfinis et identiques pour tous; il varie plutôt en fonction des acquis et des vécus antérieurs.

Le processus d'intégration est également multidimensionnel, c'est-à-dire qu'il exige une adaptation à l'ensemble des dimensions de la vie collective de la société d'accueil. L'immigrant doit donc, avec l'aide qu'il trouvera dans cette société, relever une série de défis pour parvenir à une intégration personnelle, familiale, linguistique, socioéconomique, institutionnelle, politique et communautaire harmonieuse.

Enfin, l'intégration touche aussi toutes les dimensions de la vie individuelle, lesquelles sont reliées à celles de la vie collective. Ainsi, les succès atteints ou les obstacles rencontrés dans l'une constituent des conditions facilitantes ou inhibitrices dans l'autre.

2.3.1 L'INTÉGRATION PERSONNELLE : LES PHASES DE CONFRONTATION ET D'OUVERTURE

Extérieur

Intérieur

■ LA CONFRONTATION OU LES CHOCS CULTURELS

Le changement de décor, de milieu et d'habitudes, bref, le dépaysement, qui peut être amusant au début, devient généralement assez vite une source de malaises. Le nouvel arrivant est préoccupé: il lui faudrait s'investir dans sa nouvelle société et montrer un intérêt pour ce qui l'entoure, alors que les premières confrontations ont déjà occasionné chez lui des chocs culturels. Ces situations d'incompréhension mettent en lumière les enjeux de l'intégration : la rencontre effective d'au moins deux cadres de référence, celui que l'on apporte avec soi et celui que l'on trouve sur place. Même s'il faut prendre aussi en considération les chocs culturels tout aussi réels vécus par les intervenants, nous avons choisi de nous intéresser ici à ceux vécus par l'immigrant.

Les premiers mois (et parfois les premières années) se traduisent, pour le nouvel arrivant, par deux chocs s'inscrivant dans des contextes distincts. Le premier, dit « choc d'arrivée », passe souvent inaperçu parce qu'il est bref, éphémère, et qu'il a lieu dans une atmosphère de béatitude (durant la phase de l'arrivée) ; le second, dit « choc identitaire », est plus lent à survenir, plus subtil aussi, donc plus déstabilisant. C'est la raison pour laquelle, lorsqu'on parle de choc culturel, c'est généralement au second que l'on fait allusion. Ces chocs culturels ont une première caractéristique : ils ne sont pas réduits aux seuls premiers moments. Ils perdurent en effet dans le temps, car ils sont, en réalité, les produits du processus d'adaptation au changement. On peut ainsi en trouver des traces longtemps après le moment de l'arrivée.

Le choc culturel se caractérise aussi par une désorientation, parfois par une grande angoisse, plus rarement par un comportement dépressif et paranoïaque. Il s'agit d'une réponse psychologique et psychosomatique aux expositions à un environnement non familier. Lorsque cette désorientation s'étend sur une certaine période, on parle souvent de fatigue culturelle. Un nouveau processus de deuil est alors amorcé, que l'on nomme la *deuxième mort de l'immigrant* (la première se situant au moment du départ, de la rupture avec le monde connu).

Les premiers contacts sont marqués par des idées préconçues (c'est-à-dire par des idées façonnées par sa culture, par son « répertoire d'évidences ») qui conditionnent la perception d'une situation nouvelle. Les réactions premières de l'individu vont de la curiosité amusée à l'attente passive, de l'enthousiasme au malaise. Le premier choc est donc relativement superficiel : on prend du plaisir à s'apitoyer sur des traits particuliers de l'autre culture ou à s'en moquer et, quand on le fait, c'est bien souvent dans une complicité monoculturelle. Les clichés véhiculés par l'autre culture, bien que tirés de faits particuliers, ont pour caractéristique d'être généraux.

Durant cette phase de confrontation, le problème de l'identité refait surface. L'immigrant doit en effet affronter à la fois une *crise d'identité* (perte, désintégration, dépression) et une *identité de crise* (adaptation, changement, transformation). Une prise de conscience de la relativité des conventions sociales se fait ensuite petit à petit, et l'individu en vient peu à peu à expérimenter certains modes de comportement du pays hôte. Il entre ensuite dans une phase de changement, aussi subtil que profond, qui est aussi une phase de maturation affective. Les nouvelles habitudes qui en découlent ne sont pas nécessairement le résultat d'un choix ; elles sont même, le plus souvent, imposées par la force des choses et par la culture dominante.

Le second choc est donc le produit d'un parcours qui s'est graduellement enrichi dans la comédie des différences. En effet, si, au lieu de les fuir ou d'en jouer, l'individu comprend que tous ces traits différentiels sont interreliés, il éprouve alors ce second choc culturel, qui est caractérisé par l'apparition de l'identité culturelle d'autrui. Car il n'y a pas une somme de traits culturels, mais plutôt un véritable ensemble organisé de différences culturelles. Et c'est la force de la cohérence de ce système, sa souplesse, sa richesse et sa propension à s'étendre, à se ramifier, à se développer, à se renforcer et à se reproduire dans le quotidien et dans l'inconscient, qui viennent causer ce deuxième choc.

Ce second choc est donc provoqué par la peur de ne pas voir son identité reconnue, par la peur de perdre son identité propre et de la voir remplacée par celle, fourre-tout, de l'étranger. C'est là un autre paradoxe de l'immigrant (et non du réfugié) qui, tout en faisant le choix de vivre dans un autre pays, supporte mal d'y être traité comme un éternel étranger, d'autant plus qu'après une durée souvent relativement courte, il s'est adapté à son nouvel environnement, au moins de façon fonctionnelle, tout en ayant préservé le cadre étroit dans lequel il peut affirmer son identité. Or, il lui faut se résigner à vivre avec deux images de lui-même, à se voir à la fois comme il se sait être et comme les autres le voient. À son identité se trouve alors super-posée l'image de l'étranger.

Quoi qu'il en soit, l'expérience des chocs culturels permet d'être davantage conscient de l'impact de sa propre culture sur son système de valeurs, sur sa façon de penser et de se comporter. En effet, dans un premier temps, le choc culturel renvoie l'individu à lui-même, à la culture qui le détermine; c'est l'effet miroir grâce auquel il en apprend au moins autant sur lui-même que sur les autres. Dans un second temps, le choc culturel le pousse à relativiser ses propres schèmes de pensée et à les transformer.

Le processus d'intégration se trouve ainsi marqué par une double dynamique, faite de replis et de confrontations, qui aboutit à une solution originale : l'ouverture. Celle-ci s'avère encore plus manifeste lorsque divers acteurs interviennent, comme les groupes d'appartenance, les associations culturelles, les communautés religieuses. Toutefois, pour diverses raisons (isolement au sein d'une communauté quasi autarcique, inaccessibilité des ressources du pays hôte, etc.), certains individus restent enlisés dans le repli ou la confrontation.

■ L'OUVERTURE   Extérieur   Intérieur

L'accomplissement du processus d'intégration

La phase d'ouverture est d'abord marquée par l'*accomplissement du processus d'intégration*, c'est-à-dire par une adaptation harmonieuse où un équilibre est trouvé sur presque tous les plans, du moins sur les plus importants.

L'ouverture implique en effet que l'on est assez sûr de soi pour accepter d'être remis en question. Elle représente dès lors une solution de continuité entre l'extérieur et l'intérieur, solution où la connaissance de soi est accrue et affinée. L'extérieur devient la source de stimulations désormais reconnues, identifiables ou déchiffrables, et le potentiel personnel trouve, quant à lui, le moyen de se réaliser dans des actions concrètes. La reconnaissance des possibilités d'autonomie ouvre donc la voie à l'individuation et au libre arbitre. Cette phase est aussi, pour l'immigrant, celle de l'endossement, c'est-à-dire de la prise et de l'acceptation de ses propres responsabilités. Car l'immigrant, de concert avec la société d'accueil, est responsable de son intégration, depuis le départ de son pays d'origine jusqu'à son établissement dans son nouvel environnement. Nier cette responsabilité équivaudrait à le déposséder de la force et de l'énergie investies dans son projet migratoire, de sa participation volontaire au processus dont il est la source.

L'équilibre

La phase d'ouverture se caractérise aussi par un équilibre relatif entre le réel et l'imaginaire, l'imaginaire s'enracinant dans le réel et le réel se développant dans l'imaginaire. Les trois temps (passé, présent, futur) sont plus clairement définis, mais surtout, le présent redevient l'imbrication du passé et de l'avenir. On peut dès lors nouer des fils entre *ici* et *là-bas,* entre *avant* et *maintenant,* entre le *nous-immigrants* et le *eux-société d'accueil.* À cette étape-ci, la personne a développé de nouvelles racines, elle a acquis une mémoire du lieu et elle s'est bâti un vécu historique. Son présent est marqué par les réseaux d'appartenance qu'elle a peu à peu constitués. Quant à l'avenir, il prend vraiment son sens de potentialité : la personne peut enfin l'envisager. Cette tendance de l'individu à se référer plutôt au passé ou à l'avenir témoigne clairement d'une manière de se situer dans un présent où s'évaluent les choix faits et où se prennent les décisions qui marquent le quotidien. S'ensuivent alors une réorganisation, un renouveau et une espérance qui stimulent le désir et la volonté de poursuivre le processus migratoire et l'intégration.

En général, à cette étape-ci, l'immigrant finit par s'ajuster à son nouvel environnement, au rythme où il apprend à le connaître. Il va jusqu'à s'intéresser aux autres et à initier des projets. Finalement, il accepte certaines des valeurs, croyances et idées de sa société d'accueil, et les perçoit comme une autre façon de construire la réalité et d'interagir avec elle.

Le tiraillement entre deux cultures fait que la personne navigue alors de l'une à l'autre, soit de la sphère privée (ancienne façon de faire) à la sphère publique (nouvelle façon de faire) ou, encore, en combinant allègrement certains aspects des deux manières de faire. Elle entre également dans une période de résolution des conflits marquée par un relâchement des tensions, et prend des décisions après en avoir pesé le pour et le contre. Elle atteint enfin un équilibre entre la remémoration et l'anticipation, entre l'identification et la projection.

L'expérience acquise

Compte tenu du caractère changeant des situations qu'une personne doit affronter, l'expérience acquise au fil du temps lui permet généralement de prévoir les changements et de se préparer à réagir. Mais comment ne pas se sentir pris au dépourvu par le cours des événements alors que rien ne se répète jamais de façon exactement semblable ? C'est que l'expérience du cours des événements se transforme d'elle-même : la somme des expériences acquises est mise à contribution dans une sorte de synthèse qui permet la projection et qui, surtout, l'induit.

L'expérience acquise incite l'individu à se mettre dans une position où il peut prendre des initiatives et se montrer disponible, donc faire preuve d'ouverture. En effet, l'expérience ne le forme pas seulement à vivre un retour cyclique et stérile des mêmes choses, mais elle le prépare aussi à espérer en la différence. Dès lors, on peut dire que l'intégration, qui est avant tout un dynamisme de la vie, se réalise imperceptiblement, sans que l'on puisse la circonscrire dans une période particulière. Une fois l'équilibre atteint, l'élaboration et le développement de nouveaux projets ne se font pas sans de nécessaires retours sur l'expérience acquise, mais les remises en question sont réactualisées et approfondies, et les confrontations exigent que l'on s'adapte encore et toujours.

Les identités composites

Le mélange de familier et d'étranger, d'attendu et d'inattendu, rend les identités composites parfois difficiles à lire, mais aussi touchantes qu'un poème. En effet, cet aspect composite (mais néanmoins harmonieux) suggère, sinon exprime, quelque chose d'indéfinissable, voire d'inexprimable. Et c'est justement cette quadrature du cercle, «exprimer l'inexprimable», qui rend les identités composites, en quelque sorte, extraordinaires ou, du moins, peu communes.

L'identité composite facilite l'ouverture car elle éveille, chez l'individu, le sentiment d'être maître de sa destinée, loin des assignations identitaires du pays d'accueil. Elle l'amène à se proclamer «citoyen du monde», à s'accommoder de tout et à se nourrir de toutes sortes d'influences plutôt que de les subir. Son sentiment d'appartenance n'est plus défini par les racines du sang ou du sol enfouies dans un passé oublié, mais plutôt par la participation à une œuvre présente et résolument tournée vers l'avenir.

Le tableau 2.2 résume les phases d'ouverture et de confrontation, qui constituent le vécu subjectif de l'individu dans le processus d'intégration.

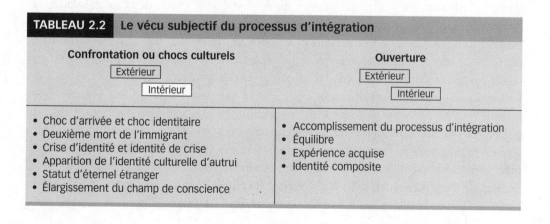

TABLEAU 2.2   Le vécu subjectif du processus d'intégration

Confrontation ou chocs culturels	Ouverture
Extérieur / Intérieur	Extérieur / Intérieur
• Choc d'arrivée et choc identitaire • Deuxième mort de l'immigrant • Crise d'identité et identité de crise • Apparition de l'identité culturelle d'autrui • Statut d'éternel étranger • Élargissement du champ de conscience	• Accomplissement du processus d'intégration • Équilibre • Expérience acquise • Identité composite

2.3.2 L'INTÉGRATION FAMILIALE

L'intégration affecte également l'ensemble de la structure familiale de l'immigrant. Avec l'occidentalisation et la migration, celui-ci passe souvent d'une grande famille, d'une famille élargie ou d'une tribu à une famille dite nucléaire, ce qui induit non seulement «une réduction numérique mais toute une modification des réseaux de solidarité et de prise en charge à l'intérieur de la famille» (Emerique, 1979, p. 7). Sur le plan familial, des changements sont alors à envisager, en premier lieu dans les relations de couple. En effet, alors que, dans le pays d'origine, ces relations s'inséraient parfois dans un ensemble plus large incluant les rapports des hommes entre eux et des femmes entre elles (séparation des sexes et «spécialisation des rôles»), le couple se trouve désormais face à lui-même et isolé. Ses membres sont aussi influencés différemment par la nouvelle société : l'homme peut perdre de son autorité, tandis que la femme est exposée à une possible émancipation. Or, la perte d'autorité de l'homme sur sa femme et sur ses enfants peut l'affecter de façon non négligeable. S'il est de tempérament autoritaire ou si sa conception du rôle du père est marquée par une forte tradition patriarcale, il peut compenser la contestation de son autorité par un sursaut de despotisme ou, encore, par un sentiment de rage ou d'angoisse pouvant le mener jusqu'à la dépression et au repli sur soi. Quant à la femme, sa possible émancipation peut mener à la perte de tout un réseau de relations féminines qui lui était cher et qui, dans son pays, était un lieu d'échange et de partage. Reconstituer cette solidarité dans le nouveau pays est généralement difficile, sinon impossible. Par ailleurs, l'émancipation ne s'acquiert pas sans de multiples difficultés : qualifications requises pour le marché du travail, délégation de la responsabilité des enfants à une autre personne, coût rattaché à ces obligations, gestion autonome de sa vie, nouveaux rapports dans le couple, etc. En fonction des modes relationnels associés au pays d'origine et aux difficultés éventuelles dans le couple, l'intégration familiale se fera donc plus ou moins facilement.

Des changements doivent aussi être envisagés dans les modes d'éducation des enfants. Les parents, qui ne bénéficient plus, comme c'était le cas auparavant, des conseils et du soutien direct de la famille élargie ou de la communauté, sont désormais seuls à assumer la responsabilité d'éduquer les enfants. Ils s'en trouvent alors déstabilisés et fragilisés. En outre, ils doivent confronter les modes d'éducation qu'ils privilégient à ceux de la société d'accueil : l'accent sur l'obéissance et la conformité aux schèmes des adultes dans certaines cultures peuvent donc se heurter à l'autonomie et au libre arbitre prônés dans le pays d'accueil ; ce phénomène affecte tout particulièrement les adolescents. Il peut alors s'ensuivre de sérieux conflits de générations. Ainsi, l'autorité intransigeante du père sera contestée, et l'issue de cet affrontement sera aussi problématique pour le père que pour l'enfant. C'est la raison pour laquelle on voit des pères abdiquer leurs responsabilités, se sentir démunis et incapables de guider leurs enfants dans les nouveaux apprentissages liés aux idéaux du pays d'accueil. Entre les anciens modes d'éducation, souvent dévalorisés, et les nouveaux, superficiellement intégrés, bien souvent un vide éducatif s'installe. Certains enfants sont eux-mêmes tiraillés entre les normes de leurs parents et celles de la société d'accueil. Certains s'ajustent, mais d'autres peuvent aller vers la délinquance ou développer des troubles du comportement, voire de santé mentale. D'autres, enfin, adoptent diverses stratégies identitaires représentant de savants bricolages de l'image assignée et de l'image auto-élaborée (Malewska-Peyre, 1993).

2.3.3 LES AUTRES TYPES D'INTÉGRATIONS

Allant au-delà de l'intégration personnelle et familiale, l'immigrant entre dans une sphère sociale où il est aussi question d'intégrations linguistique, socioéconomique, institutionnelle, politique et communautaire.

■ L'INTÉGRATION LINGUISTIQUE

« La maîtrise de la langue de la société d'accueil joue un rôle central dans le processus d'intégration de l'immigrant et de ses descendants. » (MCCI, 1991, p. 6) Effectivement, comme nous l'avons vu précédemment dans ce chapitre, la maîtrise de la langue est le moyen de sortir de l'isolement et du repli sur soi. Mais l'apprentissage et la maîtrise d'une langue ne sont pas simples. Cet apprentissage est lié, entre autres, à une familiarisation avec cette langue dans le passé et aux circonstances qui ont entouré cette familiarisation. Au Québec, il dépend aussi du fait que la langue n'a peut-être pas été choisie, mais que son usage s'est néanmoins imposé à cause du contexte canadien de bilinguisme. En effet, comme pour tous les Québécois, c'est là un défi exigeant que les nouveaux arrivants dans la province doivent relever. Outre cette particularité, l'intégration linguistique des nouveaux arrivants requiert également, de la part de la société d'accueil, un investissement dans des services de formation initiale, qui doivent eux-mêmes être suivis d'un soutien aux premiers efforts consentis. Toutefois, l'apprentissage est indéniablement lié aux acquis antérieurs, et il requiert, par le fait même, un temps variable. Enfin, l'atmosphère générale de la société a aussi une influence déterminante sur la naissance et la croissance du désir de faire cet apprentissage, et sur la motivation le favorisant. Il apparaît donc qu'il faut fournir aux immigrants toutes les occasions possibles de pratiquer la langue avec des membres de la société d'accueil.

■ L'INTÉGRATION SOCIOÉCONOMIQUE

L'intégration linguistique ne se fait cependant pas en vase clos ; elle doit avoir lieu en conjonction avec d'autres modalités d'intégration dont, en premier lieu, l'intégration socioéconomique. Cette dernière requiert un investissement de la société d'accueil dans le but de favoriser une reconnaissance des acquis antérieurs des immigrés et d'apporter une aide pour contrer les obstacles structurels à l'emploi (chômage, récession économique, discrimination). Cette intégration doit aussi « soutenir les personnes désavantagées sur le plan professionnel dans leurs efforts pour développer leur aptitude au travail et améliorer leur situation de vie » (MCCI, 1991, p. 9). Une recherche menée en 1996 par Legault et Fortin a démontré que les problèmes d'accès au travail et le manque de travail comme tel arrivaient au premier rang des problèmes sociaux éprouvés par les familles récemment immigrées, et qu'ils constituaient un élément majeur de leur situation générale de pauvreté. On se rappellera que pour de nombreux immigrants, l'amélioration des conditions de vie a constitué la motivation centrale de départ. Une autre étude portant sur l'accès à un emploi au Québec pour les travailleurs sélectionnés fait état, quant à elle, d'«une croissance, au fil du temps, de la proportion de personnes occupant un emploi qualifié (correspondance études-emploi), proportion qui atteint un maximum de 63 % à la semaine 200 du séjour» (Renaud et Cayn, 2006, p. 47). L'étude révèle toutefois des différences, selon la région de provenance, dans la capacité des immigrants de faire valoir leurs compétences. Alors que ceux qui viennent de l'Europe de l'Ouest et des États-Unis ne rencontrent aucun blocage, ceux du Maghreb, de l'Europe de l'Est et de l'ex-URSS en rencontrent d'emblée plusieurs, qui s'amenuisent par la suite. Par contre, en ce qui a trait aux immigrants venant de l'Asie de l'Ouest et du Moyen-Orient, des blocages surviennent au moment d'obtenir un premier emploi, et peu de changements significatifs se produisent par la suite, une situation qui, dans ce cas, semble relever de la discrimination.

■ L'INTÉGRATION INSTITUTIONNELLE

Les intégrations linguistique et socioéconomique des immigrants doivent être accompagnées d'une intégration institutionnelle. Celle-ci est «particulièrement cruciale au chapitre de l'éducation, des services sociaux et de santé ainsi que de l'accès à l'information, parce que les services qui y sont dispensés conditionnent largement la possibilité d'une participation significative en d'autres domaines de la vie sociale» (MCCI, 1991, p. 9). Cette intégration institutionnelle nécessite une adaptation des institutions à la réalité désormais pluraliste de la société d'accueil. Elle exige aussi que les services soient adaptés aux besoins des nouvelles communautés, que certains accommodements d'ordres culturel et religieux puissent être consentis, qu'une représentation des nouvelles communautés dans les instances décisionnelles et consultatives soit possible et que les intervenants aient accès à des formations sur la pratique interculturelle (MCCI, 1991).

Pour que l'intégration institutionnelle soit efficace, il est également important que le nouvel arrivant puisse se reconnaître comme un «membre à part entière de la société d'accueil dans l'ensemble des messages que celle-ci diffuse à travers les médias, la publicité et les communications gouvernementales» (MCCI, 1991, p. 11). Enfin, l'intégration institutionnelle doit aussi inclure l'engagement des nouveaux arrivants dans des «institutions à caractère plus ou moins formel où se négocient et se définissent les orientations de la vie collective» (MCCI, 1991, p. 9), comme les partis politiques, les instances décisionnelles ou consultatives des institutions publiques et parapubliques, les églises et autres lieux de culte, les syndicats et les diverses associations. Dans cette perspective, le partenariat avec les organisations communautaires est particulièrement important : leur expertise quant aux besoins des communautés et les compétences acquises par leurs personnes-ressources en font des partenaires clés dans l'intégration des nouveaux arrivants.

La figure 2.1 met en lumière les correspondances entre les terminologies d'Abou (1988), du MCCI (1991) et de Harvey (1993). Pour ce dernier, les intégrations linguistique, socioéconomique et institutionnelle équivalent à une *intégration sociale*. Aussi estime-t-il que les pays développés doivent se doter de politiques claires d'intégration des immigrants, comme c'est le cas au Québec et au Canada, et ne pas compter uniquement sur les organismes de bienfaisance pour répondre aux besoins des nouveaux arrivants. Dans la plupart de ces pays, en effet, la tendance est aux programmes qui visent conjointement l'intégration des nouveaux arrivants et l'aide aux citoyens de la société d'accueil.

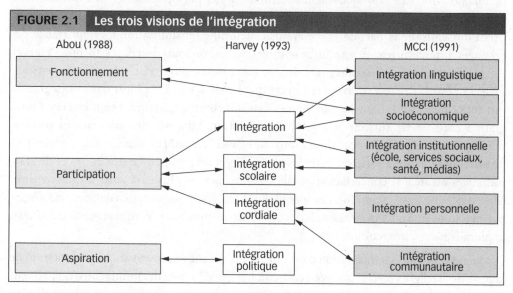

FIGURE 2.1   Les trois visions de l'intégration

■ L'INTÉGRATION SCOLAIRE

Harvey (1993) traite de l'intégration scolaire de façon spécifique, l'école étant considérée comme l'institution où se forge l'avenir des groupes humains. En se basant sur les expériences de plusieurs pays qui œuvrent dans cette perspective, il attire notamment l'attention sur la vision du Conseil de l'Europe, qui affirme que l'éducation doit être résolument interculturelle. Les sociétés sont de plus en plus multiculturelles, et chaque culture a ses valeurs propres : l'échange est donc souhaitable, car il est considéré comme une richesse. Et l'interpénétration de ces cultures, particulièrement par l'entremise de l'école, qui est une institution de base, reste le meilleur moyen de favoriser cet échange.

■ L'INTÉGRATION POLITIQUE

Harvey (1993) fait aussi de l'intégration politique un domaine spécifique qui consacre la participation des nouveaux arrivants au sort du pays d'accueil, donc à leur droit de se prononcer sur ses destinées. Cette intégration concrétise également l'appartenance de leurs enfants à la nouvelle société dont ils sont désormais les citoyens. Au Québec, cette intégration se fait généralement assez facilement, sauf pour les requérants du statut de réfugié, qui doivent faire face à des lenteurs de procédure assez particulières.

■ L'INTÉGRATION COMMUNAUTAIRE

L'intégration en tant que telle ne peut toutefois reposer que sur des relations étroites entre les nouveaux arrivants et les institutions formelles ; elle doit également se faire par les relations communautaires, les seules qui permettent une reconnaissance mutuelle des personnes comme membres à part entière d'une société. On parle alors d'*intégration communautaire*. Ces rapprochements permettent aux personnes « d'établir des relations qui transcendent les appartenances culturelles et raciales » (MCCI, 1991, p. 12). Ils nécessitent toutefois, de la part de la société d'accueil, une sensibilisation à l'importance des échanges interculturels et une lutte contre l'exclusion sous toutes ses formes. Harvey (1993), quant à lui, utilise le terme d'*intégration cordiale* pour traiter de cette dimension. Dans sa perspective, on trouve des aspects que le MCCI inclut plutôt dans l'intégration institutionnelle, sur la base du rôle des associations communautaires. Selon Harvey, l'intégration cordiale est surtout la résultante des efforts faits par des associations privées, religieuses ou laïques, qui, par divers moyens et avec des taux de succès variés, tentent de favoriser des relations positives entre les personnes et les groupes. Le succès de ces diverses initiatives est lié à la concertation et à la convergence de plusieurs voies d'intervention. Mais il dépend aussi, selon lui, des idéologies d'insertion qui sont privilégiées, idéologies parmi lesquelles on trouve l'assimilation, le multiculturalisme, la convergence culturelle, le pluralisme et l'interculturalisme.

Quand on traite de l'intégration communautaire, il faut également aborder la question de la perte de la religion en tant que vécu collectif. Les lieux de culte des immigrants, qui relèvent généralement du domaine privé dans les sociétés développées, ne répondent plus aussi bien aux besoins de l'immigrant, qui y trouvait auparavant chaleur humaine, rencontre, partage, ainsi que la possibilité d'exprimer ses émotions et ses aspirations, et où il pouvait observer ses rites religieux, souvent porteurs d'espoir et de consolation. Bien entendu, ces lieux religieux existent, mais ils ne sont pas intégrés à la vie publique comme ils l'étaient dans le pays d'origine, où ils sont souvent la base de la vie collective. Cette perte du vécu en communauté est d'ailleurs un autre changement majeur dans la vie de l'immigrant. En effet, traditionnellement, celui-ci se définissait avant tout par le groupe, le clan familial et la communauté auxquels il appartenait et dont il était un chaînon essentiel ; il éprouve donc, dans le pays d'accueil, « un sentiment de solitude, d'insécurité et de perte d'une dimension sociale majeure qui jouait pour lui un rôle de soutien et de régulation » (Emerique, 1979, p. 12). Or, la reconstitution de ce vécu de groupe dans la nouvelle société est difficile à mettre en œuvre et prend généralement beaucoup de temps.

Afin de relativiser le processus d'intégration tel qu'il a été décrit jusqu'à présent, c'est-à-dire selon un modèle largement inspiré par des études québécoises, on peut voir la façon dont est comprise la notion d'intégration dans des pays comme la France et la Grande-Bretagne. Ainsi, pour le Haut Conseil à l'intégration (HCI), créé en France en 1990, l'*intégration* se définit comme un « processus, inscrit dans la durée, d'une participation effective de l'ensemble des personnes appelées à vivre en France à la construction d'une société rassemblée dans le respect de principes partagés [...] telles qu'[ils] s'expriment dans des droits égaux et des devoirs communs » (HCI, 2007). Toutefois, le modèle français d'intégration est fondé sur une logique d'égalité de droits et d'obligations, et il s'oppose en cela à une logique des minorités qui tend à leur conférer un statut spécifique qui serait en contradiction avec la « tradition profonde de la République » (Farine, 1992, p. 9). Bref, le modèle français s'appuie, sur le plan juridique, sur une application rigoureuse de la logique de l'égalité et, sur le plan culturel, sur l'option résolue de l'accueil et de la diversité. Cette option traduit une attitude d'ouverture en favorisant un échange réciproque et égalitaire qui va dans le sens de l'interculturalisme. Mais l'expérience française connaît néanmoins certains ratés, particulièrement en ce qui a trait à l'intégration d'un pluralisme religieux dont certains symboles, notamment le foulard islamique, entrent en contradiction avec la laïcité, valeur fondamentale de la République. Dans l'approche française de la problématique de l'immigration, opposée à une logique des minorités, le maintien des particularismes va « à l'encontre de la fusion des groupes d'étrangers dans la matrice culturelle française » (Gaillard, 1997, p. 124). Cette conception de l'immigration et de l'intégration diffère donc de celles prônées au Québec (idéologie des communautés culturelles) et au Canada (idéologie du multiculturalisme, commune à divers pays du Commonwealth).

La notion d'intégration telle qu'elle est perçue en Grande-Bretagne a plusieurs points communs avec celle qui est véhiculée au Canada et au Québec. Nous avons déjà mis en parallèle, dans le chapitre 1, le multiculturalisme canadien et la convergence culturelle québécoise en tant qu'idéologies d'insertion, un parallèle qui illustre bien l'influence de la tradition britannique sur les modèles d'intégration de la société québécoise. Toutefois, le multiculturalisme, qui vise à promouvoir le respect des cultures minoritaires et à leur donner les moyens concrets de se développer, perd du terrain, tant en Grande-Bretagne qu'au Canada, au profit d'autres idéologies plus inclusives. D'autre part, la notion d'intégration britannique inclut une action antiraciste qui renvoie à l'égalité des chances. Cette action antiraciste s'explique par la précocité des flux migratoires provenant de pays colonisés ou anciennement colonisés, par la volonté des pouvoirs publics britanniques de réprimer les actes de discrimination et par l'existence d'un discours sur les « relations raciales » dans d'autres pays anglophones, comme les États-Unis (Hargreaves, 1995). Bien que l'expression « relations raciales » soit de plus en plus abandonnée par la communauté scientifique en raison du fait que l'idée même de races humaines est dénuée de tout fondement scientifique, l'action antiraciste est aussi présente dans le contexte canadien (surtout au Canada anglais), notamment dans des programmes conçus à l'intention des « minorités visibles ». La référence à l'égalité des chances vise, quant à elle, « la prévention des actes discriminatoires, en encourageant l'adoption de procédés destinés à assurer le traitement équitable de tous les individus, quelles que soient leurs origines » (Hargreaves, 1995, p. 9). Cette notion est, elle aussi, très présente au Canada, où on a le souci de débusquer les pratiques discriminatoires et d'analyser le traitement réservé aux populations minoritaires en vue de changer les pratiques et de promouvoir une certaine « discrimination positive ».

Le *processus d'acculturation* est le dernier mécanisme d'inclusion que nous souhaitons aborder; il s'agit d'un processus à long terme qui, en soi, n'est jamais complètement achevé. Il peut être défini comme «l'ensemble des phénomènes qui résultent du contact continu et direct entre des groupes d'individus de cultures différentes, avec les changements subséquents dans les types (*patterns*) culturels originaux de l'un ou des deux groupes» (Redfield, Linton et Herskovits, 1936, p. 149). Pour Abou, l'*acculturation* est un concept de type anthropologique qui désigne «l'ensemble des interférences culturelles que les immigrés et leurs enfants subissent, à tous les niveaux de l'adaptation et de l'intégration, par suite de la confrontation constante de leur culture d'origine avec celle de la société d'accueil» (1988, p. 4).

En 1970, Bastide faisait déjà une distinction entre «acculturation matérielle» et «acculturation formelle». L'acculturation matérielle est celle qui modifie les contenus de la conscience psychique, mais qui laisse intactes les manières de penser et de ressentir; ainsi, les immigrants adultes conserveraient leurs manières de penser et de ressentir au sein de la famille et de la communauté, tout en vivant une acculturation sur le plan des valeurs du monde du travail et de la société en général. Pour Bastide (dans Abou, 1988, p. 5), «l'acculturation formelle atteint [...] les manières, toujours inconscientes, de penser et de sentir». Les enfants de migrants intériorisent les deux codes culturels: ils utilisent celui de la société d'origine en famille, et celui de la société d'accueil à l'école et dans leur vie sociale.

Bien que l'acculturation soit un échange, ce dernier est souvent inégal, comme le mentionne Schnapper. Elle souligne, en effet, que «les relations culturelles et politiques que les migrants établissent avec la société d'installation ne sont pas égalitaires; ils sont confrontés à une entité historique, politique, culturelle déjà constituée» (Schnapper, 1991, p. 95). De plus, des rapports de pouvoir précis sont déjà institués dans cette entité, rapports à l'intérieur desquels les immigrants doivent s'insérer. Ainsi, l'acculturation n'est donc qu'une autre dimension de la vie de l'immigrant, dimension formée de plusieurs systèmes plus larges de relations sociales qu'il faut prendre en compte.

Comme le souligne Giraud (1995), l'acculturation a un double caractère: elle est, d'une part, une déculturation par le fait d'une imposition et, d'autre part, une création de réalités inédites résultant de la réorganisation de formes anciennes et de l'avènement de nouvelles configurations culturelles.

Comme nous l'avons vu, les processus d'adaptation, d'intégration et d'acculturation, qui constituent les principaux mécanismes d'inclusion des immigrants et des réfugiés, sont particulièrement complexes. Comprendre ces processus permet donc de mieux suivre la trajectoire des nouveaux arrivants.

Le succès de chaque processus repose à la fois sur l'engagement de l'immigrant lui-même et sur celui de la société hôte, et dépend de multiples actions adaptées à la diversité des milieux et susceptibles d'avoir un effet catalyseur à court, à moyen et à long terme sur la société dans son ensemble. Adaptation, intégration et acculturation vont, par conséquent, de pair.

L'adaptation renvoie aux mécanismes que l'individu utilise pour être en mesure de vivre avec un groupe ; l'intégration, pour sa part, renvoie aux mécanismes par lesquels un groupe admet un nouveau membre ; enfin, l'acculturation résulte des contacts soutenus entre les cultures en présence. L'adaptation est donc un processus qui repose sur l'action de la personne, tandis que l'intégration est un processus qui est plutôt le fait de la société hôte (qui comprend tous les groupes la constituant, peu importe leur nature). L'acculturation, quant à elle, relève à la fois de l'action de la personne et de l'action de la société hôte, interventions menées dans le cadre d'efforts conjugués de pénétration réciproque. Ainsi, on peut dire que l'individu s'adapte et s'insère, alors que la société s'ajuste et intègre.

En apparence, ces trois processus semblent évoluer en parallèle, c'est-à-dire simultanément. Pourtant, l'un d'eux (l'adaptation) se fait de façon abrupte et directe, tandis que les deux autres (l'intégration et l'acculturation) se développent plus subtilement et lentement. La notion de temps, ou plutôt de temporalité, est donc aussi un facteur de différenciation de ces processus : en effet, que ce soit dans leur durée ou dans leur succession, les événements ne comportent pas les mêmes exigences ni n'ont la même portée selon que l'on parle d'adaptation, d'intégration ou d'acculturation.

Si l'adaptation et l'intégration se déroulent sans encombre, l'insertion et l'inclusion des nouveaux arrivants peut se faire en douceur, de façon harmonieuse. Cependant, des forces contraires, que l'on nomme *mécanismes d'exclusion*, peuvent venir à tout instant entraver le bon déroulement de ces processus.

POUR EN SAVOIR PLUS

 LIVRES

CAMILLERI, C. *et al.* (1990). *Stratégies identitaires,* Paris, Presses universitaires de France.

COGNET, M. (2004). «L'accès à l'emploi dans les services de santé : L'effet de la dimension ethnique», dans J. Renaud, A. Germain et X. Leloup (dir.), *Racisme et discrimination : Permanence et résurgence d'un phénomène inavouable,* Québec, Presses de l'Université Laval.

FORTIN, S. (2003). *Trajectoires migratoires et espaces de sociabilité : Stratégies de migrants de France à Montréal,* Thèse de doctorat, Département d'anthropologie, Université de Montréal.

FRONTEAU, J. (2000). «Prologue : Le processus migratoire : La traversée du miroir», dans G. Legault (dir.), *L'Intervention interculturelle,* Montréal, Gaëtan Morin.

GAUDET, É. (2005). *Relations interculturelles : Comprendre pour mieux agir,* Mont-Royal, Thompson / Groupe Modulo.

KALULAMBI PONGO, M. (1998). «Encodage des identités, trous de mémoire et citoyenneté commune chez les jeunes Québécois et néo-Québécois», dans J. Bogumil et J. Létourneau (dir.), *Les jeunes à l'ère de la mondialisation : Quête identitaire et conscience historique,* Québec, Éditons du Septentrion.

KOZAKAÏ, T. (2007). *L'étranger, l'identité : Essai sur l'intégration culturelle,* Paris, Payot.

LAFORTUNE, L. et GAUDET, E. (2000). *Une pédagogie interculturelle : Pour une éducation à la citoyenneté,* Montréal, Éditions ERPI.

MOESSINGER, P. (2000). *Le jeu de l'identité,* Paris, Presses universitaires de France.

RENAUD, J. (2001). «L'incontournable quantitatif : Les études relatives à l'installation des immigrants au Québec», dans R. Mayer et H. Dorvil (dir.), *Problèmes sociaux,* Québec, Presses de l'Université du Québec, tome 1.

Vibert, S. (2007). *Le pluralisme dans les sociétés modernes : Culture, droit et politique,* Montréal, Québec-Amérique.

 ARTICLES ET RAPPORTS DE RECHERCHE

LOCK KUNZ, J. (1999). «Différences de mode de vie entre les jeunes immigrants et les jeunes nés au Canada», *Perceptions, revue du Conseil canadien de développement,* vol. 23, n° 3.

Ministère de l'Immigration et des Communautés culturelles du Québec (2006). *Rapport du Groupe de travail sur la pleine participation à la société québécoise des communautés noires,* Québec.

RENAUD, J. (dir.) (2001). *Ils sont maintenant d'ici! Les dix premières années au Québec des immigrants admis en 1989,* Montréal, Direction de la planification du ministère des Relations avec les citoyens et de l'Immigration du Québec, Publications du Québec (Coll. Études, recherches, statistiques).

SÉGUIN, A.-M., ROSE, D. et MONGEAU, J. (2003). *L'insertion résidentielle des jeunes issus de l'immigration à Montréal,* Rapport réalisé dans le cadre d'un projet d'Immigration et métropoles et soumis à la Société canadienne d'hypothèques et de logement, Montréal, INRS Urbanisation, Culture et Société.

➤

➤ (SUITE)

ART ET LITTÉRATURE

DE LA CHENELIÈRE, E. (2007). *Bashir Lazhar,* création du Théâtre d'Aujourd'hui, hiver.

THÉRIAULT, Y. (1995). *Aaron,* Montréal, Typo.

AUDIOVISUELS

Le long parcours des immigrants : Une expérience à partager, réalisation : Dan Moscrip, 1999, 4 épisodes.

Les Élias et les Petrov, réalisation : Yves Dion, 2004, 4 épisodes.

La classe de madame Lise, réalisation : Sylvie Groulx, 2005.

BIBLIOGRAPHIE

ABOU, S. (1988). « L'insertion des immigrés, une approche conceptuelle », dans P. J. Simon et I. Simon-Barouh, *Les étrangers dans la ville : Le regard des sciences sociales,* Paris, L'Harmattan.

ARCHAMBAULT, A. et CORBEIL, J. C. (1982). « L'enseignement du français langue seconde aux adultes », *Notes et documents,* n° 23, Québec, Conseil de la langue française.

BASTIDE, R. (1970). *Le prochain et le lointain,* Paris, Éditions Cujas.

EMERIQUE, M. (1979). *L'adaptation des migrants, leur processus d'acculturation,* document inédit.

FARINE, P. (1992). « Le modèle français d'intégration », *Migrations Société,* n° 24, novembre-décembre.

GAILLARD, A. M. (1997). « Assimilation, insertion, intégration, adaptation : Un état des connaissances », *Hommes et Migrations,* n° 1209, septembre-octobre.

GIRAUD, M. (1995). « Culture », dans V. De Rudder (dir.), *Vocabulaire historique et critique des relations interethniques, Pluriel recherches,* cahier n° 3, Paris, L'Harmattan.

Gouvernement du Québec (1990). *Au Québec, pour bâtir ensemble : Énoncé de politique en matière d'immigration et d'intégration,* Québec, Direction des communications du ministère des Communautés culturelles et de l'Immigration du Québec.

HARGREAVES, A. G. (1995). « La politique d'intégration au Royaume-Uni », *Hommes et Migrations,* n° 1193.

Haut Conseil à l'intégration (HCI) (2007). *Mots de l'intégration,* [en ligne] http://www.hci.gouv.fr (consulté le 13 mars 2008).

HARVEY, J. (1993). « L'intégration des immigrants », *Traité des problèmes sociaux,* Montréal, Institut québécois de recherche sur la culture (IQRC).

LEGAULT, G. et FORTIN, S. (1996). « Problèmes sociaux et culturels des familles d'immigraton récente », dans J. Alary et L. Éthier (dir.), *Comprendre la famille,* Sainte-Foy, Actes du troisième symposium québécois de recherche sur la famille.

MALEWSKA-PEYRE, H. (1993). « L'identité négative chez les jeunes immigrés », *Santé mentale au Québec,* vol. XVIII, n° 1. ➤

► (SUITE)

Ministère des Communautés culturelles et de l'Immigration (MCCI) (1991). *L'intégration des immigrants et des Québécois des communautés culturelles: Document de réflexion et d'orientation*, Montréal, Direction des communications.

REDFIELD, R., LINTON, R. et HERSKOVITS, M. J. (1936). «Memorandum in the study of acculturation», *American Anthropologist*, vol. 38, n° 1.

RENAUD, J. et CAYN, T. (2006). *Un emploi correspondant à ses compétences? Les travailleurs sélectionnés et l'accès à un emploi qualifié au Québec*, Montréal, Ministère de l'Immigration et des Communautés Culturelles du Québec.

RUDDER, V. (DE) (dir.) (1994). «Vocabulaire historique et critique des relations inter-ethniques», *Pluriel recherches*, cahier n° 2, Paris, L'Harmattan.

RUDDER, V. (DE) (dir.) (1995). «Vocabulaire historique et critique des relations inter-ethniques», *Pluriel recherches*, cahier n° 3, Paris, L'Harmattan.

SCHNAPPER, D. (1991). *La France de l'intégration*, Paris, Gallimard.

CHAPITRE 3

LES MÉCANISMES D'EXCLUSION DES IMMIGRANTS ET DES RÉFUGIÉS

Renée Bourque

Le 15 janvier 2007, une enquête Léger Marketing sur la tolérance publiée dans le *Journal de Montréal* (Gagné et Roy, 2007) révélait que 59 % des Québécois se disent racistes. Or, lorsqu'on examine les données de cette enquête, aucune définition du terme n'est donnée ; tout au plus demande-t-on à des Québécois et à des membres des communautés culturelles s'ils se considèrent racistes (fortement, moyennement, faiblement ou pas du tout). Un tollé de protestations a suivi la publication de cette enquête : parlait-on bien de la même chose ? Que signifiait, pour chacun des répondants, le terme *raciste* ? On sait que l'on entend souvent des gens dire : « Je ne suis pas raciste, mais… » On se rend alors compte qu'ils parlent davantage de leurs préjugés que de racisme véritable. Pour d'autres, au contraire, le terme évoque davantage un sentiment de malaise, de rejet, qui correspond plus à de la xénophobie qu'à du racisme. D'après Marie McAndrew (Gagné et Roy, 2007), un bémol s'impose à propos de cette enquête. « Il est rassurant de voir que seulement 16 % [des Québécois] se disent moyennement ou fortement racistes. Il ne faut pas mélanger le racisme, qui est une attitude de supériorité d'intelligence, et la xénophobie, qui est la peur de l'étranger », explique-t-elle, rappelant que plusieurs personnes avouent mal connaître les ethnies. Comment alors trouver des solutions appropriées si, dès le départ, on confond les termes qui sont associés à l'exclusion ? Comme la question de la diversité génère des réactions de plus en plus nombreuses au sein de la société québécoise, les interrogations qu'elle suscite requièrent plus que jamais un meilleur éclairage, et il devient essentiel de distinguer les mécanismes d'exclusion qui interviennent dans nos rapports à la différence. Ces distinctions ne permettent pas de mettre fin à l'exclusion, mais, au moins, elles permettent de mieux saisir les dangers de certains glissements et elles nous aident à mieux choisir des moyens pour y faire face ou pour les réduire.

Nous allons donc examiner les principaux rapports qui modifient notre compréhension de l'autre, qu'il s'agisse de nier la différence, de la dévaloriser ou de l'utiliser à des fins particulières. Ces rapports sont désignés par l'expression « mécanismes d'exclusion ». Les mécanismes d'exclusion constituent une façon de se comporter au regard de la différence, qu'elle soit réelle ou imaginaire ; il importe donc de bien les définir et de les distinguer. Lorsque nous parlons de *mécanismes d'exclusion,* nous faisons ici référence aux « divers processus de traitement de la différence (réelle ou perçue) ayant pour effet de neutraliser ou de réduire, consciemment ou inconsciemment, de manière naïve ou volontaire, l'identité véritable ou les droits d'une personne ou d'un groupe de personnes, ou même de priver ces dernières de leur identité véritable ou de leurs droits » (Vinsonneau, 2002, p. 209).

Camilleri et Vinsonneau (1996) ont regroupé ces mécanismes sous deux catégories : les mécanismes qui visent à neutraliser ou à ignorer la différence, et ceux qui dévalorisent la différence. Nous ajoutons ici une troisième catégorie : les mécanismes qui servent à manipuler la différence dans un but précis de domination et d'exploitation. Cette classification a le mérite pédagogique d'aider à bien distinguer certaines caractéristiques fondamentales des divers mécanismes d'exclusion, qui sont de très proches parents. Ainsi, les mécanismes qu'il nous faut considérer sont:

- les mécanismes d'exclusion visant à neutraliser la différence, soit le stéréotype et l'ethnocentrisme;
- les mécanismes d'exclusion visant à dévaloriser la différence, soit le préjugé, le harcèlement et la xénophobie;
- les mécanismes d'exclusion visant à exploiter fortement la différence, soit la discrimination et le racisme.

Les rapports d'exclusion nous amènent à effectuer une distinction, à observer ou à construire une différence; Camilleri et Vinsonneau (1996) nous rappellent que ce sont ces rapports à la différence, construits de diverses façons, qui constituent le noyau dur des mécanismes d'exclusion. Cette différence, réelle ou imaginaire, est souvent suspecte: on tente donc de l'ignorer, de la fuir ou, encore, de l'utiliser à ses propres fins. Mais elle constitue toujours l'élément de base sur lequel s'élaborent les rapports, qu'ils soient pacifiques ou agressifs, ou qu'ils nous portent à ignorer l'autre ou à le craindre. Le présent chapitre vise d'abord à les distinguer, mais aussi à les associer. Car, comme le souligne si bien Taguieff (1997, p. 54), «il faut accepter une certaine équivocité de ces termes, un certain flou de leurs significations respectives qui se chevauchent. Mais aussi tenter de maîtriser cette équivocité et ce flou.»

3.1 LES MÉCANISMES D'EXCLUSION VISANT LA NEUTRALISATION DE LA DIFFÉRENCE

Les rapports qui favorisent la mise en place des mécanismes d'exclusion visant à neutraliser la différence constituent des moyens d'exclure, même si cette exclusion semble, au départ, plutôt douce; en effet, ces mécanismes provoquent la réduction de l'autre (stéréotypes) ou la négation de ses particularités (ethnocentrisme), ce qui conduit à des relations basées sur de fausses prémisses.

3.1.1 LES STÉRÉOTYPES

Un premier mécanisme qui vise à neutraliser la différence est le *stéréotype*. Nous pouvons le définir comme un ensemble de traits censés caractériser un groupe ou un ensemble de personnes; ces traits peuvent concerner l'aspect physique, psychologique ou comportemental. Certains le définissent plutôt comme un ensemble de représentations mentales relatives aux qualités personnelles d'un groupe d'individus. Il est souvent le fruit d'une simplification excessive qui fait fi des différences individuelles. La nature du stéréotype repose sur une idée toute faite, un cliché, des paroles caractérisées par la répétition automatique d'un modèle antérieur, anonyme ou impersonnel, et dépourvu d'originalité et d'adaptation à la situation présente. C'est une image figée, attribuant certaines caractéristiques et habitudes à un groupe ethnique ou racial donné.

Les stéréotypes constituent un mélange d'erreurs, d'exagérations, d'omissions, de demi-vérités qui nous en disent plus sur les gens qui les endossent que sur ceux qui en sont l'objet. Peu importe qu'il s'agisse des stéréotypes véhiculés par les membres de groupes majoritaires ou de groupes minoritaires, ils constituent des moyens faciles d'expliquer les faits.

Les stéréotypes relèvent d'opérations mentales constantes. Il s'agit d'abord d'une sélection de quelques traits (parfois d'un seul) parmi ceux qui sont perçus et, ensuite, d'une simplification de la réalité, ce qui a pour résultat de masquer des éléments essentiels à la compréhension, non de les clarifier. S'opère alors une généralisation : par le stéréotype, on tend en effet à reconnaître quelques traits à toutes les personnes de la catégorie visée. Adopter un stéréotype, c'est donc utiliser le même concept ou le même groupe de concepts pour définir les éléments d'une catégorie sans se soucier des exceptions, sans se demander si le contenu du stéréotype ne s'appliquerait justement pas davantage aux exceptions elles-mêmes plutôt qu'à l'ensemble des éléments.

■ QUELQUES CARACTÉRISTIQUES

L'utilisateur du stéréotype pense souvent procéder à une simple description. En réalité, le stéréotype attribue une importance exagérée à quelques rares caractéristiques, qu'elles soient positives ou négatives. Il se veut donc descriptif et collectif, mais conduit plutôt à une impression peu conforme aux faits qu'il prétend représenter. Il favorise ainsi une économie d'efforts et donne le sentiment d'une certaine efficacité. Cela est sans doute dû au fait que nous avons davantage tendance à définir d'abord et à observer ensuite. Le stéréotype évacue aussi le fait que chaque groupe (majoritaire ou non) partage les mêmes tendances ou présente certaines caractéristiques indésirables. En outre, il n'explique pas les causes de ces tendances et amène plutôt à croire que ces traits sont intrinsèques au groupe, ou même désirés. Enfin, le stéréotype accentue les différences entre son propre groupe et les autres, et laisse croire que plusieurs ressemblances caractérisent les gens à l'intérieur de chacun des groupes. Or, il s'agit là de perceptions qui se révèlent n'être que des illusions lorsque ces tendances sont examinées plus attentivement.

Cette catégorisation relève le plus souvent de différences faciles à percevoir parce qu'elles sont exotiques et plus visibles. Le recours aux stéréotypes permet donc de renforcer une idée déjà établie et d'intégrer de nouveaux renseignements sans effort de réflexion. En effet, il est plus facile, une fois les catégories formées, de mettre l'accent sur les ressemblances et d'oublier bien des différences, pour ne retenir que celles qui apparaissent les plus curieuses ou évidentes.

■ LES CONSÉQUENCES DU STÉRÉOTYPE

Il faut toutefois reconnaître que les catégorisations et les stéréotypes sont parfois un mal nécessaire. Mohamed Dorai souligne que de nombreux auteurs associent le stéréotype à «la façon dont les individus traitent l'information qu'ils puisent dans leur environnement» (1991, p. 13). Le stéréotype permet donc de réduire une immense quantité de renseignements à des proportions utilisables; il facilite le recours à des catégories familières en offrant un environnement prévisible.

On parle ici d'images simplifiées par des généralisations, images qui camouflent les disparités ou les particularités à l'intérieur d'un groupe. Le stéréotype amène une façon préétablie de réagir face à une personne uniquement en fonction de son appartenance à une classe ou à un groupe. Ce processus de simplification et de généralisation modifie la réalité en la réduisant, en la tronquant et en la déformant. Une représentation stéréotypée d'un groupe ne fait donc pas que déformer en caricaturant; elle produit aussi une généralisation en nous amenant à appliquer automatiquement le même modèle rigide à chacun de ses membres.

Ajoutons enfin que les stéréotypes nuisent aux relations dans la mesure où ils réduisent la capacité de repérer des renseignements, nous font ignorer les variations individuelles et peuvent conduire à des expériences qui viendront confirmer nos attentes. En effet, les catégories que nous utilisons généralement filtrent les renseignements retenus, et les inférences ou les prédictions portant sur les personnes associées à ces catégories. Dans les relations entre groupes, ceux qui utilisent les stéréotypes en arrivent alors bien souvent à la mémorisation sélective et à la confirmation de comportements attendus, parce que les interactions sont colorées par l'image qu'ils ont des autres. En ce sens, le stéréotype constitue un mécanisme d'exclusion, car il modifie l'identité de l'autre en la réduisant.

■ UN EXEMPLE DE STÉRÉOTYPE

Les caricaturistes ont souvent recours aux stéréotypes; les caricatures exagèrent en effet un détail de la personne ou lui associent une caractéristique qui dit très peu de choses sur elle, mais qui fait que l'on retiendra cette caractéristique au détriment de toute autre information. Ainsi, une caricature de Garnotte, parue dans le journal *Le Devoir* le 22 septembre 2006, qui met en scène la journaliste du *Globe and Mail* Jane Wong, qui a établi un lien entre la fusillade au collège Dawson et la marginalisation des Québécois non francophones, constitue un bon exemple de stéréotype. Si les propos de la journaliste peuvent étonner et même choquer, les moyens utilisés pour y réagir peuvent également être critiqués. En effet, la journaliste est représentée avec de longues dents en train d'ouvrir un biscuit chinois. Ici, ce n'est donc pas en tant que journaliste que l'on se souviendra d'elle, mais plutôt en tant que Chinoise (biscuits) et Asiatique (longues dents), même si elle est née au Québec.

3.1.2 L'ETHNOCENTRISME

L'ethnocentrisme constitue un autre mécanisme d'exclusion, mais qui diffère du stéréotype. Avec l'ethnocentrisme, c'est la différence qu'on ignore ; on la gomme en l'intégrant spontanément dans son code d'interprétation habituel ou on la transforme, sans toutefois l'utiliser à des fins particulières. «On rend autrui semblable à soi, on fait comme si autrui pouvait être expliqué, jugé dans les cadres de nos schèmes familiers ; c'est l'influence de l'ethnocentrisme.» (Camilleri et Vinsonneau, 1996, p. 59)

Les membres d'un groupe culturel sont spontanément portés à juger ceux d'un autre groupe culturel en fonction de leur propre modèle, l'érigeant dès lors en modèle de référence universel. Cette forme d'ethnocentrisme, présente dans tous les peuples, débouche ainsi sur des échelles de civilisation et sur la manifestation d'un évolutionnisme culturel, avec des «stades» par lesquels les humains sont censés devoir passer pour arriver à un sommet représenté par la civilisation occidentale (Taguieff, 1997). Cet ethnocentrisme dont parle Taguieff a été décrit très tôt par un autre auteur. En effet, c'est Sumner (1906, p. 15) qui, le premier, a défini l'*ethnocentrisme* comme un «point de vue selon lequel le groupe auquel on appartient est le centre du monde et l'étalon auquel on se réfère pour juger tous les autres». Selon lui, le plus important est que ce mécanisme conduit chaque peuple à exagérer et à intensifier les traits particuliers de ses propres coutumes, surtout ceux qui le distinguent des autres peuples. Cette centration sur la différence de son propre groupe est en même temps une survalorisation des qualités qu'on lui attribue de façon exclusive. Plus tard, Preiswerk et Perrot (1975, p. 49) ont défini à leur tour l'*ethnocentrisme* qui, selon eux, est l'«attitude d'un groupe consistant à s'accorder une place centrale par rapport aux autres groupes, à valoriser positivement ses réalisations et particularismes, et menant à un comportement projectif à l'égard des hors-groupes [exogroupes] qui sont interprétés à travers le mode de pensée de l'engroupe [endogroupe]». Il faut souligner que ce comportement projectif dont parlent Preiswerk et Perrot occupe une place particulièrement importante dans l'ethnocentrisme.

L'ethnocentrisme repose sur divers mécanismes qui font que la valorisation de son propre groupe oriente ou influence la connaissance de l'autre. Il y a d'abord l'identification à un groupe (souvent le sien), une tactique qui correspond à un besoin de se sécuriser ; il y a ensuite la projection, qui consiste à observer l'autre à partir de soi et à lui attribuer ses propres qualités (positives ou négatives) ; enfin, il y a l'évaluation des autres à l'aide de critères (c'est-à-dire de mesures ou de techniques élaborées par soi-même ou par l'endogroupe) : il s'agit ici d'une évaluation de type «manque d'attirance pour des personnes dont le genre de vie est différent du sien».

■ QUELQUES CARACTÉRISTIQUES

L'ethnocentrisme constitue un phénomène global à la fois cognitif, affectif, évaluatif et normatif ; «il conduit à une certaine fidélité à son propre groupe, rendant partiellement ou totalement insensible à l'autre, à d'autres valeurs; il favorise des attitudes et des conduites altruistes à l'intérieur du groupe d'appartenance, même s'il s'agit d'un altruisme limité dont les frontières sont celles de l'endogroupe» (Taguieff, 1997, p. 6). Il peut donc parfois jouer un rôle positif, en ce sens qu'il assure une fonction de préservation de l'existence même du groupe d'appartenance.

Ajoutons également que l'ethnocentrisme passe souvent inaperçu, car il peut adopter une très grande diversité de formes. Ainsi, associé à la projection, il peut tout autant prendre la forme d'un adverbe ou d'une conjonction que celle d'une ponctuation, comme le point d'exclamation, d'une légende sous une photo ou, encore, d'un titre se terminant par un point d'interrogation. L'ethnocentrisme peut aussi être présent à divers degrés. Des commentaires sur des pays moins évolués ou moins avancés, des descriptions incorporant un simple mot comme *encore* pour indiquer que tel groupe vit encore de telle façon, ou même un compliment sur un mode de vie qui cache une comparaison avec le vécu de l'observateur peuvent révéler des formes particulières d'ethnocentrisme. Plus subtile encore, l'omission de certaines précisions ou de faits historiques constitue une autre façon de réduire la réalité de l'autre groupe. Ainsi, Blondin (1990) présente des procédés d'exclusion dont font l'objet certains groupes dans les manuels scolaires: par exemple, l'exclusion par omission ou par négation, par attribution de caractéristiques inhumaines ou, encore, par altération contextuelle. Pour Simon (1993, p. 61), «ce que l'on désigne par ethnocentrisme, c'est moins la vanité délibérée à l'égard de son propre groupe et l'hostilité à l'égard des autres, que l'incompréhension des autres et l'extrême difficulté à admettre ces autres différents, sur un pied d'égalité».

■ LES CONSÉQUENCES DE L'ETHNOCENTRISME

Comme nous l'avons dit, certaines conséquences de l'ethnocentrisme peuvent être positives, et un certain degré d'ethnocentrisme est même nécessaire à la survie de toute collectivité ethnique puisqu'il assure une fonction positive de préservation de son existence. Ainsi, l'absence d'ethnocentrisme peut conduire à une assimilation par adoption de la langue, de la culture et des valeurs d'une collectivité considérée comme supérieure. En ce sens, ce mécanisme permet donc de répondre à un besoin de protéger son propre groupe d'appartenance.

Mais l'ethnocentrisme peut aussi avoir des conséquences négatives très importantes. Ainsi, il réduit les façons d'expliquer les comportements des gens. Il favorise donc une connaissance faussée de l'exogroupe par la valorisation de l'endogroupe.

> Que ces mécanismes d'exclusion attaquent le groupe minoritaire sur la base de ne pas ressembler au groupe majoritaire ou sur celle de posséder les vertus du groupe majoritaire en excès, dans chacun des cas, ils constituent des ingrédients actifs dans les relations intergroupes, aidant à orienter les expériences, à colorer les observations, et même à créer les tendances qu'ils tentent de justifier. (Simpson et Milton Yinger, 1985, p. 136)

Les membres des groupes majoritaires peuvent donc en venir à sous-évaluer la performance des membres des groupes minoritaires et à leur en donner moins de crédit; les membres des groupes minoritaires, pour leur part, peuvent recevoir moins de compensations ou de promotions, et la probabilité qu'ils obtiennent un emploi peut être plus faible. Enfin, l'ethnocentrisme, parce qu'il réduit la connaissance que nous avons de l'autre, exerce aussi une influence sur les rapports intergroupes, qui s'inscrivent alors dans un contexte faussé.

■ UN EXEMPLE D'ETHNOCENTRISME

Les commentaires de nombreux journalistes sur le retard de la Grèce dans les préparatifs des Jeux olympiques de 2004 constituent un bon exemple d'ethnocentrisme, basé sur une vision différente du temps et de l'organisation des événements. Ainsi, nous savons que, dans certaines cultures séquentielles, la planification est importante, et qu'il importe de passer par différentes étapes au moment prévu. C'est ce que l'on considère «être organisé». Cependant, dans ce type de culture, lorsque l'environnement change, il faut tout recalculer et réorganiser. Dans d'autres cultures ou sous-cultures synchrones, c'est, au contraire, le but qui importe davantage, de même que la nécessité d'avoir plusieurs chemins pour y arriver. Or, le retard pris dans la construction de certaines infrastructures avait suscité de grandes craintes au sein du Comité international olympique (CIO), qui redoutait que la Grèce ne soit pas prête à temps. Pourtant, comme l'a déclaré Jacques Rogge, le président du CIO, lors de la cérémonie de clôture des Jeux: «Ce furent des Jeux inoubliables, des Jeux de rêve.» (RFI, 2004) Le gouvernement grec avait en effet autorisé le travail de nuit et avait, entre autres, bénéficié du travail de quelque 60 000 bénévoles. Selon Trompenaars (1994), l'organisation de la Coupe du monde de football de 1990 en Italie et celle des Jeux olympiques de 1992 en Espagne présentaient des caractéristiques très semblables. Ainsi, dans tous ces cas, une projection des modes de fonctionnement à l'occidentale a eu lieu, et une façon de faire différente a été jugée négativement en étant associée à un manque d'organisation. Pourtant, dans un certain nombre de cultures, on accorde plus d'importance à la capacité de faire face aux événements qu'à celle de les planifier de façon rigoureuse. L'avantage en est alors une plus grande souplesse lorsque des imprévus surviennent. On voit donc, dans ces exemples, que deux conceptions différentes se sont affrontées, des conceptions différentes, certes, mais qui sont aussi intéressantes l'une que l'autre, même si elles ne sont pas ainsi perçues.

Le tableau 3.1 résume les principales composantes des deux mécanismes d'exclusion visant à neutraliser la différence, soit le stéréotype et l'ethnocentrisme.

3.2 LES MÉCANISMES D'EXCLUSION VISANT LA DÉVALORISATION DE LA DIFFÉRENCE

D'autres mécanismes d'exclusion ont aussi trait à la différence, mais d'une façon distincte: au lieu de nous amener à nier la différence ou à l'ignorer, ils nous incitent à l'aborder de manière tout à fait négative, en la dévalorisant par l'entremise du préjugé, de la xénophobie ou du harcèlement.

TABLEAU 3.1	Les mécanismes d'exclusion visant la neutralisation de la différence				
Mécanismes	Formes	Procédés	Caractéristiques	Opérations	Conséquences
Stéréotype	• Idée toute faite • Pensée • Discours • Image figée • Simplification excessive	• Décrire	• Requiert peu d'effort (spontanéité plutôt qu'observation) et se forme à partir de différences faciles à percevoir. • Accorde une importance exagérée à quelques caractéristiques. • Est descriptif et collectif. • Accentue les différences entre les groupes et les ressemblances au sein de son groupe.	• Sélection de traits, donc réduction • Simplification (ne tient pas compte d'éléments essentiels) • Généralisation	• Camoufle les disparités à l'intérieur du groupe visé. • Réduit la capacité de repérage d'information. • Réduit la réalité et la déforme. • Modifie les inférences et les prédictions. • Modifie la connaissance de l'autre.
Ethnocentrisme	• Attitude • Comportement • Point de vue • Jugement	• Évaluer • Comparer	• Favorise le jugement de l'autre en fonction de son modèle. • Survalorise ses propres qualités ou réalisations et dévalorise celles des autres groupes. • Peut prendre diverses formes. • Existe à divers degrés.	• Identification (souvent à son groupe) • Projection de sa culture sur un autre groupe culturel • Évaluation	• Favorise la cohésion de l'endogroupe et l'altruisme. • Provoque la négation des particularités de l'exogroupe et sa dévalorisation. • Favorise la promotion de son propre groupe. • Conduit à l'incompréhension de l'autre.

3.2.1 LES PRÉJUGÉS

Le préjugé est une opinion adoptée sans examen et souvent imposée par le milieu ou l'éducation. C'est un jugement porté sur une personne, une opinion préconçue qu'on s'en fait, parfois sans même la connaître. *Préjuger* signifie littéralement « juger d'avance ». Le préjugé est donc bien plus une attitude qu'un comportement : c'est un état d'esprit à l'égard d'une valeur, une disposition mentale qui exerce une influence sur les réactions que provoquent chez un individu des objets, des personnes et des situations. C'est généralement par insécurité que nous sommes amenés à entretenir des préjugés : en effet, nous éprouvons la nécessité de nous sécuriser par rapport à l'objet de nos préjugés, de savoir ce que nous devons en attendre et comment nous devons nous comporter. C'est aussi la raison pour laquelle les stéréotypes sont très souvent doublés d'une attribution de valeurs : c'est bon ou c'est mauvais. Le *préjugé* peut donc être défini comme une attitude émotive et rigide, comme une prédisposition à réagir à certains stimuli provenant d'un groupe de personnes. Toutefois, il peut ne jamais impliquer d'actions ouvertes contre les membres d'un groupe.

Essentiellement, deux mécanismes interviennent dans cette fermeture aux nouvelles expériences que génère le préjugé. En psychologie, on appelle le premier une «perception sélective» : on repère ce que l'on est convaincu de trouver. Le deuxième mécanisme permet aux individus d'éviter le contact avec l'objet de leurs préjugés si ces préjugés sont négatifs. Ainsi, l'antisémite évite de lier connaissance avec un Juif, et le raciste hésite à entrer en contact avec un Noir, car ils se défendent contre ce type d'expériences nouvelles.

■ QUELQUES CARACTÉRISTIQUES

Comme nous l'avons vu précédemment, les opinions à la base des préjugés sont étroitement liées à des attitudes. Il est bon de noter que l'attitude est une variable inférée, non directement observée ni observable, et qu'elle est une préparation propre à l'action. En outre, le préjugé implique une idée de polarité, car une attitude est toujours favorable ou défavorable à l'égard d'un objet quelconque.

Les préjugés sont aussi chargés d'affectivité et résistants au changement : ils sont tenaces, et on parvient difficilement à les modifier par des expériences, de l'information et des connaissances nouvelles. Une des principales caractéristiques de l'attitude-préjugé est qu'une fois qu'elle est mise en place, elle modèle l'expérience de l'individu, le préparant à une réaction particulière. Le préjugé est individuel et normatif. Ainsi, une attitude d'hostilité envers un groupe prédispose l'individu à participer à des activités où s'exprimera cette hostilité, qu'il s'agisse de chercher des renseignements défavorables à ce groupe dans les journaux et de s'en souvenir, d'exprimer ses arguments contre ce groupe ou de prendre part à des actes de violence manifeste contre lui. Cependant, le préjugé ne conduit pas nécessairement à ce type de comportements.

■ LES CONSÉQUENCES DES PRÉJUGÉS

Les préjugés remplissent une fonction d'accommodation dans la société ou le groupe où ils ont cours. Les personnes qui entretiennent des préjugés vont tenter d'éviter les contacts avec l'objet de ces préjugés, de leurs peurs, «autoconfirmant» ainsi leurs croyances. «Lorsque l'on essaie de démontrer la fausseté d'une opinion à ceux qui ont des préjugés, ceux-ci ne modifient en rien leur manière de voir et arrivent même à déformer les preuves que l'on avance, au profit de leurs préjugés. » (Banton, 1971, p. 18) Les préjugés servent donc à juger une situation ou un individu, ce qui permet avant tout de se sécuriser. Et si les préjugés négatifs peuvent conduire à des comportements défensifs et à l'évitement de certains contacts, ou mener à des affrontements directs, les préjugés positifs, quant à eux, peuvent se traduire par une augmentation de la fréquence des contacts ou le développement d'un attrait pour quelqu'un ou quelque chose, ce qui peut tout autant contribuer à fausser la connaissance réelle de l'autre.

■ UN EXEMPLE DE PRÉJUGÉ

Certaines représentations que l'on pourrait croire dépassées refont parfois surface là où l'on s'y attend le moins. Ainsi, le fait d'associer certains groupes d'individus à des images dévalorisantes proches de la bestialité suppose une forte méfiance à leur égard. En 2006, le président du conseil d'administration de Radio-Canada, Guy Fournier, a tenu des propos fort offensants à l'égard des Libanais (Fournier, 2006), soutenant que leur mode de vie autorisait les relations sexuelles avec des animaux, sans jamais pouvoir mentionner les sources de son commentaire. Pourtant, cet individu était à la tête d'une grande entreprise d'information dont la politique exige la vérification des sources de renseignements qui sont présentés au public. Ce commentaire renvoie à une certaine image et crée une catégorisation doublée d'une dévalorisation du groupe auquel cette image est associée. Qu'un personnage public ait pu tenir de tels propos à notre époque est étonnant. Toutefois, il est vrai que, depuis 2001, l'image des Arabes qui est présentée dans les medias est bien souvent péjorative, et que le Québec n'échappe pas à cette tendance. Mohamed Nabil (2004) a ainsi pu démontrer que l'image des musulmans et de l'islam qui a été présentée dans la presse québécoise à la suite des événements du 11 septembre 2001 reposait sur un traitement superficiel de l'information et était véhiculée par des journalistes qui n'avaient de cesse d'accabler les musulmans. En guise d'exemple, Nabil cite un article de Christian Rioux publié en 2001 dans le journal *Le Devoir* et intitulé «La grande majorité des musulmans partagent totalement l'anti-américanisme d'Oussama ben Laden». Or, cette affirmation n'est basée sur aucune source crédible, et ne tient pas compte du fait que la majorité des responsables des attentats étaient des citoyens saoudiens. Comme on peut le constater, la présence de préjugés peut conduire à des renseignements erronés ; les émotions sont parfois si fortes que l'on évite les contacts ou la vérification de ses sources d'information.

3.2.2 LA XÉNOPHOBIE

La *xénophobie* est souvent décrite comme une crainte, une peur, une aversion, un rejet, et même comme «une haine […] de celui qui est perçu comme étant étranger, de ce qui vient de l'étranger parce que considéré comme menaçant un équilibre, une harmonie locale» (Tarnero, 1995, p. 6). La collectivité d'appartenance, avec ses coutumes, ses valeurs, ses lois, sa religion et sa langue, constitue la norme de ce qui est bon, bien ou vrai. L'adhésion à cette collectivité suppose également une volonté de préservation et de perpétuation de ses traits sociaux, culturels, religieux et linguistiques. La peur, le mépris, la haine ou le rejet de l'étranger s'appuient ainsi sur la célébration de l'excellence de son propre groupe, ce qui fait qu'à certains égards, la xénophobie ressemble à l'ethnocentrisme.

Selon Simon (1993, p. 76), «la xénophobie est aussi reliée au racisme car le fonctionnement autoréférentiel fait aussi en sorte que l'étrangéité, comme l'altérité raciale, est jugée dangereuse pour l'intégrité du groupe auquel on s'identifie; il convient de le protéger contre les influences externes parce qu'elles risquent de provoquer sa dissolution et son déclin». La xénophobie est souvent associée à la distance sociale; on peut l'évaluer avec des questions du type: «Qu'est-ce qu'un membre du groupe *x* accepterait ou refuserait de faire avec un membre du groupe *y*?», «Habiterait-il la même ville, le même quartier, le même immeuble?», «Accepterait-il de travailler, de se marier avec une personne de ce groupe?»

■ QUELQUES CARACTÉRISTIQUES

La xénophobie se caractérise par une péjoration ou une dévalorisation de la différence, qui va souvent jusqu'à une limite extrême et à une hostilité plus ou moins latente qui devient systématisée. Il s'agit donc bien d'un mécanisme visant à diminuer l'autre. C'est surtout le refus de l'égalité et de l'identité (le refus que l'autre devienne ou soit comme nous) qui la caractérise, dans un esprit d'autopréservation collective. Certaines conjonctures favorisent les poussées xénophobes collectives: crises économiques ou politiques, tensions concurrentielles sur les marchés du travail ou du logement, guerres ou conflits internationaux.

Lorsque la xénophobie pousse même l'individu à considérer qu'il existe une «race nationale», lorsque la naturalisation est refusée à certains groupes nationaux, ethniques, culturels ou religieux, ou lorsque le soupçon d'une allégeance étrangère pèse sur des groupes qui ont acquis la nationalité et à qui l'on continue de reprocher leurs origines, le racisme et la xénophobie forment alors un couple indissociable. Toutefois, comme nous le verrons plus loin, il reste nécessaire de faire la distinction entre les deux attitudes.

■ LES CONSÉQUENCES DE LA XÉNOPHOBIE

Sur le plan du comportement, le xénophobe accuse les autres groupes d'être mauvais, dangereux et, d'une certaine façon, inférieurs. Ces caractéristiques justifient alors qu'on les agresse ou qu'on s'en protège. En outre, la xénophobie permet la domination, assurant ainsi au groupe dominant un certain nombre de privilèges (celui de la pleine citoyenneté, notamment) et maintenant les autres dans une inégalité de traitement juridique, économique ou social. La fonction de la xénophobie, soit celle de la barrière entre le *nous* et les *autres,* est centrale. Qu'il soit à l'extérieur de la collectivité, hors de ses frontières ou à l'intérieur, comme dans le cas d'un immigré, l'étranger est un objet de méfiance, de rejet et de ségrégation. Enfin, la xénophobie sert aussi bien de justification *a posteriori* que de représentation préexistante.

■ UN EXEMPLE DE XÉNOPHOBIE

Il a été dit précédemment que la xénophobie permet de systématiser une hostilité plus ou moins latente. C'est bien ce qui semble avoir été le cas chez certains habitants du village d'Hérouxville, dont le conseil municipal a adopté, le 25 janvier 2007, des «normes de vie» à imposer aux immigrants. En vue de «favoriser leur participation à la vie communautaire et sociale», le texte du code municipal prévoit le bannissement de l'excision et de la lapidation, et l'interdiction de brûler les femmes vives ou de se promener voilé (Radio-Canada, 2007a). Ce petit village de la Mauricie de 1300 habitants n'accueille pas beaucoup d'immigrants, et la publication de ce code de vie traduit une méconnaissance de l'ensemble des immigrants du Québec, quelles que soient leurs origines, et témoigne de la crainte entretenue envers eux. Il est possible que certains des faits retenus dans le code de vie d'Hérouxville puissent s'être produits à une époque donnée dans certaines régions de l'Asie, de l'Afrique, du Moyen-Orient ou d'ailleurs, et même qu'ils existent encore aujourd'hui. Toutefois, ces comportements ne concernent que des minorités d'individus, et ils sont tout autant condamnés dans les pays où ils peuvent apparaître. À Hérouxville, toutes les personnes venant d'ailleurs sont donc considérées comme inférieures et constituent un danger potentiel. Voilà qui démontre bien ce qu'est la xénophobie: une peur de l'autre et un refus de le voir adopter notre propre identité, de crainte qu'il ne la contamine.

3.2.3 LE HARCÈLEMENT

Contrairement aux préjugés, qui se traduisent surtout par des attitudes et des prédispositions à agir, le harcèlement se manifeste de façon concrète, par des comportements ou des paroles. En fait, selon le Centre de recherche-action sur les relations raciales (CRARR, 1986), le harcèlement racial se manifeste par une suite de comportements de nature verbale, comme des blagues, des remarques déplacées et des railleries, ou par des comportements non verbaux, comme des bousculades, la destruction de vêtements ou de matériel de travail, des regards ou des contacts physiques non désirés et l'étalage incongru d'objets ou de matériel de nature avilissante.

En 1992, la Commission des droits de la personne du Québec définissait le *harcèlement racial* comme «une conduite qui se manifeste, entre autres, par des paroles, des actes, des gestes répétés à caractère vexatoire ou méprisant à l'égard d'une personne ou d'un groupe de personnes en raison de la race, de la couleur, de l'origine ethnique ou nationale, de la langue, ou de la religion» (1992, p. 5).

Une fois encore, il s'agit donc de réactions suscitées par la différence. Cette fois, la différence est dévalorisée, méprisée à travers des paroles, des gestes ou des comportements dirigés contre une personne. Alors que le préjugé est une façon de penser et qu'il prédispose à certains comportements, le harcèlement, lui, est plutôt la manifestation ouverte d'une certaine hostilité, même si, parfois, elle peut être subtile. La personne qui harcèle procède selon un modèle bien connu : elle associe d'abord la victime à une catégorie qu'elle dévalorise, puis elle profère des remarques négatives et des insultes, ou adopte tout autre comportement semblable dans le but de diminuer sa victime.

■ QUELQUES CARACTÉRISTIQUES

Le harcèlement est explicite lorsqu'il s'exprime par des menaces ou des agressions de divers types, et il est implicite lorsqu'il se traduit par un refus de donner de l'information ou de collaborer, ou par l'attribution d'une surcharge de travail. De manière générale, au sens de la Charte des droits et libertés de la personne du Québec, un geste isolé ne constitue pas du harcèlement, même si, dans certains cas, un seul acte assez grave pour causer un effet nocif continu peut, exceptionnellement, être qualifié de harcèlement. Il s'agit donc plutôt de gestes souvent répétés, qui peuvent être ouverts et directs, mais qui, très souvent, sont subtils et sournois. Ces gestes, ces paroles ou ces actes ont un caractère vexatoire ou méprisant évident, car ils placent généralement l'autre dans une situation embarrassante ou contraignante.

Le harcèlement vise d'abord à diminuer la victime, à l'humilier, à nuire considérablement à son rendement, et à créer autour d'elle un environnement (de travail ou autre) menaçant, hostile ou offensant. Dans le domaine professionnel, le harcèlement est parfois exercé par le supérieur immédiat, qui détient une position hiérarchique plus importante et a le pouvoir de l'utiliser, mais il peut aussi provenir de collègues ou de clients. On peut aussi le trouver à l'école, dans les relations des jeunes entre eux ou dans les comportements que les adultes adoptent envers les jeunes. Enfin, il peut aussi être pratiqué par des jeunes à l'endroit d'enseignants ou d'autres adultes faisant partie de minorités. Souvent, les victimes ne savent pas comment réagir et prêtent ainsi le flanc à la répétition d'actes répréhensibles.

■ LES CONSÉQUENCES DU HARCÈLEMENT

La peur, la dépression, le stress, l'anxiété, la perte de confiance en soi, la méfiance, des difficultés de concentration, l'insomnie, la honte dans le milieu de travail ou d'études sont quelques-unes des conséquences du harcèlement. Celui-ci peut donc constituer une atteinte au droit à des conditions de travail et de vie justes et raisonnables d'un individu. Le climat psychologique et émotif dans lequel la personne harcelée évolue peut se détériorer, de même que les conditions matérielles et concrètes dans lesquelles elle vit. Ainsi, le harcèlement peut contribuer à l'exclure d'un emploi et influer sur sa santé, sa sécurité et son intégrité physique. En outre, c'est souvent la dignité même de la personne qui est bafouée.

Ces situations de harcèlement peuvent donc avoir pour conséquences directes de l'absentéisme, des démissions ou des congédiements. Le Centre de recherche-action sur les relations raciales ajoute que le harcèlement constitue «une pratique intégrante du processus de stratification raciale ou ethnique qui limite les chances économiques des membres des groupes minoritaires». Le harcèlement n'émane pas du refus de tolérer ou d'accepter l'autre comme un être différent, mais il constitue plutôt «un effort collectif, direct ou indirect de refuser aux groupes minoritaires les mêmes bénéfices économiques» (CRARR, 1986, p. 2).

■ UN EXEMPLE DE HARCÈLEMENT

Le harcèlement peut prendre plusieurs formes et, par exemple, être associé au sexe, à l'origine ou au handicap d'une personne. Il peut aussi apparaître dans divers milieux ou environnements : éducation, travail, services, transport, logement, etc. L'exemple suivant a trait au cas d'une plaignante, madame Gonzalez, d'origine colombienne, qui réside au Québec depuis plus de 18 ans. Il s'agit d'une cause portée devant le Tribunal des droits de la personne et qui concerne un refus de collaborer pour mettre fin à la location d'un logement en cours de bail. Du 14 août 2002 au 30 juin 2003, madame Gonzalez a occupé un logement dans l'immeuble à appartements de madame Caumartin. Pendant la durée du bail, madame Gonzalez reproche à sa propriétaire de s'ingérer constamment dans sa vie privée, notamment en questionnant ses enfants sur leur vie familiale, en émettant des commentaires sur l'aménagement et la décoration du logement, et en surveillant ses allées et venues dans son logement depuis son balcon. Pendant de longs mois, madame Gonzalez et sa famille se sentent constamment surveillées. La situation étant devenue insoutenable, madame Gonzalez décide alors, à l'automne 2002, de ne pas renouveler son bail. En novembre, elle s'achète donc une maison et avise sa propriétaire qu'elle souhaite sous-louer le logement. « C'est là que les problèmes ont commencé », se rappelle madame Gonzalez. À plusieurs reprises, la propriétaire et sa sœur tiennent des propos racistes à l'endroit de madame Gonzalez et de son conjoint, un homme d'origine dominicaine. La situation s'envenime à un point tel qu'au mois de mai suivant, madame Gonzalez refuse de remettre les clés du logement à sa propriétaire, cette dernière ayant subtilisé une partie de ses biens personnels. « Elle s'est mise à téléphoner à mon bureau pour laisser des messages racistes, se souvient-elle encore. Elle a même tenté de convaincre mon patron de me renvoyer. C'était très insultant pour moi et pour les autres employés, qui sont tous des immigrants. » Comme on peut le constater, les sœurs Caumartin ont humilié madame Gonzalez à plusieurs reprises et ont altéré son milieu de vie et de travail, ce qui illustre bien les effets nocifs du harcèlement.

Le tableau 3.2 résume les principales composantes du préjugé, de la xénophobie et du harcèlement, qui constituent trois mécanismes d'exclusion visant la dévalorisation de la différence.

TABLEAU 3.2	Les mécanismes d'exclusion visant la dévalorisation de la différence				
Mécanismes	**Formes**	**Procédés**	**Caractéristiques**	**Opérations**	**Conséquences**
Préjugé	• Opinion • Attitude • Sentiment • A priori • Prédisposition • Supposition • État d'esprit	• Juger	• Est rigide et tenace. • Touche l'affectif. • Implique une polarité. • Résiste à de nouveaux renseignements ou aux épreuves de sa fausseté.	• Sélection • Évitement	• Sécurise l'auteur. • Oriente les expériences, car il incite l'individu à repérer ce qu'il veut trouver et confirme donc ses opinions. ➤

Mécanismes	Formes	Procédés	Caractéristiques	Opérations	Conséquences
Préjugé			• Est inarticulé. • Est individuel et normatif.		• Dénigrement des personnes • Évitement de certains contacts ou évaluation des gens sans contacts (sources) réels
Xénophobie	• Sentiment • Attitude • Comportement	• Rejeter • Dévaloriser	• Fait voir l'étranger comme inférieur et comme un danger. • Incite à éloigner ce qui est perçu comme menaçant.	• Identification (souvent implicite) à son groupe pour ressentir un sentiment de protection • Péjoration des différences de l'autre • Refus (de diverses façons) que l'autre adopte son identité	• Favorise l'auto-préservation collective. • Génère de l'hostilité. • Justifie l'agression par la dangerosité de l'autre. • Génère des inégalités de traitement juridique, économique et social.
Harcèlement	• Parole • Actes • Gestes • Divers comportements (blagues, remarques déplacées, railleries, plaisanteries, représailles ou menaces, étalage d'illustrations offensantes, etc.)	• Mépriser • Insulter • Ridiculiser	• Est explicite ou implicite, plus ou moins direct et subtil. • Est vexatoire, humiliant ou méprisant. • Peut être répétitif ou très grave. • Est non désiré. • Porte atteinte à l'intégrité ou à la dignité. • Crée un milieu néfaste. • Peut être lié à l'origine, à la couleur de peau, à la religion, à la culture.	• Association à une catégorie • Dévalorisation de la différence de l'autre en lien avec cette catégorie • Dénigrement ou dévalorisation de la victime par divers procédés	• Menace la sécurité physique, la santé et la dignité. • Provoque la dégradation des conditions de travail et crée un milieu néfaste. • Entraîne de l'absentéisme, des démissions ou des congédiements. • Favorise, pour l'auteur, la concentration de divers avantages. • Provoque l'exclusion de la victime.

TABLEAU 3.2 *(suite)*

Nous avons considéré jusqu'ici les mécanismes d'exclusion que l'individu utilise pour réduire la différence (en l'ignorant ou en la niant), ainsi que les mécanismes d'exclusion qui visent surtout à dévaloriser la différence, à la rendre négative, que ce soit par la pensée ou par l'action. Nous allons maintenant examiner un dernier mode de traitement de la différence, soit son exploitation dans le but non seulement d'exclure l'autre, mais aussi d'en tirer profit. Cette forme d'exploitation de la différence, réelle ou imaginaire, qui passe par la discrimination peut aller jusqu'à l'extermination à travers le racisme.

3.3.1 LA DISCRIMINATION

La *discrimination* représente l'exclusion d'individus ou de groupes d'individus d'une participation sociale entière en raison, notamment, de leur origine ethnique, de leur race ou de leur religion. «Le fait de traiter inégalement une personne ou un groupe de personnes sur la base d'un critère de discrimination illicite constitue, dans la plupart des cas, un acte illégal et discriminatoire.» (Encyclopédie canadienne, 2007). Au Québec, les critères de discrimination sont au nombre de 14 et sont inscrits à l'article 10 de la Charte des droits et libertés de la personne du Québec. Ces critères sont les suivants : race, couleur, origine ethnique et nationale, sexe, grossesse, orientation sexuelle, état civil, âge (sauf dans les cas prévus par la loi), religion, convictions politiques, langue, condition sociale, handicap (ou utilisation d'un moyen pour pallier ce handicap). Il y a donc *discrimination,* au sens de la Charte, lorsqu'une distinction, une exclusion ou une préférence fondée sur un de ces critères a pour effet «de détruire ou de compromettre le droit d'une personne à la reconnaissance et à l'existence, en pleine égalité, de ses droits et libertés» (Commission des droits de la personne et de la jeunesse, 1995, article 10). Ainsi, divers domaines liés à l'emploi sont concernés par cette interdiction : les offres d'emploi, l'embauche, l'apprentissage, la durée de la période de probation, la formation professionnelle, la promotion, la mutation, le déplacement, la mise à pied, la suspension, le renvoi ou les conditions de travail, l'établissement de catégories ou de classifications d'emploi, et même les clauses des conventions collectives.

Il importe de préciser qu'il existe différentes formes de discrimination. La forme la plus connue est la discrimination directe, qui résulte d'un acte ou d'un traitement inégal et préjudiciable imposé à une personne ou à un groupe, au regard de l'un des 14 critères énumérés ci-dessus. Ainsi, le refus de louer un logement à une personne pigiste dont le nom est de consonance hispanique constitue un acte de discrimination directe, associé à un double motif : l'origine ethnique et la condition sociale. La discrimination indirecte est une autre forme de discrimination ; elle résulte d'une règle ou d'une pratique, en apparence neutre, s'appliquant également à toutes les personnes, mais qui a pour effet d'exclure ou de désavantager les membres d'un groupe. Ainsi, le fait de n'afficher les postes vacants qu'au sein d'une organisation peut contribuer à éliminer des personnes d'autres groupes ethniques si l'organisation n'emploie que des personnes issues d'un même groupe. Enfin, la discrimination systémique constitue la dernière forme de discrimination. Elle résulte d'un ensemble de règles et de pratiques qui sont directement ou indirectement discriminatoires. Ainsi, un certain nombre de barrières, comme l'expérience canadienne exigée, des tests contenant des biais culturels, l'absence de critères spécifiques, l'attitude du personnel préposé aux renseignements ou faisant partie du jury de sélection, peuvent contribuer à exclure des membres de minorités visibles de certains emplois et de certains secteurs. Au Québec, la faible présence des communautés ethniques dans la fonction publique a déjà été soulignée. D'autres barrières expliquent aussi la faible proportion de membres des minorités visibles démarrant leur propre entreprise : un accès limité aux sources de financement et aux fournisseurs, des normes d'accréditation dépassées, la difficulté à accéder à l'information et aux services gouvernementaux, la difficulté à affronter les organismes de réglementation, des attitudes de méfiance de la part du personnel affecté à la prestation de renseignements et de services. Tous ces obstacles peuvent, en effet, être discriminatoires et réduire l'accès des minorités visibles aux ressources dont elles ont besoin pour créer leur propre entreprise.

■ QUELQUES CARACTÉRISTIQUES

La discrimination peut être le fait d'un seul comportement ou d'un ensemble de comportements individuels, nourris par des préjugés et des représentations, que les personnes adoptent dans le but de maximiser leurs avantages. Cependant, la discrimination ne se résume pas au seul acte individuel, isolé et volontaire ; elle consiste aussi en des actes souvent liés à un système de relations sociales, et elle peut être plus ou moins consciente.

Les principaux facteurs qui contribuent à exclure les membres des minorités ethniques sont le fait d'être né à l'étranger, la différence physique, la différence d'accent, l'utilisation d'une autre langue, la consonance du patronyme, l'absence d'ancêtres québécois et la différence de religion (Ledoyen, 1992). Chez les membres des minorités raciales, le principal facteur d'exclusion est la différence physique. Ainsi, selon Ledoyen, les membres des minorités ethniques font l'objet d'une différenciation sur la base de leur origine nationale ou ethnique, tandis que les membres des minorités raciales sont davantage victimes de discrimination sur la base de leurs traits phénotypiques. Outre les opérations d'exclusion (distinction ou préférence), Wieviorka (1991) ajoute au concept de différenciation celui d'infériorisation.

■ LES CONSÉQUENCES DE LA DISCRIMINATION

Selon Drudi (1997), la discrimination crée des barrières qui empêchent la pleine participation des membres des groupes culturels aux activités des organisations. De plus, comme les immigrants sont parfois concentrés dans des secteurs d'emploi en fonction de leur origine ethnique et de leur appartenance raciale, cette stratification limite leur intégration dans les secteurs de l'activité économique où ils sont traditionnellement absents, comme la fonction publique ou la gestion des grandes entreprises. La discrimination favorise en outre l'exclusion des membres des minorités raciales du marché du travail (Helly et Ledoyen, 1994; Labelle et Levy, 1995). Tremblay et Mahfoudh (Ministère des Ressources humaines et du Développement social Canada [RHDC], 2005) ont montré que le taux de chômage chez les immigrants, surtout s'il s'agit de membres des minorités visibles, est plus élevé que la moyenne nationale. De fait, alors que le chômage de la population née au Québec était, en 2001, de 7,4 %, celui des membres de minorités visibles dans leur ensemble était de 16,6 %.

Cette discrimination résulte d'un processus de différenciation appliqué par les membres du groupe majoritaire contre des membres des minorités ethniques et des minorités raciales. Cette différenciation prive ces derniers d'un accès plein et entier aux ressources de la société et les confine dans des rôles de statut inférieur, les spoliant ainsi de leur droit à l'égalité. Drudi (1996, p. 6) résume bien les conséquences de la discrimination :

> [...] différenciés négativement, inférioriés dans leur statut d'emploi et discriminés dans leur accès au marché du travail primaire, [les membres des minorités] sont sujets à moins s'intégrer dans l'organisation et souvent à la quitter, confirmant ainsi les perceptions des gestionnaires. Leurs comportements semblent en accord avec les raisons pour lésquelles on les exclut des postes qualifiés : pour leurs différences et pour leur manque d'intégration dans l'organisation.

■ UN EXEMPLE DE DISCRIMINATION

Divers groupes et personnes peuvent subir de la discrimination : les femmes, les groupes ethniques, les groupes religieux et les groupes sociaux (handicapés, homosexuels, etc.). Par le passé, des enquêtes effectuées par la Commission des droits de la personne ont démontré que plusieurs groupes en sont victimes.

La discrimination est aussi présente dans le milieu du travail, même si elle est parfois plus subtile. En effet, certaines formes de discrimination sont plus voilées. Toutefois, les statistiques nous permettent d'en découvrir les manifestations : avec un taux de diplomation supérieur à la moyenne québécoise, les minorités visibles sont pourtant deux fois plus victimes de chômage que le reste des Québécois. Ainsi, chez les enfants et petits-enfants d'immigrants faisant partie des minorités visibles, le taux de chômage atteint presque 16 % (RHDC, 2005). Dans certains cas, il s'agit peut-être de discrimination directe mais, dans d'autres, des exigences fondées sur l'expérience canadienne contribuent à évincer certaines personnes d'emplois pour lesquels elles ont pourtant été sélectionnées à leur entrée.

Diverses formes de discrimination plus systémiques, c'est-à-dire liées à des règles ou à des normes dans les organisations, perpétuent donc l'exclusion de certains groupes.

3.3.2 LE RACISME

Le racisme est une forme de discrimination associée au critère de la race, comme le sexisme est une forme de discrimination associée au sexe, et l'âgisme, à l'âge. Cependant, l'évolution de ce concept et la diversité des formes de racisme que nous voyons aujourd'hui nous incitent à le traiter comme une autre forme particulière de mécanismes d'exclusion.

La définition du concept de *racisme* la plus souvent citée est sans doute celle de Memmi (1994, p. 113), qui voit en ce phénomène «la valorisation généralisée et définitive de différences réelles ou imaginaires au profit de l'accusateur et au détriment de la victime afin de justifier ses privilèges ou son agression». Le recours fréquent à cette définition ne doit cependant pas laisser croire qu'il n'existe qu'une seule forme de racisme.

Il semble que ce soit à la suite de progrès scientifiques (entre autres en biologie et en anthropologie) qu'une première forme de racisme soit apparue. En effet, ces progrès ont permis, à une certaine époque, de rationaliser la domination qu'exerçaient des humains sur leurs semblables. Le racisme était alors perçu comme une théorie explicative qui démontrait que les différences sociales ou culturelles entre les groupes ethniques provenaient de différences biologiques héréditaires. Il s'agissait donc d'une «théorie de hiérarchisation des races qui [concluait] à la nécessité de préserver la race dite supérieure de tout croisement et à son droit de dominer les autres» (Tarnero, 1995, p. 6).

Pourtant, lorsque les théories sur les races et leur hiérarchie ont été réfutées, le racisme n'a pas disparu. Au Québec, des propos tenus en 2007 par le psychiatre Mailloux associaient les Noirs à un niveau intellectuel inférieur, ce qui montre bien que cette forme de racisme existe toujours (Radio-Canada, 2007b). Il serait donc difficile de prétendre, aujourd'hui, que, depuis que des scientifiques ont démontré que la race et les différences raciales n'existent pas, le racisme a disparu. Il se manifeste plutôt de façon différente.

Certains affirment que c'est la notion de culture qui a remplacé celle de race dans le racisme d'aujourd'hui, et que parler des différences culturelles, c'est inévitablement retomber dans le piège d'un racisme qui aurait simplement changé de visage. En réalité, c'est plutôt le droit à la différence qui a été récupéré et interprété comme le droit de rejeter l'autre.

Selon Taguieff (1997, p. 49), «un nouveau racisme a progressivement pris naissance sous forme de culturalisme et de différentialisme; il suit, à revers, l'argumentation antiraciste basée sur le relativisme culturel et le droit à la différence. Il nous dit que cette métamorphose réside dans le déplacement de l'inégalité biologique entre les races vers l'absolutisation de la différence entre les cultures.» Toujours selon Taguieff:

> [...] le néoracisme, symbolique et voilé, est [...] un racisme adapté à l'époque post-nazie, caractérisée par un consensus de base sur le rejet du racisme. [...] Ce qui le caractérise, c'est donc d'abord son retournement des valeurs du relativisme culturel [...]; ensuite, son abandon du thème inégalitaire et son érection de la différence culturelle en absolu, d'où la condamnation du mélange et l'affirmation de l'inassimilabilité mutuelle et irrémédiable des cultures. (Taguieff, 1997, p. 55)

Aujourd'hui, les tenants du néoracisme fondent donc leurs explications sur des catégorisations élaborées sur la base de traits culturels comme les mœurs, la langue et la religion.

■ QUELQUES CARACTÉRISTIQUES

Soulignons d'emblée que le racisme apparaît de moins en moins à l'état pur ; il est de plus en plus imbriqué dans le nationalisme, l'impérialisme colonial ou l'ethnicisme. De plus, il se présente de moins en moins sous la forme d'une théorie explicite ou d'actes flagrants accompagnés de revendications ou de légitimations claires. En effet, ce racisme ou néoracisme est de plus en plus implicite : « Il est une formation de compromis entre des pulsions d'hostilité et le respect de normes antiracistes, intériorisées par l'éducation. » (Taguieff, 1997, p. 50) Enfin, toujours selon Taguieff, être raciste repose moins sur le rapport d'agressivité envers l'autre que sur le fait de se justifier de l'être, ce qui vient appuyer notre classement du racisme dans les mécanismes d'exclusion axés sur l'exploitation de la différence.

Le racisme d'aujourd'hui possède donc des caractéristiques subtiles et particulières, propres à son temps. On note, entre autres, la mise en relief des différences, qu'elles soient biologiques, sociales ou simplement culturelles, puis l'érection de ces différences, le plus souvent culturelles, en absolu. On observe alors une certaine exagération des différences de la victime au profit du raciste, ce qui mène à une condamnation du mélange des cultures et à l'affirmation de leur « inassimilabilité » mutuelle et irrémédiable.

La pensée raciste se manifeste généralement par la présence de trois opérations cognitives mentionnées par Taguieff (1997) : il y a d'abord une essentialisation, c'est-à-dire l'attribution d'une mauvaise nature qui n'est plus seulement basée sur la couleur de la peau, mais qui est intrinsèque à l'identité de la personne ou du groupe. Cela crée ainsi des catégories d'inconvertibles ou d'inassimilables ; il y a ensuite stigmatisation ou exclusion symbolique, c'est-à-dire que tous les représentants d'un groupe jugé impur doivent être rejetés par le groupe pur, puisqu'ils sont dotés d'une nature dangereuse. La même hantise du contact et du mélange perdure ; enfin, il y a une barbarisation du groupe rejeté qui débouche sur la conviction que certaines catégories d'humains sont « incivilisables ».

Ainsi, un individu influencé par le néoracisme pourrait déclarer que telle personne est trop lente, mais que c'est normal, puisque les gens du groupe auquel elle appartient sont généralement lents de nature (essentialisation), et qu'il vaut donc mieux éviter de les engager, car ils ne pourront jamais s'adapter à notre mode de gestion du temps (stigmatisation) et pourraient même devenir un danger pour les autres puisqu'ils sont incapables de composer avec le stress (barbarisation).

■ LES CONSÉQUENCES DU RACISME

Taguieff (1997, p. 54) nous fait remarquer que « le noyau dur de l'imaginaire raciste, c'est la hantise du mélange, cette peur panique de l'indifférenciation, ou de la perte d'identité qui se traduit en exaltation de la différence» et que «la conduite raciste a pour objectif de remettre à leur place les individus sortis de leur catégorie groupale». La fonction du racisme serait donc de servir à consolider l'identité de ceux qui le pratiquent et à justifier leurs activités de domination, comme les conquêtes, l'esclavage et le colonialisme. La fonction sociale de cette doctrine est de légitimer la mise à l'écart d'une partie de la population, non plus sur la base d'une caractéristique visible, mais en raison d'une mauvaise nature invisible et cachée qu'il faut dévoiler.

On peut distinguer trois conséquences du racisme, même s'il n'y a pas nécessairement d'intentions ou de visions racistes au départ (Taguieff, 1997) : la ségrégation, la discrimination ou l'exclusion des indésirables; leur persécution en raison non pas de leurs actes, mais de leur appartenance; et l'extermination de tous les représentants de la catégorie visée.

Retenons, comme l'affirme Taguieff (1997, p. 52), que le racisme d'aujourd'hui varie dans ses objets, ses cibles, ses intérêts et les passions qui le portent, dans les croyances qui le légitiment et dans ses modes d'action.

■ UN EXEMPLE DE DISCRIMINATION RACIALE OU DE RACISME

Avant la diffusion des auditions publiques de la Commission Bouchard-Taylor sur les pratiques d'accommodements raisonnables, on avait peine à imaginer qu'une discrimination basée sur des caractéristiques liées au phénotype (la couleur de la peau) et aux origines d'une personne puisse encore se manifester au Québec. Pourtant, cette discrimination raciale fut illustrée de manière flagrante en 2005 lorsque des agriculteurs de la Montérégie furent reconnus coupables de discrimination raciale et de harcèlement envers quatre travailleurs saisonniers haïtiens. En effet, des travailleurs blancs d'un important centre maraîcher de la région de Châteauguay interdisaient à des Haïtiens l'accès à leur cafétéria, soutenant que leur nourriture sentait mauvais. Des affiches en français et en créole sur la porte de la cafétéria défendaient aussi aux Haïtiens de se mêler aux Blancs pendant les périodes de repas. Déjà, en 2001, à la suite d'une altercation entre Blancs et Noirs, quatre travailleurs haïtiens avaient sollicité l'intervention des propriétaires et avaient été congédiés. En outre, leurs conditions de travail étaient plus que précaires : dans un reportage télévisé, on avait pu entendre un journaliste expliquer que «le lieu des repas des employés haïtiens n'a pas d'eau ni de toilettes à l'intérieur, avec des fours à micro-ondes très sales et des réfrigérateurs dégoûtants qui ne fonctionnent pas». Les Haïtiens qui ont tenté d'y pénétrer (cafétéria des Blancs) se sont fait répondre par un contremaître : «Vous avez un parc à vous.» Une des propriétaires aurait ajouté: «Ici, c'est pas votre place. Ici, c'est pour les Blancs.» (LCN, 2005)

Ce centre maraîcher emploie jusqu'à 300 travailleurs agricoles, dont des Mexicains. Au plus fort de la saison, au moins 90 employés sont des Noirs; ce sont les seuls à être payés sur une base quotidienne. Après l'ouverture d'une enquête, la Commission des droits de la personne a exigé que soit versée une compensation financière, notamment au motif que les plaignants n'ont pas été traités en toute égalité.

Le tableau 3.3 résume les principales composantes des deux mécanismes d'exclusion visant l'exploitation de la différence que nous venons de voir : la discrimination et le racisme.

TABLEAU 3.3	Les mécanismes d'exclusion visant l'exploitation de la différence				
Mécanismes	**Formes**	**Procédés**	**Caractéristiques**	**Opérations**	**Conséquences**
Discrimination	• Acte • Pratique • Règle • Ensemble de règles et de pratiques appliqués à tous et constituant un traite-ment injuste	• Distinguer • Exclure • Classer • Hiérar-chiser	• Est volontaire ou involontaire. • Est directe, indirecte ou systémique. • Soutient un traitement différentiel et inégal. • Comporte des distinctions injustes ou nuisibles.	• Distinction, exclusion ou préférence • Différen-ciation (mise à l'écart) • Infériorisation (traitement inégal)	• Permet de s'accorder des privilèges par inégalités de traitement. • Permet de subordonner les autres. • Réduit les droits, les libertés et le pouvoir des victimes. • Limite l'accès, la participation, l'intégration et les promotions.
Racisme	• Acte • Pratique • Règle • Idéologie • Doctrine • Théorie • Ensemble de règles et de pratiques appliqués à tous et consti-tuant un traitement injuste	• Distinguer • Exclure • Classer • Hiérar-chiser • Justifier • Expliquer	• Forme de discrimination basée sur la race. • Peut faire partie des politiques du milieu (idéologie). • Peut être explicite. • Soutient la hiérarchisation. **Néoracisme** • Peut être plus subtil et d'accord avec le racisme, mais dévalorise la culture.	• Distinction, exclusion ou préférence • Différen-ciation • Infériorisation et domination **Néoracisme** • Essentiali-sation (naître tel, c'est être tel et le demeurer) • Stigmati-sation (attribution d'une nature dangereuse) • Barbarisation (croire en certaines catégories d'humains «incivili-sables» et inassimi-lables)	• Consolide l'identité de ceux qui le pratiquent et réduit leur perte d'identité. • Justifie les activités de domination et les privilèges. • Déshumanise les catégories visées. • Légitime la mise à l'écart. • Justifie l'agression. • Peut conduire au génocide.

➤

TABLEAU 3.3	(suite)				
Mécanismes	Formes	Procédés	Caractéristiques	Opérations	Conséquences
Racisme			• Érige la différence culturelle en absolu (figé). • Rejette la différence culturelle.		

CONCLUSION

Les divers mécanismes d'exclusion que nous venons de voir montrent bien que la différence culturelle peut être utilisée et manipulée de nombreuses façons. Ces mécanismes, bien qu'ils diffèrent les uns des autres, comportent certains points communs que les tableaux 3.1, 3.2 et 3.3 (pages 75, 81 et 89) nous permettent d'observer et de comparer. Ainsi, on peut facilement associer le stéréotype au préjugé, puisque tous les deux demeurent au niveau des idées et des opinions, tandis que le harcèlement, le racisme et la discrimination débouchent sur des actions. C'est d'ailleurs pourquoi le stéréotype et le préjugé sont souvent confondus. Mais s'il est vrai qu'ils sont étroitement liés, le premier est toutefois d'ordre cognitif, alors que le second est d'ordre affectif. La xénophobie est aussi un très proche parent du préjugé, mais elle est davantage liée au racisme puisqu'elle peut déboucher sur des actions.

Comme on a pu le constater, les attitudes et les comportements ethnocentriques sont très répandus. Ils prennent diverses formes et peuvent également être confondus avec les préjugés. Toutefois, deux caractéristiques les en distinguent : d'une part, les biais associés aux endo-groupes et aux exogroupes peuvent se manifester dans n'importe quel groupe et ne se produisent pas seulement quand nous entrons en interaction avec ceux-ci. D'autre part, « l'ethnocentrisme constitue en quelque sorte une douce forme de favoritisme envers son propre groupe et il est différent des formes extrêmes d'hostilité comme le racisme et le sexisme » (Cox, 1993, p. 132). En ce sens, l'ethnocentrisme doit être distingué du racisme, avec lequel il est de plus en plus souvent confondu. En effet, l'ethnocentrique vise davantage à valoriser son propre groupe qu'à dévaluer l'autre, même si, pour arriver à son but, il doit passer par ce processus.

On peut donc se demander quelle est la « bonne » façon d'aborder la différence ou de se comporter à son égard… Il ne s'agit certes pas de l'ignorer sous prétexte qu'elle fait courir certains risques (comme le risque qu'elle soit mal utilisée), ni de la valoriser outre mesure, puisque l'exotisme constitue, lui aussi, une déformation de la réalité qui peut mener à l'altération des rapports humains. En outre, affirmer simplement que la différence constitue un enrichissement pour les sociétés ne règle rien car, comme le dit Memmi (1994, p. 231), «chaque fois que l'on veut agresser, opprimer quelqu'un, il est toujours possible de nous découvrir une différence importante avec lui et de la déclarer désastreuse à son détriment».

Chaque fois que la différence deviendra un cloisonnement, une altération de la réalité, une survalorisation ou une sous-valorisation des groupes, ou l'ignorance d'une certaine spécificité, l'échange réciproque, s'il a lieu, s'effectuera sur des bases erronées qui risquent de comporter un mécanisme d'exclusion. La différence constituera alors un obstacle à la relation plutôt qu'une richesse. Ainsi, ce n'est pas le constat des différences qui peut devenir néfaste, mais l'utilisation que l'on fait de celles-ci.

Ce qui importe, donc, c'est que la différence soit considérée comme l'une des nombreuses caractéristiques qui marquent le monde moderne et qui nécessitent des échanges menant à des ajustements mutuels. Le respect des diverses communautés, y compris la communauté d'accueil, implique la reconnaissance du fait que chacune a quelque chose de bon à offrir et que, pour en tirer parti, un effort allant dans le sens du dialogue, du questionnement, de la transformation et du compromis est nécessaire, car la sacralisation des différences peut s'avérer tout aussi négative que sa péjoration.

POUR EN SAVOIR PLUS

 LIVRES

ABDOUD, R. *et al.* (2002). *La trousse: Guide-jeunesse pour combattre le racisme par l'éducation,* Ottawa, Association canadienne pour les Nations Unies, [en ligne], http://www.unac.org/yfar/The_KIT_f.pdf (consulté le 13 mars 2008).

EID, P. (2004). «Être "Arabe" à Montréal: Réceptions et ré-appropriations d'une identité socialement compromise», dans J. Renaud, A. Germain et X. Leloup (dir.), *Racisme et discrimination: Permanence et résurgence d'un phénomène inavouable,* Sainte-Foy, Presses de l'Université Laval.

HURBON, L. (1988). *Le barbare imaginaire,* Paris, Éditions du Cerf.

JACOB, A. (1991). *Le racisme au quotidien,* Montréal, Centre international de documentation et d'information haïtienne, caribéenne et afro-canadienne.

KANOUTÉ, F. (2004). «L'ancrage de l'antiracisme», dans J. Renaud, A. Germain et X. Leloup (dir.), *Racisme et discrimination: Permanence et résurgence d'un phénomène inavouable,* Sainte-Foy, Presses de l'Université Laval.

LAPIERRE, N. (2006). *Changer de nom,* Paris, Gallimard (Coll. Folio Essais).

MCANDREW, M. et POTVIN, M. (1996). *Le racisme au Québec: Éléments d'un diagnostic,* Montréal, Ministère des Affaires internationales, de l'Immigration et des Communautés culturelles du Québec (Coll. Études et Recherches, n° 13).

➤

Paquin, M. et Labelle, M. (1993). *Ethnicité, racisme et intégration des jeunes : Le discours de leaders d'origine italienne de la région de Montréal,* Montréal, Université du Québec à Montréal, Centre de recherche sur les relations interethniques et le racisme, cahier n° 15.

Paugam, S. (1996). *L'exclusion : L'état des savoirs,* Paris, La Découverte.

Perrault, M. et Bibeau, G. (2003). *La gang, une chimère à apprivoiser : Marginalité et transnationalité chez les jeunes québécois d'origine afro-antillaise,* Montréal, Boréal.

Potvin, M. (2004). «Racisme et discrimination au Québec : Réflexion critique et prospective sur la recherche», dans J. Renaud, A. Germain et X. Leloup (dir.), *Racisme et discrimination : Permanence et résurgence d'un phénomène inavouable,* Sainte-Foy, Presses de l'Université Laval.

Potvin, M. (2007). «Blackness, haïtianité et québécitude : Modalités de participation et d'appartenance chez la deuxième génération d'origine haïtienne au Québec», dans M. Potvin, P. Eid et N. Venel (dir.), *La 2e génération issue de l'immigration : Une comparaison France-Québec,* Montréal, Athéna.

Renaud, J., Germain, A. et Leloup, X. (dir.) (2004). *Racisme et discrimination : Permanence et résurgence d'un phénomène inavouable,* Sainte-Foy, Presses de l'Université Laval.

Saris, A. (2007). «L'obligation juridique d'accommodement raisonnable», dans H. Dorvil et R. Mayer (dir.), *Problèmes sociaux : Tome IV : Théories et méthodologies de l'intervention sociale,* Sainte-Foy, Presses de l'Université du Québec.

Taguieff, P.-A. (1991). *Face au racisme : Tome 1 : Les moyens d'agir ; Tome 2 : Analyses, hypothèses, perspectives,* Paris, La Découverte.

Wieviorka, M. (2001). *La différence,* Paris, Balland.

Williams, D. W. (1998). *Les Noirs à Montréal, 1628-1986 : Essai de démographie urbaine,* Montréal, VLB Éditeur (Coll. Études québécoises, n° 44).

Xiberras, M. (1993). *Les théories de l'exclusion : Pour une construction de l'imaginaire de la déviance,* Paris, Méridiens Klincksieck.

 ARTICLES ET RAPPORTS DE RECHERCHE

Das, K., Vachon, R. et Lomomba, L. (1997). «Pluralisme et interculturalisme contre le "racisme" : Des pistes de réflexion», Institut Interculturel de Montréal, [en ligne], http://www.dhdi.free.fr/recherches/horizonsinterculturels/articles/racism.pdf (consulté le 13 mars 2008).

Drudi, G. (2002-2003). «Impact de la non reconnaissance professionnelle sur l'identité des personnes immigrantes : Situation des personnes issues des minorités noires», *Vivre ensemble,* vol. 11, n° 38.

Drudi, G., Aleksanian, A. et Leskaj, L. (2005). *Le choc discriminatoire : Principal facteur de la non participation professionnelle à la société québécoise des personnes issues de minorités noires, particulièrement des jeunes de la seconde génération,* Mémoire du Groupe de travail sur la pleine participation à la société québécoise des membres issus des communautés noires, [en ligne], http://lamaisonneeinc.org/doc/m%E9moire%20gouvernement%20qu%E9bec%20minorit%E9s%20noires.pdf (consulté le 13 mars 2008).

Guillaumain, C. (1992). «Une société en ordre : De quelques-unes des formes de l'idéologie raciste», *Sociologie et Sociétés,* vol. XXIV, n° 2.

➤

SITES INTERNET

antiracist.com
http://www.antiracist.com
La fondation de la tolérance
www.fondationtolerance.com

 ART ET LITTÉRATURE

BEAUDOIN, M. (2006). *Hadassa,* Montréal, Leméac.

SEGURA, M. (1999). *Côte-des-Nègres,* Montréal, Boréal.

 AUDIOVISUELS

Tu te crois peut-être supérieur, mais je pense que nous sommes égaux, réalisation : Joann Geslecht et Garry Beitel ; version française : Suzanne Corriveau, 1984.

Bonjour, Shalom, réalisation : Garry Beitel, 1991.

Xénofolies, réalisation : Michel Moreau, 1991.

L'arbre qui dort rêve à ses racines, réalisation : Michka Saäl, 1992.

Le racisme à l'école, réalisation : Claude Beaulieu et Pierre Gréco, 1993.

Tropique Nord, réalisation : Jean-Daniel Lafond, 1994.

Vivre ensemble comme du monde, réalisation : Isabelle Turcotte et Lynn Phaneuf, 1996.

Couleur cœur, réalisation : TFO et Fondation canadienne des relations raciales, 2001 (Vidéo et guide pédagogique).

Préjugés : Prévenir le racisme chez les jeunes, réalisation : Centre Turbine en collaboration avec PRIM, 2002 (Vidéo et guide pédagogique [A. Battaglini et Y. Aymot]).

When the Road Bends : Tales of a Gipsy Caravan, réalisation : Jasmine Dellal, 2006.

La leçon de discrimination, réalisation : Lucie Payeur (émission Enjeux), 2007 (Vidéo et guide pédagogique [R. Y. Bourhis et N. Carignan]).

BANTON, M. (1971). *Sociologie des relations raciales,* Paris, Payot.

BLONDIN, D. (1990). *L'apprentissage du racisme dans les manuels scolaires,* Montréal, Agence d'Arc.

CAMILLERI, C. et VINSONNEAU, G. (1996). *Psychologie et culture: Concepts et méthodes,* Paris, Armand Collin.

Centre de recherche-action sur les relations raciales (CRARR) (1986). *Le harcèlement racial en milieu de travail: Recommandations pour une meilleure qualité de la vie au travail,* Montréal.

Commission des droits de la personne et de la jeunesse du Québec (1992). *Politique pour contrer le harcèlement racial en milieu de travail,* Montréal, Direction des communications.

Commission des droits de la personne et de la jeunesse du Québec (1995). *Charte des droits et libertés de la personne du Québec,* Québec, Publications du Québec.

COX, T. (1993). *Cultural Diversity in Organisations: Theory, Research and Practice,* San Francisco, Berrett-Koehler Publishers.

DORAI, M. (1991). «Les stéréotypes: Définition et évolution des travaux», *Intercultures,* n° 12.

DRUDI, G. (1996). *Organisation du travail, diversité et intégration organisationnelle des membres des minorités noires: Une étude de cas à Montréal,* projet de thèse de doctorat, inédit.

DRUDI, G. (1997). «Au-delà du choc culturel: Le choc discriminatoire comme obstacle au processus d'intégration sociale des membres des minorités ethniques et surtout des minorités raciales», *Défi Jeunesse,* vol. 3, n° 2.

Encyclopédie canadienne (2007). *Préjugés et discrimination,* [en ligne], www.thecanadian encyclopedia.com/index.cfm?PgNm=TCE&Params=f1ARTf0006458 (consulté le 13 mars 2008).

FOURNIER, G. (2006). «Bizarre», *7 jours,* «Chronique», 9 septembre.

GAGNÉ, L. et ROY, C. (2007). «59% des Québécois se disent racistes», *Journal de Montréal,* 15 janvier.

HELLY, D. et LEDOYEN, A. (1994). *Immigrés et création d'entreprises,* Montréal, Institut québécois de recherche sur la culture (IQRC).

LABELLE, M. et LEVY, J. J. (1995). *Ethnicité et enjeux sociaux: Le Québec vu par les leaders de groupes ethnoculturels,* Montréal, Liber.

LCN (2005). *Montérégie: Un centre maraîcher coupable de discrimination raciale,* [en ligne], http://lcn.canoe.com/lcn/infos/national/archives/2005/04/20050418-173352.html (consulté le 13 mars 2008).

LEDOYEN, A. (1992). *Montréal au pluriel,* Montréal, Institut québécois de recherche sur la culture (IQRC).

MEMMI, A. (1994). *Le racisme,* Paris, Gallimard.

Ministère des Ressources humaines et du Développement social Canada (RHDC) (2005). *Portrait global des minorités visibles et des Autochtones au Québec: Revue de littérature, préparée par Carole Tremblay et Amel Mahfoudh, Université de Montréal,* [en ligne], http://www1.servicecanada.gc.ca/fr/pt/ot/ntemt/emt/projets_speciaux/InitiativeSans Racisme/Tremblay-Mahfoudh.shtml (consulté le 13 mars 2008).

NABIL, M. (2004). *L'image des Arabo-musulmans dans les média au Québec,* [en ligne], http://www.oulala.net/Portail/article.php3?id_article=1242 (consulté le 13 mars 2008).

PREISWERK, R. et PERROT, D. (1975). *Ethnocentrisme et histoire,* Paris, Anthropos.

Radio-Canada (2007a). *Codes de conduite: Hérouxville accusée d'incitation à la haine,* [en ligne], http://www.radio-canada.ca/nouvelles/National/2007/02/05/005-poursuites-herouxville.shtml (consulté le 13 mars 2008).

➤ (*SUITE*)

Radio-Canada (2007b). *Tout le monde en parle,* émission du 25 septembre, propos du Dr Pierre Mailloux.

RFI (Radio France internationale) (2004). *La Grèce a gagné son pari,* [en ligne], http://www.rfi.fr/actufr/articles/056/article_30163.asp (consulté le 13 mars 2008).

RIOUX, C. (2001). « L'islam en question : La grande majorité des musulmans partage totalement l'antiaméricanisme d'Oussama ben Laden », *Le Devoir,* « *Perspectives* », 29 septembre.

SIMON, P.-J. (1993). « Ethnocentrisme », dans V. De Rudder (dir.), *Pluriel recherches : Vocabulaire historique et critique des relations interethniques,* cahier n° 1, Paris, L'Harmattan.

SIMPSON, G. E. et MILTON YINGER, J. (1985). *An Analysis of Prejudice and Discrimination,* New York, Plenum Publication.

SUMNER, G. W. (1906). *A Study of Sociological Importance of Usages, Manners, Customs, Mores and Morals,* New York, Ginn and Company.

TAGUIEFF, P.-A. (1997). *Le racisme : Un exposé pour comprendre, un essai pour réfléchir,* Paris, Flammarion.

TARNERO, J. (1995). *Le racisme,* Toulouse, Éditions Milan (Coll. Les essentiels Milan, n° 103).

TROMPENAARS, F. (1994). *L'entreprise multi-culturelle,* Paris, Maxima.

VINSONNEAU, G. (2002). *L'identité culturelle,* Paris, Armand Colin.

WIEVIORKA, M. (1991). *L'espace du racisme,* Paris, Seuil.

PARTIE 2

LES MODÈLES DE L'INTERVENTION INTERCULTURELLE

Les ateliers avec les pères immigrants

C'est comme travailleur social formé en France que j'ai commencé à exercer auprès d'immigrants de la région parisienne. Sur le plan relationnel et professionnel, j'ai constaté, en France comme au Québec, que les familles immigrantes font souvent face à deux types d'intégration indissociables : une intégration sociale et une intégration familiale, devant lesquelles les membres de la famille ne sont pas égaux. En effet, le père immigrant, contrairement aux autres membres de la famille (la mère et les enfants), est davantage sujet à connaître une succession de ruptures, qui sont également de deux ordres : les ruptures sur le plan familial, et les ruptures sur le plan social et professionnel.

Chez les pères, les ruptures familiales se caractérisent principalement par une perte de centralité (le père n'est plus le seul porte-parole ou le pourvoyeur principal de la famille) et par un choc des cultures (malgré la migration, les parents tendent à rester enracinés dans le pays d'origine, tandis que les enfants, par l'entremise de l'école, considèrent appartenir davantage à la culture de la société d'accueil). De leur côté, les ruptures sociales et professionnelles se caractérisent essentiellement par le chômage et la non-reconnaissance des diplômes et du parcours professionnel. Ces ruptures perdurent au lieu d'être provisoires (par exemple, un médecin qui devient finalement technicien de laboratoire ou un enseignant au secondaire qui se retrouve concierge).

Étant moi-même un père immigrant, j'ai donc développé une intervention visant spécifiquement à connaître et à reconnaître les stratégies mises en place par les pères pour remédier aux problèmes issus de cette double intégration. Cette intervention, qui se décline en deux phases (ateliers et rencontres individuelles où est narré le récit de vie), ne se réduit pas qu'à l'écoute ; elle offre aussi aux pères des outils facilitateurs d'intégration et des pistes susceptibles de réintroduire de la continuité, tant dans leur vie familiale que dans leur vie sociale.

Malgré une publicisation des ateliers dans la presse locale et auprès de plusieurs travailleurs sociaux, j'ai connu quelques difficultés dans le recrutement des pères immigrants. En effet, malgré leur intérêt pour le projet, ces derniers formulaient des remarques par rapport à la plage horaire ou à la fréquence des séances. Finalement, six pères ont été retenus pour deux séances de deux heures par semaine pendant cinq semaines.

Le premier atelier a permis d'échanger sur les valeurs culturelles relatives à la paternité sur la base d'un conte pour enfants que j'avais préalablement sélectionné. Les pères étaient également invités à proposer d'autres histoires liées au contenu de l'atelier et propres à leur culture d'origine. J'ai ensuite dirigé la discussion sur les valeurs véhiculées par le conte et leurs histoires, et nous les avons comparées à celles de la culture québécoise. J'aurais tout aussi bien pu organiser cet atelier à l'aide d'un proverbe, d'un conte de fées, d'une chanson, etc. Le deuxième atelier, quant à lui, a permis d'établir la distinction entre les valeurs universelles et les valeurs propres à une culture ou à un groupe donné. Le but de l'exercice était d'aider les participants à mieux comprendre que certaines valeurs sont liées à leurs origines culturelles et à leur éducation, tandis que d'autres peuvent être communes à plusieurs cultures. Enfin, le dernier atelier a permis de confronter les valeurs du pays d'accueil à celles des pays d'origine (par exemple, sur le plan de l'éducation des enfants, de la place de la femme dans le couple, dans la famille et dans la société, etc.) et de saisir la dynamique des pères parmi toutes ces valeurs.

Après ces trois ateliers, les rencontres individuelles m'ont amené à rencontrer chaque père deux fois par semaine, pendant une heure, afin de recueillir leur récit de vie. À l'inverse des ateliers, ces rencontres se tenaient au domicile du père, un lieu où sont omniprésents de nombreux objets symboliques et significatifs (photos, meubles, bibelots, livres, etc.). Pendant ou après chaque rencontre, les pères parlaient des tranches de leur vie qui ressemblaient ou différaient de celles évoquées par les participants durant l'atelier. Cette étape a été un réel enrichissement, aussi bien pour les pères que pour l'animateur, moi en l'occurrence. Le récit de vie a également permis aux participants d'évoquer une première fois leurs ruptures en relatant une histoire continue. Enfin, il a surtout permis aux pères de prendre conscience de tout leur potentiel. Il est toutefois important de noter que le récit de vie n'est pas une exploration de la mémoire. En effet, tenir un discours sur soi devant l'autre n'implique pas de fouiller au plus profond de ses souvenirs, mais de choisir des tranches de vie parmi les épisodes les plus inoubliables et les plus marquants. Au regard de ces limites quant à l'accès à l'intimité et aux valeurs profondes des pères immigrants, j'ai décidé d'associer les histoires pour enfants à la technique du récit de vie.

Les histoires pour enfants facilitent la décentration de l'intervenant et son immersion dans la culture ou les mythes fondateurs de l'autre. Elles sont donc un point de départ tout désigné pour discuter avec les pères de leurs valeurs culturelles, qu'elles aient trait à la paternité, à la maternité ou à l'enfance. En ce qui me concerne, j'ai insisté sur les contradictions qui ont surgi au fil de l'intervention, dans la mesure où elles sont des marques, des points visibles du choc culturel enfouis dans l'inconscient de chacun.

Les ateliers et davantage le récit de vie ont constitué un apport décisif dans la réintroduction de la continuité et, en plus, ils ont permis aux participants de créer des liens sociaux. Quant aux histoires pour enfants, je les considère comme un complément important au récit de vie, car elles permettent une immersion dans la vision du monde du père immigrant ou de toute autre personne, puisque cette intervention peut être adaptée aisément à tous les groupes d'individus.

Jean-Marie Messé À Bessong,
intervenant social

Une expérience clinique auprès des familles réfugiées : le cas de Mme B.

Mme B. est originaire de la République démocratique du Congo. Âgée de 36 ans, elle est mère de 6 enfants âgés entre 8 et 18 ans. Elle est arrivée au Canada en décembre 1999 et a revendiqué à nos frontières le statut de réfugié. Peu après son arrivée au Québec, Mme B. se présente à nos bureaux pour y rencontrer une travailleuse sociale afin d'obtenir une aide financière accordée par notre service aux familles revendicatrices du statut de réfugié ayant plus de trois enfants. Mme B. nous est envoyée par une collègue de l'accueil psychosocial. Nous procédons alors à l'évaluation de sa situation afin de connaître ses besoins et de déterminer les services à mettre à sa disposition pour lui venir en aide.

Mme B. raconte avoir fui le Congo par mesure de sécurité pour elle et ses enfants. Ainsi, après avoir été la cible de plusieurs menaces, son mari aurait été détenu puis exécuté par les militaires au pouvoir. Craignant pour sa vie et pour celle de ses enfants, Mme B., avec l'aide de certains membres de la famille élargie, est parvenue à vendre tous ses biens et à utiliser ses économies pour obtenir de faux papiers et fuir vers le Canada.

Au Congo, Mme B. était femme au foyer. Ainsi, son mari était le seul pourvoyeur de la famille, et c'est lui qui s'occupait également des démarches administratives. Mariée à l'âge de 17 ans, Mme B. s'en est donc toujours remise à son mari pour prendre les décisions importantes. Si elle veillait aux soins de ses enfants et au bon fonctionnement de la maisonnée, il revenait surtout à son époux de se charger de la discipline des enfants. Il était donc la figure d'autorité reconnue par la famille.

Aujourd'hui, Mme B. se sent dépassée par la montagne de démarches à faire relativement à son installation et à la régularisation de son statut. Elle se dit inquiète pour son avenir et pour celui de ses enfants, et elle se sent souvent découragée et déprimée. À cette étape, les besoins de Mme B. et de sa famille sont surtout primaires, la famille étant en mode de survie,

➤

laquelle passe par son installation, l'inscription des enfants à l'école, la régularisation de son statut d'immigration et sa familiarisation avec son nouveau milieu de vie.

Les objectifs qui sont alors visés dans l'intervention vont dans ce sens. Il s'agit à la fois de soutenir et d'accompagner toute la famille dans son processus d'intégration et de régularisation de son statut d'immigration, de faciliter son processus d'établissement, de briser son isolement et de lui permettre d'accéder à une aide financière accordée par notre service.

Mais après sept mois passés au Canada, Mme B. a le sentiment que rien ne va plus. Ses filles cadettes ont des comportements de plus en plus inquiétants : heures d'entrée et de sortie non respectées, impolitesse envers elle et leur sœur aînée, comportements de promiscuité sexuelle et fréquentations douteuses.

Mme B. se sent peu outillée pour encadrer ses filles dans un milieu qui lui est relativement inconnu et dont elle ne maîtrise pas les codes, les mœurs et les coutumes. Elle cherche parfois à reprendre le contrôle en imposant à ses filles des règles plus rigides. De leur côté, les filles prennent goût à cette liberté toute nouvelle et tentent de jongler tant bien que mal avec leur nouvelle identité, à la fois congolaise et québécoise.

Afin d'aider Mme B. et ses enfants à traverser cette crise et à trouver un mode de fonctionnement respectueux à la fois de leurs valeurs culturelles et de leur nouvelle réalité, nous avons exploré avec eux la situation-problème en la recadrant dans le contexte global de la migration. Ainsi, l'utilisation du génogramme a permis à Mme B. et à ses enfants de se raconter, de verbaliser leurs pertes, les changements et les nombreux deuils auxquels tous avaient eu à faire face. Cela a également été l'occasion pour Mme B. de partager pour la première fois avec ses enfants ses inquiétudes, ses préoccupations, mais aussi ses souhaits par rapport au projet migratoire. Pour les enfants, l'exploration de l'histoire familiale et migratoire a enfin été une opportunité de nommer leurs souffrances, et particulièrement celles relatives à la perte du père et du réseau familial dans la migration.

Si ce recadrage au moyen du génogramme a permis de situer et de nommer les zones de fragilité qui existaient dans la famille de Mme B., il a également mis en lumière les forces de chacun des membres de la famille, et notamment leur capacité et leur courage de surmonter les difficultés ainsi que leur volonté commune de trouver des outils pouvant les aider à retrouver un équilibre au sein de la famille.

Un autre des objectifs visés par notre intervention était de rétablir l'autorité parentale de Mme B. au sein de sa famille. À cette fin, la valorisation de Mme B. dans son rôle et dans ses aptitudes parentales, la reconnaissance de son autorité par ses enfants, l'information et la sensibilisation quant à la double identité culturelle de ses enfants, au fonctionnement du système scolaire et aux différentes lois, son orientation vers des cours de francisation ont été autant de façons d'aider Mme B. à retrouver son pouvoir comme parent, et à être davantage outillée pour offrir un encadrement adéquat à ses enfants et pour comprendre leur réalité propre.

L'intervention auprès des familles en situation de grande vulnérabilité est trop souvent centrée sur les zones de fragilité plutôt que sur leurs capacités de trouver un nouvel équilibre. Or, le recadrage des situations dans le contexte global de la migration, la validation des sentiments éprouvés par rapport aux changements vécus, la reconnaissance des capacités de chacun des membres de la famille sont autant de stratégies qui peuvent l'aider à comprendre sa situation actuelle et à préserver son équilibre.

C'est donc souvent par des interventions souples, ouvertes et créatives que l'on peut découvrir et apprécier la richesse et le bagage des immigrants et des réfugiés, avoir une compréhension plus juste de leur situation et les aider adéquatement dans leur processus de transition et de redéfinition.

Marie-Lyne Roc, travailleuse sociale au CSSS de la Montagne (Programme régional d'accueil et d'intégration des demandeurs d'asile)

CHAPITRE 4

LES MODÈLES DE PRATIQUE ET LES IDÉOLOGIES D'INTERVENTION

Ghislaine Roy, Gisèle Legault et Lilyane Rachédi

Les pratiques interculturelles n'appartiennent pas en propre à un seul champ disciplinaire. Ainsi, l'éducation, le droit, la santé, le service social et la psychologie sont autant de champs d'interactions susceptibles de devenir des lieux de pratiques interculturelles. Le terme *pratique* désigne une action, une interaction, une praxis. Le terme *interculturel,* quant à lui, renvoie «à une pratique, ou plus exactement à un ensemble de pratiques mises en œuvre pour répondre à des problèmes de terrain» (Abdallah-Pretceille, 1985, p. 25). En ce sens, la pratique interculturelle doit être vue comme une façon d'analyser des situations et des problèmes qui surviennent dans des sociétés dites pluralistes. Quant à l'approche interculturelle, elle serait davantage une méthode de communication et d'appréhension des problèmes débouchant sur un type d'intervention adapté à la diversité des sociétés contemporaines. Cette approche peut être utile dans une très grande variété de contextes, pas seulement en relation d'aide.

Plusieurs écrits permettent de voir les modèles de pratique existants où est prise en compte la spécificité d'un contexte sociopolitique et multiculturel. Ils permettent aussi de percevoir les éléments nécessaires au repérage des différentes approches interculturelles qui prévalent dans l'intervention auprès des immigrants et des réfugiés. Toutefois, la question des approches et des modèles d'intervention a fait couler beaucoup d'encre, et de nombreux chercheurs, praticiens et formateurs se sont exprimés à ce propos dans différents écrits, colloques et rencontres de toutes sortes. Comme le présent chapitre ne se veut pas une recension complète des écrits et des réflexions sur le sujet, nous nous intéresserons ici à ce qui nous apparaît le plus pertinent pour des professionnels de l'intervention (travailleurs sociaux, infirmières, médecins, psychoéducateurs, etc.) qui auront à interagir régulièrement avec des personnes provenant de différentes cultures.

Afin de situer ces modèles de pratique dans le champ interculturel, nous utiliserons le cadre de référence de Laperrière (1985), qui définit les idéologies d'intervention auprès des immigrants dans le contexte britannique. Ce cadre, qui n'est pas sans similitude avec les contextes canadien et québécois, permettra de situer les modèles qui seront ensuite présentés. Les idéologies prévalant dans les efforts d'insertion des immigrants dans les sociétés canadienne et québécoise, soit le multiculturalisme et la convergence culturelle, ont déjà été évoquées dans le chapitre 1. Laperrière y revient en soulignant que ce multiculturalisme, ou pluriculturalisme, a constitué en Grande-Bretagne l'une des idéologies privilégiées dans les interventions auprès des immigrants à partir des années 1970. Elle la fait toutefois précéder de l'assimilationnisme, ou monoculturalisme, une idéologie d'intervention dominante au cours des années 1950 et 1960.

Laperrière présente également les idéologies d'intervention que sont l'interculturalisme et l'antiracisme, des idéologies développées en Angleterre à la suite des insatisfactions générées par les idéologies précédentes. Le tableau 4.1 présente l'ensemble de ces idéologies sur la base des trois paramètres que sont le rationnel sous-jacent, les modalités d'application et la critique que Laperrière en fait. Nous exposerons brièvement chacune de ces idéologies avant de situer, par rapport à celles-ci, les modèles de pratique que nous avons choisi de présenter. Disons d'emblée que tous ces modèles se rattachent à l'interculturalisme et à l'antiracisme, ou sont à la jonction de ces deux idéologies.

Tableau 4.1	Les idéologies d'interventions auprès des immigrants		
	Assimilationnisme Monoculturalisme	**Multiculturalisme Pluriculturalisme**	**Interculturalisme** / **Antiracisme**
Rationnel	• Estimer que les populations des groupes ethniques sont trop petites pour alimenter des systèmes sociaux optionnels. • Estimer que leurs cultures sont mal adaptées au monde occidental.	• Remettre en question l'ethno-centrisme des groupes au pouvoir prétendant incarner une culture universelle et supérieure. • Reconnaître que les minorités ont droit à l'expression de leurs cultures et à leurs institutions.	• Constater l'inter-dépendance entre les pays. • S'ajuster aux nouvelles réalités sociales. • Favoriser l'inter-action dynamique entre les cultures minoritaires et la culture majoritaire.	• Lutter contre les structures inégalitaires (économiques, politiques, sociales) des sociétés occidentales du centre par rapport à celles de la périphérie. • Faire l'unité des groupes minoritaires (non les distinguer). • Mettre l'accent sur l'expérience commune et violente du racisme.
Modalités	• Apprentissage rapide de la langue et de la culture (immersion) pour: – donner des chances égales – minimiser les probabilités de rejet des nouvelles populations. • Rejet par les groupes ethniques de leurs traditions culturelles, y compris la langue	• Promotion des cultures minoritaires: – information diversifiée – matériel et instruments diversifiés • Élimination des stéréotypes culturels	• Développement d'attitudes positives envers les autres • Respect de la diversité • Programmes d'échanges culturels continuels	• Luttes par les dominés eux-mêmes contre l'inégalité et ses causes économiques structurelles, historiques • Stratégies globales, structurelles, politiques, culturelles pour mettre à jour les bases objectives du racisme quotidien.
Critique	• Ethnocentrisme, supériorité de la culture dominante	• Étiquetage des groupes minoritaires comme «inférieurs»	**S'il y a un relativisme absolu:** • ghettos culturels possibles, comme dans le cas du multiculturalisme	**Positif:** • mise en valeur de la complexité et des paradoxes des situations des minorités raciales et ethniques ➤

Tableau 4.1	(suite)			
	Assimilationnisme Monoculturalisme	**Multiculturalisme Pluriculturalisme**	**Interculturalisme**	**Antiracisme**
Critique	• Élimination des racines culturelles et ethniques, du vécu antérieur des immigrants	• Création de nouveaux stéréotypes • Enfermement, ghetto culturel, frein à l'intégration sociale	**Si le relativisme est faible:** • l'échange sur la base de valeurs universelles communes est, dans les faits, une centration sur les valeurs de la culture dominante. • évacuation du politique, de l'économique, de l'historique au profit du culturel	**Négatif:** • les stratégies d'affrontement divisent les communautés. • pertes des énergies et engagement des «modérés» dans les luttes entre les «méchants» Blancs et les «bons» Noirs

Source: Inspiré de Laperrière (1985).

4.1 LES IDÉOLOGIES RELATIVES AUX INTERVENTIONS AUPRÈS DES MIGRANTS

4.1.1 L'ASSIMILATIONNISME OU MONOCULTURALISME

L'assimilationnisme, ou monoculturalisme, est une idéologie qui prévaut en Angleterre au cours des années 1950 et 1960, puis qui devient très populaire en France et aux États-Unis, où elle l'est toujours. La pensée rationnelle sous-jacente à cette idéologie est que chaque groupe culturel immigrant représente une trop infime proportion de la population totale pour pouvoir alimenter un système social optionnel et que les cultures d'origine des immigrants ne peuvent entrer en compétition avec le marché culturel britannique, considéré comme plus adapté au fonctionnement moderne de la société anglaise. Les modalités d'application de cette théorie concernant les immigrants sont, d'une part, un apprentissage rapide de la langue et de la culture du nouveau pays afin qu'ils aient des chances égales de réussite et qu'ainsi, les risques de rejet soient minimisés, et, d'autre part, un abandon de leurs propres traditions culturelles, incluant leur langue d'origine. Les critiques de cette idéologie soulignent l'ethnocentrisme inhérent à l'énoncé de la supériorité de la culture dominante, l'incitation à l'élimination des racines culturelles des nouveaux arrivants et, conséquemment, le rejet de leur vécu antérieur.

4.1.2 LE MULTICULTURALISME OU PLURICULTURALISME

Le multiculturalisme, ou pluriculturalisme, s'inscrit, quant à lui, dans un mouvement de fond qui vise, au cours des années 1970, à promouvoir la diversité des cultures en Occident (femmes, groupes ethniques, travailleurs, etc.). Cette idéologie est marquée par le fait que l'accent est davantage mis sur les cultures minoritaires que sur la culture dominante. On remet en question l'ethnocentrisme de la culture dominante, qui prétend incarner une culture universelle et supérieure, en reconnaissant que les groupes minoritaires ont droit à l'expression de leurs cultures et à leurs institutions. Les modalités d'application du multiculturalisme sont la promotion des cultures minoritaires par de l'information, par du matériel et des instruments pédagogiques diversifiés ainsi que par l'élimination, dans la culture courante, des biais qui résultent d'omissions ou de stéréotypes relatifs à ces cultures. Les critiques de cette idéologie soutiennent, quant à eux, que l'étiquetage de ces minorités ethniques comme des groupes désavantagés, donc inférieurs et ayant des besoins supplémentaires en plus des besoins communs, conduit finalement à la création de nouveaux stéréotypes à leur sujet. Ces critiques signalent également le danger d'enfermement ou de ghettoïsation qu'une telle idéologie peut entraîner, ce qui est susceptible de retarder ou de menacer l'intégration des groupes culturels à la société d'accueil. Enfin, ces critiques soulignent l'impossibilité pratique de tenir véritablement compte de la grande diversité des cultures sur le terrain puisque, en plus de leur nombre, chacune inclut en son sein des groupes distincts par leur religion, leur langue et leurs coutumes.

4.1.3 L'INTERCULTURALISME

Le courant de l'interculturalisme se développe dans les années 1980, dans une conjoncture internationale où émerge une interdépendance entre les nations et se développent des moyens de communication qui exigent une sensibilité nouvelle aux réalités et aux cultures des autres pays, lesquelles se manifestent d'ailleurs amplement à l'intérieur des communautés urbaines occidentales. Le courant de l'interculturalisme cherche à répondre aux limites du multiculturalisme; ses tenants prônent donc un multiculturalisme plus universel, s'adressant autant à l'ethnie majoritaire confrontée à de nouvelles cultures qu'aux ethnies minoritaires. En effet, selon Laperrière, « il ne suffit pas de protéger ou de tolérer les cultures minoritaires, encore faut-il aussi favoriser leur interaction dynamique avec les autres cultures, dont la culture majoritaire » (1985, p. 190). Les modalités d'application de l'interculturalisme dépassent ainsi la simple information sur les autres cultures; elles incluent le développement d'attitudes positives à l'égard de l'autre et le respect de la diversité. Elles comprennent des échanges culturels continuels sur une base égalitaire visant une meilleure connaissance mutuelle et le développement de communications harmonieuses. Mais les tenants de l'interculturalisme se divisent ensuite sur la question des bases de ces échanges entre les cultures. Certains promeuvent un relativisme absolu, c'est-à-dire la singularité de chacune de ces cultures, et l'impossibilité de les intégrer les unes aux autres sans trahir le sens et la dynamique particulière des valeurs et des modes de vie qu'elles ont développés. On voit déjà poindre la critique de cette idéologie: ces cultures dites «absolues» conduisent finalement à l'apparition de ghettos culturels, critique que l'on adresse également à l'approche multiculturaliste, dont le potentiel de compétition avec la culture dominante est prévisible. D'autres prônent, au contraire, un relativisme faible, estimant que les diverses cultures peuvent se rejoindre autour de valeurs universelles telles que la rationalité, l'honnêteté et l'harmonie, et que les échanges entre les cultures sont une sensibilisation aux diverses expressions culturelles de ces valeurs universelles. Dans la critique qui est faite de cette option, on souligne que les valeurs «universelles» dont il est question ne sont, en fait, que celles de la culture dominante et que les valeurs des cultures minoritaires, dépouillées de leur dynamique et de leur logique propres, ne peuvent que sortir perdantes d'une opération conduite le plus souvent par des membres de la culture dominante. Enfin, l'interculturalisme est également critiqué en raison du fait qu'il mène à l'évacuation des dimensions historique, économique et politique des groupes culturels en présence, au profit de leur seule dimension culturelle. Pourtant, ces dimensions sont, elles aussi, profondément ancrées dans le passé des migrants, un passé souvent colonial marqué par la domination, l'exploitation et la loi du plus fort. Ainsi, ces contentieux historiques viennent nourrir les échanges culturels en même temps que naissent des rivalités, et des sentiments d'injustice et de discrimination. Toutes ces critiques de l'interculturalisme débouchent finalement sur une autre idéologie: l'approche antiraciste.

4.1.4 L'ANTIRACISME

Par l'approche antiraciste, on tente de dépasser les limites qu'on reconnaît aux idéologies précédentes. On propose donc de lutter contre les structures économiques, politiques et sociales des sociétés occidentales du centre, constituées au détriment des sociétés dites périphériques. Cette idéologie est rassembleuse dans la mesure où elle met l'accent non pas sur ce qui distingue les groupes culturels, mais bien sur ce qui les unit, c'est-à-dire l'expérience commune et violente du racisme, qui les définit d'emblée comme inférieurs et qui exclut toute communication culturelle véritable. Cette expérience d'exclusion, les minoritaires la partagent aussi avec d'autres groupes de la société, comme les femmes et les pauvres, par exemple. Loin d'être un phénomène purement culturel, le racisme ou l'exclusion trouve son origine dans l'histoire et dans les structures inégalitaires des sociétés développées, traduisant la vision du monde des «Blancs» et leurs interprétations de la réalité.

Les modalités de l'intervention antiraciste relèvent avant tout de l'action des dominés eux-mêmes, qui luttent contre les inégalités et leurs causes économiques, structurelles et historiques. En effet, les définitions des situations, les objectifs à atteindre et les stratégies à mettre de l'avant leur appartiennent en propre, même si leur combat est aussi celui d'autres groupes marginalisés. Toutefois, ceci n'exclut pas la collaboration et le soutien d'alliés objectifs, sympathiques à leur cause et partageant leur rationnel. Les stratégies exploitées sont globales, larges et concrètes afin d'étaler au grand jour les bases objectives du racisme quotidien. Dans l'analyse critique de l'approche antiraciste, on reconnaît l'aspect positif de l'idéologie antiraciste: elle met en valeur la complexité et les paradoxes des minorités raciales ou ethniques qui aspirent à l'intégration à la société d'accueil sur une base égalitaire.

Cette intégration inclut une prise en compte du désir de ces minorités de maîtriser la culture dominante et aussi de préserver leur identité spécifique, laquelle est façonnée à la fois par leur passé, par leur culture d'origine, et également par leur vécu social et culturel actuel, qui souvent les marginalise et rend difficile leur participation réelle à la vie de la société. Mais l'approche antiraciste comporte aussi ses limites, en ce sens qu'elle braque l'une contre l'autre les factions des « Blancs » et des « non-Blancs », et qu'elle encourage les stratégies d'affrontement sans favoriser une lutte commune des uns et des autres menant à l'élimination de l'exclusion sous toutes ses formes (stéréotypes, préjugés, discrimination, racisme, etc.). Enfin, les tenants de cette idéologie d'intervention ne s'embarrassent pas des nuances concernant les divers groupes culturels au regard de la nature de l'oppression qu'ils subissent en fonction de leur provenance ou de leur vécu antérieur : le manichéisme de l'approche fait qu'on attribue toutes les vertus aux « non-Blancs » et le monopole du vice aux « Blancs ».

4.2 LES MODÈLES SE RATTACHANT À L'INTERCULTURALISME

4.2.1 LE MODÈLE DE LA SENSIBILITÉ OU DE LA CONSCIENCE CULTURELLE (*CULTURAL AWARENESS*)

Green (1982), un anthropologue, dans sa recherche d'une conceptualisation de la pratique interculturelle, met l'accent sur l'aspect ethnographique de la collecte de données. Selon lui, le concept majeur demeure la sensibilité culturelle (*cultural awareness*), qui est la « conscience de la culture de l'autre et de la sienne ». Comme Green met l'accent sur les interactions et les transactions, il insiste, par le fait même, sur l'importance d'une réelle attitude d'empathie et de compréhension interculturelle.

L'intervenant ne développe pas la sensibilité culturelle dont parle Green en restant enfermé dans un bureau : il doit, au contraire, en sortir afin de faire, en quelque sorte, de l'observation participante. Cela suppose bien plus que de bonnes techniques d'intervention. La sensibilité culturelle oblige en effet à dépasser ses préjugés et à regarder les choses « avec les yeux de l'autre » afin de susciter la participation de cet *autre* dans le processus même de la recherche de solutions. Par conséquent, l'intervention requiert une participation active tant des clients que de leur communauté d'appartenance. Et ce n'est pas non plus l'organisme dispensateur de services qui établit la liste des ressources disponibles, mais bien les clients, qui suggèrent leurs propres solutions ; l'organisme essaie alors de s'adapter à ces solutions.

Green base son modèle de pratique sur quatre grands principes :

1) la prise de conscience du client quant à l'existence d'un problème ;
2) la possibilité, pour le client, de s'exprimer dans sa langue pour définir son problème ;
3) la disponibilité des ressources appartenant à la communauté d'origine et le recours à ces ressources, si cela est pertinent ;
4) l'établissement de critères d'évaluation orientés vers le client.

Pour ce qui est des ressources du client, Green suggère de renforcer les systèmes de réponse de ce dernier pour accroître son pouvoir (*empowerment*) sur sa vie.

Ce modèle de pratique peut avoir des effets majeurs sur la façon d'organiser la distribution des services sociaux ou médicaux et, par le fait même, sur les méthodes de travail des intervenants, puisque la définition des besoins n'est plus du ressort des institutions ou d'autres décideurs, mais dépend plutôt des gens eux-mêmes, eux qui « savent » généralement ce qu'il leur faut. La culture du client peut ainsi être opposée à la culture de l'institution, et même à celle découlant de la profession de l'intervenant. Tout le modèle est donc basé sur la prise de conscience de l'écart existant entre la culture du client et la sous-culture organisationnelle dans laquelle est immergé l'intervenant. En somme, ce modèle est une façon de pratiquer l'intervention en fonction de la perspective même du client et de sa culture, ce qui nécessite parfois de mettre de côté les priorités de l'organisme qui offre des services (que cet organisme soit de type non gouvernemental ou qu'il appartienne au réseau des services publics) pour rechercher des voies optionnelles respectant davantage le client.

4.2.2 LE MODÈLE DU TRAVAIL SOCIAL INTERCULTUREL (*CROSS CULTURAL SOCIAL WORK*)

Selon Pigler-Christensen (1985), on peut parler de travail social interculturel dès qu'une relation s'établit entre deux personnes de cultures différentes. Elle propose donc un modèle multidimensionnel qui a comme point de départ les concepts de la psychologie perceptuelle. Sa prémisse fondamentale est que l'efficacité du *counseling* auprès des groupes ethniques dépend autant des perceptions réciproques des intervenants et des clients que de la maîtrise d'une technique de travail. Elle met, par conséquent, l'accent sur l'interaction entre les gens ayant des origines culturelles différentes.

Empruntant les concepts de la psychologie perceptuelle, la professeure Pigler-Christensen y construit donc une approche de la consultation interculturelle. L'élément principal de cette approche est la prise en compte du champ perceptuel, lequel intègre les dimensions du *moi* à celles de l'univers, car c'est dans ce champ que les dissemblances apparaissent les plus grandes. Ce qui est important dans l'approche de Pigler-Christensen, c'est la reconnaissance de cette variable majeure de toute relation interculturelle, variable qui influence évidemment tant l'intervenant que le client. En effet, la façon de considérer la nature humaine, la conception du bonheur, de la vie et de la relation de l'être humain avec la nature, l'importance du divin et la valorisation du temps, sont des éléments qui peuvent être différents pour les parties en présence, qui s'appuient sur leur vision du monde respective ou sur leur propre système de croyances. De plus, dans cette approche, on reconnaît l'aspect primordial de la dimension spirituelle dans l'intervention interculturelle.

4.2.3 LE MODÈLE DE L'APPROCHE INTERCULTURELLE AUPRÈS DES MIGRANTS

Pour Cohen-Emerique (1993), une psychologue formatrice en relations interculturelles, l'approche interculturelle est d'abord et avant tout un processus d'aide. Ce processus est fondé sur le respect de la personne, de sa vision du monde et de son système de valeurs, et toute relation d'aide, qu'elle soit interculturelle ou non, doit s'appuyer sur ces mêmes bases. L'auteure insiste cependant sur l'identité culturelle (elle en fait même un aspect spécifique de l'approche interculturelle), dont on perçoit les multiples facettes : ethnique, nationale, régionale, religieuse et sociale. En effet, comme elle le souligne elle-même, «on ne rencontre pas une culture mais des individus, des groupes qui mettent en scène une culture [...]» (p. 72).

Dans cette approche, l'autre paramètre à l'intérieur duquel se joue la relation interculturelle est l'interaction : deux porteurs d'identité sont en effet en présence, et chacun a une importance égale. L'approche interculturelle ne focalise donc pas son action uniquement sur l'*autre* (le client, l'immigrant), mais elle reconnaît tout autant la subjectivité de l'intervenant. Et c'est cette interaction entre les deux parties qui devient l'élément déterminant de l'intervention.

L'approche interculturelle auprès des migrants proposée par Cohen-Emerique (sur laquelle nous reviendrons dans le chapitre 5) comporte trois étapes principales :

1) la décentration, pour mieux cerner sa propre identité ;

2) la compréhension du système de référence de l'autre ;

3) la négociation et la médiation.

Il est bien évident que ces trois étapes ne se déroulent pas de façon linéaire : elles s'entre-croisent ou se chevauchent selon la complexité des situations.

4.2.4 LE MODÈLE BASÉ SUR LE VA-ET-VIENT ENTRE LA CULTURE DU CLIENT ET CELLE DE L'INTERVENANT

Une étude réalisée dans le cadre d'un mémoire de maîtrise en travail social (Roy, 1991) a démontré que, au fil des ans et dans le quotidien des contacts interculturels, les intervenants sociaux ont adapté peu à peu différents modes d'intervention en fonction de leurs clientèles. Les professionnels de l'intervention interculturelle ont, en effet, défini leur pratique comme un va-et-vient entre leur culture dans ses multiples aspects (professionnel, institutionnel, national, sexuel, familial) et celle du client. Ils voient donc la pratique de la relation d'aide comme une pratique spécifique, non traditionnelle et différente, et ce, à cause de la clientèle touchée (population possédant des codes culturels souvent très éloignés des leurs et ayant effectué une trajectoire migratoire particulière et unique) et du type d'approche utilisée (basée sur des particularités et des moyens d'intervention spécifiques).

Les particularités de l'intervention inspirée par ce modèle ont trait principalement aux dimensions suivantes :

- le temps, soit celui de créer un contact humain avec la personne qui demande des service pour connaître ses besoins et les pistes de solutions qu'elle propose ;
- la flexibilité et la non-uniformisation du discours et des réponses, c'est-à-dire l'adaptation de l'orientation institutionnelle aux besoins particuliers de la personne ;
- l'écoute empathique des propos de l'*autre* ;
- l'intérêt pour les autres cultures et la capacité de critiquer la sienne ;
- une volonté de réviser les grilles habituelles de décodage des problèmes dans un objectif d'intégration des données structurelles inhérentes à la migration.

Toutes ces particularités de l'intervention sont basées à la fois sur la rationalité et sur l'intuition. Elles sont mises en place au fil des jours par les intervenants et aboutissent à des collectes de données particulières, à des évaluations spécifiques et à des plans d'intervention adaptés. Comme les moyens d'intervention privilégiés visent toujours un rapprochement avec les clientèles pour une meilleure connaissance de leurs codes culturels et personnels, les visites à domicile constituent le cœur de cette approche. Car c'est en allant à domicile que les professionnels peuvent véritablement prendre le pouls de la situation, vérifier leurs hypothèses et se mettre en relation avec le réseau du client. Dans le respect des règles du code de déontologie, le rapport social entre l'intervenant et le client se personnalise et sort alors d'un professionnalisme neutre. Ainsi, les intervenants utilisent ou mettent en place, quand elles n'existent pas, des ressources pertinentes pour le client, et travaillent avec des tiers et avec le réseau de soutien du client. Enfin, ils font souvent comprendre les codes culturels de leurs clients au personnel d'autres institutions. En ce sens, ils exercent une forme de médiation interculturelle dans le cadre d'une approche globale.

4.2.5 LE MODÈLE DE L'ETHNOPSYCHIATRIE

Sur le plan de la santé mentale, les cliniciens doivent, eux aussi, affronter des situations complexes lorsqu'ils ont à traiter des personnes issues de sociétés non occidentales et dont les propos sont significativement marqués par des processus de codage culturel. L'intérêt pour des modes de soins appropriés à ces clientèles remonte à Kraepelin au début du siècle (Kirmayer et Minas, 2000). Plusieurs chercheurs ont suivi ses traces, principalement au cours des années 1970, alors que les contributions de Kleinman (1977) et de Devereux (1970 ; 1972) ont alimenté la réflexion sur les bases théoriques de l'intervention et de la pratique psychiatrique en tant que productions culturelles à sonder.

Par le terme *ethnopsychiatrie,* on indique qu'il existe d'autres psychiatries que celles des pays développés, soit des *ethnopsychiatries,* c'est-à-dire des théories et des thérapies concernant la santé mentale dans d'autres cultures. Ainsi, cette forme de thérapie « cherche à analyser les manières dont les sociétés autres que les nôtres appréhendent la maladie mentale, procèdent à son traitement, interprètent leurs propres conceptions étiologiques et thérapeutiques» (Laplantine, 1988, p. 37). Cette approche permet de mieux se repérer dans les façons de faire et d'être des clients migrants, qui, loin de leur terre d'origine, ne possèdent pas les clés leur permettant de comprendre les façons de faire et d'être de la société d'accueil.

Certaines cliniques occidentales ont tenté d'adapter leurs approches à la réalité de ces migrants, même si le nombre de centres thérapeutiques spécialisés dans leur traitement demeure limité. En 1979, en France, Nathan (1986; 1988; 1994), suivant les traces de Devereux, a réussi à mettre sur pied une clinique de consultation dont l'objectif est de tenir compte des dimensions culturelle et religieuse du discours des patients. Il a ainsi élaboré une approche ethnopsychiatrique basée sur certains apports de la psychanalyse et de l'anthropologie. Par ses dispositifs techniques et ses stratégies thérapeutiques, son approche représente une thérapie qui tente d'être plus interculturelle; elle est d'ailleurs utilisée depuis plus de 15 ans par l'Hôpital Jean-Talon de Montréal. Nous y reviendrons dans le chapitre 6.

4.3 LES MODÈLES À LA JONCTION DE L'INTERCULTURALISME ET DE L'ANTIRACISME

4.3.1 LE MODÈLE SYSTÉMIQUE ADAPTÉ À LA CULTURE

En 1989, un comité formé de l'anthropologue Gilles Bibeau et d'autres chercheurs a eu comme mandat de conseiller le ministre de la Santé et des Services sociaux du Québec sur la question de la santé mentale des immigrants et des réfugiés. Le rapport de ces experts aborde une foule de sujets touchant les déterminants de la santé mentale de ces personnes. Bibeau et ses collègues (1992) élargissent les perspectives de l'étude et proposent des balises pour éviter l'ethnocentrisme et prendre en compte les conditions économiques, sociales, culturelles, environnementales et politiques des immigrants dans la société d'accueil. Ces experts reconnaissent les pièges et les limites du modèle biopsychosocial qui serait à la base de la distribution des services sociaux et de santé. En fait, ils croient que la dimension biologique y est dominante, que la vision occidentale des soins y est flagrante et que l'articulation des trois dimensions (biologique, psychologique et sociale) du modèle psychosocial est loin d'être parfaitement intégrée.

Le modèle proposé se veut théorique, et établit des liens entre certaines particularités de la société québécoise et certaines caractéristiques des immigrants et des réfugiés. D'entrée de jeu, la migration apparaît comme un long processus qui se structure en fonction d'un ensemble de conditions variées, lesquelles peuvent autant être favorables à l'immigrant que lui nuire. L'élément clé de ce modèle réside donc dans l'importance que l'on donne aux conditions de vie des personnes, aux contradictions du contexte sociopolitique, et à la reconnaissance des facteurs de risque ou de protection qui en découlent. L'intérêt de ce modèle, relativement à l'intervention, c'est que l'expérience de la personne est placée au centre de l'analyse et, par conséquent, au centre de l'orientation de l'action. Cette expérience (que les auteurs appellent les «épreuves du quotidien») se construit dans les quatre principaux espaces de vie (l'espace domestique, l'espace du travail, l'espace du quartier et l'espace du logement), qui sont des lieux d'affrontement, de résistance, de rapprochement et de reconnaissance. C'est aussi dans ces espaces que des drames naissent, que des crises éclatent et que des liens se tissent.

Le modèle systémique proposé par Bibeau et ses collaborateurs concerne tous les acteurs de la société, sur tous les plans. Ainsi, dans le cas d'une personne qui fait une demande d'aide, on n'ignore jamais ni le quotidien où elle tente de s'insérer, ni la culture qui est la sienne. On doit adapter de multiples façons les pratiques de la relation d'aide afin qu'elles soient vraiment efficaces sur le plan de l'intervention et qu'elles s'ouvrent au pluralisme culturel.

Les auteurs proposent quelques balises susceptibles de favoriser l'adaptation de l'intervention : recherche du sens de l'expérience de la maladie, engagement d'un dialogue avec le patient, connaissance des conceptions culturelles de la maladie, examen de sa propre culture professionnelle, reconnaissance de l'interdépendance entre les croyances culturelles et l'aspect biologique, reconnaissance des multiples dimensions de l'identité, considération de la personne comme un individu et non exclusivement comme un membre d'un groupe ethnique.

4.3.2 LE MODÈLE SYSTÉMIQUE FAMILIAL

Le principe de base dans le modèle systémique familial est l'importance du *nous familial*. Ce *nous familial*, accentué par la migration, met à l'épreuve les capacités de chacun des membres de la famille de faire face aux difficultés inhérentes à l'insertion dans le pays d'accueil. Dans l'intervention, on prend aussi bien en compte le groupe familial d'*ici* que celui de *là-bas*, soit ce que l'on nomme la famille nucléaire et ses réseaux transnationaux.

Trois domaines sont ici considérés par l'intervention :

1) le domaine matériel, lié aux conditions de vie de la famille et, au premier plan, à son insertion socioéconomique ;

2) le domaine expérientiel, qui réfère aux expériences vécues par les divers membres de la famille de même qu'aux stratégies et aux savoirs qui en sont issus ;

3) le domaine relationnel, abordé à la lumière des expériences, des stratégies et des contextes matériels qui l'encadrent.

Deux processus génériques d'intervention sont aussi préconisés : l'accompagnement et la médiation.

C'est donc en soutenant les stratégies familiales, et les processus d'historicisation et de reconnaissance que l'intervenant participe au développement des forces de résilience des membres de la famille (Vatz-Laaroussi et Rachédi, 2006). Et c'est par la mise en place de projets communs, par le règlement de conflits de valeurs, et par la médiation familiale, inter-culturelle et sociale que s'élabore le dialogue au sein des familles, et entre ces familles et les institutions sociales, comme nous le verrons dans le chapitre 9.

4.3.3 LE MODÈLE DU TRAVAIL SOCIAL CULTURELLEMENT SENSIBLE (*ETHNIC SENSITIVE SOCIAL WORK PRACTICE*)

Devore et Schlesinger (1987), pour leur part, ont élaboré les principes de base d'un travail social culturellement sensible : il s'agit essentiellement de prêter attention à l'origine des demandes d'aide (contexte volontaire ou non volontaire) et, en se fondant sur cette origine, d'établir le lien entre les enjeux individuels et les enjeux collectifs.

Devore et Schlesinger ont donc développé, point par point, un modèle d'intervention menant à une pratique sociale où on tient compte des réalités identitaires des clients et de celles des intervenants, et qui s'appuie sur les valeurs mêmes du travail social quant à la conception de la personne, à la qualité de vie et à l'utilisation des ressources. S'ajoute à ces préalables de base l'importance d'une prise de conscience de l'ethnicité de l'intervenant et, surtout, de l'influence de la réalité ethnique dans le quotidien des clients. Devore et Schlesinger ont ainsi créé un concept spécifique, l'ethnoclasse (*ethclass*), qui englobe à la fois les aspects de l'ethnicité et ceux de la classe sociale, et qui devient la toile de fond de toute intervention interculturelle. Du fait qu'elle permet de ne plus mettre l'accent que sur le pôle ethnique, cette mise en relief de l'ethnicité et de la classe sociale élargit le champ d'exploration de l'intervenant et dévoile la complexité des réalités vécues par les nouveaux arrivants.

Ces auteurs ont déterminé quatre phases dans le processus d'intervention :

1) la phase précédant l'intervention comme telle ;

2) la phase axée sur la définition du problème ;

3) la phase de l'intervention proprement dite ;

4) la phase de la terminaison.

À travers ces quatre phases, les intervenants conservent toute la latitude nécessaire pour exploiter, dans l'intervention, l'approche avec laquelle ils sont le plus à l'aise (systémique, psycho-sociale, structurelle, écologique, communautaire, etc.). Mais ils doivent s'efforcer d'adapter leur approche à la réalité ethnique du client, c'est-à-dire à ses codes culturels, à ses croyances et à sa vision du monde, et aux facteurs relatifs à sa classe sociale et à ses conditions de vie.

Ce modèle de pratique demande donc aux intervenants de travailler globalement et, par conséquent, exige d'eux une grande habileté à manœuvrer dans un contexte bureaucratique. En effet, les bureaucraties professionnelles ont généralement une structure plutôt rigide mieux adaptée à une production standardisée qu'à l'innovation.

4.4 LES MODÈLES SE RATTACHANT À L'ANTIRACISME

4.4.1 LE MODÈLE AXÉ SUR LE CONCEPT DE MINORITÉS (*MINORITY ISSUES*)

Lum (1986) utilise, dans ses analyses, l'expression « minorités ethniques » (*ethnic minorities*). Il inclut dans cette catégorie, en plus des gens de couleur, tous les immigrants d'origine latino-américaine, asiatique ou autre ayant quitté leur pays à cause d'une oppression et qui éprouvent différents types de problèmes dans leur pays d'accueil. Lum base principalement son approche sur le concept de minorité. Selon lui, les minorités ont des caractéristiques et des expériences communes (liées au racisme, à la discrimination, à la ségrégation, etc.) qui les unissent, qui les rendent différentes de l'ensemble de la société et qui les solidarisent; ces traits communs exigent un type d'intervention particulier. En plus de poser ces caractéristiques, Lum postule que les minorités partagent des valeurs similaires surtout liées à une vision holiste de l'univers, comme l'interdépendance entre les personnes, l'importance de la famille et la reconnaissance des aînés, valeurs qui, selon lui, entrent en contradiction avec celles des professionnels de l'aide, telles qu'elles sont véhiculées dans les pays occidentaux. Lum suggère donc d'intégrer ces valeurs des groupes minoritaires aux politiques et aux programmes sociaux.

Comme Devore et Schlesinger, Lum propose des stratégies d'intervention élaborées en fonction d'étapes précises: la prise de contact, la définition du problème, l'évaluation, l'intervention et la fin de la relation d'aide. Son modèle, qu'il nomme d'ailleurs l'«approche par étapes» (*process stage approach*), renvoie continuellement l'intervenant au système culturel du client, tant en ce qui a trait à ses résistances et à l'interprétation des problèmes qu'aux ressources à utiliser. Cette approche met ainsi l'accent sur une organisation des services sociaux et médicaux qui tient vraiment compte des besoins des minorités, de leurs façons d'être et de leurs réseaux de soutien. Par son approche, Lum reconnaît par-dessus tout les «problèmes à facettes multiples» des minorités et recommande de les traiter en considérant les niveaux microsocial, mésosocial et macrosocial. Nous reviendrons sur ces notions dans le chapitre 5.

4.4.2 LE MODÈLE BASÉ SUR LES RAPPORTS SOCIAUX D'INSERTION

Bertot et Jacob (1991) ont constaté, dans leurs travaux sur l'intervention sociale et sur les relations interethniques, que les institutions québécoises font preuve d'une grande pauvreté théorique et idéologique sur le plan de l'intervention. En effet, selon eux, ces institutions définissent généralement leurs services non pas en s'appuyant sur un modèle théorique reconnu, mais plutôt en fonction des demandes des usagers et des critères utilisés par les bailleurs de fonds, ce qui se résume à une approche strictement pragmatique des problèmes. De plus, ils craignent qu'en utilisant une intervention uniquement psychosociale avec une clientèle immigrante et réfugiée, on tienne finalement peu compte de l'influence des facteurs socioéconomiques sur la vie des immigrants.

Pour Bertot et Jacob, l'utilisation d'un modèle théorique d'intervention interculturelle relève donc uniquement de l'initiative personnelle de professionnels qui privilégient le respect de l'être humain, et non pas les normes institutionnelles. Pourtant, selon ces deux chercheurs, les «vraies réalités», c'est-à-dire les réalités qui sont vécues par les immigrants et les réfugiés (conditions de vie et de travail, réactions au milieu d'accueil, codes de communication, appartenance), sont des facteurs qui devraient être présents dans les analyses des organismes sociaux.

Bertot et Jacob proposent donc un modèle d'intervention destiné à aider les immigrants et les réfugiés dans leurs rapports d'insertion. Globalement, il s'agit d'une approche qui mise sur la dynamique des rapports sociaux et sur une articulation entre les éléments du passé et ceux de l'avenir des personnes migrantes. Les auteurs insistent aussi pour qu'on prenne en compte l'identité ethnique des immigrants et des réfugiés à toutes les étapes du processus d'intervention, et qu'on la relie à une autre dimension fondamentale, soit la classe sociale. Ce modèle comprend plusieurs éléments :

- un soutien à la réflexion des clients relativement à leur parcours migratoire ;
- une aide dans la découverte de leurs propres modèles de changement ;
- une aide dans la prise de conscience de leurs capacités d'insertion ;
- une familiarisation avec leur style d'apprentissage ;
- un travail avec le réseau familial et une aide aux individus devant modifier leurs attentes par rapport à leur nouvelle situation familiale.

Pour donner un éclairage particulier à l'ensemble de l'intervention auprès des immigrants et des réfugiés, Bertot et Jacob privilégient aussi l'approche structurelle, telle qu'elle a été conçue par Moreau (1987). Les grands principes de base de cette approche structurelle, soit la matérialisation et la collectivisation des problèmes, la défense des intérêts et des droits des clients, la remise en cause de l'idéologie dominante et le renforcement du pouvoir du client, constituent en effet pour eux des pistes de réflexion dynamiques et inspirantes. Mais la complexité de la problématique de l'intervention sociale en milieu pluriethnique les fait hésiter à proposer un seul modèle ; ils préfèrent mettre en évidence plusieurs facteurs clés qui sont autant d'éléments autour desquels s'articulent la dynamique des rapports sociaux d'insertion.

CONCLUSION

Tout individu fréquente et influence l'autre, et c'est ce rapport constant qui favorise les rencontres interculturelles dans un contexte de relation d'aide que nous avons tenté de cerner par la mise en évidence de différents modèles de pratique. Beaucoup de points communs ressortent des différents modèles répertoriés dont, entre autres, le questionnement portant sur le pôle identitaire de l'intervenant mis en parallèle avec celui du client, et l'importance du processus de distanciation par rapport à soi et à son système de valeurs. De même, la nécessité de prendre en compte les données structurelles fait l'unanimité chez la majorité des chercheurs et des praticiens qui s'intéressent à la question de l'approche interculturelle.

Parmi les points forts des modèles d'intervention proposés ici, il est surtout important de noter :

- l'insistance de Green sur l'acquisition d'une compétence ethnique, laquelle est faite d'ouverture aux différences, de réflexion sur sa propre ethnicité et de l'utilisation des ressources du client. Cette acquisition peut, en effet, mener à une «secondarisation» des priorités de l'organisme distributeur de services au profit des intérêts des clientèles;

- l'insistance de Pigler-Christensen sur la réciprocité qui doit prévaloir entre l'intervenant et le client en ce qui a trait au monde perceptuel;

- chez Cohen-Emerique, l'articulation, dans un processus complexe et dynamique, de paramètres spécifiques au développement d'une attitude interculturelle, elle-même génératrice d'approches culturellement sensibles;

- l'élaboration, par Roy, d'un «portrait d'une pratique interculturelle» reprenant de manière descriptive certaines dimensions abordées par les chercheurs et illustrant la légitimité d'un certain savoir expérientiel;

- la nécessité de développer des approches en santé mentale où on tient compte des «psychiatries» d'autres cultures, c'est-à-dire des façons, dans ces cultures, d'aborder et de traiter la maladie mentale;

- la mise en relief, chez Bibeau et ses confrères, de la «tentation ethnocentrique» et des biais qu'elle entraîne dans les pratiques quotidiennes, dans la recherche et dans les programmes de planification des services;

- la particularité du modèle familial systémique, où l'accent est mis sur le *nous familial* dans les deux processus spécifiques d'intervention que sont l'accompagnement et la médiation;

- la mise en relief, chez Devore et Schlesinger, de la notion d'ethnoclasse (*ethclass*);

- l'accent que Lum met sur l'univers spirituel des minorités ethniques et sur son importance dans l'évaluation, et sur les conséquences des structurations occidentales et non occidentales du monde;

- la dynamique des rapports sociaux d'insertion des immigrants et des réfugiés mise en lumière par Bertot et Jacob, selon qui il existe des principes généraux qui guident l'intervention.

Des écrits de ces différents chercheurs, praticiens et formateurs, il ressort qu'il existe une seule humanité dans l'univers, et qu'il faut maintenir un va-et-vient continuel entre la recherche de ce qui est original et la reconnaissance de ce qui est commun. Il faut donc prendre garde, dans nos prétentions à connaître l'*autre* dans ses différences culturelles, à ne pas transformer la culture en une «seconde nature», et à éviter d'édifier des frontières artificielles entre les différents groupes culturels. Car appréhender les réalités et les problèmes des immigrants sous l'angle unique des différences ou de l'appartenance ethnique serait extrêmement réducteur.

À la lumière de tous ces modèles, il apparaît également évident qu'une approche interculturelle des problèmes est une clé constituée de plusieurs matériaux provenant de divers champs conceptuels, et que cette clé donne accès à un univers entier de perceptions, en plus d'offrir un fort potentiel de décodage des discours et des comportements. Par ailleurs, l'approche interculturelle des problèmes, par l'ouverture aux différences de tout ordre et la conscience des particularités de l'intervenant qu'elle suppose, mène à une remise en question fondamentale des préalables méthodologiques comme des différentes façons de faire.

Et si cette pratique interculturelle apparaît en pleine effervescence, aussi bien sur le plan de la réflexion que sur celui des moyens d'action, Il reste toutefois à poursuivre le questionnement, à continuer d'inventer des approches et à les adapter (dans leurs fondements théoriques comme dans leurs modes de distribution et d'action), ainsi qu'à opérer un recadrage conceptuel des problèmes et des modes organisationnels.

Bien entendu, cela ne va pas de soi. C'est même là une tâche exigeante. Toutefois, comme le mentionnent Bibeau et ses collaborateurs (1992), multiplier les regroupements de professionnels provenant d'une même discipline ou de diverses disciplines, et proposer des mandats régionaux à certains établissements et les spécialiser dans l'intervention auprès de clientèles ethniques particulières, même si cela va à l'encontre des politiques actuelles du système public de services encore très centralisé et standardisé, sont autant de moyens qui permettraient sans doute, dans une perspective d'ouverture, de poursuivre un vrai travail de fond : celui de la réflexion et de l'analyse critique constructive des interventions et des modes d'organisation.

POUR EN SAVOIR PLUS

 LIVRES

AL-KRENAMI, A. et GRAHAM, J. R. (dir.) (2003). *Multicultural Social Work in Canada : Working with Diverse Ethno-racial Communities,* Don Mills, Oxford University Press.

ALLEN, M.-F. *et al.* (1993). *Intervention interculturelle dans les services sociaux : Une bibliographie commentée,* Sainte-Foy, Université Laval, Faculté des Sciences sociales, Centre de recherche sur les centres communautaires.

COHEN-EMERIQUE, M. et HOLH, J. (2002). «Menace à l'identité chez les professionnels en situation interculturelle», dans C. Sabatier, H. Malewska-Peyre et F. Tanon (dir.), *Identités, acculturation et altérité,* Paris, L'Harmattan (Coll. Espaces interculturels).

GUÉLAMINE, F. (2000). *Intervenir auprès des populations immigrées,* Paris, Dunod (Coll. Action sociale).

RICHARD, C. et LUSSIER, M.-T. (2005). «Les patients accompagnés», dans C. Richard et M.-T. Lussier (dir.), *La communication professionnelle en santé,* Saint-Laurent, Éditions du Renouveau pédagogique.

VILLANOVA, R. (DE) et VERMÈS, G. (2005). *Le métissage interculturel : Créativité dans les relations inégalitaires,* Paris, L'Harmattan (Coll. Espaces interculturels).

VERBUNT, G. (1996). *Les obstacles culturels aux interventions sociales : Guide pour la réflexion et les pratiques,* Paris, Centre national de documentation pédagogique.

 ARTICLES ET RAPPORTS DE RECHERCHE

BÉLANGER, M. (2002). «L'intervention interculturelle : Une recherche de sens et un travail du sens», *Service social,* vol. 49, n° 1, [en ligne], http://www.erudit.org/revue/ss/2002/v49/n1/006878ar.pdf (consulté le 1er avril 2008). ➤

Béliard, L. (1991). «Vers une approche multiculturelle en santé mentale», *Écho professionnel*, vol. 4, n° 2.

Gagnon, A. G. (2000). «Plaidoyer pour l'interculturalisme», *Possibles*, vol. 24, n° 4, [en ligne], http://classiques.uqac.ca/contemporains/gagnon_alain_g/plaidoyer_interculturalisme/plaidoyer_interculturalisme.pdf (consulté le 1er avril 2008).

Holh, J. (1999). «Quelques principes de formation interculturelle», dans S. Galipeau (éd.), *Approche interculturelle et violence faite aux femmes : Actes du séminaire du 26 novembre 1998,* Montréal, Table de concertation en matière de violence conjugale du territoire de la Communauté urbaine de Montréal, Comité d'action et de sécurité urbaine, Table de concertation en matière d'agressions à caractère sexuel – région de Montréal.

Toussaint, P., Fortier, G. et Lachance, L. (2002). *Les compétences interculturelles en éducation : Quelles compétences pour les futures enseignantes et les futurs enseignants?, Rapport de recherche,* Montréal, Université du Québec à Montréal, Groupe de recherche sur la formation initiale et continue du personnel enseignant, Département des sciences de l'éducation, [en ligne], http://www.dep.uqam.ca/recherche/greficope/Competences.pdf (consulté le 1er avril 2008).

SITES INTERNET

Institut interculturel de Montréal
http://www.iim.qc.ca/

Centre d'éducation interculturelle et de compréhension internationale (CÉICI)
Intégration et éducation interculturelle, répertoire bibliographique
http://www.csdm.qc.ca/cee/ceici/intro/integra.pdf

AUDIOVISUELS

Marcia X 4, réalisation: Yves Racicot, 1989.

BIBLIOGRAPHIE

ABDALLAH-PRETCEILLE, M. (1985). «Pédagogie interculturelle: Bilan et perspectives», *L'interculturel en éducation et en sciences humaines,* tome 1, Toulouse, Le Mirail.

BERTOT, J. et JACOB, A. (1991). *Intervenir avec les immigrants et les réfugiés,* Montréal, Méridien.

BIBEAU, G. *et al.* (1992). *La santé mentale et ses visages: Un Québec pluriethnique au quotidien,* Boucherville, Gaëtan Morin Éditeur.

COHEN-EMERIQUE, M. (1993). «L'approche interculturelle dans le processus d'aide», *Santé mentale au Québec,* vol. XVII, n° 1.

DEVEREUX, G. (1970). *Essais d'ethnopsychanalyse générale,* Paris, Gallimard.

DEVEREUX, G. (1972). *Ethnopsychanalyse complémentariste,* Paris, Flammarion.

DEVORE, W. et SCHLESINGER, E. (1987). *Ethnic-Sensitive Social Work Practice,* Colombus (Ohio), Merrill Publishing.

GREEN, J. (1982). *Cultural Awareness in the Human Services,* Englewood Cliffs (New Jersey), Prentice-Hall.

KIRMAYER, L. et MINAS, H. (2000). «The future of cultural psychiatry: An international perspective», *Canadian Journal of Psychiatry,* n° 45.

KLEINMAN, A. M. (1977). «Depression, somatization and the new cross-cultural psychiatry», *Social Science and Medicine,* n° 11.

LAPERRIÈRE, A. (1985). «Les paradoxes de l'intervention interculturelle: Une analyse critique des idéologies d'intervention britanniques face aux immigrant(e)s», *Revue internationale d'action communautaire,* vol. 54, n° 14.

LAPLANTINE, F. (1988). *L'ethnopsychiatrie,* Paris, Presses universitaires de France (Coll. Que sais-je?, n° 2381).

LUM, D. (1986). *Social Work Practice and People of Color,* Monterey (Californie), Brooks/Cole Publishing Company.

MOREAU, M. (1987). «L'approche structurelle en travail social: Implications pratiques d'une approche intégrée conflictuelle», *Service social,* vol. 36, n° 2.

NATHAN, T. (1986). *La folie des autres: Traité d'ethnopsychiatrie clinique,* Paris, Dunod.

NATHAN, T. (1988). *Le sperme du diable: Éléments d'ethnopsychiatrie,* Paris, Presses universitaires de France.

NATHAN, T. (1994). *L'influence qui guérit,* Paris, Odile Jacob.

PIGLER-CHRISTENSEN, C. (1985). «A perceptual approach to cross-cultural counseling», *Canadian counselor/Conseiller canadien,* vol. 19, n° 2.

ROY, G. (1991). *Pratiques interculturelles sous l'angle de la modernité,* Montréal, Centre de services sociaux du Montréal métropolitain.

VATZ-LAAROUSSI, M. et RACHÉDI L. (2006). «Les migrants de la mémoire et de l'histoire: Des témoins de la culture arabo-musulmane», *Insaniyat, Revue algérienne d'anthropologie et de sciences sociales,* n°s 32-33.

Le modèle interculturel systémique

Lilyane Rachédi et Gisèle Legault

Le modèle que nous avons choisi de proposer est certes inspiré de celui de l'approche interculturelle de Cohen-Emerique (2000), mais il est ici enrichi par l'ajout de la perspective systémique écologique de Heffernan *et al.* (1988) et de Lacroix (1990). Cette perspective permet de bien cerner les interactions existant entre tous les éléments du système (du plus petit au plus grand) et aussi de diriger l'intervention aux différents niveaux de ce système (et à certains niveaux, plus particulièrement) pour aborder les problèmes individuels et sociaux (Heffernan *et al.*, 1988).

Comme nous le verrons plus loin, on peut définir l'*intervention interculturelle* comme « une interaction entre deux identités qui se donnent mutuellement un sens dans un contexte à définir à chaque fois » (Abdallah-Pretceille, 1985, p. 31). Quant à l'approche systémique écologique, une approche clé en travail social, elle offre un cadre suffisamment large pour qu'on puisse prendre en compte à la fois l'ensemble des facteurs, divers et complexes, qui influent sur un problème individuel ou social, et la façon dont ces facteurs interagissent et contribuent à expliquer une quelconque situation. Cette perspective met ainsi en lumière plusieurs systèmes qui évoluent selon leur proximité avec l'individu, ainsi de l'onto-système, on va vers le microsystème, puis au mesosystème, à l'exosystème et enfin, au macrosystème (Heffernan *et al.*, 1988).

Lorsqu'on veut regarder et analyser la situation d'un immigrant ou d'un réfugié, chacun de ces éléments de l'environnement doit être considéré. De façon dynamique, le lien entre les différents systèmes illustre les multiples facettes d'une situation et permet ainsi au professionnel de tenir compte de plusieurs dimensions dans son analyse et dans son action. Le modèle interculturel sert donc de point de départ, mais il est ensuite inséré dans une perspective systémique écologique. Cela permet d'enrichir l'historique de l'immigrant et de son parcours. Il faut comprendre que l'immigrant n'existe souvent qu'à partir du moment où il franchit les frontières de son pays d'accueil, alors que ce n'est pas ce seul point de repère qui doit être pris en compte. En effet, l'immigrant est aussi un émigrant. Notre regard de professionnel doit donc balayer tout autant l'*avant* et l'*après* que l'*ici* et le *maintenant*.

En présentant ce modèle interculturel systémique, nous souhaitons aussi adopter un point de vue critique par rapport à l'approche systémique écologique ; pour ce faire, nous utiliserons en partie la perspective critique de l'antiracisme de Laperrière (1985), déjà présentée dans le chapitre 4. Ainsi, dans l'approche systémique écologique, l'aspect *déterminant* des conditions sociales, économiques et politiques sur la vie des immigrants et des réfugiés n'est pas pris en compte. De la même façon, on ne considère pas que les rapports majoritaires-minoritaires sont des éléments contraignants et limitatifs dans l'intégration des immigrants et des réfugiés.

Le modèle interculturel systémique a sans aucun doute, lui aussi, ses limites, mais il a surtout l'avantage de proposer une vision globale et intégrée des principales dimensions qui influencent l'intégration des immigrants et des réfugiés dans la société d'accueil. Nous n'en dégageons pas de pratiques types, mais il permet de mettre bien en évidence l'importance de tenir compte de certaines sphères incontournables lorsqu'on travaille avec ces populations. Nous ne proposons pas d'interventions particulières, mais nous suggérons quelques questions qu'il est bon de se poser dans le cadre d'une intervention qui a pour objectif de tenir compte de ces sphères venant enrichir les données informationnelles sur l'immigrant et sur son processus d'intégration. Le modèle interculturel systémique que nous proposons peut être considéré, en fait, comme une grille de lecture de la situation de l'immigrant, grille qui nous permet de mieux comprendre cette situation et ainsi de mieux intervenir.

5.1 UN MODÈLE D'INTERVENTION : LE MODÈLE INTERCULTUREL-SYSTÉMIQUE

Comme nous l'avons déjà souligné, le modèle que nous présentons dans ce chapitre est fondé, en partie, sur l'approche interculturelle de Cohen-Emerique, mais il est aussi inspiré du schéma de l'immigration, une perspective écologique (Heffernan *et al.,* 1988) développée par l'Observatoire pancanadien de l'immigration dans les zones à faible densité d'immigrants (*voir la figure 5.1*).

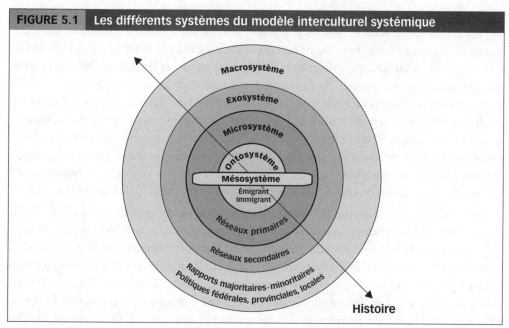

FIGURE 5.1 Les différents systèmes du modèle interculturel systémique

Source : Adapté de Toro-Lara et Rachédi (2006).

Il incorpore plusieurs systèmes : celui de la personne (ontosystème) et ceux des déterminants extérieurs (microsystème, exosystème et macrosystème). Nous pensons, en effet, que l'approche interculturelle doit être intégrée dans toutes ces composantes. De plus, une perspective historique doit être présente dans l'ensemble du modèle interculturel systémique. Cette histoire, qui est à la fois diachronique et synchronique, individuelle, familiale, nationale et internationale, doit nous amener à prendre en considération l'évolution des institutions et des structures. Finalement, les histoires plurielles sont toujours à considérer dans une perspective interactionniste, où il faut tenir compte à la fois de l'histoire de l'immigrant et de celle de l'intervenant.

5.1.1 L'ONTOSYSTÈME : LA PRISE EN COMPTE DE L'INDIVIDU

L'ontosystème est un système qui ne fait pas partie, comme tel, de la perspective systémique écologique de Heffernan *et al.* (1988), qui inclut plutôt l'individu dans le microsystème. Nous avons choisi de développer ce système en raison du travail même des intervenants sociaux, qui s'oriente très souvent vers l'individu. À cause de ses multiples dimensions et des implications que l'intervention a sur le plan individuel, il nous semble important de nous y intéresser.

Si, comme nous l'avons dit, l'*intervention interculturelle* peut être définie comme « une interaction entre deux identités qui se donnent mutuellement un sens », il importe, en ce qui a trait à l'ontosystème, de bien comprendre ces deux pôles identitaires que sont l'intervenant et l'individu qui le consulte, ici l'immigrant. La figure 5.2 est inspirée du modèle de Cohen-Emerique (2000) et des étapes de l'intervention qu'elle a décrites.

Dans ce schéma, les « deux yeux » représentent les deux identités en présence, soit l'identité de l'intervenant, à gauche, et celle du client migrant, à droite. Au cœur de la rencontre, soit au centre de chaque cercle, se trouvent les valeurs qui concrétisent la vision du monde de l'un et de l'autre. Ces valeurs, qui influencent les comportements et les actions, peuvent parfois se situer aux antipodes les unes des autres en ce qui concerne des dimensions importantes de la vie humaine, comme la conception de la personne, de la famille, de la vie en société et de la vie spirituelle (*voir le chapitre 8*). Ces valeurs sont intrinsèquement liées à l'appartenance culturelle ou ethnique d'une personne, la *culture* étant ici définie comme « un ensemble lié de manières de penser, de sentir et d'agir plus ou mois formalisées qui, étant apprises et partagées par une pluralité de personnes, servent d'une manière à la fois objective et symbolique à constituer ces personnes en une collectivité particulière et distincte » (Rocher, 1969, p. 88).

À ces valeurs vient se greffer un autre cercle, celui de l'histoire et du parcours de vie de l'intervenant et du migrant, lesquels conditionnent la rencontre. Il est évident que les diverses appartenances de l'intervenant et du migrant sur les plans personnel, familial, professionnel, ethnique, religieux et national jouent un rôle dans la relation, mais celles du migrant sont indéniablement teintées, en plus, par son parcours migratoire. Il importe donc que l'intervenant s'enquière non seulement de l'histoire vécue par le migrant dans son pays d'origine, mais aussi de sa trajectoire prémigratoire, migratoire et postmigratoire. De plus, comme cette dernière trajectoire (ou, du moins, certains de ses aspects) est souvent l'objet même de la

Source : Adapté de Cohen-Emerique (2000).

consultation, il importe aussi que l'intervenant, afin de mener à bien son processus d'exploration et d'explicitation des difficultés particulières vécues par l'immigrant et par sa famille, s'attarde sur les modalités d'adaptation ou d'intégration propres au migrant (*voir le chapitre 2*).

La figure 5.2 (p. 125) montre aussi qu'une série de variables influencent la relation entre l'intervenant et le client, et que certaines marquent cette relation de manière significative.

Ainsi, des variables telles que l'occupation, l'éducation et le revenu (qui sont des marqueurs clés du statut socioéconomique d'une personne puisqu'ils déterminent son appartenance à une classe sociale) ne peuvent manquer d'influer sur l'interaction intervenant-client, surtout si ce dernier a expérimenté, dans son nouveau pays, une non-reconnaissance de certains de ses acquis antérieurs et que cette non-reconnaissance a entraîné des changements importants dans son style et son niveau de vie. Le lieu de résidence et les conditions de logement sont d'autres variables étroitement liées à ces marqueurs du statut socioéconomique.

La variable «religion» est aussi particulièrement importante puisque, pour beaucoup de nouveaux arrivants, l'appartenance religieuse se traduisait, dans le pays d'origine, par une vie de groupe où le partage et les échanges occupaient une grande place. Or, l'actualisation de cette appartenance et la reconstitution de ce vécu de groupe ne sont pas évidentes dans un nouveau pays où, bien souvent, la vie religieuse est reléguée au domaine privé. De son côté, l'intervenant, immergé dans une société moderne où le séculier prévaut et où il s'est peut-être lui-même éloigné de ses appartenances religieuses, a parfois de la difficulté à accorder aux croyances religieuses de son client toute l'importance qu'elles méritent.

Enfin, le statut est une autre variable qui distingue inévitablement l'intervenant de l'immigrant. En effet, l'intervenant jouit d'un statut qui lui donne accès à tous les privilèges associés à sa société et qui lui fait assumer les responsabilités d'une citoyenneté complète et assurée, alors que l'immigrant a un statut qui le confine à une vie régie par certaines modalités et obligations, et qui l'amène parfois à ressentir un profond sentiment d'insécurité.

On doit donc prendre en compte toutes ces variables dans l'interaction intervenant-client, car elles créent une certaine distance qui, bien qu'elle soit réelle et inévitable dans une relation inégalitaire d'aidant à aidé, ne doit pas être accentuée ou renforcée. Au contraire, nous pensons que cette relation doit tendre à être «la plus égalitaire possible», et que l'égalité peut être obtenue par le partage, par la compréhension de la réalité objective de l'autre et par l'empathie que suscite son vécu. Ces variables constituent finalement ce que, dans le schéma, nous désignons comme les cadres de référence de l'intervenant et du migrant. Ces cadres synthétisent «les représentations ou les lunettes culturelles de ces deux porteurs d'identité, ils représentent les grilles de lecture des événements et des individus, produits de différentes appartenances et de diverses expériences de vie» (Cohen-Emerique, 2000, p. 174).

Par ailleurs, si on observe les échanges entre l'intervenant et le client qui font l'objet de l'intervention interculturelle en ce qui a trait à l'ontosystème, on voit que ce processus se déroule en trois temps, selon le modèle proposé par Cohen-Emerique (2000), soit :

1) le temps de la décentration ;

2) le temps de la compréhension du système de l'autre ;

3) le temps de la négociation ou de la médiation.

Le premier temps, celui de la décentration, équivaut à la prise de conscience, par l'intervenant, de son propre cadre de référence (un cadre constitué de toutes les variables personnelles, familiales, culturelles et professionnelles précédemment décrites), lequel l'amène à jeter un regard particulier sur l'autre et sur les réalités qui l'entourent. Cette décentration lui fait voir que d'autres visions du monde existent et qu'elles ont autant de valeur que la sienne puisqu'elles sont, elles aussi, inscrites dans une histoire et un contexte particulier. Cohen-Emerique (1999) suggère d'utiliser la méthode des incidents critiques ou des chocs culturels comme outil pédagogique pour travailler cette décentration. Dans cette méthode, les intervenants sont invités à noter les chocs culturels qu'ils ont expérimentés et à les analyser de façon à se rendre compte de leurs propres cadres de référence. Ces situations de chocs ou d'incompréhensions mutuelles deviennent ainsi des révélateurs de soi, de ses propres valeurs, de ses idéaux et de son identité au regard d'autres valeurs. Le récit et l'analyse de ces incidents permettent alors de faire apparaître les différences culturelles les plus évidentes, de même que les filtres et les écrans majeurs qui nuisent au processus d'intervention (*voir le chapitre 8*).

Le deuxième temps est celui où l'intervenant perçoit et comprend le cadre de référence de l'autre (ici du migrant) lui aussi constitué de variables personnelles, familiales et culturelles qui font que ce migrant regarde d'une façon particulière tout ce qui l'entoure, y compris l'intervenant. Pour percevoir et pour comprendre ce cadre de référence, l'intervenant doit compter sur son client, qui est évidemment le meilleur informateur sur «son monde», sur sa culture vécue subjectivement. Dans ce deuxième temps, l'intervenant doit s'intéresser à l'autre de multiples manières : en observant, en se laissant impressionner, en ressentant les choses sans interpréter, ni juger, ni classer. Il doit accepter le «différent» et être attentif à l'insolite, à l'unique et à l'original, l'objectif étant pour lui d'en arriver à «voir avec les yeux de l'autre» (Elkaïm, 1995 ; Watzlawick *et al.,* 1990). À cette étape, une attention particulière doit être prêtée à la communication verbale, même si les deux interlocuteurs parlent la même langue. En effet, il faut toujours «interroger le sens des mots et les valeurs véhiculées, car lorsque le migrant parle la langue du pays d'accueil, il l'utilise très souvent avec les représentations et les valeurs culturelles de sa langue maternelle» (Cohen-Emerique, 1993, p. 80). Lorsque les langues sont différentes, le recours à un interprète devient nécessaire, un type d'interaction que l'intervenant doit maîtriser. Au Québec, l'interprète joue un rôle majeur dans l'intervention sociale dans la mesure où un pourcentage important de nouveaux arrivants ne parlent ni le français ni l'anglais à leur arrivée (Roy et Kapoor-Kohli, 2004). Dans l'interprétariat en travail social, l'observation du contexte et la communication non verbale sont très importantes. À qui parle-t-on ? Quel est le statut de cette personne dans son milieu ? Quels sont les rituels de communication propres à sa culture? Quelle est sa perception d'un aidant? Voilà le genre de questions à se poser. De même, le paralangage, les gestes, les expressions du visage, les mouvements corporels, le contact visuel, les vêtements, le toucher, la perception de l'espace et la structuration du temps sont de riches indicateurs d'univers de sens à découvrir (Barrette, Gaudet et Lemay, 1993).

Enfin, le troisième et dernier temps de l'intervention interculturelle relatif à l'ontosystème est celui de la négociation et de la médiation. Ce temps est un espace de compromis et de résolution de conflits où on cherche à trouver un terrain d'entente (par exemple, le bien de l'enfant) et à parvenir à un accord à l'aide d'échanges ou de conciliations de points de vue qui respectent à la fois l'intégrité de l'immigrant et de ses valeurs fondamentales, le mandat institutionnel de l'intervenant et les postulats non négociables de la société d'accueil (l'égalité homme-femme, le français comme langue commune, la non-tolérance par rapport à la violence, etc.). Pour que cela se fasse, il est parfois nécessaire de faire appel à une personne relais, soit un médiateur culturel qui connaît autant la culture du client que celle du pays d'accueil, qui appartient aux deux mondes en présence et qui les perçoit tous les deux dans ce qu'ils ont de plus intime. Cette personne s'assurera que la communication est correctement établie et qu'une issue positive à la situation-problème est possible. En France, ce travail est déjà reconnu comme un travail spécifique, tandis qu'au Québec, il est assuré par des organismes communautaires et par les diverses personnes-ressources qui y travaillent.

La figure ci-dessous résume les principaux éléments qui composent l'ontosystème.

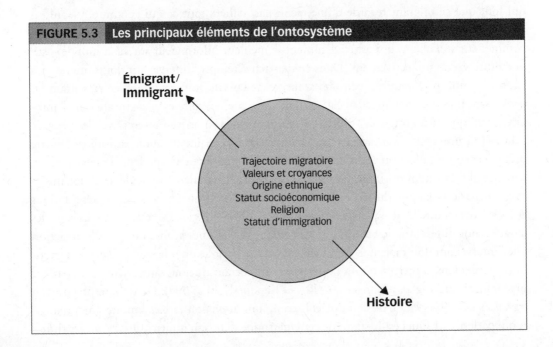

FIGURE 5.3 Les principaux éléments de l'ontosystème

Émigrant/
Immigrant

Trajectoire migratoire
Valeurs et croyances
Origine ethnique
Statut socioéconomique
Religion
Statut d'immigration

Histoire

Nous allons maintenant traiter des réseaux qui composent le microsystème et l'exosystème. Selon Lacroix (1990, p. 77), les «réseaux sont faits de personnes et de relations constituant un système où l'on considère la personne dans son entourage et où l'on reconnaît que le comportement est à la fois fonction de la personne et de son environnement». Nous verrons qu'il existe deux types de réseaux: les réseaux primaires et les réseaux secondaires.

5.1.2 LE MICROSYSTÈME ET LE MÉSOSYSTÈME: LA PRISE EN COMPTE DES RÉSEAUX PRIMAIRES

Dans le microsystème, on tient compte du «réseau personnel minimal», également appelé *réseau primaire.* Ce réseau est «constitué d'individus qui ont des affinités personnelles dans un cadre non institutionnel» (Lacroix, 1990, p. 78). Selon Heffernan et ses collègues (1988), le microsystème regroupe l'ensemble des renseignements sur la situation immédiate et les relations proches de l'immigrant. Il inclut donc à la fois l'individu et les personnes ou les groupes qui font partie de son environnement quotidien et immédiat. Il se compose:

- de la famille;
- de la parenté transnationale;
- des amis et des voisins de quartier.

Ainsi, lorsqu'on considère les réseaux primaires, on doit d'abord s'informer sur les différents aspects de la situation familiale de la personne immigrante: est-elle arrivée en famille? est-elle seule? est-elle en attente d'un regroupement familial? s'agit-il d'une mère monoparentale? De cette façon, on obtient des renseignements utiles sur les trajectoires migratoires familiales.

De plus, la parenté transnationale, c'est-à-dire les réseaux du pays d'origine et transnationaux, doit aussi être étudiée: existe-t-il encore des liens? quelle est la nature de ces liens? l'immigrant retourne-t-il régulièrement, avec sa famille, dans son pays d'origine? projette-t-il de parrainer un parent? Ces liens transnationaux, à moins que l'immigrant ait choisi de les rompre, sont généralement forts et génèrent des contacts réguliers; ils favorisent aussi le maintien d'une solidarité transnationale, et constituent des piliers à la fois identitaires et culturels (Le Gall, 2005). L'historique et la nature de ces liens permettent donc d'établir, dans le cadre même de l'intervention, une forme de continuité réelle et symbolique qui est fondamentale pour des personnes ayant vécu de multiples ruptures géographiques, relationnelles, matérielles ou autres.

Enfin, l'environnement immédiat, qui comprend les amis et le voisinage, et qui peut être monoethnique ou pluriethnique, fait également partie des réseaux primaires et doit être pris en compte dans le microsystème. Il faut donc s'intéresser à cette cartographie relationnelle de proximité qui est associée au réseau primaire de l'immigrant et qui est un indicateur de sa vitalité sociale: a-t-il un réseau d'amis? des contacts avec ses voisins? se sent-il accepté?

La connaissance des réseaux qui existent ici et là-bas aide l'intervenant à cibler les possibilités d'entraide et de support dans le milieu de vie quotidien de l'immigrant. Ces renseignements l'obligent donc à regarder du côté des ressources environnementales et à travailler en partenariat avec la famille et le réseau (*voir le chapitre 9*).

La figure 5.4 résume les principaux éléments qui composent le microsystème.

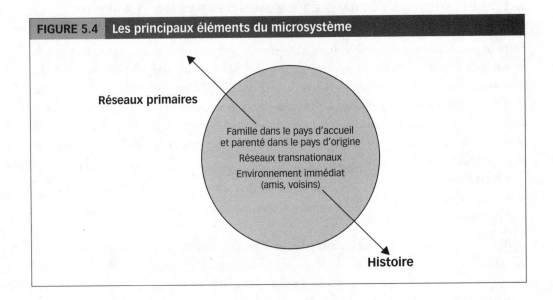

FIGURE 5.4 **Les principaux éléments du microsystème**

Réseaux primaires

Famille dans le pays d'accueil
et parenté dans le pays d'origine
Réseaux transnationaux
Environnement immédiat
(amis, voisins)

Histoire

Le mésosystème, quant à lui, comprend les interactions entre les personnes ou les groupes de personnes précédemment nommés qui constituent le réseau primaire d'un individu (microsystème). Il s'agit des interactions entre ces personnes, mais non des interactions entre ces personnes et l'individu lui-même (Heffernan *et al.*, 1988). Dans le cas de l'immigrant, le mésosystème est donc constitué des relations entre sa famille éloignée et sa famille proche, ou entre sa famille et ses amis ou ses connaissances, relations qui sont susceptibles d'avoir un impact sur sa vie dans le pays d'accueil.

5.1.3 L'EXOSYSTÈME : LA PRISE EN COMPTE DES RÉSEAUX SECONDAIRES

Selon Heffernan *et al.* (1988), l'exosystème regroupe les facteurs communautaires qui ne sont pas toujours reliés à l'individu lui-même, mais qui ont un impact sur son fonctionnement. L'exosystème est donc essentiellement constitué de *réseaux secondaires,* définis comme les réseaux «constitués par l'ensemble des personnes réunies autour d'une même fonction, dans un cadre institutionnalisé» (Blanchet *et al.,* cité dans Lacroix, 1990, p. 79). Ces réseaux comprennent donc l'ensemble des éléments qui entourent l'immigrant et sa famille :

- le monde du travail ;
- l'école ou la garderie ;
- les lieux de culte ;
- les services sociaux et de santé ;
- les organismes communautaires ;
- les centres d'activités et de loisirs (piscine, bibliothèque, etc.) ;
- le quartier et le logement.

Lacroix souligne l'importance d'inclure dans l'exosystème les réseaux secondaires non formels ; il peut s'agir, par exemple, de groupes réunissant des gens ayant des affinités culturelles.

Le monde du travail est une des principales composantes de l'exosystème. Il est intéressant d'explorer les relations de travail de l'individu, car elles s'établissent dans un milieu qui constitue, en quelque sorte, un des endroits où l'immigrant côtoie le plus la culture, comprise dans un sens large, du pays d'accueil. En outre, l'emploi est un des facteurs clés de l'intégration. Dans l'intervention, l'emploi occupé par l'immigrant doit donc absolument être mis en perspective par rapport à celui occupé dans le pays d'origine. Paradoxalement, dans un Québec qui sélectionne pourtant les immigrants en fonction de leur diplôme et de leurs qualifications, les chutes de statut socioprofessionnel sont encore nombreuse. Et même si les différents ministères affichent une volonté de procéder à des changements structurels, les corporations professionnelles, elles, ont encore beaucoup de travail à faire pour s'ouvrir pleinement aux diplômés étrangers. Pourtant, le travail représente un élément de fierté important pour l'immigrant. Les immigrants jugent d'ailleurs souvent leur décision migratoire en fonction du travail occupé dans leur nouveau pays. Un projet migratoire réussi est donc généralement, pour eux, synonyme de réussite professionnelle, laquelle est conditionnelle à l'exercice réel d'une citoyenneté. Ainsi, en quittant son pays d'origine, l'immigrant a pour « mission », en quelque sorte, de réussir sa migration aux yeux de ceux qui sont restés, l'un des indicateurs importants de cette réussite étant l'occupation d'un emploi. Sans travail, l'immigrant réévaluera constamment son choix migratoire, et, en même temps, la légitimité de son départ sera remise en question par la parenté et les amis restés dans le pays d'origine. Enfin, c'est également dans le secteur de l'emploi que surviennent de nombreux cas de discrimination (notamment dans la sélection des candidats à un poste). Ces éléments sont importants et devront être pris en compte dans l'intervention puisqu'ils ont un impact réel sur le sentiment qu'ont les immigrants de contribuer au développement social du pays d'accueil et d'avoir leur place dans cette société.

Les institutions éducatives comme l'école et la garderie font également partie de l'exosystème. L'école étant le lieu de socialisation par excellence des jeunes, c'est souvent dans cet espace que se vivent les premières amitiés, mais aussi les premières difficultés interculturelles (McAndrew, 1994). En effet, la culture scolaire du pays d'accueil est souvent différente de celle du pays de provenance. Conséquemment, il apparaît important de connaître la situation scolaire des enfants, les rapports entre l'école et la famille, et l'implication des parents dans la vie scolaire de leurs enfants, d'autant plus que la réussite scolaire est souvent une préoccupation majeure des parents immigrants (Kanouté, 2003 ; McAndrew, Ledent et Aït-Saïd, 2005). Enfin, la sphère éducative ne concerne pas uniquement les enfants puisque certains parents, à défaut de pouvoir travailler, font ou doivent faire le choix de retourner temporairement aux études, ou encore, de suivre des cours de français.

Les lieux de culte font aussi partie de l'exosystème. La fréquentation d'un lieu de culte, quel qu'il soit (synagogue, mosquée, temple, église, etc.), permet à l'immigrant de développer un sentiment d'appartenance. Le religieux peut même être le symbole de l'identité d'une communauté. Aussi, le soutien qu'elles apportent et les liens qu'elles permettent de créer font des pratiques religieuses des moments forts de la socialisation, des moments qui favorisent la solidarité et le partage, et par conséquent l'adaptation des immigrants à leur société d'accueil (*voir le chapitre 1*).

L'exosystème comprend également l'ensemble des services sociaux et de santé utilisés par l'immigrant. Au Québec, l'utilisation et le fonctionnement de ces services n'est pas chose évidente pour une personne qui vient de l'extérieur, et le système peut apparaître comme un véritable labyrinthe. Il est donc important de rendre ce système le plus transparent et compréhensible possible pour les immigrants. Pour ce faire, on doit tenter d'assurer une certaine continuité dans des interventions qui peuvent sembler « saucissonnées » si on ne saisit pas la globalité du système. En effet, une multitude de professionnels provenant de divers organismes (Centre local de services communautaires, hôpital, Centre local d'emploi, etc.) gravitent autour des familles immigrantes et peuvent être autant des sources d'incompréhensions et de malentendus que des sources de grande satisfaction et de reconnaissance. Les immigrants vont souvent associer l'amélioration de leur situation à une personne significative du réseau plutôt qu'à un service en tant que tel. Les rapports interpersonnels s'établissant dans ces services peuvent donc jouer un rôle déterminant dans le processus d'adaptation.

Par ailleurs, l'utilisation par l'immigrant des services des organismes communautaires est une source de renseignements pertinents pour l'intervenant. En outre, comme le montrent les premiers résultats de Prohet et Dumais (à paraître) et ceux de Brunet, Chamberland et Dumais (à paraître), la fréquentation des organismes communautaires par les immigrants facilite leur intégration. Car en plus de répondre à des besoins fondamentaux, comme l'apprentissage de la langue française, ou de proposer de l'aide à la recherche d'emploi, ces organismes offrent aussi des occasions réelles de rencontre et de développement de liens d'amitié venant rompre l'isolement vécu par certains immigrants à leur arrivée au pays. De la même façon, la fréquentation des lieux d'activités et de loisirs peut créer des occasions de rencontres et permettre à l'individu d'élargir son réseau.

Les réseaux secondaires sont aussi liés aux conditions de vie objectives de l'immigrant, qui comprennent le logement et le quartier. Ainsi, certaines personnes habitent dans des quartiers à forte densité d'immigrants sans que ce soit nécessairement par choix. Ces quartiers font généralement partie de secteurs où les logements sont grands (certaines familles immigrantes comptent plusieurs enfants) et où les prix des loyers sont raisonnables. Tenir compte d'un tel facteur est important, car il influe sur l'intégration des immigrants. En effet, les possibilités de créer des liens avec la communauté d'accueil peuvent être réduites si le voisinage est exclusivement multiethnique.

Enfin, Heffernan et ses collègues (1988) incluent également dans l'exosystème les politiques qui régissent le monde du travail, l'enseignement et la vie communautaire, éléments auxquels on peut ajouter les facteurs socioéconomiques qui existent dans le voisinage et la communauté.

La figure 5.5 résume les principaux éléments qui composent l'exosystème.

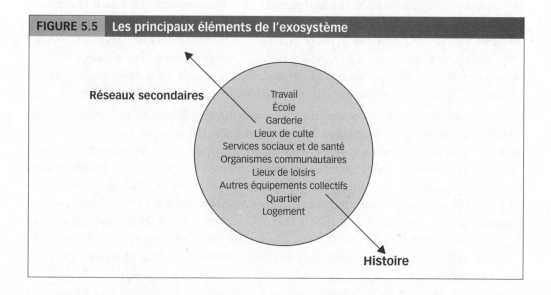

FIGURE 5.5 **Les principaux éléments de l'exosystème**

Réseaux secondaires

Travail
École
Garderie
Lieux de culte
Services sociaux et de santé
Organismes communautaires
Lieux de loisirs
Autres équipements collectifs
Quartier
Logement

Histoire

5.1.4 LE MACROSYSTÈME ET LES RAPPORTS MAJORITAIRES-MINORITAIRES

Selon Heffernan *et al.* (1988), le macrosystème regroupe différents facteurs sociétaux tels que les attitudes culturelles et les valeurs qui ont cours dans la société d'accueil (relativement aux femmes, aux minorités, aux pauvres, à la violence, etc.). Ce niveau inclut également le rôle des médias dans les problèmes sociaux, ainsi que les législations fédérale et provinciale, et les autres politiques sociales qui ont un impact sur l'individu et sur les systèmes auxquels il s'adresse.

Le macrosystème est donc composé de l'ensemble des éléments qui ont un impact sur la vie quotidienne des immigrants. Comme nous l'avons vu dans le chapitre 1, les politiques d'immigration, qui, à l'échelle mondiale, découlent des intérêts économiques et géostratégiques des nations, créent des tendances en matière de flux migratoires et amènent des restrictions en ce qui a trait à l'immigration en provenance de certains pays. À l'échelle nationale, les politiques canadienne et québécoise du multiculturalisme et de la convergence culturelle véhiculent également une certaine vision de l'accueil et de l'intégration des immigrants. Ainsi, les politiques gouvernementales réglementent la catégorisation des immigrants et imposent des quotas. Les divers paliers de gouvernement exercent aussi un certain contrôle en sélectionnant des profils d'immigrants correspondant presque toujours aux besoins du pays. Au niveau local, enfin, certaines municipalités, comme la ville de Sherbrooke, se dotent de politiques d'accueil et d'intégration qui montrent une volonté d'assumer localement la présence d'immigrants et d'agir concrètement en faveur de leur contribution aux différentes sphères de la vie citoyenne.

En intervention, restituer ses actions dans le cadre de ces différents contextes peut permettre de mieux saisir les enjeux liés à l'immigration, et ainsi de développer un regard critique sur les politiques relatives à la gestion de l'immigration et sur les responsabilités de ceux qui les adoptent. Fort de ces connaissances, l'intervenant peut informer l'immigrant des procédures qui ont encadré son admission et qui encadrent toujours son intégration. Il peut aussi sensibiliser le pays d'accueil au rôle que joue l'immigration dans la société en mettant en évidence les besoins particuliers auxquels elle tente de répondre (démographie, main-d'œuvre, etc.).

Toutefois, c'est en ce qui a trait au macrosystème que la perspective interculturelle systémique peut rencontrer certaines limites. C'est pourquoi nous avons ressenti le besoin de recourir à l'idéologie antiraciste, présentée dans le chapitre 4, pour comprendre et pour expliquer ces limites qui découlent des rapports majoritaires-minoritaires prévalant dans nos sociétés modernes. Laperrière souligne que, pour les tenants de l'idéologie antiraciste de Grande-Bretagne, «l'erreur fondamentale des interculturalistes a été de se limiter au seul terrain culturel et d'évacuer de leur analyse l'histoire, l'économique et le politique, qui influencent inévitablement les réflexes culturels d'une population» (Laperrière, 1985, p. 191). Toujours selon cette idéologie, «le racisme aurait ses racines dans l'histoire et dans la structure inégalitaire même des sociétés occidentales du centre, et s'exprimerait, de façon ouverte ou indirecte, dans leurs institutions, par la domination sans conteste des Blancs, de leurs interprétations culturelles de la réalité et de leurs objectifs» (Laperrière, 1985, p. 193). Notre perspective interculturelle systémique nous amène à endosser cette analyse; nous croyons qu'il existe bel et bien des rapports de force entre la majorité et les minorités, que celles-ci soient ethniques, culturelles, linguistiques, religieuses ou d'un autre type. À l'instar de Perras et Boucher (1993, p. 113), nous pensons que «la relation de confiance en contexte interculturel suppose la conscience réciproque de l'influence, sur soi, sur l'autre et sur la relation, des contextes économiques, sociaux, politiques et culturels différents».

Sans adhérer à l'idéologie antiraciste telle qu'elle est conçue en Grande-Bretagne, nous pensons néanmoins que les rapports majoritaires-minoritaires qui se situent au plan macrosystémique sont présents, dans nos sociétés occidentales, dans toutes les institutions et les interactions. On doit donc prendre en compte ces rapports dans un univers de mondialisation où les pays du Nord sont généralement des pays riches récepteurs d'immigrants, et où ceux du Sud sont souvent des pays en voie de développement et pourvoyeurs d'immigrants. C'est en tenant compte de ces rapports que, de manière quasi inconsciente, nous faisons parfois des équations simplistes et réductrices relativement aux immigrants que nous avons en face de nous, et que nous découpons le monde en deux: l'Occident moderne d'un côté, les pays non occidentaux «traditionnels» de l'autre. Pourtant, nous savons que ces équations ne correspondent pas à la réalité et qu'elles négligent l'hétérogénéité des nations. Cette vision du monde, dangereusement réductrice, nourrit des perceptions erronées sur l'autre en faisant l'économie de sa complexité. Toutefois, l'histoire des conflits mondiaux nous prouve que cette vision prévaut toujours.

Il est, par conséquent, important que l'intervenant ait toujours conscience de ce possible dérapage et qu'il sache reconnaître, quand c'est le cas, qu'il fait lui aussi partie d'une société à majorité blanche dite moderne et développée, et que cela peut parfois le handicaper dans son appréhension de l'autre dans toute sa complexité.

La figure 5.6 résume les principaux éléments qui composent le macrosystème.

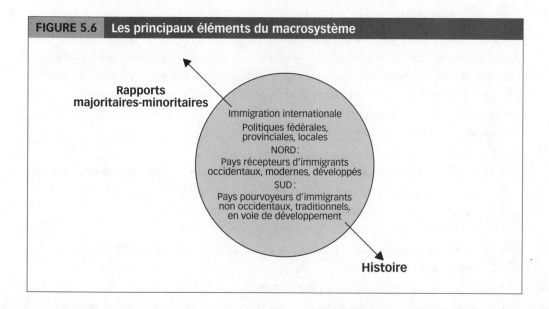

FIGURE 5.6 **Les principaux éléments du macrosystème**

Rapports
majoritaires-minoritaires

Immigration internationale
Politiques fédérales,
provinciales, locales
NORD:
Pays récepteurs d'immigrants
occidentaux, modernes, développés
SUD:
Pays pourvoyeurs d'immigrants
non occidentaux, traditionnels,
en voie de développement

Histoire

5.2 UN MODÈLE DE FORMATION: L'INTERVENANT À LA JONCTION DU SAVOIR, DU SAVOIR-ÊTRE ET DU SAVOIR-FAIRE

Le modèle interculturel systémique présenté jusqu'ici propose une vision de l'intervention qui part de l'immigrant et de sa situation, et qui inclut les systèmes de tous les niveaux décrits précédemment. Or, il nous apparaît tout aussi important de considérer l'intervention en fonction d'une vision qui, cette fois, part de l'intervenant. En effet, les professionnels de l'intervention et les services dont ils sont issus font également partie intégrante du système et ils peuvent, par conséquent, influencer la situation même de l'immigrant. Comme la compétence de ces professionnels repose d'abord sur une formation adéquate, il semble important de connaître les principaux éléments qui sont nécessaires pour former et outiller un intervenant appelé à travailler dans un contexte interculturel.

Dans le rapport Chancy (1985, p. 141), Ouellet définit l'*éducation interculturelle* comme «l'éducation qui vise à former des personnes capables d'apprécier les diverses cultures qui se côtoient dans une société multiculturelle, et donc d'accepter d'évoluer au contact de ces cultures pour que cette diversité demeure un élément positif, enrichissant de la vie culturelle, sociale et économique du milieu». À la lumière de cette définition et de notre expérience dans le champ interculturel, nous croyons que les étudiants comme les intervenants dans les domaines social et médical ont besoin d'une formation particulière sur le savoir, le savoir-être et le savoir-faire afin de répondre de façon appropriée aux exigences de la pratique en milieu multiethnique et multiculturel.

La formation sur le savoir (formation intellectuelle ou scolaire) est de loin la plus familière et elle est relativement accessible. Il s'agit de bien délimiter les aires des connaissances à maîtriser et d'en transmettre le contenu essentiellement sous la forme de cours qui permettront aux étudiants et aux intervenants d'accumuler tout un éventail de connaissances utiles sur des sujets liés à la pratique en milieu multiethnique. On peut ainsi penser à un certain nombre de sujets à aborder, comme:

- les grandes migrations internationales et leurs causes;
- l'histoire de l'immigration au Canada et au Québec et son articulation avec les conjonctures sociales, économiques et politiques nationales et internationales;
- les politiques d'immigration et les critiques qui en sont faites;
- les mécanismes d'inclusion des immigrants et des réfugiés;
- les diverses idéologies d'insertion sociale et les critiques qui en sont faites;
- les mécanismes d'exclusion;
- l'accessibilité et l'adéquation des services sociaux et de santé;
- la situation particulière des réfugiés et des revendicateurs du statut de réfugié;
- les problématiques sociales qui affectent le plus les immigrants, les réfugiés et les autochtones.

Tout le long de la formation, les connaissances deviennent de plus en plus accessibles et sécurisent l'apprenant en répondant à son besoin d'en «savoir plus», d'appréhender et de pressentir son champ disciplinaire avec plus de sûreté et de compétence. Un travail sur les attitudes professionnelles devrait aussi s'ajouter à cette formation sur le savoir; il permettrait aux étudiants et aux intervenants de mieux s'adapter au contexte interculturel et d'interagir efficacement avec ses acteurs.

La formation sur le savoir-être permet ainsi à l'étudiant et à l'intervenant d'avoir une meilleure compréhension de leur culture «de l'intérieur», et de prendre conscience du rôle et de l'influence de cette culture sur leurs modes de pensée, sur leurs attitudes et sur leurs comportements. En effet, on leur apprend habituellement à reconnaître les valeurs de leur propre culture et à les mettre ensuite en relation avec celles d'autres cultures afin qu'ils entrevoient les possibilités de «chocs» culturels. L'objectif est de mettre en application ces acquis pour comprendre l'autre, ce qui améliore la qualité des interactions. Certains passages de ce volume défendent l'esprit de cette formation sur le savoir-être.

Enfin, la formation sur le savoir-faire porte sur le processus d'intervention lui-même et sur la façon dont il se déroule habituellement dans le contexte nord-américain et occidental. Sue et Sue (1977) le décrivent comme un processus basé avant tout sur une communication dans la langue de la société d'accueil, et centré sur le client, de qui on attend une expression à la fois verbale et émotive de ses difficultés pour qu'il parvienne lui-même à résoudre ses problèmes avec un minimum de conseils et de directives de la part de l'intervenant. En contexte interculturel, ces présupposés doivent être revus. La formation sur le savoir-faire nécessite que l'on s'intéresse à la fois au processus d'intervention comme tel et aux modèles les plus couramment véhiculés dans l'intervention sociale afin d'en dégager les stratégies qui sont les plus appropriées pour intervenir auprès des individus et des familles. Il est donc important de poursuivre l'étude sur les modèles de pratiques interculturelles amorcée par Devore et Schlesinger (1987) pour en arriver à proposer des approches et des modèles d'intervention pouvant constituer une boîte à outils pour les intervenants. Des interventions déjà modélisées ou mises en place à la suite de recherches-actions peuvent également être diffusées. L'objectif est que les professionnels s'en approprient les contenus pour ensuite construire leurs propres interventions. On traite de ce sujet dans plusieurs chapitres de cet ouvrage, mais il reste beaucoup à faire. Aussi, un plus grand rapprochement entre les milieux de pratique et les organismes communautaires multiculturels est souhaitable, car il permettrait une meilleure articulation entre la théorie et la pratique, et entre le travail de réflexion et le travail sur le terrain.

En fait, ce n'est qu'au terme d'une formation articulant ces processus que les étudiants et les intervenants seront capables :

- de contextualiser la présence de l'autre (l'immigrant, le réfugié ou l'autochtone) dans la société québécoise et canadienne, en tenant compte des diverses réalités (internationales, historiques, politiques, économiques, sociales) ;
- de saisir le processus de marginalisation et d'inclusion des minorités ;
- de mieux comprendre la diversité de la société pour mieux intervenir ;
- de faire preuve de créativité en osant adapter leurs interventions à leur propre style ;
- d'établir des liens entre l'intérêt de la recherche et l'avancée des pratiques d'intervention auprès de populations diversifiées ;
- d'enrichir une réflexion documentée et critique sur les relations interculturelles.

CONCLUSION

Nous avons proposé, dans ce chapitre, un modèle qui intègre à la fois la perspective interculturelle et l'approche systémique écologique. Ceci a permis de présenter différents systèmes interdépendants : l'ontosystème (axé sur l'immigrant), le microsystème et le mésosystème (axés sur les réseaux primaires et leurs interactions), l'exosystème (axé sur les réseaux secondaires) et, enfin, le macrosystème (axé sur les rapports majoritaires-minoritaires). Tous ces systèmes gravitent autour de l'immigrant et influencent son adaptation au pays d'accueil. Le modèle interculturel systémique permet donc de considérer les dimensions subjective, relationnelle, objective et contextuelle de la situation de l'immigrant sans perdre de vue les rapports majoritaires-minoritaires ni l'importance de l'histoire.

Cette perspective globale et complexe permet de mieux comprendre la situation de l'immigrant et, ainsi, de mieux intervenir. Partant d'abord de l'immigrant et de ses multiples systèmes, elle mène aussi à la reconnaissance des savoirs clés que doivent posséder les professionnels et les intervenants pour travailler auprès des populations immigrantes. Comme nous l'avons vu, une formation relative au savoir (processus cognitifs), au savoir-être (processus affectifs) et au savoir-faire (processus comportementaux) est fondamentale pour mener une intervention en contexte interculturel. En outre, il convient de ne jamais négliger le fait que, dans l'intervention sociale, l'intervenant demeure lui-même son premier outil de travail. Par son expérience et ses différences, l'immigrant peut également contribuer grandement au développement et à l'enrichissement des pratiques interculturelles. Ainsi, l'intégration sur le marché du travail social de professionnels issus des communautés ethniques permettra sans doute d'enrichir aussi le domaine de l'intervention. L'intégration de ces communautés s'inscrit, encore une fois, dans la perspective de ce modèle interculturel systémique, qui suggère une approche globale et interactionniste de l'intervention dans laquelle tous les sujets et tous les acteurs des systèmes sont pris en compte.

LIVRES

AUSLOOS, G. (2004). *La compétence des familles : Temps, chaos, processus,* Ramonville Saint-Agne (Belgique), Érès.

BERTAUX, S. *et al.* (1996). *Médiatrices dans les quartiers fragilisés : Le lien,* Paris, La Documentation française (Coll. Droits des femmes).

BERTAUX, S. *et al.* (1996). *Rôles et perspectives des femmes relais en France,* Paris, Agence pour le développement des relations interculturelles.

BILODEAU, G. (2005). *Traité de travail social,* Paris, Éditions de l'École nationale de la santé publique (Coll. Politiques et interventions sociales).

COHEN-EMERIQUE, M. (2000). «L'approche interculturelle auprès des migrants», dans G. Legault (dir.), *L'intervention interculturelle,* Montréal, Gaëtan Morin.

D'AMATO, G. (2000). *Le rôle des médiateurs culturels dans l'État social moderne : Santé, travail social et migration, Synthèse,* Neuchâtel, Forum suisse pour l'étude des migrations.

DASEN, P. et PERREGAUX, C. (éd.) (2000). *Pourquoi des approches interculturelles en sciences de l'éducation ?,* Bruxelles, De Boeck Université (Coll. Raisons éducatives).

ESTE, D. (1999). «Social work and cultural competence», dans G.-Y. Lie et D. Este (éd.), *Professional Social Service Delivery in a Multicultural World,* Toronto, Canadian Scholar's Press.

GUILBERT, L. (dir.) (2004). *Médiations et francophonie interculturelle,* Sainte-Foy, Les Presses de l'Université Laval (Coll. Culture française d'Amérique).

KARSZ, S. (2004). *Pourquoi le travail social ? Définition, figures, clinique,* Paris, Dunod.

LEBBE-BERRIER, P. (1988). *Pouvoir et créativité du travailleur social : Une méthode systémique,* Paris, ESF (Coll. Sciences humaines appliquées).

LE MOIGNE, J.-L. (1977). *La théorie du système général : Théorie de la modélisation,* Paris, Presses universitaires de France.

RACHÉDI, L. (2007). «Enseigner l'intervention sociale en contexte interculturel : Méthode et objectifs», dans H. Dorvil et R. Mayer (dir.), *Problèmes sociaux, Tome IV, Théories et méthodologies de l'intervention sociale,* Montréal, Presses de l'Université du Québec (Coll. Problèmes sociaux et interventions sociales).

 ARTICLES ET RAPPORTS DE RECHERCHE

BLANCHARD, M. M. (1999). «Médiation familiale en contexte interculturel : Articulation du travail social et de la dynamique associative», *Vie Sociale,* n° 2.

EL-HAGE, H. (2007). «La médiation interculturelle : Outil prometteur pour la gestion de la diversité dans les organisations», *Équilibre,* vol. 2, n° 1.

GOHARD-RADENKOVIC, A. *et al.* (2003). «Quelle est la perception des "interprètes médiateurs culturels", de leur rôle et de leurs compétences ?», *Le français dans le monde,* numéro spécial, janvier.

GUILBERT, L. (1994). «Intermédiaire culturel et médiateur de cultures : Évolution des rôles et des attitudes dans la société québécoise», *International Review of Community Development / Revue internationale d'action communautaire,* vol. 31, n° 71.

National Association of Social Workers (2001). *NASW Standards for Cultural Competence in Social Work Practice,* [en ligne], http://www.socialworkers.org/sections/credentials/cultural_comp.asp (consulté le 8 avril 2008).

➤

PAQUETTE, D. (1991). «La médiation», *Migrations et société*, n°s 16-17.

POIRIER, S. (2004). «La (dé)politisation de la culture? Réflexions sur un concept pluriel», *Anthropologie et Sociétés,* vol. 28, n° 1.

RACINE, G. et LEGAULT, B. (2001). «La pluralité des savoirs dans la pratique du travail social», *Intervention,* n° 114.

Revue canadienne de service social, Forum spécial, vol. 24, n° 1, 2007.

TOUSSAINT, P., FORTIER, G. et LACHANCE, L. (2002). *Les compétences interculturelles en éducation: Quelles compétences pour les futures enseignantes et les futurs enseignants? Rapport de recherche,* Montréal, Université du Québec à Montréal, Groupe de recherche sur la formation initiale et continue du personnel enseignant, Département des sciences de l'éducation, [en ligne], http://www.dep.uqam.ca/recherche/greficope/Competences.pdf (consulté le 8 avril 2008).

SITES INTERNET

Association pour la recherche interculturelle (ARIC)
http://www.unifr.ch/ipg/sitecrt/ARIC/Ouverture.htm

ART ET LITTÉRATURE

ALVAREZ, J. (1993). *Comment les filles García ont perdu leur accent,* Paris, Flammarion.

GAUDÉ, L. (2006). *L'eldorado,* Arles, Actes Sud.

THÉRIAULT, Y. (2003). *Aaron,* Longueuil, Le dernier havre.

BIBLIOGRAPHIE

ABDALLAH-PRETCEILLE, M. (1985). «Pédagogie interculturelle: Bilan et perspectives», dans C. Canet (éd.), *L'interculturel en éducation et en sciences humaines,* Toulouse, Université de Toulouse, Le Mirail, tome 1.

BARRETTE, C., GAUDET, E. et LEMAY, D. (1993). *Guide de communication interculturelle,* Saint-Laurent, Éditions du Renouveau pédagogique.

BRUNET, F., CHAMBERLAND V. et DUMAIS, L. (à paraître). *Une analyse de type monographique d'un organisme familial du quartier Côte-des-Neiges,* Cahiers du LAREPPS.

CHANCY, M. (1985). *L'école québécoise et les communautés culturelles,* Rapport, Ministère de l'Éducation du Québec, Direction des communications.

COHEN-EMERIQUE, M. (1993). «L'approche interculturelle dans le processus d'aide», *Santé mentale au Québec,* vol. XVII, n° 1.

COHEN-EMERIQUE, M. (1999). «Le choc culturel», dans E. M. Lipiansky et J. Demorgon (dir.), *Guide de l'interculturel en formation,* Paris, Retz.

COHEN-EMERIQUE, M. (2000). «L'approche interculturelle auprès des migrants», dans G. Legault (dir.), *L'intervention interculturelle,* Montréal, Gaëtan Morin.

DEVORE, W. et SCHLESINGER, E. (1987). *Ethnic-Sensitive Social Work Practice,* Colombus (Ohio), Merrill Publishing.

ELKAÏM, M. (1995). *Panorama des thérapies familiales,* Paris, Seuil.

HEFFERNAN, J., SHUTTLESWORTH, G. et AMBROSINO, R. (1988). *Social Work and Social Welfare: An Introduction,* Saint Paul (Missouri), West Publishing.

KANOUTÉ, F. (2003). *Les parents de milieux défavorisés et l'accompagnement scolaire de leurs enfants,* Montréal, Comité de gestion de la taxe scolaire de l'île de Montréal.

LACROIX, J.-L. (1990). *L'individu, sa famille et son réseau: Les thérapies familiales systémiques,* Paris, ESF (Coll. Sciences humaines appliquées).

LAPERRIÈRE, A. (1985). «Les paradoxes de l'intervention culturelle: Une analyse critique des idéologies d'intervention britanniques face aux immigrants-es», *Migrants: Trajets et trajectoires,* vol. 14, n° 54.

LE GALL, J. (2005). «Familles transnationales: Bilan des recherches et nouvelles perspectives», *Cahiers du GRES, Diversité urbaine,* vol. 5, n° 1.

McANDREW, M. (1994). *La prise en compte de la diversité religieuse et culturelle en milieu scolaire: Un module de formation à l'intention des gestionnaires,* Montréal, Direction des services éducatifs aux communautés culturelles, Ministère de l'Éducation du Québec.

McANDREW, M., LEDENT, J. et AIT-SAÏD, R. (2005). «La réussite scolaire des jeunes des communautés noires au secondaire», *Immigration et Métropoles,* n° 26.

PERRAS, S. et BOUCHER, N. (1993). «L'intervention sociale contre le racisme: Sortir du multiculturalisme et de la pensée magique», *Service social,* vol. 42, n° 1.

PROHET, A. et DUMAIS, L. (à paraître). *Le Centre communautaire de loisir de la Côte-des-Neiges: Une analyse de type monographique,* Cahiers du LAREPPS.

ROCHER, G. (1969). *Introduction à la sociologie générale,* Tome 1, Montréal HMH.

ROY, G. et KAPOOR-KOHLI, A. (2004). «Intervenir avec un interprète: Rencontre malgré les interférences», *Intervention,* n° 120.

SUE D. W. et SUE D. (1977). «Barriers to effective cross-cultural counseling», *Journal of Counseling Psychology,* vol. 25, n° 5. ➤

► *(SUITE)*

Toro-Lara, J. M. et Rachédi, L. (2006). *L'immigration à Thetford Mines : Emploi et-ou citoyenneté,* Observatoire canadien de l'immigration dans les zones à faible densité d'immigrants, Université de Sherbrooke (Coll. Études de cas).

Watzlawick, P. *et al.* (1990). *La construction du réel,* Paris, Seuil.

CHAPITRE 6

L'APPROCHE ETHNOPSYCHIATRIQUE DE DEVEREUX ET NATHAN

Marie-Rosaire Kalanga Wa Tshisekedi et Gisèle Legault

Ce texte est l'adaptation d'un article intitulé « Analyse d'une intervention clinique en fonction des outils élaborés par l'approche ethnopsychiatrique de Devereux et Nathan », écrit par G. Legault et M.-R. Kalanga Wa Tsisekedi et paru en 2005 dans la revue *Santé mentale au Québec*.

Les pays occidentaux accueillent, depuis plus d'un siècle, un nombre considérable de personnes qui immigrent par choix ou par contrainte. Cette immigration pose différents problèmes d'adaptation et d'intégration tant pour le migrant que pour la société d'accueil, et plusieurs de ces problèmes sont pris en charge par les intervenants sociaux. Sur le plan de la santé mentale, toutefois, les cliniciens affrontent des situations complexes lorsqu'ils doivent intervenir auprès de personnes issues de sociétés non occidentales, dont les propos sont significativement marqués par des processus de codage culturel avec lesquels ils ne sont pas familiers.

L'intérêt pour le développement de soins appropriés à ces clientèles particulières remonte à Kraepelin, en 1904 (Kirmayer et Minas, 2000); plusieurs chercheurs lui ont ensuite succédé, principalement au cours des années 1970, où les contributions de Kleinman (1977) et de Devereux (1970; 1972) ont grandement alimenté la réflexion sur les bases théoriques et la pratique psychiatrique en tant que productions culturelles à sonder. Après la publication de ces travaux, certaines cliniques occidentales ont tenté d'adapter leurs approches à la réalité de ces migrants, bien que le nombre de centres thérapeutiques spécialisés dans le traitement de cette clientèle reste encore limité. En Europe, on trouve le Centre de santé mentale C. W. Laeken de Bruxelles, le Centre Minkowska de Paris et le Nafsiyat Intercultural Therapy Center de Londres. En Amérique, Montréal habite le Cultural Consultation Service, affilié à l'Université McGill et dirigé par le Dr Kirmayer.

En 1979, en France, Nathan (1986; 1988; 1994), marchant sur les pas de Devereux, a réussi à mettre sur pied une clinique de consultation où on tente de tenir compte des dimensions culturelle et religieuse du discours des patients. Il a ainsi élaboré une approche qui est basée sur certains apports de la psychanalyse et de l'anthropologie. Son approche, de par ses dispositifs techniques et ses stratégies thérapeutiques, représente une forme de thérapie que l'on cherche à rendre plus interculturelle. L'Hôpital Jean-Talon de Montréal l'utilise depuis maintenant 15 ans. Dans ce chapitre, nous allons étudier la façon dont cette approche dite ethnopsychiatrique permet, par la prise en compte des éléments personnels, culturels, historiques et politiques du patient et de son groupe familial, une mobilisation des pensées et des affects qui vient nourrir et servir l'intervention.

6.1 LES NOTIONS DE BASE DE LA THÉORIE ETHNOPSYCHIATRIQUE DE DEVEREUX ET NATHAN

6.1.1 LA NOTION DE COMPLÉMENTARISME

Le complémentarisme, tel qu'il a été développé, entre autres, par Devereux (1972), découle du principe selon lequel certains phénomènes humains ne relèvent pas exclusivement de la psychanalyse ou de l'anthropologie, mais plutôt de deux discours complémentaires. Ainsi, les éclairages successifs qu'apportent la psychanalyse et l'anthropologie sont utilisés pour comprendre les situations à l'étude et pour intervenir. La prise en compte des variables psychodynamiques et culturelles dans l'approche thérapeutique offre en effet un espace où la complémentarité de ces deux domaines de connaissances peut se concrétiser. La méthodologie clinique de Devereux et Nathan reflète ce double emprunt. Elle est «précisément la possibilité d'expliquer un phénomène humain d'au moins deux manières (complémentaires) qui démontrent, d'une part, que le phénomène en question est à la fois réel et explicable et, d'autre part, que chacune de ces deux explications est "complète" (et donc valable) dans son propre cadre de référence» (Devereux, 1972, p. 9). Dans cette perspective, l'ethnopsychiatrie suppose donc la maîtrise de deux discours distincts, l'un étant lié à la psychanalyse et l'autre, à la culture. Elle explore les limites du sens de ces deux discours, sans jamais tenter de les interpréter ou de les expliquer dans les termes de l'autre (Corin, 1997).

6.1.2 LES THÉORIES ÉTIOLOGIQUES TRADITIONNELLES

Les théories étiologiques traditionnelles sont des schèmes de pensée par lesquels s'opèrent des explications qui attribuent une valeur ou un sens spécifique aux malaises ; elles forment, avec les théories étiologiques «scientifiques» modernes, une espèce de «tandem». Nathan précise que la portée du terme *étiologie* dans ces théories est différente de celle que ce terme a dans la pensée médicale occidentale, car les étiologies traditionnelles sont interrogatives, multiples et non exclusives : elles inaugurent le discours. Ainsi, dans leurs théories étiologiques, les grands systèmes des thérapies traditionnelles (comme la possession, le chamanisme ou la voyance) accordent à certains objets une fonction explicite permettant au consultant, durant le processus thérapeutique, de donner un sens aux perturbations de son patient pour l'aider à livrer ses angoisses et, ainsi, à retrouver un état de soulagement, de sécurité et de protection.

À ce sujet, les considérations de Laplantine (1988) sont éclairantes. Si l'on considère une gamme étendue de sociétés, on est forcé de reconnaître que les représentations étiologiques traditionnelles ont davantage une nature *exogène* (c'est-à-dire extérieure à l'individu, dans la mesure où on parle alors de possession par un esprit pathogène, d'agression par un sorcier, d'infection par un virus, etc.) qu'une nature *endogène* (c'est-à-dire propre à l'individu, puisque c'est dans sa constitution même, dans son patrimoine génétique ou dans ses conflits psychologiques qu'il faut chercher l'origine de ses troubles). «De la même façon, la majorité des "psychiatries populaires" pensent que les facteurs de guérison sont également davantage de nature exogène (suggestion, drogue, extirpation symbolique du mal souvent matérialisée par un objet) qu'endogène (rêves, associations libres en psychanalyse par le moyen du transfert, etc.).» (Laplantine, 1988, p. 38).

6.1.3 LES NOTIONS DE SOI ET DE PERSONNE

Cohen-Emerique (1990) a bien décrit les notions de soi et de personne telles qu'elles peuvent être explicitées par les modèles collectif-communautaire et individualiste-égalitaire de la personne. La très grande majorité des patients migrants viennent de sociétés dites «holistes» (ou de modèle collectif-communautaire), et ils doivent composer avec des modèles d'intervention plutôt inspirés d'un modèle individualiste de la personne. Or, ces modèles sont en contradiction avec leur conception de la personne, selon laquelle l'individu est profondément intégré dans son univers social, d'où la nécessité de développer d'autres approches qui tiennent compte de ce fait, comme l'ethnopsychiatrie.

Dans le modèle collectif-communautaire auquel se réfèrent la majorité des nouveaux arrivants, l'autre est inclus dans la définition de la personne, qui est perçue comme un être fondamentalement social qui exprime ses qualités ou son unicité dans son engagement envers sa famille et son groupe social (Kirmayer, 1989). En effet, dans les sociétés à dominante collectiviste-communautaire, les liens entre les individus sont étroits et solides, chacun ayant un puissant sentiment d'appartenance à sa famille et à sa communauté d'origine. Le *nous* prédomine alors sur le *soi*. Il y existe une sorte d'échange : d'un côté, l'individu est fidèle à la famille, au groupe, au village et à la tribu qui, en contrepartie, lui fournissent leur protection. Dans ce modèle, la patience, la coopération et la conciliation sont encouragées.

La conception de la personne du modèle individualiste-égalitaire est, quant à elle, centrée sur l'individu. Chaque personne est unique et poursuit ses buts personnels. Les personnes sont donc valorisées selon le degré de développement et d'articulation de leur *moi,* et selon leur capacité d'autodirection (Kirmayer, 1989). L'autonomie et l'indépendance de la personne sont également valorisées, ce qui implique une séparation physique et morale de la famille à l'âge adulte. Le *soi* est donc privilégié, plutôt que l'appartenance à la famille ou au groupe. Dans ce modèle, l'individu veille sur ses intérêts propres, et une très grande liberté lui est laissée ; les réalisations de soi sont généralement mesurées en fonction des possessions matérielles ou du contrôle sur l'environnement. Dans le chapitre 8, nous reviendrons plus en détail sur ces notions.

6.1.4 LES NOTIONS D'INITIATION, DE FILIATION ET D'AFFILIATION

Dans toutes les cultures, la vie est ponctuée par certains rites qui accompagnent les passages d'un état à un autre, d'un statut social à un autre ; il en est ainsi de la naissance, du sevrage, de la première coupe de cheveux, de la circoncision, de la puberté, du mariage, du premier enfant, etc. L'idée derrière ces rites et ces cérémonies de passage et d'initiation est de ne pas laisser la personne se métamorphoser toute seule ; on veut plutôt l'accompagner. Dans les cultures où la personne est perçue en fonction des relations sociales et d'appartenance, il va de soi que le groupe (ou le groupe initiatique restreint) l'accompagne au cours de ces passages. Une personne qui consulte parce qu'elle est en état de déséquilibre, seule, fermée, isolée, est en manque de ces rituels initiatiques qui l'affilieront de nouveau à son groupe d'appartenance, et qui l'introduiront dans le groupe des êtres visibles et invisibles de sa culture. En effet, le processus initiatique débouche sur l'affiliation de la personne en difficulté à son groupe. Cette initiation est cependant difficile et plus rare dans les sociétés où le modèle individualiste domine, car le sentiment d'appartenance est faible, sinon inexistant.

La naissance est considérée comme l'étape d'initiation par excellence. En effet, l'enfant est, pendant un certain temps, comme «entre deux mondes». C'est d'ailleurs la raison pour laquelle on s'y prend doucement avec lui et qu'on attend généralement quelques jours avant de le nommer. Il faut d'abord savoir qui il est, découvrir sa nature. Dans le modèle communautaire surtout, ce processus est l'affaire de la famille élargie et même, souvent, de toute la communauté; il n'est pas la seule responsabilité des parents. Dans certaines cultures, on s'enquerra des rêves de la mère, des événements de la grossesse, du contexte de la naissance et même parfois, on scrutera le placenta. Il sera aussi très important de bien nommer l'enfant, «c'est-à-dire d'identifier le plus tôt possible sa véritable nature, car un nom mal adapté peut le rendre malade ou, pire encore, l'inciter à repartir, c'est-à-dire à mourir» (Moro, 1992, p. 90).

La notion de protection est connexe à celle d'initiation dans la mesure où il faut être protégé afin d'effectuer les rites de passage avec succès. Dans certaines cultures, des objets de protection sont donc particulièrement nécessaires au moment des passages. Ainsi, il arrive qu'un accouchement dans un pays d'accueil devienne un passage particulièrement délicat, car il se fait sans l'aide du groupe de femmes qui entoure habituellement l'accouchée et qui lui sert, en quelque sorte, de matrice. La femme accouche «dans un monde de blouses blanches» hostile et froid, qui ne lui est pas coutumier. Des perturbations mère-enfant peuvent alors s'ensuivre ou survenir plus tard, au cours des premières années de la vie de l'enfant. Et c'est lorsque la notion de protection est évoquée et que le groupe thérapeutique soutient la mère que celle-ci peut de nouveau porter, protéger et éduquer son enfant.

6.1.5 LE GROUPE COMME DISPOSITIF

Nathan (1991) souligne que l'approche basée sur le groupe est cruciale et qu'elle représente l'un des principaux dispositifs de la thérapie ethnopsychiatrique. La conception de la personne et le fonctionnement des systèmes étiologiques traditionnels exigent en effet un dispositif groupal, car ces systèmes, qui constituent une médiation entre des univers différents, ne peuvent fonctionner dans une situation duelle où l'intervenant et le client se trouvent face à face. Le groupe qui reçoit le patient ainsi que les membres de sa famille est généralement composé d'une quinzaine de thérapeutes (travailleurs sociaux, psychologues, psychiatres et médecins) ayant souvent une formation en psychanalyse. Les origines culturelles de ces thérapeutes varient, ce qui les amène par conséquent à faire des lectures diversifiées d'une même réalité (Streit, 1996).

Pour Nathan (1991), le groupe assure ainsi plusieurs fonctions:

- une fonction d'étayage ou de portage: il s'agit à la fois d'un portage culturel (car on parle la langue maternelle du patient et on fait référence aux étiologies traditionnelles) et d'un portage psychologique (car le patient peut s'appuyer sur le groupe);

- une fonction de médiation entre les thérapies traditionnelles qui se déroulent principalement en groupe et la thérapie psychanalytique; dans les sociétés non occidentales, on estime souvent que la maladie concerne le groupe familial aussi bien que l'individu malade et, par conséquent, les approches thérapeutiques sont généralement groupales;

- une fonction de médiation relationnelle entre le patient et le thérapeute principal. Puisqu'il s'agit d'un groupe multiculturel, les cothérapeutes, et particulièrement ceux partageant la même origine ethnique que le patient, facilitent l'évocation des étiologies traditionnelles, donc l'accès à la vie intime du sujet. Les étiologies traditionnelles dont il est fait mention au cours d'une séance deviennent alors acceptables et paraissent même naturelles.

Les choses doivent donc être dites en groupe, car celui-ci rappelle au migrant que, chez lui, l'individu ne consulte pas dans une situation de face-à-face, mais le plus souvent, dans un contexte groupal. L'éthique de la confidentialité devient l'éthique du *témoin* (c'est-à-dire du visage de l'autre). Les situations sont en effet décrites devant des témoins visibles et invisibles (dont l'ancêtre est souvent le premier évoqué), ce qui amène à la fois une détente et un appui à un retour à la culture d'origine, et offre une humanité à la personne. Le patient migrant est alors arraché à l'universalité et placé dans ses appartenances, ce qui le rend profondément humain.

Le groupe en ethnopsychiatrie a généralement recours au *bombardement sémantique,* qui peut être défini comme un processus actif de compréhension d'un fragment de la problématique du patient par le filtre de plusieurs cultures. Ce processus offre au patient plusieurs visions de ce qu'il vit, tout en respectant les limites de sa compréhension de sa propre culture. À la fin de ce travail, on présente au patient une réorganisation de ses propos fondée sur les diverses lectures de sa réalité problématique faites par les cothérapeutes du groupe (Nathan, 1988).

6.2 L'EXEMPLE D'UN CAS D'ETHNOPSYCHIATRIE

Après cette revue de certaines notions de base de l'ethnopsychiatrie, la présentation et l'analyse d'une situation nous permettront de considérer leur utilisation dans le cadre d'une thérapie où sont pris en compte divers éléments à la fois personnels, familiaux, culturels et politiques.

6.2.1 L'ORIGINE DE LA DEMANDE

Une demande de consultation est adressée en 2002 au module d'ethnopsychiatrie de l'Hôpital Jean-Talon par la travailleuse sociale d'un CLSC de l'ouest de Montréal. Le motif de cette demande: venir en aide à une famille qui est dépassée par le comportement du fils cadet de 24 ans. La famille considère qu'il est déprimé, explosif et violemment opposé à sa mère, qui le décrit comme un individu rebelle. L'élément précipitant la demande est un événement qui s'est produit durant le temps des fêtes : le fils, sous l'emprise de l'alcool, a frappé son cousin au visage lors d'une bagarre. La demande de consultation est donc faite au nom de la famille, avec l'approbation de l'enfant rebelle, que nous appellerons Michel. Pour faciliter la compréhension des événements par les futurs intervenants, la travailleuse sociale a pris soin de résumer les grands moments de l'histoire migratoire de la famille.

6.2.2 L'HISTOIRE DE MICHEL ET DE SA FAMILLE

Michel est célibataire. Il est né au Québec d'un père uruguayen et d'une mère argentine. Il s'exprime parfaitement en français et en espagnol, il est mormon et pratique régulièrement sa religion. Il n'a pas complété son secondaire III et a suivi une formation professionnelle de soudeur, qu'il n'a pas non plus terminée. Il a alors travaillé comme gardien de sécurité, puis a occupé plusieurs petits emplois. Au moment de la demande de consultation, il ne travaille pas, bénéficie de l'aide sociale et vit sous le toit familial.

Sa mère, âgée de 50 ans, est originaire d'Argentine et de descendance indienne. Elle est de confession protestante et travaillait comme coiffeuse dans son pays. En 1973, elle rencontre en Argentine son futur mari, un commerçant mormon originaire d'Uruguay. Il vient d'une famille modeste, mais a été éduqué dans le luxe par ses parents, qui étaient gardiens dans la villa de riches propriétaires terriens. Un an après leur mariage (auquel la famille de la mariée se serait opposée), le couple immigre au Canada et s'installe au Québec. En 1976, le couple a un premier enfant, né par césarienne, mais le père n'est pas vraiment content de l'arrivée de cet enfant. Onze mois plus tard, la mère met au monde le fils cadet, toujours par césarienne. Les circonstances de la naissance de ce deuxième enfant, encore une fois non désiré par le père, sont particulièrement pénibles pour la mère, qui fait alors une dépression. Elle n'a donc jamais vraiment ressenti le bonheur d'une grossesse puisqu'elle a toujours éprouvé une grande tristesse à la pensée qu'elle serait la seule à aimer ses enfants. Toutefois, selon ses propres dires, son mari aurait fini par vraiment aimer ses enfants.

Par la suite, le couple connaît des difficultés financières, et l'épouse est contrainte de travailler dans une usine, en plus de suivre des cours de français dans un COFI (Centre d'orientation et de formation des immigrants). Pendant ce temps, le mari gère un garage. En 1982, il déclare faillite ; la famille décide alors de quitter le Québec pour l'Uruguay. Michel a cinq ans et dit avoir de très bons souvenirs de son enfance au Québec. Ses années d'école primaire en Uruguay sont difficiles sur le plan de l'intégration sociale et scolaire, compte tenu du fait qu'il ne parle pas la langue du pays. Avec le temps, il finit toutefois par trouver sa place et parvient à se faire des amis. Il considère cependant que cette période de huit ans de vie en Uruguay a été difficile sur le plan des relations avec son père, car il se rebellait contre lui, le trouvait trop sévère et craignait ses réactions. Puni pour un oui ou pour un non, Michel s'est beaucoup rapproché de sa mère au cours de cette période.

La famille revient au Québec en 1990. Michel a treize ans. Selon sa mère, il est alors très déprimé et déraciné par ce retour. Pour faciliter son intégration sociale et scolaire, Michel doit réapprendre le français, qu'il a oublié. Il est placé dans une classe d'accueil, et ses résultats scolaires sont faibles. Il se construit toutefois un nouveau réseau social, qu'il doit abandonner en 1995, lorsque la famille quitte une nouvelle fois le Québec, pour l'Argentine. Cette même année, Michel vit le divorce de ses parents. Le père quitte alors l'Argentine pour retourner vivre en Uruguay, son pays d'origine. Michel, qui a alors dix-huit ans, décide de suivre son père pour tenter de gagner un peu d'argent afin d'aider sa mère et son frère, qui vivent pauvrement en Argentine. Michel décrit cette période auprès de son père comme la plus noire de son existence. Laissé à lui-même, il connaît la misère, la faim, la privation et le désespoir. Il consomme aussi de l'alcool et de la drogue. Malheureux de voir son père dilapider tout l'argent tiré de la vente de la maison familiale, il s'enferme pendant un mois entier dans une chambre mal éclairée pour lire la Bible. Peu de temps après, il décide de quitter son père et de retourner en Argentine auprès de sa mère et de son frère.

En 1996, la famille revient au Québec. Michel reprend alors contact avec les personnes qu'il avait connues et continue de consommer beaucoup de drogue et d'alcool. En 1998, un nouveau conjoint, Motus, un Chilien, entre dans la vie de la famille; les rapports entre Michel et Motus ne sont pas particulièrement chaleureux.

Au moment où la mère de Michel veut consulter, elle travaille comme aide familiale pour une coopérative de soutien à domicile. Son fils aîné est travailleur autonome et pratique activement les arts martiaux. Michel est à la recherche d'un emploi et passe son temps à regarder la télévision. La famille a donc connu, au total, cinq migrations différentes, et en l'espace de quinze ans, Michel et son frère ont vécu quatre changements importants de lieux de résidence.

La famille est très motivée relativement à la prise en charge qu'offre le groupe d'intervention, une formule qui leur offre un espace où tous les membres peuvent s'exprimer, même dans leur langue maternelle. Ils espèrent tous une amélioration de la situation de Michel, et son intégration personnelle et sociale.

6.2.3 L'INTERVENTION DU GROUPE D'ETHNOPSYCHIATRIE

En raison des multiples migrations de cette famille, du fonctionnement familial instable sur tous les plans et de la personnalité du père, l'équipe d'intervention estime que Michel n'a pu traverser convenablement les phases de sa croissance et qu'il en est sérieusement perturbé. Selon les intervenants, Michel est en train de développer une forme de psychose, et sa souffrance comme celle de sa famille doivent être prises en charge par un groupe de thérapeutes provenant de différentes cultures.

Le groupe qui se prépare à recevoir la famille comprend une thérapeute principale (TP), une criminologue d'origine québécoise et dix cothérapeutes (CT) issus de diverses cultures et professions; deux sont de la même aire culturelle que la famille. L'un d'eux agit d'ailleurs comme médiateur culturel (*voir la figure 6.1*).

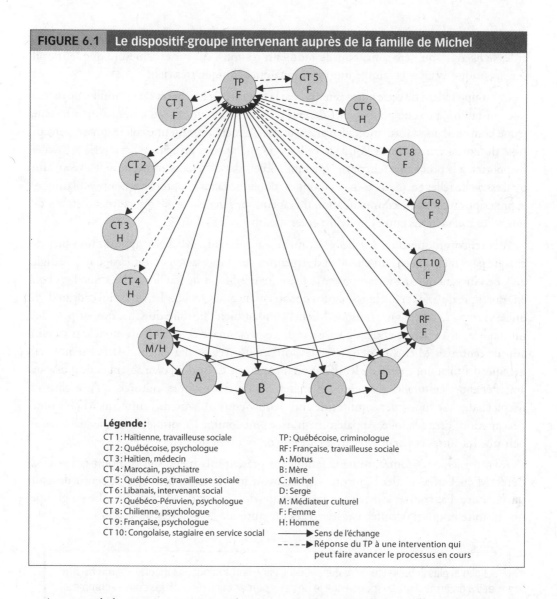

FIGURE 6.1 Le dispositif-groupe intervenant auprès de la famille de Michel

Légende :

CT 1 : Haïtienne, travailleuse sociale
CT 2 : Québécoise, psychologue
CT 3 : Haïtien, médecin
CT 4 : Marocain, psychiatre
CT 5 : Québécoise, travailleuse sociale
CT 6 : Libanais, intervenant social
CT 7 : Québéco-Péruvien, psychologue
CT 8 : Chilienne, psychologue
CT 9 : Française, psychologue
CT 10 : Congolaise, stagiaire en service social

TP : Québécoise, criminologue
RF : Française, travailleuse sociale
A : Motus
B : Mère
C : Michel
D : Serge
M : Médiateur culturel
F : Femme
H : Homme
———▶ Sens de l'échange
----▶ Réponse du TP à une intervention qui
          peut faire avancer le processus en cours

Au cours de la première rencontre, le groupe privilégie certaines pistes : amener la famille à expliciter le motif de la consultation, connaître son histoire par le récit de son parcours migratoire, et situer les liens familiaux qui existent au Québec et dans le pays d'origine. La mère, Motus et Michel sont présents. On retrace donc l'histoire de la famille. La mère précise que son fils a changé vers l'âge de huit ans et que c'est à partir de ce moment-là que s'est le plus souvent manifestée sa mauvaise humeur. Aujourd'hui, tout lui apparaît comme une montagne de malheurs. Michel, quant à lui, parle de son enfance au Québec comme d'un moment de bonheur et il insiste sur son appartenance québécoise. Il se décrit comme un être rebelle, qui n'a plus confiance en lui. Tout ce qu'il entreprend est mal fait, au point que cela provoque des disputes entre lui et sa mère. Le divorce de ses parents l'a aussi beaucoup affecté, et les liens avec son père sont, pour le moment, rompus. Au fur et à mesure que le travail thérapeutique avance, la famille fournit un matériel clinique très riche.

Le groupe retient de cette entrée en matière la fragilité de Michel et de sa famille, de même que l'instabilité presque permanente de leur parcours migratoire, qui a beaucoup affecté le jeune homme dans sa formation identitaire et qui a généré chez lui une colère qui est perceptible durant la rencontre. À la fin de celle-ci, la thérapeute principale a prescrit à Michel d'apporter, à la prochaine rencontre, quelques objets des différents endroits où il a vécu, afin qu'il essaie de relier entre eux tous ces mondes morcelés. Dans l'approche ethnopsychiatrique, la prescription est une recommandation thérapeutique faite par le TP qui permet d'établir de nouvelles interactions entre l'individu et les membres de sa famille.

À la rencontre suivante, Michel et sa mère sont présents. Michel a apporté un objet de chaque pays où il a vécu : un chandail d'Argentine, un beau sac en cuir d'Uruguay à l'effigie de Che Guevara qui sert à transporter le maté (une infusion de feuilles séchées que l'on boit en Amérique du Sud) et quelques photos de son enfance au Québec. Le sac est un cadeau d'un oncle vivant à la campagne. Puisque Michel connaît bien l'histoire du Che, qui est pour lui un modèle, la TP fait le choix de se servir de ce personnage comme d'un modèle masculin afin de renforcer Michel et de raviver les forces positives qu'il a en lui. Michel semble en manque d'affiliation, en mal d'identification masculine à cause d'un père absent et de plusieurs appartenances culturelles disparates. En effet, aucun des groupes culturels qu'il a côtoyés n'a pu l'aider à se constituer comme une entité consistante. À la fin de l'entrevue, Michel pose des questions liées à la folie. Apparemment, il se sent comme l'anormal, le fou, le malade qui perturbe les autres et paraît anxieux à l'idée qu'on pourrait le rejeter.

À la troisième rencontre, toute la famille est présente : la mère, son conjoint et les deux frères. Michel affirme aller beaucoup mieux, avoir moins de problèmes et se sentir devenir plus mature. Par contre, lorsque son frère est appelé à parler de Michel, il confie au groupe une histoire jusqu'ici occultée par les autres membres de la famille.

> « J'ai n'ai plus la patience de parler avec lui, car il sort toujours sa théorie. Ça me frustre, et il s'enferme dans un monde que je ne peux percer, car il répond des choses complètement incohérentes. Il lui est arrivé quelque chose qui l'a choqué. J'ai un doute... En Argentine, il était à la plage avec un ami, et il avait bu beaucoup d'alcool. Il y avait là un groupe d'une cinquantaine de personnes, des fans de l'équipe de soccer *La Barra Blanca*, réputés pour être violents. L'ami de Michel s'est approché du groupe et l'a présenté au chef de la clique, qui lui a dit : "Veux-tu connaître Satan ?" Michel a répondu : "Non, moi je suis un fils de Jésus." Michel et son ami ont alors été battus. Mais je sais jusqu'où ils peuvent aller : battre et même violer. C'est une secte satanique. On est allés ensuite chez des amis, on a bu et, sur le lit, Michel a fait deux fois de suite une crise. Il criait : "Aidez-moi, ils sont en train de m'enculer, le diable est en train de m'enculer !" »

Cette étrange histoire permet au groupe de saisir l'ampleur des difficultés de Michel et l'importance du traumatisme qu'il a vécu. Toujours selon son frère, Michel a regardé plus de 40 fois le film *Le Corbeau*, réputé satanique. Il apparaît alors aux participants que Michel pourrait tenter de maîtriser le trouble découlant de son traumatisme par le visionnage répétitif du film. La rencontre est donc marquée par les précisions apportées par le frère de Michel, qui font penser au groupe que la famille connaît et a parfois recours à certaines pratiques occultes comme la sorcellerie et le satanisme. Michel a également souffert de *susto*. Dans certaines cultures, le *susto* désigne le départ de l'âme hors du corps à la suite d'une frayeur, mais pour l'Association américaine de psychiatrie, il s'agit d'une maladie qui peut se présenter sous la forme de troubles dépressifs majeurs, de stress post-traumatique ou de troubles psychosomatiques, et dont les symptômes peuvent apparaître des années après l'événement effrayant.

Le groupe croit aussi que la religion et la drogue sont un refuge pour Michel, et que le visionnage répétitif du film l'amène à se remémorer ce qu'il a vécu. Normalement, les propos se rapportant à un traumatisme se modifient au cours du processus thérapeutique, mais ce n'est pas le cas pour Michel. En effet, malgré ces évocations, Michel n'arrive toujours pas à exprimer ce qu'il ressent au regard du traumatisme qu'il a vécu. Il refoule cette expérience, et lorsqu'il en parle, c'est avec un certain détachement, ce qui amène le groupe à penser qu'une thérapie individuelle pourrait lui permettre, éventuellement, de s'en libérer.

À la quatrième rencontre, toute la famille est de nouveau présente. Avant l'entrevue, le groupe discute de *susto* et de sorcellerie, qui s'avèrent bien présents, à différents niveaux, dans la famille. Tout en buvant du maté, les participants conviennent que l'objectif de la séance est de ne pas faire de Michel une victime ni le maillon faible de la famille. La mère parle alors au groupe d'un rêve qu'elle a fait récemment, et qui met en scène Michel et sa grand-mère, aujourd'hui décédée.

> « Je veux raconter un rêve. C'est la fête de Serge et ma mère s'approche de moi comme un fantôme. Je veux la rejoindre, mais elle ne répond pas… Michel apparaît comme un zombie : il est vert avec des cheveux longs. Je demande à ma mère pourquoi il est comme cela. Et je ne sais pas. Il y avait longtemps que je n'avais pas rêvé d'elle… »

Le rêve étant, selon Freud, la voie royale de l'inconscient, le récit de ce rêve fournit au groupe un matériel dense qui constitue une forte projection du ressentiment que la mère éprouve contre son fils. Le rêve dévoile ainsi, par sa richesse, la grande culpabilité que génère son attitude envers Michel, le poids de ce fils qu'elle ne comprend pas et qui lui fait peur. Pour le groupe de thérapeutes, d'autres signes sont tout aussi révélateurs, comme le fait qu'en Amérique latine, les morts viennent apporter des solutions à un problème ; cette évocation tend à prouver qu'il y a quelque chose de problématique dans la famille actuellement. Par ailleurs, en Amérique latine, lorsque certaines personnes éprouvent des difficultés, elles peuvent recourir à un rituel de purification (le *limpiar*), qui varie selon la région ou le pays où il est pratiqué. Le groupe émet alors l'idée que Michel n'est pas le problème en soi, mais que ses troubles sont la manifestation d'un problème qu'il cherche à dénoncer. Le besoin de purification de Michel de même que celui de sa mère font alors surface. Puisqu'il s'agit d'une pratique déjà connue et expérimentée par la famille, tous ses membres approuvent l'idée d'une purification, et le frère aîné propose même de se rendre dans un lieu connu de lui où se pratique ce rituel.

Au cours de la dernière rencontre, Michel annonce au groupe qu'il a trouvé du travail et affirme se sentir beaucoup mieux. Sa vie s'est réorganisée en fonction de son travail, de sa vie de famille et de ses loisirs. Par le fait même, ses relations familiales se sont améliorées, et une nouvelle distance mère-fils permet à chacun de commencer à déployer sa vie dans des sphères plus autonomes, même s'il demeure encore difficile pour la mère de «lâcher prise» et de laisser aller son fils. Le choix de la thérapeute principale de suivre une seule piste (celle de la purification), malgré la multiplicité des pistes qui s'offraient, s'avère donc une décision positive, du fait que c'est certainement la piste qui permettait de toucher, à ce moment précis, tous les membres de la famille.

6.2.4 L'ANALYSE DE LA SITUATION

■ SUR LE PLAN PSYCHOSOCIAL

Lorsque le couple a immigré au Québec, il a vécu un stress migratoire, et l'angoisse d'être étranger dans un nouveau pays et de quitter des personnes importantes, un environnement social familier et une culture bien maîtrisée. Les accouchements de la mère ont aussi été une source de stress supplémentaire, surtout que cette expérience est reconnue comme l'une des causes majeures de fragilisation en pays d'accueil (Bibeau *et al.,* 1992). La mère n'ayant pas été *portée* par son environnement proche à ce moment crucial, elle n'a pu elle-même *porter* ses fils au cours de leur enfance. Or, selon cette notion de portage qui nous vient de Winnicott (1975), un enfant porté de façon satisfaisante, principalement par sa mère, sera davantage à même de répondre adéquatement, à son tour, aux demandes de son environnement. La naissance de Michel s'est donc déroulée dans un climat difficile d'adaptation, d'intégration, de deuils et d'ajustements.

La première migration en Uruguay lui a fait perdre son réseau d'amis d'enfance, et son intégration à l'école s'est avérée particulièrement difficile puisqu'il ne parlait pas espagnol. Comme son frère, Michel a dû alors se battre pour se faire respecter, car tous deux ont été humiliés et pointés du doigt comme des étrangers. C'est à cette époque qu'il a aussi connu des relations difficiles avec un père qu'il jugeait trop sévère à son égard. De retour au Québec, Michel a dû de nouveau s'ajuster. Ce troisième changement de résidence l'a beaucoup perturbé, et ses échecs scolaires lui ont fait perdre confiance en lui. Conséquemment, il a éprouvé des difficultés à s'affilier à un groupe d'appartenance, ignorant quel pouvait être ce groupe, les éléments le constituant et son identité propre.

Le divorce de ses parents l'a aussi bouleversé, d'autant plus que la famille a alors éprouvé des difficultés matérielles. Après avoir connu la privation, la faim, la soif, l'abandon par son père, il s'est laissé aller à consommer alcool et drogue afin de combler le vide et le manque. En outre, il a affronté la mort lors de sa rencontre avec les fans de *La Barra Blanca*. Finalement, l'arrivée de Motus dans la famille a provoqué beaucoup de frictions, faisant de Michel quelqu'un de plus en plus fragile et vulnérable.

■ SUR LE PLAN PSYCHODYNAMIQUE

L'état dépressif de la mère avant et après la naissance de Michel n'a pas non plus favorisé le lien avec cet enfant, qui était alors pourtant un enfant sage qui ne posait aucun problème. La mère est donc devenue une «mère morte». Selon l'expression de Green (1983), cela signifie que, même vivante, elle était psychiquement morte aux yeux de Michel. Cette «mort» a été déclenchée par des déceptions qui ont causé chez elle des blessures narcissiques (grossesse peut-être non désirée, humiliation, mésententes, pertes, etc.). Une hypothèse plausible est que Michel aurait alors développé un syndrome d'abandon, qui se serait traduit par une attitude très calme: le bébé était lui aussi «mort» psychiquement. En effet, dès les premiers moments de la vie de Michel, sa mère a créé, malgré elle, un lien «mortifère» avec lui, basé sur ses angoisses et ses émotions, ce qui a inévitablement engendré une certaine peur chez Michel et l'a conduit à s'accrocher à elle. De ce lien a finalement résulté une relation symbiotique où Michel s'est trouvé sous l'emprise de cette mère «morte».

La présence de Motus, considéré comme un «intrus», par l'exigence d'une différenciation fils-mère qu'elle supposait, est alors venue briser la symbiose. Cela s'est traduit par de l'irritation puis par de la colère, que Michel a particulièrement dirigées contre sa mère, devenue une «zone» protégée et intouchable que Berger (1986) désigne par l'expression «noyau symbiotique». Au regard des événements vécus dans la famille et selon la perspective de Green (1983), Motus correspondrait à celui qui vient «guérir» la «mère morte» qui, alors, s'éveille, s'anime et vit. Michel en est abasourdi: il se rend compte qu'il est en train de perdre sa mère, qui l'«abandonne» pour s'investir dans Motus. Ne parvenant pas à se détacher de cette mère qui n'est plus «morte», il est envahi par une colère manifeste, qui n'est qu'une réaction censée démontrer que lui-même n'est plus «mort», ce qui vient intensifier les difficultés qu'il connaît déjà ou les fait apparaître.

En même temps, Michel reste soumis à l'image idéalisée du père, poursuivant alors un rêve qu'il n'a jamais pu réaliser au cours de sa formation identitaire. Ce père modèle est une énigme pour lui puisqu'il ne lui a jamais vraiment accordé son amour. Pour Michel, la foi mormone représente donc un point d'ancrage, un lien essentiel avec ce père, un repère dans sa recherche d'une figure à laquelle s'identifier. Les références de Michel au Che peuvent aussi être interprétées comme un jalon de l'identification à ce modèle culturel masculin tant recherché.

D'autre part, Michel est un enfant qui joue un rôle de lien au sein de sa famille et, à l'instar du Che, qui a cherché à réunir l'Amérique latine, il a cherché, de fait, à réunir sa famille.

Bref, nous pouvons constater que Michel éprouve de la difficulté à s'investir dans de nouvelles relations par crainte de subir de nouvelles ruptures. Il choisit un repli narcissique, et une régression infantile et dépendante. On décèle chez lui une angoisse de l'abandon de nature dépressive, provenant du sentiment nostalgique d'avoir souffert, dans sa prime enfance, d'une perte irréparable associée à sa mère. L'intolérance à une telle angoisse peut se manifester par l'incapacité de distinguer la réalité externe et la réalité interne, le bon et le mauvais objet, les bonnes et les mauvaises parties du soi. Selon Klein (1968, p. 126), cette angoisse pourrait même aller jusqu'à un morcellement de type paranoïde et prépsychotique. Elle peut être perceptible par une difficulté à rassembler les parties du moi fragmenté, par une méfiance à l'égard de soi et des autres, par la manifestation de facteurs empêchant «d'établir des relations d'objets et de trouver auprès de ces objets le soutien et le plaisir» qui pourraient parvenir à la neutraliser.

■ SUR LE PLAN CULTUREL

Michel et son frère portent des prénoms qui montrent le désir des parents de s'intégrer à la société québécoise et de laisser leur culture derrière eux. De plus, les différents déplacements de la famille semblent démontrer une certaine mise à distance des différentes cultures qui la constituent. De son côté, Michel est apparemment tiraillé entre les exigences de la culture de son père, de celle de sa mère et de celle de son pays natal. Il a de la difficulté à saisir les différents systèmes de pensées et les contextes culturels. Ainsi, il revendique son identité québécoise, même si ses autres appartenances sont tout aussi manifestes. Nous pouvons parler, en ce qui le concerne, de «perte d'enveloppes culturelles». En effet, selon Ondong-Essalt et Flot (1998, p. 39), «émigrer, c'est quitter ou perdre l'enveloppe des lieux, des sons, notamment celui de la langue maternelle, des odeurs, des goûts, bref des sensations de toutes sortes qui constituent les premières empreintes sur lesquelles s'est établi le codage du fonctionnement psychique et des enveloppes de sens». Ainsi, chez Michel, les changements de lieux qui se sont succédés au cours de sa vie ne lui ont pas permis de s'imprégner suffisamment d'une culture spécifique pour que ses constituants deviennent une partie de lui-même, ce qui s'est traduit par des pertes sur le plan de l'identification culturelle.

Du fait de ses passages successifs dans différents univers culturels, Michel aurait pu se constituer une matrice culturelle métissée. Mais cette entreprise se révèle parfois coûteuse sur le plan psychique, et certaines personnes, comme Michel, tombent au contraire dans une répétition mortifère des traumatismes vécus. En effet, comme le souligne Moro (1998, p. 88), «la recherche de son identité propre et la construction d'assises narcissiques "sécures" impliquent un travail d'élaboration sur sa place dans la filiation, sur la représentation de sa famille et de son parcours et, *in fine,* une reconstruction patiente de l'estime de soi». Chez Michel, toutefois, cette construction identitaire n'a pu se faire à cause du trop grand nombre de changements survenus en peu de temps dans sa vie et de la fragilité de son groupe familial.

D'autre part, il y a aussi un clivage dans la famille sur le plan des pratiques religieuses puisque coexistent en son sein des pratiques magico-religieuses différentes, voire opposées. Michel est mormon, la mère est protestante (les deux sont cependant chrétiens), alors que le frère aîné semble au fait de certaines pratiques ésotériques, et paraît maîtriser certaines connaissances et pratiques du monde invisible. Comme nous l'avons vu quand il a été question du besoin de purification ressenti par la mère et par son fils, les problèmes de croyances au sein de cette famille se traduisent par des pratiques occultes actives.

Après le récit du rêve de la mère, les cothérapeutes ont procédé à un bombardement sémantique selon une perception propre à leur culture :

CT 4 : La mère morte vient vous donner des solutions. Elle et Michel ne sont pas bien…

CT 6 : En Amérique latine, les morts viennent apporter des solutions.

CT 5 : Il y a quelque chose de spécial dans la maison actuellement.

CT 6 : En Amérique latine, on penserait à un *limpiar,* à une purge…

Ce bombardement sémantique a permis de donner à tous une autre vision du problème de Michel. Le recours à ces étiologies traditionnelles a donc contribué à libérer le discours du patient et de sa famille.

CONCLUSION

Le transfert positif qu'ont réalisé Michel et sa famille vers le groupe des thérapeutes s'est traduit par une compréhension de leurs problèmes. Petit à petit, sécurisé par la relation, Michel a accordé sa confiance au groupe. En contrepartie, l'espace et la place que le groupe lui a offert lui ont permis d'exprimer ce qu'il ressent, de parler ouvertement et de laisser transparaître ses sentiments. Enfin, il a aussi été amené à entendre l'expression des sentiments des autres membres de sa famille à son égard.

Cette intervention en ethnopsychiatrie montre bien qu'il y a eu une complémentarité des approches dans le travail fait auprès de la famille : l'articulation psychisme-culture a pu se faire grâce à l'utilisation d'éclairages aussi bien psychanalytiques qu'anthropologiques. La dynamique de la famille a ainsi pu être mise à jour par un travail d'explicitation de la vie psychique de ses membres et de leurs particularités culturelles.

Quel est donc l'avenir de cette approche ethnopsychiatrique dans des sociétés de plus en plus métissées ? Dans les métropoles des pays développés, les migrants, fuyant la faim, les persécutions politiques ou les conflits familiaux, sont livrés à la médecine occidentale. Lorsque des problèmes apparaissent dans les familles de ces migrants, les intervenants, habitués à leur propre façon de dire ou de faire, peuvent parfois apporter des réponses inadaptées, voire déstabilisantes. Or, pour ces migrants issus de sociétés non occidentales, d'autres modèles de prise en charge existent déjà dans leur culture d'origine. La consultation dans une clinique d'ethnopsychiatrie permet alors de valider ces modèles et offre à ces migrants la chance d'être entendus à la fois psychologiquement, symboliquement et culturellement. Bien entendu, il importe, pour que cela se fasse, que la consultation soit organisée par une équipe multidisciplinaire et multiculturelle, incluant thérapeutes, médiateurs et intervenants sociaux, laquelle pourra favoriser un « portage » plus approprié des situations-problèmes du patient.

POUR EN SAVOIR PLUS

 LIVRES

CORIN, E. *et al.* (1990). *Comprendre pour soigner autrement : Repères pour régionaliser les services de santé mentale,* Montréal, Presses de l'Université de Montréal.

KAËS, R. *et al.* (2005). *Différence culturelle et souffrances de l'identité,* Paris, Dunod.

MORO, M.-R. (2001). *Parents en exil : Psychopathologie et migrations,* Paris, Presses universitaires de France.

MORO, M.-R. (2004). *Enfants d'ici venus d'ailleurs : Naître et grandir en France,* Paris, Hachette.

PIERZO, M. E. et LEGAULT, G. (2000). « L'interface ethnopsychiatrie-intervention sociale », dans G. Legault (dir.), *L'intervention interculturelle,* Montréal, Gaëtan Morin.

TOBIE, N. (2001). *Nous ne sommes pas seuls au monde,* Paris, Empêcheurs de penser en rond et Seuil.

 ARTICLES ET RAPPORTS DE RECHERCHE

ABDELHAK, M. A. (1999). « La co-construction des liens en ethnopsychiatrie », *Prisme,* n° 28.

BATIOTILA, N. (1997). « Les dimensions culturelles de la mort chez les Bamanianga du Zaïre et du Congo », *IRFIQ,* vol. III, n° 1.

CHENOUARD, B. *et al.* (2004). « L'ethnothérapie dans la pratique des travailleurs sociaux au CLSC Saint-Michel », *Intervention,* n° 120.

CORBEIL, L. (1997). « La consultation d'ethnopsychiatrie : Une pratique de la différence », *Intervention,* n° 105.

DORF, E. N. (1993). « American health care through jewish eyes », *Women's League Outlook,* n° 12, automne.

FERRON, M. (1995). « La symptomatologie transculturelle : Son expression en médecine familiale », *Canadian Family Physician,* n° 41.

LAWRENCE, P. et ROZMUS, C. (2001). « Culturally sensitive care of the muslim patient », *Journal of Transcultural Nursing,* vol. 12, n° 3.

➤

ONDONG-ESSALT, E. et FLOT, C. (1998). «L'ethnopsychiatrie communautaire», *Revue internationale d'études transculturelles et d'ethnopsychanalyse clinique*, n° 1.

PLAEN, S. (DE) (1999). «Les chemins de l'ethnopsychiatrie: Récit d'un exil volontaire», *Prisme*, n° 28.

RAPHAËL, F. *et al.* (2002). *Les services du CESAME et l'approche d'ethnothérapie au CLSC Saint-Michel,* Montréal, CLSC Saint-Michel.

ROUSSEAU, C. *et al.* (1999). «Jouer autour d'une histoire: Atelier d'expression créatrice pour les enfants immigrants exposés à la violence sociale», *Prisme,* n° 28.

 SITES INTERNET

Centre Georges Devereux
http://www.ethnopsychiatrie.net/

Santé mentale au Québec
http://rsmq.cam.org/smq/santementale/

Spécificité de l'ethnopsychiatrie
http://www.ethnopsychiatrie.net/general/speci_ethno.htm

 AUDIOVISUELS

J'ai rêvé d'une grande étendue d'eau, réalisation: Laurence Petit-Jouvet, 2002 (Module transculturel de l'Hôpital Jean-Talon, Montréal).

Le message des guérisseurs africains, production: CRDI (Centre de recherche pour le développement international), [sans date] (Module transculturel de l'Hôpital Jean-Talon, Montréal).

BIBLIOGRAPHIE

BERGER, M. (1986). *Entretiens familiaux et champ transitionnel,* Paris, Presses universitaires de France.

BIBEAU, G. *et al.* (1992). *La santé mentale et ses visages : Un Québec pluriethnique au quotidien,* Boucherville, Gaëtan Morin.

COHEN-EMERIQUE, M. (1990). « Le modèle individualiste du sujet : Écran à la compréhension des personnes issues des sociétés non occidentales », *Cahiers de sociologie économique et culturelle,* n° 13.

CORIN, E. (1997). « Playing with limits : Nathan's evolving paradigm », *Transcultural Psychiatry,* vol. 34, n° 3.

DEVEREUX, G. (1970). *Essais d'ethnopsychiatrie générale,* Paris, Gallimard.

DEVEREUX, G. (1972). *Ethnopsychanalyse complémentariste,* Paris, Flammarion.

GREEN, A. (1983). *Narcissisme de vie et narcissisme de mort,* Paris, Éditions de Minuit.

KIRMAYER, L. (1989). « Psychotherapy and the cultural concept of the person », *Santé, Culture, Health,* vol. 6, n° 3.

KIRMAYER, L. et MINAS, H. (2000). « The future of cultural psychiatry : An international perspective », *Canadian Journal of Psychiatry,* n° 45.

KLEIN, M. (1968). *Envie et gratitude et autres essais,* Paris, Gallimard.

KLEINMAN, A. M. (1977). « Depression, somatization and the new cross-cultural psychiatry », *Social Science and Medicine,* n° 11.

LAPLANTINE, F. (1988). *L'ethnopsychiatrie,* Paris, Presses universitaires de France (Coll. Que sais-je ?, n° 2384).

MORO, M.-R. (1992). « Principes théoriques et méthodologiques de l'ethnopsychiatrie », *Santé mentale au Québec,* vol. XVII, n° 2.

MORO, M.-R. (1998). *Psychothérapie transculturelle des enfants de migrants,* Paris, Dunod.

NATHAN, T. (1986). *La folie des autres : Traité d'ethnopsychiatrie clinique,* Paris, Dunod.

NATHAN, T. (1988). *Le sperme du diable : Éléments d'ethnopsychiatrie,* Paris, Presses universitaires de France.

NATHAN, T. (1991). « Fier de n'avoir ni pays ni amis, quelle sottise c'était… », *Psychologie française,* vol. 36, n° 4.

NATHAN, T. (1994). *L'influence qui guérit,* Paris, Odile Jacob.

ONDONG-ESSALT, E. et FLOT, C. (1998). « L'ethnopsychiatrie communautaire », *Revue internationale d'études transculturelles et d'ethnopsychanalyse clinique,* n° 1.

STREIT, U. (1996). « Les migrants : Adaptation de la théorie psychanalytique dans un contexte interculturel », dans P. Doucet et W. Reid (dir.), *La psychothérapie psychanalytique,* Boucherville, Gaëtan Morin.

WINNICOTT, R. W. (1975). *Jeu et réalité,* Paris, Gallimard.

PARTIE 3

LES OUTILS ET LES CLIENTÈLES DE L'INTERVENTION INTERCULTURELLE

Mon parcours de réfugiée

Dans mon pays natal, je suis chorégraphe et directrice artistique ; ma carrière est florissante et je suis reconnue de tous. Cependant, je suis aussi engagée, avec d'autres personnes et groupes, dans la lutte contre le régime communiste et contre le dictateur Nicolae Ceaucescu. Depuis 50 ans, le pays vit l'enfer, et le peuple est désespéré. En décembre 1989, suivant le vent de libération qui souffle dans tout l'est de l'Europe, les Roumains se révoltent, et une révolution sanglante éclate. Des milliers de personnes, des jeunes pour la plupart, sont tuées sur les barricades. Les pertes humaines sont lourdes, mais le dictateur est chassé ; il est tué le 25 décembre 1989. Pour les Roumains, il semble que les nuages se dissipent, et qu'ils peuvent enfin vivre en liberté, construire un pays démocratique. Malheureusement, ce n'est qu'un rêve ou, pour mieux dire, le début d'un nouveau cauchemar.

En effet, la chute du dictateur et de quelques proches ne fait que permettre au « second échelon » de prendre la relève. Les politiciens de deuxième rang prennent donc le pouvoir et installent le néocommunisme, un communisme maquillé à l'aide d'une « poudre démocratique » qui aveugle le monde. Bien joué ! Dans le pays, c'est presque l'anarchie ; le peuple est furieux et désorienté. C'est le désastre !

Je comprends la situation, l'enchaînement des événements et leurs conséquences. Je m'engage alors, avec d'autres, dans une lutte féroce visant à démasquer les nouveaux dirigeants. Nous parlons en public, nous écrivons des manifestes, nous engageons des débats politiques. Notre attitude et notre comportement ne plaisent pas, bien sûr, aux politiciens. Pas du tout ! Les gens comme nous sont très dérangeants, voire dangereux pour le régime politique qui vient de s'installer. Les « parias » doivent disparaître !

Commence alors dès 1990 une « chasse aux sorcières » en Roumanie. Les gens sont harcelés, pris en otages, emprisonnés, torturés et même abattus. Mon frère, un homme remarquable qui œuvrait dans le domaine des finances, est tué après avoir découvert d'importantes fraudes fiscales perpétrées par des individus au pouvoir, des fraudes ayant causé de grands préjudices à l'économie du pays. Honnête, il voulait tout dénoncer, rendre publique cette affaire. Un beau jour, un « gorille » lui a brisé le cou, en plein jour, dans son bureau. Et bien sûr, personne n'a vu quoi que ce soit !

Je suis horrifiée et effrayée. Tout de suite après la mort de mon frère, les agents de la police secrète, la *Securitate*, commencent leur harcèlement. Ils ont de l'expérience : ils ont terrorisé des milliers de Roumains durant de longues années. À plusieurs reprises, je suis battue et menacée de mort. Même mon fils, alors âgé de 12 ans, est roué de coups et doit être hospitalisé plusieurs mois. Qu'est-ce que je peux faire ? Tous mes proches me disent que je dois fuir le pays. Partir tout de suite et le plus loin possible. C'est urgent !

Ils ont raison, c'est la seule solution. Mais quelle douleur de quitter un pays que j'aime tant, de quitter mon peuple qui vit une telle situation, de quitter tous ceux qui m'ont offert leur appui. Mais qu'est-ce qui est le plus important : mourir en « héroïne », ou vivre et continuer à croire en un meilleur sort ?

Les préparatifs pour le départ durent à peine deux semaines. J'obtiens sans aucune difficulté un passeport en payant une grosse somme d'argent. Puis, à l'ambassade du Canada à Bucarest, je reçois en moins de 15 minutes un visa de visiteur. L'étape suivante est de mettre à l'abri ma famille (ma mère et mon fils) en les cachant dans un sanatorium, quelque part dans un petit village perdu dans les montagnes. Le directeur de l'établissement, un homme de grand cœur, s'engage à les accueillir, loin de la « main longue » des communistes et de leur police secrète. Et il tient sa promesse ! Ils vont demeurer là pendant trois ans, sans que personne ne le sache.

Le jour du départ arrive, et une valise à la main et une certaine somme d'argent en poche, je dis adieu à mon pays. Quelques heures plus tard, me voilà à Montréal, brisée, fatiguée tant physiquement que moralement, mais avec un espoir dans l'âme : vivre en liberté, loin de la peur et de la terreur.

À mon arrivée au Canada, en 1991, j'ai 37 ans. Je ne parle pas français. Je ne peux prononcer que quelques mots, mais je comprends tout de même assez bien la langue, étant donné que le français fait partie de la famille des langues latines, tout comme le roumain. En ce qui concerne l'anglais… je suis presque nulle.

Je sais que ma vieille copine d'enfance, Alexandra (citoyenne canadienne depuis 20 ans) m'attend à l'aéroport. Je décide quand même de me rendre directement au bureau de l'immigration pour demander, sur place, l'asile politique, donc un statut de réfugié.

— Quel est votre nom ?

— Mariella Dumitriu.

— Pour quelle raison êtes-vous venue au Canada ?

— Moi… je… refuge… demande asile… politique… Je ne peux retourner dans mon pays. J'ai peur ! Je suis en danger. Non ! Moi… je demande asile…

— Oh, crisse ! Ici ? À l'aéroport ? Samedi soir ? C'est de la folie ! Est-ce qu'il y a quelqu'un qui vous attend dehors ?

— Oui, monsieur.

— Alors allez-y, partez, reposez-vous bien et, lundi matin, allez aux bureaux du ministère fédéral de l'Immigration pour faire votre demande. Au suivant !

C'est ainsi que commence mon odyssée au Canada, à la mi-juin 1991. Par une douche froide ! Par contre, les retrouvailles avec ma copine sont très chaleureuses et beaucoup plus rassurantes. Elle m'emmène chez elle, et, après les larmes, nous parlons de ma nouvelle situation et de mon avenir. Le lendemain, Alexandra me fait visiter Montréal ; je me sens mieux, je trouve la ville belle, propre et calme.

Le lundi matin, nous nous présentons aux bureaux fédéraux de l'immigration. Après de longues heures d'attente dans une grande salle, nous voilà enfin devant un officier de l'immigration. Ma copine assure le rôle d'interprète. L'officier ne pose que quelques questions, sur un ton glacial, en me regardant d'un œil méfiant, même un peu hostile. De temps en temps, il prend des notes sur un formulaire en plusieurs copies. En quelques minutes, l'entrevue est finie, et nous nous retrouvons dans la rue. Je pleure, je suis déçue. Pourquoi cet officier m'a-t-il regardée comme ça ? Pourquoi ne m'a-t-il rien demandé sur les motifs de mon départ ? Il ne veut pas savoir ce qui se passe là-bas, en Roumanie ? Pourquoi est-il si méfiant ? Je n'ai rien fait de mal, ni nui à personne ! Ma copine m'embrasse et me dit que je suis encore très fatiguée, sous le choc des événements. Mon jugement n'est donc pas au mieux. Et l'officier de l'immigration est lui aussi un humain qui fait son travail, un travail routinier : remplir, chaque jour, des dizaines de formulaires et de dossiers, enregistrer des nouveaux venus, des gens qui, comme moi, demandent le statut de réfugié.

Beaucoup d'autres rencontres avec des officiers de l'immigration suivent celle-ci. Chaque semaine, je dois faire d'autres démarches, remplir des formulaires, aller à différentes adresses, partout dans la ville, pour subir des analyses médicales. Dans les trois mois qui suivent, j'obtiens un certificat d'identification, un permis de travail, une carte d'assurance sociale et une carte d'assurance maladie. Alexandra m'aide beaucoup grâce à ses connaissances sur le système et à sa disponibilité.

Mes six premiers mois à Montréal passent très vite ; c'est comme une «lune de miel». Après en avoir fini avec la paperasse, je commence mon processus d'adaptation à de nouvelles conditions de vie. Toujours secondée par ma copine, je loue un appartement, j'achète des meubles et tout ce dont j'ai besoin pour me créer un petit univers dans lequel je peux vivre. Puis je m'achète un vélo et j'ai ainsi l'occasion de mieux connaître la ville. Chaque jour, je vagabonde dans les rues de Montréal en regardant les bâtisses, les vitrines

➤

des magasins, les gens. Peu à peu, je commence à aimer la ville, qui ressemble tant à Bucarest. Peu à peu, je commence à apprécier les gens, si polis, si gentils. Tout est à mon goût, tout me semble rassurant.

Les six premiers mois passés, je dois me présenter devant la Commission de l'immigration et du statut de réfugié (CISR) pour passer une entrevue. Mais le jour même, j'apprends avec stupeur que mon avocat a ajourné l'audition pour des motifs personnels. La prochaine audition est fixée six mois plus tard. C'est le choc ! Brusquement, brutalement, tous mes espoirs disparaissent, et une terrible peur s'installe. Qu'est-ce qui va se passer ? Qu'est-ce que je dois faire ? Et ma famille ? Qu'est-ce que mon fils et ma mère font en Roumanie ? Comment vivent-ils ?

L'incertitude devient intolérable, comme une douleur atroce. Je tombe dans une profonde dépression. Je m'isole complètement, je ne sors plus de mon appartement. Le moindre contact avec les gens provoque une explosion d'agressivité. Je pleure tout le temps, je dors mal, je fais des cauchemars à répétition, je ne veux plus manger. L'idée du suicide me hante de plus en plus. Pourquoi vivre comme ça ? J'appelle ma mère pour lui dire que je ne peux plus supporter cette situation et que je veux retourner en Roumanie. Ma mère m'encourage à demeurer au Canada, car ma vie est toujours en danger là-bas et aussi parce qu'avec un peu de patience, les choses vont finir par s'arranger.

Quand, après six autres mois d'attente, mon audience devant la Commission a enfin lieu, je me sens épuisée. Je n'ai même plus la capacité de jouir de cette libération, de célébrer ma réussite. Parce que oui, je suis acceptée en tant que réfugiée, au sens de la Convention de Genève. C'est la victoire d'une vaincue !

Le temps est un grand guérisseur. Peu à peu, les blessures commencent à disparaître. « La vie continue ! » Deux ans après mon arrivée au Canada, je suis acceptée comme résidente permanente. Je suis enfin libre, en pleine santé physique et mentale. Je peux penser à l'avenir. Un nouveau processus commence, celui de l'intégration sociale. C'est un long chemin, et je n'en suis qu'au début...

Mariella Dumitriu, réfugiée, 1993

Mon expérience auprès des autochtones

C'est en tant qu'anthropologue de « terrain » spécialisé dans les questions d'ordre religieux en contexte de conflits que j'ai effectué des recherches participatives et réalisé des projets locaux avec des membres de plusieurs nations autochtones, parmi lesquelles les nations algonquine, métisse et mohawk. Mon intérêt pour ces questions trouve son origine dans ma volonté de contribuer au rapprochement interculturel entre les nations autochtones et la société dominante. Sur le terrain, mes expériences ont permis d'alimenter profondément ma réflexion sur les rapports interculturels, sur les modèles de développement et sur la nécessité de tenir compte de plusieurs éléments dans l'analyse des problématiques. Parmi ces éléments, trois me semblent essentiels pour comprendre et communiquer en contexte autochtone : la spiritualité et la vision du monde, l'histoire des rapports entre les sociétés et la nécessité d'aller vers l'autre.

La connaissance (du moins en partie) de la vision du monde de chaque nation autochtone est, selon moi, incontournable, car elle permet de comprendre le fondement des activités et des comportements observables dans la vie quotidienne. C'est la vision du monde qui donne un sens à tous les actes. Bien entendu, celle-ci est dynamique et tend à intégrer les éléments du présent afin de continuer à donner une signification aux choix de société. Elle exprime, entre autres, les rapports hommes-femmes et humains-non-humains, ainsi que la nature des éléments qui composent l'univers. C'est donc, pour ainsi dire, un cadre de référence. Évidemment, accéder à l'information prend du temps et exige des liens parfois privilégiés avec des personnes-ressources au sein des communautés (aînés ou shamans, par exemple). Et cela se révèle d'une très grande utilité lorsque vient le temps de comprendre les problématiques et d'essayer d'y apporter des solutions au moyen d'initiatives novatrices. À cet égard, la spiritualité autochtone est omniprésente dans toutes les cérémonies collectives, et elle joue un rôle central dans le processus de guérison individuelle et communautaire. Il me semble donc souhaitable que les chercheurs et les intervenants qui travaillent en contexte autochtone prennent en compte cette dimension.

L'autre élément qui me semble tout aussi fondamental est la connaissance des rapports historiques entre autochtones et non-autochtones. En effet, les événements dramatiques du passé liés à la colonisation et aux différentes politiques d'assimilation successives alimentent, encore aujourd'hui, un mépris et une incompréhension parfois généralisée. Un fait à noter : cette méconnaissance de l'autre est présente de part et d'autre. Ainsi, les préjugés véhiculés de génération en génération n'ont fait que renforcer les stéréotypes qui nourrissent encore de nos jours des rapports tendus, maladroits et fragiles entre les autochtones et les non-autochtones. D'après mon expérience, il me semble donc essentiel de s'attarder à l'histoire de chaque nation (une histoire généralement méconnue par les autochtones eux-mêmes, notamment par ceux de la jeune génération) ainsi qu'aux rapports que chacune d'elles entretient avec la nation dominante. En effet, cette connaissance et cet intérêt porté à leur histoire comme à notre histoire commune m'ont souvent permis d'entrer en contact et de tisser des liens avec la communauté. Parfois, c'est même dans les contextes les plus tendus où les risques de « rejet » étaient les plus forts que j'ai développé les liens les plus solides et les plus durables, cette tension s'étant alors révélée le déclencheur qui a permis de s'asseoir à une table et de réfléchir ensemble à des solutions pour en arriver à un dialogue constructif.

Finalement, le dernier élément qui me semble incontournable est cette nécessité d'aller à la rencontre de l'autre. Les préjugés et les stéréotypes sont si bien ancrés dans la mémoire collective qu'il est absolument nécessaire de rétablir le « contact » pour briser le cercle vicieux de la méconnaissance de la richesse et de la diversité des cultures autochtones. Sur le terrain, ce sont principalement les projets dont les objectifs visaient la mise en valeur du savoir, du savoir-être ou du savoir-faire des autochtones qui m'ont permis d'être accepté, non pas comme chercheur ou comme intervenant, mais bien comme ami. Bâtir cette amitié et cette relation de confiance a ouvert la porte à des recherches participatives et à des actions axées sur les besoins locaux. D'ailleurs, le « rapprochement physique » actuel créé par le nombre de plus en plus grand d'autochtones vivant en milieu urbain offre une occasion unique à toute personne soucieuse d'établir des liens d'amitié. Il est donc, selon moi, tout à fait possible de rapprocher les différentes communautés si tous les acteurs concernés intègrent, dans leur approche, l'histoire collective et personnelle de l'autre, ses besoins et ses aspirations spécifiques, ses différences et ses similitudes, et s'ils « osent » aller à sa rencontre, « au-delà des stéréotypes ».

Andreas Bischoff, anthropologue

165

CHAPITRE 7

LES OUTILS DE PRATIQUE

Ghislaine Roy

7.1.1 PENSER L'ACTION, EXERCER LA RÉFLEXION

« Penser l'action, exercer la réflexion » : cette phrase, empruntée à un cahier de formation préparé par le Centre d'études et de formation continue pour travailleurs sociaux (CEFOC-IES, 1995, p. 7), résume à elle seule une réflexion renouvelée sur l'action, incite à jeter un regard différent sur la pratique et surtout, réconcilie des visions dichotomiques issues, d'une part, de la théorie et, d'autre part, de l'action. Ce regard est, en quelque sorte, une forme de « regard éloigné » qui fait que le praticien « se regarde faire », voire « se regarde être », en essayant de lier pratique, théorie et recherche en un système unifié (Schön, 1994). C'est dans ce système unifié que se trouvent les outils de pratique dont il sera question dans ce chapitre.

Les praticiens sociaux sont dans le feu de l'action. Les situations-problèmes, dans un contexte interculturel comme dans d'autres contextes d'intervention, sont généralement déstabilisantes et difficilement cernables à cause de la multiplicité des repères pour les analyser. La pensée réflexive, qui vise à découvrir le « savoir caché » dans l'agir professionnel, s'avère ainsi une perspective intéressante pour rendre compte de sensibilités particulières. Accepter l'incertitude inhérente à toute situation tout en réfléchissant sur ses pratiques professionnelles est une manière de construire les « savoirs en action » (Roy, 2001).

Toutefois, il ne s'agit pas de tout mélanger : la pratique, d'un côté, et la théorie et la recherche, de l'autre, relèvent d'univers différents ayant leurs propres règles, leurs propres valeurs. Ainsi, les valeurs sous-tendant la théorie et la recherche sont celles d'un savoir reconnu dans une discipline donnée, alors que la tâche principale d'un praticien est de résoudre des problèmes le plus efficacement possible tout en considérant chaque personne comme un cas unique. Deux logiques, deux univers : la recherche d'un savoir reconnu contre l'innovation nécessaire. D'un côté, le savoir précède l'action tandis que, de l'autre, l'action précède le savoir. La pensée réflexive réunit les deux logiques.

Toute pratique impose ses contraintes. Selon Schön (1994), le praticien qui réfléchit dans l'action utilise trois types d'expérimentations : une expérimentation d'exploration, une expérimentation par l'action (qui consiste à faire une chose avec l'intention délibérée de produire un changement) et finalement, une expérimentation où c'est l'action elle-même qui permet de déterminer, parmi les hypothèses testées, celle qui est la bonne. En somme, l'expérimentation est perçue comme une exploration qui s'effectue par l'action et par la vérification d'hypothèses. En ce sens, l'intervention elle-même devient une recherche où l'intervenant est le chercheur principal.

C'est cette perspective que nous privilégions ici pour présenter certains outils de pratique susceptibles d'être utilisés auprès de populations immigrantes et réfugiées, et qui peuvent facilement être adaptés à d'autres clientèles.

7.1.2 LA NOTION DE COMPLEXITÉ

« Penser complexe, c'est se préparer à l'inattendu, c'est secouer notre paresse d'esprit, c'est sortir des déterminismes. » (Morin, 1990, p. 111) C'est donc créer, inventer des outils de travail basés sur un mode complexe d'appréhension des réalités sociales. « Mais c'est aussi [...] appréhender l'être humain à la fois comme autonome et dépendant. » (Amiguet et Julier, 1996, p. 32) C'est donc, surtout, vouloir intégrer les multiples facettes de la vie. Le mot *complexité* évoque la confusion, l'embarras, l'incapacité à définir les problèmes de façon simple. Ainsi, tout en admettant la nécessité d'une gestion efficace des problématiques sociales et d'une priorisa-tion des cibles d'intervention, nous devons toujours garder en tête la globalité et la complexité des situations-problèmes vécues par les gens qui recourent aux divers services d'aide.

Dans un monde épris de catégorisation, d'étiquetages de toutes sortes, il n'est donc pas superflu de développer des approches diversifiées qui s'inscrivent dans cette pensée complexe pour aborder les nombreuses situations-problèmes. Le défi est d'autant plus grand que les modes d'organisation des services sociaux, de santé ou autres sont basés sur des indicateurs d'efficacité, des normes standardisées qui peuvent s'éloigner de la pensée complexe, qui elle, essaie d'intégrer les petits gestes, les petites choses de la vie, les interrelations multiples, tout ce qui, en réalité, nourrit l'intervention. Le quotidien dans lequel baignent les intervenants par l'entremise des situations-problèmes de leurs clientèles constitue donc un matériau complexe, qui présente toutes les apparences d'une certaine anarchie. Une anarchie dans laquelle les intervenants essaient d'introduire une logique grâce à des grilles d'interprétation de données, mais surtout en cherchant les liens significatifs entre les divers éléments. Cependant, par cette stratégie, on n'essaie pas de tout programmer : on doit admettre que la vie, le réel dans toute sa complexité, ne se laisse pas enfermer dans des grilles, aussi perfec-tionnées soient-elles (Médam, 1986).

Le « réel vivant », qui constitue le noyau même des situations-problèmes, ne cesse en effet de bouger. Les intervenants sociaux le savent et essaient tant bien que mal de le circons-crire, de l'encadrer, de le planifier. Mais ils apprennent aussi à « accepter le disparate, le non unifié, le non unifiable, le non réductible à un seul point de vue » (Médam, 1986, p. 153). Une fois cela acquis, ils essaient d'en rendre compte et de se servir de la réalité complexe pour construire des outils de travail qui empruntent à des notions de diverses disciplines comme l'anthropologie, la sociologie, la psychologie et la philosophie. Ce faisant, ils sor-tent de l'orthodoxie de ces disciplines et les font se rencontrer.

Toujours dans le but de développer des outils d'intervention dans une perspective de pensée complexe, il est souhaitable de tisser des liens de solidarité avec les personnes qui sont aidées en jouant avec la multiplicité des appartenances que chacune possède (nationale, professionnelle, familiale, à une classe sociale, à une institution, etc.). Ces multiples appar-tenances sont autant d'occasions de rencontres avec l'autre, autant de chances de créer un lien d'humain à humain. Dans cette perspective, cet *autre* qu'est le client devient un parte-naire indispensable auquel l'intervenant s'associe pour tenter de trouver une solution.

Enfin, il est bon de souligner que, si la pensée complexe prend toute sa signification dans la pratique interculturelle et dans la détermination de ses outils de pratique, elle n'en constitue toutefois pas l'apanage exclusif. Elle est, en effet, un élément du rationnel essentiel en ce qui a trait aux efforts faits pour trouver des solutions et aux offres d'orientation recherchées dans le champ global de la pratique.

7.2 L'ÉLABORATION D'OUTILS POUR UNE PRATIQUE INTERCULTURELLE

La construction, l'élaboration et l'adaptation d'outils de pratique constituent une forme de correspondance entre les besoins des personnes et la théorisation existante sur une grande variété de phénomènes. Elles suscitent également une forme de partenariat entre les intervenants et les clients, qui donne un sens à leurs expériences de vie et les incite à participer à un processus de transformation.

Il est courant de dire que le monde des réalités sociales est polysémique et éclaté. Il l'est encore plus lorsque s'ajoute une multiplicité de cadres de référence ethnoculturels et de situations-problèmes inconcevables. C'est pourquoi, afin d'aider les personnes dans leur processus migratoire, il est bon d'élaborer ou d'emprunter des outils de pratique qui offrent une certaine prise sur ces réalités multiformes.

Certains intervenants ne sont pas seulement mus par l'action, mais aussi par le désir de conceptualiser leur action : « Bâtisseur d'action, le praticien est aussi un bâtisseur de connaissances, bâtisseur potentiel à condition qu'il s'approprie par sa réflexion la dynamique de son agir. » (Zuniga, 1988, p. 19) La construction d'outils de pratique, l'emprunt de concepts appartenant à d'autres champs disciplinaires, le partage de ces outils à la fois avec les clients et avec les collègues participent ainsi à un phénomène d'appropriation personnelle des connaissances destinée à améliorer la pratique professionnelle.

Dans le même ordre d'idées, De Robertis (1995) insiste sur l'importance, pour les intervenants sociaux, de développer, en plus d'une démarche conceptuelle et théorique, des capacités techniques efficaces. Selon elle, les capacités techniques procurent « une plus grande aisance et maîtrise de la pratique quotidienne, une plus grande marge de liberté et d'autonomie par rapport aux organismes sociaux divers, une action de qualité, au bénéfice du client, et la concrétisation d'expériences nouvelles et créatrices en travail social » (De Robertis, 1995, p. 6). C'est bien de cela qu'il s'agit quand il est question d'outils de pratique : une manière d'accéder à un niveau de connaissances qui est autrement « inatteignable », de franchir des barrières culturelles, de s'approprier des concepts et des théories, et de les relier aux pratiques professionnelles, c'est-à-dire de les rendre utilisables dans l'intervention. Un outil de pratique, c'est donc une façon de négocier avec les réalités des situations-problèmes ; c'est la capacité de faire émerger de la pratique même une forme de savoir propre, tout en s'appuyant sur un ou des concepts théoriques.

Le recours systématique à des outils de pratique s'avère d'autant plus pertinent que la cadence quotidienne liée au travail social, la variété des situations-problèmes qui surviennent, la quantité des besoins et des demandes, les contraintes organisationnelles, les pressions qui viennent de toutes parts, l'inconnu et les malentendus interculturels, constituent le lot quotidien des intervenants. Mais un outil de pratique n'est jamais complet en soi. L'utilisation, par exemple, d'une grille unique sous la forme d'un formulaire standard serait donc une erreur.

Au regard de réalités sociales polysémiques, l'outil de pratique ne permet d'appréhender qu'une partie de la réalité. Les intervenants doivent donc maintenir un intérêt constant pour la construction de nouveaux outils. C'est aussi à eux de connaître et de savoir utiliser, au gré des situations-problèmes qui surviennent, chacun des outils de pratique.

Nous avons choisi de présenter, dans ce chapitre, des outils de pratique sélectionnés parmi tous ceux qui peuvent être utilisés par les intervenants. Ces outils ont tous déjà fait la preuve de leur utilité et de leur efficacité dans le champ de la pratique interculturelle. Les outils proposés pourront aider les intervenants dans la réalisation d'interventions psychosociales interculturelles, dans la reconnaissance et la construction de nouveaux réseaux d'appartenance, dans la prise en compte du point de vue de la personne qui est cliente, dans le travail de « cocréation » de sens et de liens, dans la recherche de liens entre différents porteurs d'identité, et dans la prise de conscience de ses propres appartenances et affinités.

L'ensemble des outils de pratique décrits dans ce chapitre vise l'opérationnalisation des paramètres d'une approche interculturelle des problèmes et des modèles de pratique qui y sont associés. Plusieurs balises sont requises pour atteindre cette opérationnalisation. L'encadré 7.1 les résume.

ENCADRÉ 7.1 Des balises pour construire des outils de pratique

- Interdépendance des besoins affectifs et socioéconomiques
- Précarité statutaire et incertitude quant à l'avenir
- Mise en scène d'une culture par des individus aux appartenances multiples
- Interaction entre deux porteurs d'identité, complexité et réciprocité des contacts interculturels
- Traitement de la différence et des similitudes à l'aide d'une réflexion sur sa propre identité et sur l'histoire collective
- Sensibilisation à la prise en compte des valeurs
- Intégration des facteurs liés aux contextes migratoire et postmigratoire dans l'intervention

Source : Roy (2003).

La théorisation des pratiques psychosociales interculturelles est déjà très avancée et continue d'évoluer. Il n'y a qu'à prendre connaissance des nombreux livres et articles publiés sur le sujet. Dans l'intervention interculturelle, les repères servant à l'interprétation doivent être constamment révisés, et les évaluations apportent des nuances qui sont peu familières à la majorité des intervenants et des gestionnaires. Ce constat milite en faveur d'une articulation des concepts et des éléments de pratique qui permettra de créer des outils qui deviendront des ancrages générateurs de transformations multiples.

7.3 LA GRILLE D'ÉVALUATION EN APPROCHE INTERCULTURELLE : POUR UNE ÉVALUATION « CULTURELLEMENT SENSIBLE »

La construction de la grille d'évaluation interculturelle a eu comme principaux fondements les travaux de Cohen-Emerique (1984 ; 1985 ; 1989 ; 1993). Cette grille fournit des repères aux intervenants qui ont à évaluer des situations-problèmes vécues par des personnes dont les codes culturels et l'histoire de vie leur sont étrangers. Comme on le sait, l'évaluation est au cœur même du processus d'intervention. Elle vise à expliquer les conduites, à donner un sens à des comportements et à des attitudes, à découvrir l'origine des problèmes survenus et à orienter l'intervention vers un mode d'aide approprié. C'est donc un processus complexe qui a des conséquences importantes. La grille d'évaluation en approche interculturelle a été construite pour donner un accès à l'univers culturel et à l'histoire personnelle de l'individu aidé. Elle se veut également un moyen d'opérationnaliser des concepts importants dans la pratique interculturelle.

Certaines variables associées à toute pratique interculturelle se trouvent dans cette grille, comme l'exploration du contexte de départ et d'arrivée de la personne, la définition de sa représentation du pays d'accueil, ses attentes, la recherche d'information sur son mode de vie dans son pays d'origine, la connaissance de son milieu (type de famille, de classe sociale, etc.), de ses valeurs et de ses croyances, le développement d'une interaction entre l'intervenant et le client, le repérage de zones fragiles susceptibles de générer des crises, la présence ou l'absence d'un réseau d'appartenance, et tout autre élément susceptible d'apporter un éclairage utile, de servir de repère pour observer et analyser une situation problématique vécue par une clientèle immigrante ou réfugiée (*voir l'encadré 7.2*).

L'objectif consiste, par conséquent, à contextualiser la migration d'une personne, à mieux comprendre les différences culturelles, à prévenir les situations d'exclusion sociale et de malentendu, et surtout, à réussir à bâtir une relation qui « fait sens », autant pour l'intervenant que pour la personne aidée

Objectifs

- Intégrer les dimensions psychosociales de la migration et de l'exil dans l'évaluation des situations.

- Produire un cadre global d'analyse pour une orientation culturellement sensible de l'intervention.

1. Le contexte migratoire (modalités de migration)

Contexte de départ

Quel est-il? Comment la personne a-t-elle ressenti son départ? Quel rêve entretenait-elle au regard de ce nouveau pays avant de partir? Comment l'imaginait-elle? Y a-t-il eu une mise en relation de la notion de réussite sociale avec le contexte migratoire? Le projet migratoire émanait-il de toute la famille ou d'un seul de ses membres? Répondait-il d'une aspiration au changement? Y a-t-il eu un traumatisme de départ, une fuite brutale dans des conditions tragiques? Y a-t-il eu un séjour dans des pays intermédiaires, dans un camp de réfugiés? Quels furent le soutien apporté et l'aide fournie au départ?

Contexte d'arrivée

Quel est-il? Attendait-on la personne ou la famille? Comment la personne a-t-elle vécu l'arrivée? À quelle période de l'année est-elle arrivée? Y a-t-il eu une rupture affective importante? Quelle est la situation financière de la personne?

Projet de retour au pays d'origine

Réel ou mythique? Possible ou impossible? La personne se sent-elle toujours «de passage»?

Mode de vie dans le pays d'origine

Constellation familiale significative: type de famille, liens hiérarchiques, appartenance à une tribu, à une caste; métier exercé dans ce pays, appartenance à une classe sociale; engagement politique, social ou autre, de la personne ou des membres de la famille, ou de la tribu et du clan; appartenance ethnique, statut de minoritaire dans son propre pays; pratique et soutien religieux.

2. Le statut relativement à l'immigration

Requérant du statut de réfugié ou demandeur d'asile; réfugié; résident permanent (immigrant reçu); résident parrainé; autre.

3. L'investigation sur les croyances, les visions du monde, les valeurs

Quel est le type d'autorité dans la famille? Quel est le rôle de chacun de ses membres? De quels types sont les croyances et les valeurs par rapport à la façon de considérer l'être humain, les problèmes, le destin, le bonheur, les relations humaines, la société? Quelle est l'importance du groupe par rapport à l'individu? De quelle façon les gens préfèrent-ils entrer en contact?

➤

4. Le réseau d'appartenance et son utilisation

Y a-t-il présence d'amis ou de connaissances appartenant à la même tribu, au même clan, à la même communauté? Y a-t-il appartenance à une communauté culturelle bien établie? De quelle obédience est-elle? La personne est-elle en marge de sa propre communauté? Quel est le réseau imaginaire significatif (incluant les personnes décédées)? La personne participe-t-elle à des regroupements rassemblant des gens de sa propre origine ethnique? Si non, pourquoi?

5. La définition de la situation-problème

Comment le client voit-il le problème? Et l'intervenant? Le client est-il souvent accompagné par une personne de son réseau d'appartenance? Qu'est-ce qui le choque culturellement? Qu'est-ce qui le dépayse le plus? Comment le client perçoit-il l'intervenant, et l'institution ou le groupe communautaire de qui il reçoit des services? Y a-t-il un grand écart linguistique et culturel avec le pays d'accueil? Quelles sont les solutions privilégiées par la personne elle-même?

6. Le repérage de différentes situations de fragilité

Personnes en attente du statut de réfugié, parrainées, en bris de parrainage; inversion des rôles traditionnels; processus de deuil à faire; refus de l'immigration; culpabilisation et anxiété par rapport aux gens restés dans le pays d'origine; accouchement dans le pays d'accueil; apprentissage d'une nouvelle langue; changements draconiens dans les conditions de vie; exiguïté des logements et entassement des personnes les unes sur les autres; nouveau climat et conséquences sur le quotidien.

La construction d'une grille d'évaluation psychosociale donne aux intervenants un cadre global d'analyse menant à une orientation « culturellement sensible » de leurs actions. De plus, en servant en quelque sorte d'aide-mémoire, une telle grille permet d'intégrer les dimensions psychosociales de la migration et de l'exil dans l'évaluation habituelle des situations-problèmes afin de mieux les cerner.

Globalement, le processus d'évaluation consiste à connaître, à comprendre et à émettre des hypothèses. Mais l'évaluation est une opération pouvant facilement être teintée de subjectivisme, car la compréhension d'un problème se situe toujours dans un cadre à la fois intellectuel et affectif (De Robertis, 1995). C'est pourquoi il est primordial de recourir à plusieurs outils de pratique pour contourner les biais ethnocentriques et émotionnels, ou relevant de l'incompréhension, qui apparaissent immanquablement. En toile de fond du processus d'évaluation, la souplesse d'utilisation d'une grille d'expertise permet de guider l'adaptation de la pratique du travail social auprès des populations immigrantes en aidant l'intervenant et le client à saisir les sources d'incompréhension potentielles, à créer un lieu d'échanges et de recherche mutuelle de sens, et à repérer, sans toutefois les stigmatiser, des différences et des similitudes.

L'identification des acteurs en présence, ou *ecomapping*, origine du domaine social. Plus précisément, cet outil a été développé par Hartman (1978) à l'École de travail social de l'université du Michigan. Le terme *ecomap* vient du mot *écologie* et souligne l'interrelation entre les éléments appartenant à l'environnement, aux rapports sociaux et aux relations personnelles. L'outil est intéressant dans sa manière de cibler la marge de manœuvre dont dispose le client pour trouver ses propres ressources. Il s'agit en réalité d'un schéma conçu en premier lieu pour le client, et servant à faire ressortir les différents réseaux qui gravitent autour de lui et qui jouent un rôle sur plusieurs plans. Qu'on le nomme *identification des acteurs en présence* ou *ecomap*, l'objectif de ce schéma est d'associer le client au processus d'intervention en lui donnant le statut de partenaire principal dans son propre cheminement. De plus, il permet à une personne ayant perdu ses réseaux primaire et secondaire de visualiser graphiquement les nouveaux réseaux qui sont en train de se construire autour d'elle, et contribue ainsi à briser son isolement. Pour assurer une meilleure visualisation du schéma, l'intervenant peut créer tout un système de lignes et de flèches ; ce système permettra de bien relier les éléments les uns aux autres et de mieux caractériser les rôles et les types de liens.

Ce schéma est également utile pour l'intervenant : il lui permet de situer le client dans son réseau de soutien, de créer des alliances entre les différents éléments impliqués, de partager les tâches relatives à l'intervention entre lui et le client, et de se sentir moins seul dans la relation d'aide. En mettant en lumière les personnages clés et les types de liens existant entre eux, ce schéma permet aux intervenants d'avoir une vision différente de la situation du client, une vision qui offre moins de prise à la pitié et à la victimisation. D'autre part, la construction et le partage du schéma s'avèrent aussi profitables dans le cas où plusieurs intervenants sont engagés auprès du même client.

Les relations sociales ne sont pas très diversifiées dans les premières phases de l'insertion d'une personne migrante dans son nouveau pays. Au contraire, les intervenants font bien souvent partie du réseau primaire des nouveaux arrivants et des réfugiés, et ce n'est que progressivement, voire après plusieurs années, que les personnes sont en mesure d'utiliser pleinement les ressources de leur quartier ou de leur localité, de participer à la vie collective en y apportant leurs talents, de développer des liens de solidarité et, par conséquent, de se créer des appartenances affectives. En effet, pour les requérants du statut de réfugié ou les demandeurs d'asile, et pour les nouveaux arrivants, le réseau d'aidants naturels est souvent inexistant. De même, la notion de quartier est généralement tout aussi inexistante. L'accent de l'intervention est mis, dans la première étape de l'insertion sociale, sur le soutien à la reconstruction d'un nouveau réseau de vie.

Il existe beaucoup de ressources communautaires pour les réfugiés et les nouveaux arrivants ; une complémentarité ou un partenariat avec le réseau institutionnel se révèle prometteur sur le plan de l'efficacité tout en permettant d'éviter les chevauchements de services. Le dialogue avec les responsables des ressources communautaires est lui-même en constante évolution et s'appuie sur la reconnaissance de l'apport de chacun dans l'aide à fournir aux personnes en ayant besoin. Les principaux aspects d'un décloisonnement consistent notamment en l'orientation de l'intervention sur les points forts et sur le potentiel des personnes et de la communauté, l'utilisation des réseaux d'aide naturelle lorsqu'ils existent, la recherche d'une collaboration avec les ressources communautaires, la « démonopolisation » des savoirs des professionnels et des institutions, la reconnaissance des savoirs expérientiels des clientèles et l'établissement d'une relation de collaboration avec ces clientèles lorsque c'est possible.

Au début du processus d'adaptation, le schéma des acteurs en présence montre un grand nombre de personnes appartenant au réseau secondaire, mais jouant un rôle similaire à celui de personnes du réseau primaire. Effectivement, il arrive fréquemment que les clients considèrent que des intervenants (travailleurs sociaux, médecins, professeurs, prêtres, pasteurs, etc.) font partie de leur réseau d'appartenance. Avec le temps, la confusion entre la secondarité et la primarité des nouveaux liens s'atténue. En somme, le schéma tend à se modifier au fur et à mesure que se déroulent les étapes de l'intervention, ce qui permet, entre autres, de voir l'évolution de l'insertion sociale du client.

L'intérêt des intervenants et des clients à participer à la construction du schéma des acteurs en présence tient également au fait qu'elle permet d'éviter les a priori d'une évaluation susceptible de mener trop rapidement à un constat d'isolement social systématique alors qu'en réalité, une personne peut être soutenue et entourée de multiples façons, sans que cela soit évident à première vue.

Ainsi, des recherches comme celles de Ray et Street (2005) et d'Iversen et de ses collaborateurs (2005), dans leur champ professionnel respectif (techniques infirmières et travail social), confirment les avantages à réaliser un *ecomapping* avec les clients afin de faire ressortir les structures, les forces et les rapports dynamiques existant autour d'eux. Ces auteurs reconnaissent également l'apport positif de cet outil en ce qui a trait au soutien à l'adaptation à une nouvelle vie et à la validation des stratégies exploitées par une personne pour faire face à de nouvelles réalités.

Prenons comme exemple la situation suivante : une dame qui demande le statut de réfugié et qui a traversé de graves épreuves avant d'émigrer (violence conjugale, viol dans un contexte de troubles politiques, fuite avec ses enfants dans des conditions de stress extrêmes) requiert de l'aide pour atténuer les effets de ces traumatismes, pour la soutenir dans sa demande du statut de réfugié et pour faciliter son intégration dans une nouvelle société.

La situation de cette dame apparaît, à première vue, totalement dramatique et semble, selon les données initiales de l'évaluation, nécessiter un suivi psychosocial serré. Pourtant, les données recueillies grâce au schéma des acteurs en présence fournissent un éclairage différent (*voir la figure 7.1*).

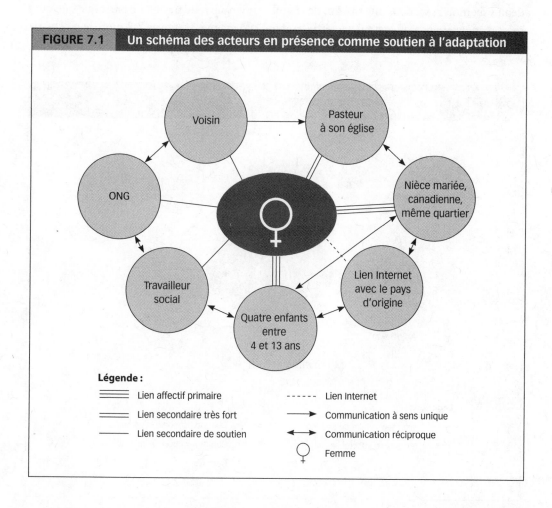

FIGURE 7.1 Un schéma des acteurs en présence comme soutien à l'adaptation

En observant cette figure, on se rend compte que le pasteur (et la communauté spirituelle) joue un rôle majeur auprès de cette dame, qui doit reprendre le contrôle de sa vie et oublier un passé fait de violence et d'humiliations. Cette ressource choisie par la dame elle-même lui apporte un soutien positif, renforcé par des rencontres régulières et l'appartenance à une communauté spirituelle. De plus, la nièce, une citoyenne canadienne, sert de médiatrice entre la dame et la société d'accueil, et d'informatrice sur les différents aspects de la vie au Canada. Mentionnons aussi les contributions apportées par une voisine, par une ONG et par l'intervenant du CLSC de son quartier, contributions reconnues par la dame. D'autre part, tout en structurant ses journées, ses quatres enfants sont des réserves de soutien affectif et lui laissent moins de temps pour ressasser un passé traumatisant.

Examinons maintenant une autre situation, celle d'un homme qui a laissé dans son pays d'origine femme, enfants et parents. Il a dû fuir son pays pour sauver sa vie. Il est au Québec depuis six mois et vit dans une maison de chambres ; il n'a pas de travail, ne parle que quelques mots d'anglais et se trouve totalement désemparé et déprimé. La figure 7.2 montre le schéma des acteurs présents autour de lui, schéma tracé avec son aide.

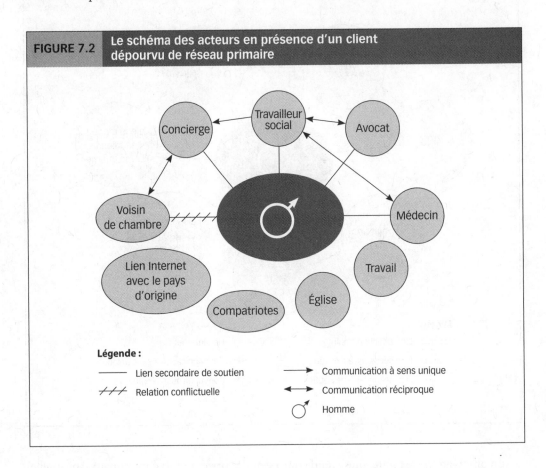

FIGURE 7.2 Le schéma des acteurs en présence d'un client dépourvu de réseau primaire

Grâce à ce schéma, on se rend compte que les personnes qui font partie du réseau d'appartenance de l'homme sont majoritairement des professionnels, et qu'il y a absence de liens affectifs, communautaires, professionnels et spirituels. En analysant ce schéma avec le client, l'intervenant fait ressortir clairement les manques ; le plan d'intervention se dessine alors nettement : il doit soutenir la création de liens dans la société d'accueil. Il peut s'agir de la recherche de compatriotes par l'entremise d'associations d'entraide, de l'établissement d'un mécanisme approprié pour répondre à son vide affectif et spirituel, de l'exploration de moyens de communication pour favoriser les contacts (par exemple, Internet comme support virtuel), d'un travail de deuil pour atténuer la souffrance causée par l'absence des membres de sa famille, etc.

Une autre forme de schéma peut aussi être dessinée si l'intervenant souhaite mettre davantage l'accent sur le rôle plus actif que la personne peut jouer dans le plan d'intervention. En effet, plutôt que de situer la personne en plein centre du dessin et de distribuer les éléments de son réseau d'appartenance tout autour d'elle, l'intervenant trace un schéma où la personne se trouve dans une position similaire à celle des acteurs secondaires ou primaires (*voir la figure 7.3*). C'est ce que l'on nomme la *ligne de front,* celle où se manifeste une sorte de coude-à-coude intersectoriel et pluridimensionnel où la personne est un membre à part entière du mouvement de reconstruction et de réappropriation de sa vie.

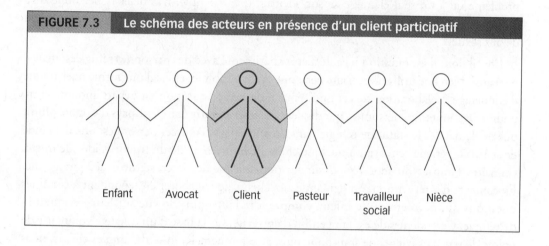

FIGURE 7.3 **Le schéma des acteurs en présence d'un client participatif**

Enfant   Avocat   Client   Pasteur   Travailleur social   Nièce

Dessiné ainsi, le schéma met en lumière le rôle du client dans le déroulement des étapes de la reconstruction de sa vie et le fait apparaître comme un véritable acteur de cette reconstruction.

Le schéma des acteurs en présence, ou *ecomapping,* est donc un outil de pratique très précieux, surtout au début du processus de l'intervention, mais aussi dans son suivi. Il est à la fois simple à utiliser et facile à comprendre, et il montre aussi bien la situation présente du client que le chemin parcouru. Il est pertinent tant pour l'intervenant que pour le client, et les associe comme acteurs d'un même scénario. En langage systémique, on parle de «tiers inclus»: «L'intervenant n'agit donc pas seulement sur le système, mais il fait partie de ce système à travers lequel il peut alors jouer le rôle d'agent professionnel de changement.» (Lamarre, 1998, p. 84) Il lui appartient, par conséquent, de s'assurer que l'intervention s'effectue dans un contexte de respect et d'autonomie, ce qui lui permettra de ne pas jouer au sauveur, au détenteur de toutes les solutions, et d'accepter d'être lui-même un «acteur en présence» et de partager les risques d'une désorganisation. L'intervenant devient dès lors un acteur influencé et agissant, le coresponsable du sens à trouver à une situation-problème à laquelle il participe, l'individu «venant se placer entre le client et son entourage, entre le client et son problème, entre l'institution et son projet, entre l'institution et le client […]» (Amiguet et Jullier, 1996, p. 77)

Examinons maintenant un outil de pratique qui correspond, en réalité, à la collecte d'information sur ce que les personnes pensent de leur propre situation-problème. L'étude de la perception subjective que le client a de la nouvelle définition qu'il donne de lui-même vise à contrer les effets malheureux d'une pensée réductrice. Par *étiquette,* nous entendons le travers dans lequel les intervenants peuvent tomber en réduisant le client à une seule facette de son problème ou à un seul élément de son identité (par exemple, n'associer la personne qu'à son ethnicité, qu'à son statut de réfugié ou d'immigrant, qu'à un problème de violence ou d'abus sexuel).

L'outil dont il est question ici a déjà été expérimenté avec des personnes réfugiées, mais il peut aussi bien être utilisé avec toute personne ayant à subir les effets d'une forme quelconque d'étiquetage. L'élaboration de cet outil émane d'une conversation au départ anodine entre un intervenant et des personnes qui disaient préférer mourir dans leur pays d'origine plutôt que de demander le statut de réfugié dans un autre pays. Pour ces personnes, une demande de statut de réfugié renvoyait à quelque chose de honteux et de destructif. L'idée de mieux connaître l'impact du mot *réfugié* sur les porteurs même de ce statut a dès lors germé. En contexte d'intervention, on demande aux clients de collaborer en répondant à certaines questions qui permettent de mieux comprendre leur point de vue sur leur « étiquette » de réfugié. Cette demande est faite en fin d'entrevue, sur la base d'un échange volontaire de points de vue. Les clients ne sont donc plus, à ce moment-là, juste de simples clients, mais ils deviennent des personnes participant à un processus de connaissance et d'appréciation de leur propre catégorisation. L'encadré 7.3 présente les principales questions posées.

ENCADRÉ 7.3 — **Des questions pour connaître le point de vue des clients sur leur «etiquetage»**

- Que signifie, dans votre langue, le mot *réfugié* ?
- Avant de venir ici, aviez-vous déjà rencontré des réfugiés dans votre pays ?
- Depuis que vous êtes ici, quelles sont les conséquences du fait d'être un réfugié ?
- Vous êtes-vous senti gêné ou mal à l'aise de demander le statut de réfugié ?
- Et maintenant, comment vous sentez-vous par rapport à votre statut ?

Rappelons que cet exercice de recherche du point de vue des clients sur la catégorie sociale qui les définit, ou de la perception qu'ils ont de cette catégorie, n'est pas exclusif au champ de l'immigration ou de l'exil ; il est pertinent à l'analyse de toute forme d'attribution identitaire.

Dans le champ de la pratique interculturelle, celle dont il est question ici, les résultats d'un tel exercice sont impressionnants : plusieurs définitions du mot *réfugié* surgissent, souvent basées sur sa signification dans la langue ou le dialecte d'origine. Ainsi, le mot *réfugié* peut tout aussi bien désigner un esclave qu'une personne qui recherche la paix. Être réfugié, ce n'est donc plus simplement fuir la guerre et se réfugier dans un endroit près de chez soi, mais c'est aussi «fuir son propre pays», fuir la persécution, partir pour «vivre parmi des étrangers», devenir un «pauvre parmi les pauvres». Pour certains, *réfugié* est aussi synonyme d'exil. Or, d'après les personnes interrogées, s'exiler a un sens plus fort que se réfugier : c'est devenir pendant un certain temps apatride, c'est dire non à un système politique, à l'instar des gens qui ont fui les régimes communistes et qui sont arrivés en héros dans leur société d'accueil.

En ce qui a trait à la demande du statut de réfugié, les sentiments vont du malaise (impression de «quêter» quelque chose) au sentiment de libération (sauver sa peau) et même de fierté (héros d'une cause) (dans le chapitre 10, nous examinerons plus en détail la question des réfugiés et la diversité des images auxquelles ce terme renvoie). Selon l'expérience subjective de leur situation dans leur pays d'origine, les personnes élaborent des représentations qui leur sont propres et se les approprient différemment. Ainsi, concernant la question des conséquences de l'étiquette «réfugié» sur les personnes qui ont accepté de collaborer à la recherche, il existe une grande variété de réponses, en fonction de l'expérience et de la représentation induite par l'étiquette elle-même.

Se servir du point de vue des clients s'avère donc d'une importance majeure, et cette pratique devrait être mise à profit par tous les intervenants, peu importe leur champ d'action. Cet outil, simplement constitué de quelques questions portant sur la perception que les personnes ont de la catégorie sociale qui les définit ou qui les enferme, fait émerger un discours, libère un espace de paroles qui vont bien au-delà des mots. C'est dans cet espace où se trouvent imbriqués le collectif et l'individuel que se crée un lien, que se déploient des ajustements, que s'expriment des malentendus et que s'élabore un discours qui acquiert un sens précis et une cohérence particulière. Enfin, ce qui est également intéressant avec cet outil, c'est qu'il permet de connaître les stratégies d'adaptation personnelles développées pour surmonter les conflits ou affronter les paradoxes. Car la façon dont la personne perçoit son parcours migratoire teinte son image de soi et influence le type d'adaptation qui sera privilégié. En ce sens, la recherche du point de vue du client s'inscrit dans le courant de pensée de la sociologie clinique, telle qu'elle est développée par de Gaulejac (1996). Il appert que, pour se faire une place au sein d'une société, une personne doit satisfaire les besoins primordiaux que sont la valorisation et la reconnaissance, ce qui commence par le regard qu'elle porte sur elle-même et se poursuit par le regard que la société porte sur elle : «La honte est un sentiment douloureux et sensible dont on préfère ne pas parler. Elle engendre le silence, le repli sur soi jusqu'à l'inhibition.» (de Gaulejac, 1996, p. 19) Il appartient donc aux intervenants d'offrir un lieu où seront libérées les souffrances enfouies qui sont susceptibles de paralyser l'action et les projets d'intégration, ce que la recherche du point de vue du client permet de faire.

Le génogramme est un outil de travail cher aux anthropologues, qui a été repris par les intervenants utilisant l'approche systémique. D'abord inventé par les premiers pionniers de la thérapie familiale, le génogramme s'est vite révélé pertinent dans tout type d'intervention où on essaie de retraduire des réalités complexes (personnelles, familiales, culturelles, sociales, politiques). En nous basant surtout sur les travaux de McGoldrick et Gerson (1990), nous verrons les principaux éléments permettant à des intervenants en contexte interculturel de recourir régulièrement au génogramme dans leur pratique : sa raison d'être, son « langage codé », la cueillette d'information pour sa constitution, ses résultats dans le processus d'intervention interculturelle et, finalement, son impact sur l'expertise professionnelle. Tous ces éléments seront illustrés par l'analyse d'un cas. Brault (2000) a déjà réfléchi spécifiquement et fort pertinemment sur l'utilisation du génogramme dans l'intervention en contexte de migration.

Les intervenants sociaux, qu'ils exercent dans un contexte interculturel ou non, évoluent dans un monde de mots, dans un univers de discours. Avec le génogramme, les mots et les discours s'enrichissent et s'éclairent en devenant des dessins. De plus, il est possible, grâce au génogramme, de resituer l'histoire d'une personne ou d'une famille dans un contexte plus large. Comme l'écrivent McGoldrick et Gerson (1990, p. 19), « un génogramme est une façon de dresser l'arbre généalogique d'une famille ». Il fournit, sous la forme d'un graphique, une foule d'informations sur une personne ou sur une famille et suggère des hypothèses d'intervention. Brault (2000, p. 212) ajoute : « Puisque le génogramme est en quelque sorte une photographie de la représentation que se fait la personne de son histoire à un moment précis dans le temps et qu'il reflète ses préoccupations actuelles, il est possible d'obtenir de tout autres données si on le fait à un moment ultérieur. »

Évidemment, il ne s'agit pas de faire de la généalogie au sens strict du terme, mais plutôt de renouer des liens fracturés, de retrouver une appartenance et une compréhension d'événements là où la migration a causé une rupture. Pour ce faire, il est nécessaire de se familiariser d'abord avec le « langage codé » qu'ont élaboré McGoldrick et Gerson (1990). La figure 7.4 présente les principaux symboles utilisés pour dresser les bases d'un génogramme. Le langage universel du génogramme comporte en effet plusieurs symboles ; nous avons choisi ceux qui nous apparaissent les plus utiles dans l'intervention interculturelle.

Ainsi, à l'aide de ces symboles, l'intervenant amorce avec le client, en quelques coups de crayon, une illustration de son récit et commence à en chercher les multiples sens : proximité ou non des membres d'une même famille, types relationnels, répétition du fonctionnement familial, changements dans le style de vie, transgressions, interdépendance des liens familiaux, rôles, appartenance à une classe sociale, activités professionnelles, engagement sociopolitique, etc.

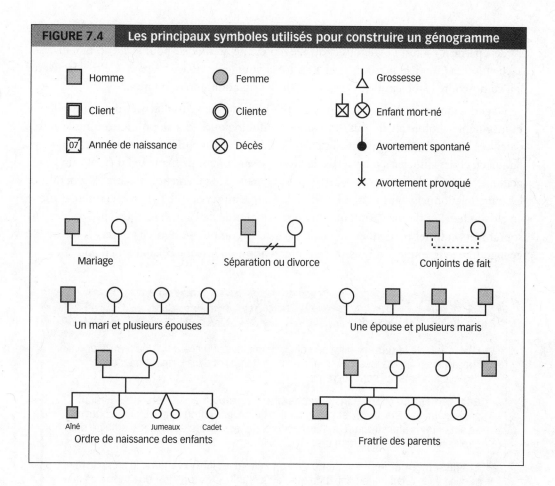

FIGURE 7.4 Les principaux symboles utilisés pour construire un génogramme

Homme

Client

07 Année de naissance

Femme

Cliente

Décès

Grossesse

Enfant mort-né

Avortement spontané

Avortement provoqué

Mariage

Séparation ou divorce

Conjoints de fait

Un mari et plusieurs épouses

Une épouse et plusieurs maris

Aîné Jumeaux Cadet
Ordre de naissance des enfants

Fratrie des parents

Une fois le canevas de base du génogramme esquissé, nous pouvons commencer à chercher des informations plus spécifiques au contexte de migration. Pour cela, les outils de pratique précédemment présentés, la collecte d'information pour élaborer une évaluation culturellement sensible, entre autres, révèlent toutes les pistes nécessaires pour vraiment appréhender les histoires particulières des clients et tenter, avec eux, d'interpréter les données. Il apparaît donc qu'un outil de pratique peut être utilisé parallèlement à un autre, et même à plusieurs autres.

En traçant chacun des symboles et en les reliant avec les traits de filiation, l'intervenant apprend à mieux connaître le client et ses particularités : la ville ou le village où il vivait, la manière dont il vivait, le métier du père, son rang dans la famille, la façon dont était organisée la maisonnée, le lieu où se trouvait l'école, la présence ou l'absence d'amis, son réseau. Bref, au fur et à mesure que l'arbre généalogique prend forme, l'histoire particulière du client s'organise et est partagée. Nul besoin de faire le génogramme en une seule entrevue. Selon ce qui est discuté ou selon ce qui fait problème, l'intervenant reprend le génogramme et poursuit le développement du scénario de vie du client. D'autres personnes de la famille ont-elles déjà quitté le pays pour immigrer ou se réfugier ailleurs ? Souvent, on découvre qu'une personne est déjà partie il y a fort longtemps et qu'elle représente un modèle pour le client, ou l'inverse : le client est la première personne qui a quitté la famille, le village, le pays. Cette découverte fait comprendre l'ampleur de l'« aventure » de la migration, forcée ou non.

Le génogramme constitue un puissant réservoir de liens familiaux et d'histoires de vie inimaginables, et fournit en plus des données ethnologiques et sociopolitiques à nulle autres pareilles. « Malgré une large diffusion de l'usage des génogrammes auprès des thérapeutes familiaux et des cliniciens, il n'y a pas de principe sur la "bonne manière" d'établir un génogramme. » (McGoldrick et Gerson, 1990, p. 19) Il faut nécessairement connaître les symboles et les traits relationnels, puis mettre l'outil de pratique au service de l'approche interculturelle en allant chercher l'information qui ouvre sur le monde de l'autre, sur sa réalité propre, sur son univers culturel particulier. L'encadré 7.4 rend compte de résultats observés lorsque le génogramme est employé au début de l'intervention ou lorsque celle-ci est en cours.

ENCADRÉ 7.4 — **Des résultats de l'utilisation du génogramme dans le processus d'intervention**

- **Libération de la parole :** faire un génogramme avec un client ou une famille donne l'occasion aux personnes de « se voir » dans le temps et dans l'espace par l'entremise des événements qui sont survenus.

- **Engagement du client dans la recherche du problème :** les personnes aiment généralement se raconter, et parler d'elles ou de leur entourage. Le fait de pouvoir se situer dans une structure familiale complète les rassure et fournit d'emblée des explications sur leur situation présente.

- **Établissement d'une complicité entre le client et l'intervenant :** la complicité est la base de la relation de confiance qui doit s'établir. C'est en effet une forme de lien social sans lequel l'intervenant n'est qu'un technicien du social sans empathie. Le client se sent partie prenante de la relation interculturelle qui est en train de se bâtir, et c'est lui-même, par ses réactions, qui guide l'intervenant dans la découverte de sa propre histoire et de sa culture.

- **Tissage de liens :** des liens se créent entre les événements de la vie du client et l'élément déclencheur de la crise qui l'amène à demander de l'aide, entre la rupture avec le milieu d'origine et la vie normale avant le départ, avec les gens du réseau familial sur lesquels on peut compter.

- **Prise de connaissance d'un autre mode de fonctionnement familial :** le client peut, par exemple, prendre conscience des liens familiaux prévalant à l'intérieur du clan ou de la tribu, de l'attachement possible d'un enfant à une personne en apparence non légitime dans le clan, du rôle des oncles paternels et maternels, de la place de l'enfant dans une maisonnée où plusieurs épouses cohabitent, etc.

- **Dégagement de perspectives éclairantes sur la culture d'origine du client et sur son processus d'adaptation**

En observant cette longue liste de résultats extraits de plusieurs entrevues où le généo-gramme a été utilisé, on constate que la vie, dans son ensemble, est interprétée comme une trajectoire, laquelle est «comparable à l'empreinte que laisse dans la neige le pas d'un animal» (Langlois et Langlois, 2005, p. 32). Le génogramme fait ressortir cette empreinte et offre des pistes quant à l'avenir.

Les origines géographiques et ethnoculturelles des clientèles réfugiées et immigrantes comportent, par rapport à la société d'accueil, des écarts culturels et d'organisation souvent très éloignés des repères habituels d'évaluation. Il faut donc dépasser les concepts de famille nucléaire ou biparentale ainsi que les données strictement biologiques de la filiation pour inclure des éléments relatifs à la famille élargie, au clan, à la tribu et aux épouses multiples, de même que des données de nature sociale. Le génogramme permet de lever le voile sur les relations d'alliance, de filiation ou de germanité prévalant dans une famille.

La construction d'un génogramme permet donc de donner un nouveau sens à une histoire de vie en mettant en relief des situations de fragilisation susceptibles de déclencher des crises, en relativisant certains problèmes vécus, en faisant ressortir les stratégies déjà utilisées dans d'autres circonstances et dans d'autres aires culturelles. Un exemple particulier nous permettra de mieux voir et comprendre l'utilité du génogramme. Prenons le cas d'une cliente originaire du Moyen-Orient qui est arrivée seule au Québec, qui sort d'une vingtaine d'années de violence conjugale, qui a des idées suicidaires, qui est désespérée à l'idée d'être refusée comme réfugiée et qui se sent impuissante au regard de ses trois enfants laissés à leur père, un homme au comportement désordonné.

Ce cas met d'abord en relief les éléments de base permettant de construire un génogramme. De plus, il présente des données reflétant le type de vécu familial ainsi que les relations person-nelles qui ont amené la cliente à quitter son pays. Il montre surtout la «culture de pauvreté» qui transparaît dans cette histoire de vie. Ces éléments – et c'est là une nouvelle avenue quant à l'utilisation du génogramme –, amènent l'intervenant à sortir de la stricte perspective des liens familiaux et à adopter une perspective collective, sociétale. Cette perspective, en mettant en lumière les *patterns* de comportement de toute une famille et de son réseau, mène à une nouvelle interprétation quant au rôle que la cliente joue dans son histoire. L'intervenant, en relativisant son drame, offre à la cliente une forme de distanciation par rapport à son vécu d'oppression. Par ailleurs, il est plus à même de constater l'étroitesse des liens pouvant exister entre les phénomènes sociaux prévalant dans un pays et les événements de la vie privée d'une personne. Parmi les éléments importants du contexte social qui permettent de décoder la narration confuse de la cliente – une narration intime et chargée de souvenirs d'agressions –, nous avons décidé de faire ressortir dans cet exemple la dynamique familiale du milieu d'origine de la dame. La figure 7.5 (p. 186) illustre le génogramme de la cliente.

Le génogramme élaboré avec la cliente fait comprendre le cycle des abus tout en montrant sa désastreuse cohérence: une mère abusée dans son enfance, un père volage et agresseur d'enfants, neuf frères et sœurs tous abusés et violentés, un milieu matériellement et intellectuellement pauvre. La cliente a donc vécu dans un milieu social et familial où la violence et les comportements abusifs des adultes sont courants. Alors qu'elle est âgée de dix ans, une relation incestueuse se développe sous la domination et la violence d'un frère aîné, relation qui dure plus d'un an. C'est à l'âge de quatorze ans que la dame se lie avec un jeune homme sans scrupule au tempérament sadique et à la jalousie obsessive, celui-là même qui deviendra le père de ses quatre enfants.

Le génogramme de cette personne traduit fidèlement son parcours, mais montre que ses frères et sœurs pourraient également raconter leur lot d'histoires sordides, d'attaques et d'humiliations de toutes sortes. Le concept de répétition intergénérationnelle et inter-familiale prend alors tout son sens, d'autant plus qu'il s'agit là d'un système social et familial fermé qui n'offre aucune issue à une personne qui veut s'en sortir, hormis la fuite vers un autre pays.

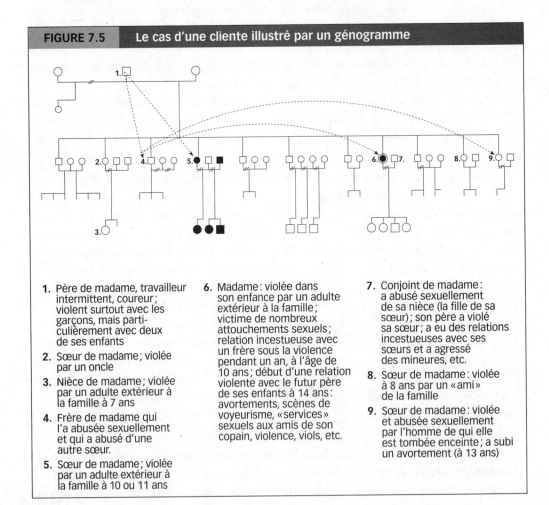

FIGURE 7.5 **Le cas d'une cliente illustré par un génogramme**

1. Père de madame, travailleur intermittent, coureur; violent surtout avec les garçons, mais parti-culièrement avec deux de ses enfants

2. Sœur de madame; violée par un oncle

3. Nièce de madame; violée par un adulte extérieur à la famille à 7 ans

4. Frère de madame qui l'a abusée sexuellement et qui a abusé d'une autre sœur.

5. Sœur de madame; violée par un adulte extérieur à la famille à 10 ou 11 ans

6. Madame: violée dans son enfance par un adulte extérieur à la famille; victime de nombreux attouchements sexuels; relation incestueuse avec un frère sous la violence pendant un an, à l'âge de 10 ans; début d'une relation violente avec le futur père de ses enfants à 14 ans: avortements, scènes de voyeurisme, «services» sexuels aux amis de son copain, violence, viols, etc.

7. Conjoint de madame: a abusé sexuellement de sa nièce (la fille de sa sœur); son père a violé sa sœur; a eu des relations incestueuses avec ses sœurs et a agressé des mineures, etc.

8. Sœur de madame: violée à 8 ans par un «ami» de la famille

9. Sœur de madame: violée et abusée sexuellement par l'homme de qui elle est tombée enceinte; a subi un avortement (à 13 ans)

Ce génogramme, qui fait ressortir les éléments d'une vie marquée par une culture de pauvreté et ponctuée de gestes sordides, permet de mettre en lumière certains des événements relatés par la cliente. Ainsi, les grossesses, les avortements, les intimidations, les harcèlements, les violences de toutes sortes et les relations sadiques ont aussi été le lot quotidien des autres membres de cette famille. La mise en contexte que permet ce génogramme donne une légitimité et une vraisemblance à une narration d'horreurs difficilement crédibles. Dès lors, la cliente ne se sent plus seule dans cette histoire misérable. La construction de son génogramme lui a fourni la confirmation du fait qu'elle cherche à s'affranchir d'un milieu de honte, de violences diverses et de réel danger, et a ainsi donné un nouveau sens à son histoire de vie. Elle a également permis aux professionnels engagés dans l'intervention de mieux comprendre la situation et de mieux en défendre l'enjeu.

Globalement, dans un contexte migratoire, le génogramme met en relief des situations de fragilisation particulièrement menaçantes et susceptibles de déclencher des crises. Il relativise aussi certains problèmes vécus et perçus comme propres à soi ou, au contraire, relevant de la responsabilité du nouveau pays. Enfin, il fait ressortir des pistes de solution qui proviennent d'autres univers culturels et qui ont déjà été suivies dans d'autres circonstances; dans le présent exemple, le génogramme a aussi permis à la cliente de prendre conscience de ses forces et de la possibilité de pouvoir les lier à de nouvelles valeurs culturelles.

7.7 LE PROTOCOLE DE DISCUSSION DE CAS : POUR UNE RENCONTRE ENTRE DEUX IDENTITÉS

Le protocole de discussion de cas que nous présentons ici s'appuie sur les travaux de Cohen-Emerique (2000) relatifs à l'observation de signaux culturels différenciateurs, de filtres et d'écrans sociaux, de distorsions dans l'attribution de sens au cours du processus d'évaluation et au repérage de «zones de fragilisation» susceptibles de déclencher des crises. Il s'appuie également sur la théorie de la communication, où il est question de sélection et de catégorisation d'informations, et d'attribution de sens (Bourque,1989). Le protocole emprunte enfin à la théorie de la complexité, qui vise à faire ressortir la multidimensionnalité d'une situation-problème, ce qui va à l'encontre de la compartimentation des problèmes dans de petites cases (Morin, 1990).

L'étape du processus de communication qui est souvent une source de malentendus et de biais interculturels est l'*attribution de sens*. Cette étape est au centre même du processus d'évaluation suivi régulièrement par les intervenants et «consiste à inférer une caractéristique, un trait, un sentiment, une intention au comportement d'autrui et au sien propre; à donner une cause au comportement d'un individu à partir de données diverses comme des gestes, des paroles, une humeur, des circonstances, des contextes, des attitudes, un habillement, des réactions, des lieux de vie, etc.» (Cohen-Emerique, 1988, p. 95). Le protocole de discussion de cas présenté plus bas repose également sur l'interaction dans l'intervention ; on reconnaît ainsi que tout acte professionnel s'inscrit dans un réseau d'intersubjectivités entre la personne-cliente et l'intervenant.

Un protocole de discussion de cas est une façon organisée de mettre en relief plusieurs données relatives à une situation-problème. Il vise à prendre en compte la complexité des données inhérentes à une situation interculturelle, et fait émerger les cadres de référence du client et de l'intervenant. Cet outil de pratique s'avère aussi fort utile pour repérer les écrans et les filtres sélectifs d'un côté comme de l'autre, lesquels contribuent à nourrir les malentendus interculturels et nuisent ainsi à l'efficacité de l'intervention. Le protocole permet donc de déjouer les préjugés et les codes habituels d'interprétation des conduites, desquels résultent une définition et une orientation des solutions. L'objectif ultime de l'utilisation de ce protocole est d'arriver à une définition commune, avec le client, de son problème et des pistes de solution à exploiter. À l'aide d'un schéma, l'intervenant décrit une situation-problème dans ses multiples dimensions, incluant son propre cadre de référence, ses filtres et ses hypothèses quant à la définition du problème. Le schéma montre également le cadre de référence du client, ses filtres, sa définition du problème, ainsi que les éléments déclencheurs de crises et les zones sensibles. Dans le schéma de la figure 7.6, de tels éléments déclencheurs de crises et de telles zones sensibles sont évidemment présentés à titre d'exemples. En effet, ces éléments seront modifiés en fonction du contexte de chaque situation-problème.

Ce schéma est construit afin d'arriver à une définition complexe et conjointe du problème. Cette définition est le résultat d'une démarche de distanciation par rapport au cadre de référence de l'intervenant et d'une recherche du cadre de référence de la personne aidée.

Comment éviter, au cours du processus d'évaluation ou au cours de l'intervention, de trop se concentrer sur un élément au détriment des autres ? Comment empêcher l'apparition d'orientations automatiques ou de jugements expéditifs ? Il semble que les grilles d'interprétation utilisées habituellement ne permettent d'appréhender que partiellement la réalité multiforme des problèmes sociaux. D'où l'importance de développer une grille d'interprétation et de décodage des réalités basée sur la notion de complexité, notion qui gagnerait à être davantage mise en évidence dans l'enseignement aux futurs professionnels en intervention sociale interculturelle et en relation d'aide.

L'intervenant ne se situe pas en dehors des rapports sociaux. Il a, au même titre que son client, des appartenances multiples : nationale, religieuse, régionale, sociale, professionnelle et institutionnelle. Et même si certaines de ces appartenances sont intériorisées, elles influencent toujours le processus d'intervention. Ainsi, une approche interculturelle des problèmes implique une ouverture de l'intervenant aux différences multiples du client, et l'intervenant doit aussi être conscient de ses propres différences. Afin d'enrichir davantage les éléments relevés dans le protocole de discussion de cas, et parce que la prise de conscience de ses propres appartenances et de ses affinités est difficile à faire, on propose, dans l'encadré 7.5 (*voir p. 190*), un petit questionnaire sur l'héritage personnel et sur les croyances (Greey, 1994).

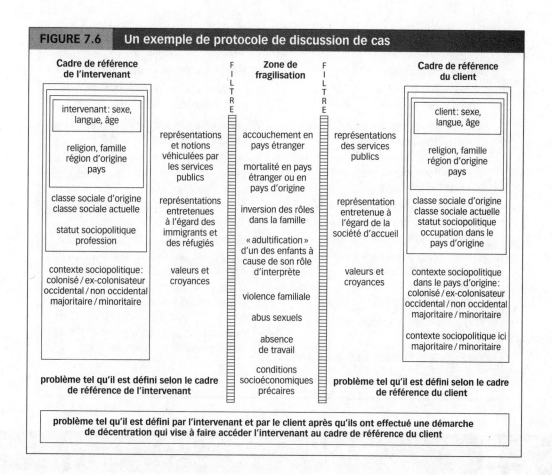

FIGURE 7.6 Un exemple de protocole de discussion de cas

Cadre de référence de l'intervenant	F I L T R E	Zone de fragilisation	F I L T R E	Cadre de référence du client
intervenant: sexe, langue, âge	représentations et notions véhiculées par les services publics	accouchement en pays étranger	représentations des services publics	client: sexe, langue, âge
religion, famille région d'origine pays		mortalité en pays étranger ou en pays d'origine		religion, famille région d'origine pays
classe sociale d'origine classe sociale actuelle	représentations entretenues à l'égard des immigrants et des réfugiés	inversion des rôles dans la famille	représentation entretenue à l'égard de la société d'accueil	classe sociale d'origine classe sociale actuelle statut sociopolitique occupation dans le pays d'origine
statut sociopolitique profession		« adultification » d'un des enfants à cause de son rôle d'interprète		
contexte sociopolitique: colonisé / ex-colonisateur occidental / non occidental majoritaire / minoritaire	valeurs et croyances	violence familiale	valeurs et croyances	contexte sociopolitique dans le pays d'origine: colonisé / ex-colonisateur occidental / non occidental majoritaire / minoritaire
		abus sexuels		contexte sociopolitique ici majoritaire / minoritaire
		absence de travail		
problème tel qu'il est défini selon le cadre de référence de l'intervenant		conditions socioéconomiques précaires		**problème tel qu'il est défini selon le cadre de référence du client**

problème tel qu'il est défini par l'intervenant et par le client après qu'ils ont effectué une démarche de décentration qui vise à faire accéder l'intervenant au cadre de référence du client

Ce petit outil, très simple à utiliser et à adapter, fait réfléchir sur certains éléments de sa propre histoire et renvoie à une amorce de définition identitaire ainsi qu'à une exploration de quelques repères d'appartenance, comme le fait Maalouf (1998) lorsqu'il s'interroge sur l'identité, c'est-à-dire sur ce qui constitue la richesse de chaque personne, sur ce qui émane d'une infinité de spécificités et qui va au-delà des informations compilées dans les registres officiels (appartenance à une tradition religieuse, à une profession, à un groupe ethnique, etc.). Ce petit outil sur l'héritage d'une personne, qui peut être utilisé en parallèle au protocole de discussion de cas, vient enrichir la connaissance de soi.

Le défi d'une pensée complexe est de développer des approches très diversifiées pour aborder de multiples situations-problèmes. Dans le champ du travail social comme dans d'autres domaines, la tendance à la quantification augmente invariablement les risques d'une plus grande soumission à une vision gestionnaire où prévalent les grilles statistiques, les programmes et les objectifs mesurables. C'est pourquoi il est important de demeurer vigilant et de s'appuyer sur des outils de pratique sans cesse retravaillés.

Héritage personnel

1. Où êtes-vous né ?

2. Où vos ancêtres sont-ils nés ?

3. Jusqu'à quelle génération pouvez-vous faire remonter vos racines ?

4. Vos ancêtres ont-ils toujours vécu au même endroit ou ont-ils un passé d'immigration ?

5. Possédez-vous un arbre généalogique, des photos, des textes racontant l'histoire de votre famille ?

6. Votre famille prépare-t-elle des mets spéciaux ? Quels sont ces mets ? Existe-t-il dans votre famille des recettes transmises de génération en génération ?

7. Quelles sont les fêtes célébrées dans votre famille ?

8. Quelle est la place que votre famille accorde à la religion ?

Croyances, valeurs et biais personnels

1. Quelle est votre affiliation culturelle ? Vous identifiez-vous à cette culture ?

2. Votre culture se reflète-t-elle dans votre pensée, dans votre discours ?

3. Quels sont les commentaires négatifs, ou traduisant des stéréotypes, que vous avez entendus à propos de votre culture ? Comment les avez-vous reçus ? Sont-ils véridiques ?

4. Vous êtes-vous déjà senti choqué, consterné ou même outré par une chose que vous avez remarquée lors d'une visite à domicile (ou pendant une entrevue) ? De quoi s'agissait-il ? Cette chose était-elle d'ordre culturel ? Comment saviez-vous qu'elle était d'ordre culturel ? Quelle fut votre réaction ?

7.8   LES AUTRES OUTILS DE PRATIQUE

Nous avons présenté dans ce chapitre quelques outils parmi ceux que nous croyons les plus populaires et les plus éprouvés dans le champ de la pratique interculturelle au Québec. Nous ne pouvions, en effet, traiter ici de façon exhaustive de tous les outils de pratique qui existent à l'heure actuelle.

Déjà en 1984, Cohen-Emerique nous sensibilisait aux chocs culturels inhérents à toute rencontre interculturelle en proposant une « grille d'analyse des chocs culturels » et une méthodologie, celle des incidents critiques, pour que nous nous les appropriions et que nous approfondissions l'analyse des interactions en situations interculturelles. C'était pour cette auteure, comme ce l'est toujours pour chaque intervenant, une manière incontournable de s'ouvrir à la connaissance d'autres cultures sans tomber dans la folklorisation.

Plus tard, dans les années 1990, marquées par un bouillonnement de pratiques interculturelles et par une multiplicité d'outils de pratique, les progrès dans la conceptualisation de l'intervention se sont confirmés, et de nombreux outils ont été mis au point. Ainsi, des auteurs comme Gravel et Battaglini (2000), en relevant l'existence d'outils de pratique ou de conceptualisation conçus par différents auteurs et à différentes époques, nous ont offert la chance de nous familiariser avec plusieurs de ces outils, dont l'«adaptation différentielle en escalier», développée par Sterlin (1987). Cet outil montre la façon dont la migration déclenche systématiquement un processus complexe d'adaptation biopsychosociale qui se traduit par un morcellement du réseau social, c'est-à-dire par une atomisation sociale venant bouleverser les rapports habituels entre l'individu et sa communauté, et amène une coexistence de trajectoires d'adaptation qui varient selon les écarts générationnels. Si cet outil, en forme de schéma, possède une qualité qui lui permet de servir, dans certains cas, de base explicative, il ne faut pas lui conférer un caractère indéfectible. Au contraire, des chercheurs et des intervenants sont actuellement aux prises avec des préoccupations relatives à l'intégration des enfants de la seconde génération, celle-là même qui, selon le schéma, semblait avoir la plus grande chance d'être mieux «adaptée».

D'autres outils ont également fait leurs preuves, que ce soit dans la mise sur pied de sessions de formation ou dans l'intervention au quotidien. Pensons à l'«analogie de l'iceberg», inspirée par Kluckhohn (1961, cité dans Gravel et Battaglini (2000, p. 25), qui permet de percevoir les aspects invisibles et apparents d'une culture. Cet outil, qui demeure d'une grande pertinence, est indispensable pour relever ce qui appartient à la «culture intériorisée» et à la «culture observable». Les modèles explicatifs et bien schématisés du «trajet migratoire» (Gravel et Battaglini, 2000, p. 40) différencient parfaitement l'immigrant du réfugié et ont déjà permis de mesurer l'impact de l'immigration sur la santé. Les «phases migratoires», tout comme les facteurs subjectifs qui existent dans toute migration et qui jouent différemment à l'intérieur d'une même famille (Camilleri, 1996, dans Gravel et Battaglini, 2000, p. 36), s'avèrent un autre outil pertinent pour rendre compte du processus d'adaptation. Bref, tous ces outils sont incontournables et méritent que l'on s'y réfère.

Nous ne pouvons terminer ce chapitre sans faire référence aux travaux de Devore et Schlesinger, qui ont élaboré une synthèse des différentes approches en travail social, en ont développé une critique et ont proposé, pour chacune d'elles, des adaptations en fonction des réalités ethniques (Devore et Schlesinger, 1981; Chiasson-Lavoie *et al.*, 1992). Cet outil de synthèse est particulièrement précieux, surtout pour ceux qui croient qu'une approche interculturelle doit agir transversalement et servir de toile de fond aux approches avec lesquelles les intervenants sont familiers. Il conforte aussi tous ceux qui pensent qu'intervenir avec des immigrants et des réfugiés n'exige pas de tout réapprendre, mais demande plutôt de savoir adapter ses approches et ses modèles de pratique.

Pour ancrer la pratique interculturelle, il faut donc explorer, chercher, imaginer, emprunter et établir des liens entre divers univers conceptuels et modes d'intervention. L'utilisation éclairée des outils de pratique donne confiance, accroît les marges de la liberté professionnelle et nourrit la passion de l'échange, tout en favorisant le tissage d'un lien social. Ces outils permettent de voir se dessiner une enfilade de situations-problèmes disparates et particulières, mais reliées les unes aux autres par un «fil de sens», le sens de l'autre et de soi (*voir la figure 7.7, p. 192*).

Les fragments de pratiques interculturelles, illustrés ici par des figures géométriques dissemblables, reposent sur des quotidiennetés banales ou surprenantes où chacun, intervenant comme client, devient, à la manière d'un kaléidoscope, semblable et différent, unique et diversifié, simple et complexe. Ce qui relie les situations dissemblables, c'est ce «fil de sens» qui va de l'une à l'autre et qui est fait d'humanité, de recherche, d'intervention et d'adaptations interculturelles.

FIGURE 7.7 Le fil de sens

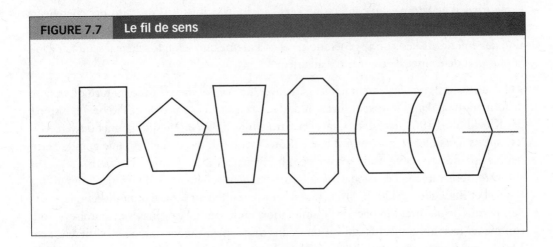

POUR EN SAVOIR PLUS

 LIVRES

CAMILLERI, C. et COHEN-EMERIQUE, M. (dir.) (1989). *Chocs de cultures : Concepts et enjeux pratiques de l'interculturel,* Paris, L'Harmattan.

MALEWSKA, H. et GACHON, C. (1988). *Le travail social et les enfants de migrants,* Paris, CIEMI et L'Harmattan.

SOULET, M.-H. (1997). *Petit précis de grammaire indigène du travail social,* Fribourg, Éditions universitaires.

 ARTICLES ET RAPPORTS DE RECHERCHE

ROY, G. (1991). «Incompréhensions interculturelles et ajustements de pratiques chez les travailleurs sociaux», *Revue canadienne de service social,* vol. 8, n° 2.

ROY, G. (1992). «Devons-nous avoir peur de l'interculturel institutionnalisé ?», *Nouvelles pratiques sociales,* vol. 5, n° 2.

ROY, G. (1993). «Bouillon de pratiques interculturelles», *Intervention,* n° 96.

ROY, G. (1993). «Complexité et interculturel», *Service sociaux,* vol. 42, n° 1.

ROY, G. et KAPOOR-KOHLI, A. (2004). «Intervenir avec un interprète : Rencontre malgré les interférences», *Intervention,* n° 120.

VISSANDJÉE, B. *et al.* (1998). «L'interprète en milieu clinique interculturel», *L'infirmière canadienne,* vol. 94, n° 5.

 ART ET LITTÉRATURE

DECROP, V. (1988). *Voyage dans les rêves des enfants de la frontière,* Paris, Hervas.

LEMIEUX, M. (1998). *Nuit d'orage,* Paris, Seuil.

 AUDIOVISUELS

My son the fanatic, réalisation : Udayan Prasad, 1997.
Un coin du ciel, réalisation : Karina Gauvin, 2007.

BIBLIOGRAPHIE

AMIGUET, O. et JULIER, C. R. (1996). *L'intervention systémique dans le travail social,* Genève, Éditions IES.

BOURQUE, R. (1989). *Les relations interculturelles dans les services sociaux,* Montréal, Comité des relations interculturelles dans les services sociaux.

BRAULT, M. (2000). «Le génogramme: Un outil d'intervention auprès des réfugiés», dans G. Legault, *L'intervention interculturelle,* Montréal, Gaëtan Morin.

Centre d'études et de formation continue pour travailleurs sociaux (CEFOC-IES) (1995). *L'erre du large,* Genève.

CHIASSON-LAVOIE, M. *et al.* (1992). *L'approche interculturelle auprès de réfugiés et de nouveaux immigrants,* Montréal, Service aux migrants et immigrants, Centre de services sociaux du Montréal métropolitain.

COHEN-EMERIQUE, M. (1984). «Choc culturel et relations interculturelles dans la pratique des travailleurs sociaux: Formation à la méthode des incidents critiques», *Cahiers de sociologie économique et culturelle,* n° 2.

COHEN-EMERIQUE, M. (1985). «La formation des praticiens en situations interculturelles», dans C. Canet, *L'Interculturel en éducation et en sciences humaines,* Toulouse, Presses universitaires du Mirail.

COHEN-EMERIQUE, M. (1988). «Connaissance d'autrui et processus d'attribution en situations interculturelles», *Cahiers de sociologie économique et culturelle,* n° 10.

COHEN-EMERIQUE, M. (1989). «Travailleurs sociaux et migrants: La reconnaissance identitaire dans le processus d'aide», dans C. Camilleri et M. Cohen-Emerique (dir.), *Chocs de cultures: Concepts et enjeux pratiques de l'interculturel,* Paris, L'Harmattan.

COHEN-EMERIQUE, M. (1993). «L'approche interculturelle dans le processus d'aide», *Santé mentale au Québec,* vol. XVII, n° 1.

COHEN-EMERIQUE, M. (2000). «L'approche interculturelle auprès des migrants», dans G. Legault, *L'intervention interculturelle,* Montréal, Gaëtan Morin.

DEVORE, W. et SCHLESINGER, E. G. (1981). *Ethnic-Sensitive Social Work Practice,* Columbus (Ohio), Merrill Education.

GAULEJAC, V. (DE) (1996). *Les sources de la honte,* Paris, Desclée de Brouwer.

GRAVEL, S. et BATTAGLINI, A. (2000). *Culture, santé et ethnicité,* Montréal, RRSSS-Montréal-Centre.

GREEY, M. (1994). *Honouring Diversity: A Cross-Cultural Approach to Infant Development for Babies with Special Needs,* Toronto, Centennial Infant and Child Centre.

HARTMAN, A. (1978). «Diagrammatic assesment of family relationships», *Social Casework,* n° 57.

IVERSEN, R. R. *et al.* (2005). «Assessment and social construction: Conflict or co-creation?», *British Journal of Social Work,* n° 35.

LAMARRE, S. (1998). *Aider sans nuire,* Montréal, M. Lescop.

LANGLOIS, D. et LANGLOIS, L. (2005). *La psychogénéalogie,* Montréal, Les Éditions de l'Homme.

MAALOUF, A. (1998). *Les identités meurtrières,* Paris, Grasset.

McGOLDRICK, M. et GERSON, R. (1990). *Génogramme et entretien familial,* Paris, ESF éditeur.

MÉDAM, A. (1986). «Des grilles et des vies», *Revue d'intervention et d'action communautaire,* vol. 15, n° 55.

MORIN, E. (1990). *Introduction à la pensée complexe,* Paris, ESF éditeur. ➤

► (SUITE)

RAY, R. A. et STREET, A. F. (2005). «Ecomapping: An innovative research tool for nurses», *Journal of Advanced Nursing,* vol. 50, n° 5.

ROBERTIS, C. (DE) (1995). *Méthodologie de l'intervention en travail social,* Paris, Bayard.

ROY, G. (2001). «Un pied dans la marge», *Intervention,* n° 114.

ROY, G. (2003). *Pratique sociale interculturelle au SARIMM,* Montréal, CLSC Côte-des-Neiges.

SCHÖN, D. A. (1994). *Le praticien réflexif,* Montréal, Les Éditions logiques.

STERLIN, C. (1987). «La référence culturelle dans une pratique psychiatrique en milieu haïtien à Montréal», dans E. Corin *et al. Regards anthropologiques en psychiatrie,* Montréal, Éditions du Girame.

ZUNIGA, R. (1988). «La gestion amphibie», *Revue internationale d'action communautaire, Repenser les solidarités étatiques,* n° 19/59.

Une grille des valeurs et des croyances appliquée à des difficultés d'intervention

Gisèle Legault, Renée Bourque et Ghislaine Roy

L'étude des valeurs et des croyances de sa culture par rapport à celles d'autres cultures peut contribuer à mettre en évidence les barrières et les difficultés qui nuisent à la communication et à l'intervention interculturelles. Être conscient de ses propres valeurs et prendre conscience de celles de l'autre constituent en effet les préalables essentiels à une intervention adaptée. Cependant, dans le passé, les moyens dont disposait la communauté scientifique pour examiner ces variables étaient très limités : quelques tableaux présentant les valeurs relatives à certains pays ou des études comparatives portant sur deux ou trois pays composaient la majeure partie des instruments disponibles. De plus, ces tableaux, ayant été réalisés à une certaine époque, tenaient peu compte des changements et des influences diverses qu'avaient subis les populations. En outre, ils ne considéraient généralement qu'une partie restreinte de la population, non l'ensemble des groupes ou des sous-groupes d'un même milieu. Ajoutons également que ces tableaux ne tenaient pas compte non plus du fait que les frontières culturelles ne coïncident pas toujours avec les frontières géographiques. Ainsi, il était relativement risqué d'utiliser ces instruments, qui pouvaient conduire à des interprétations inappropriées. Comment, alors, parvenir à observer adéquatement cette diversité ? Comment effectuer l'étude des valeurs et des croyances ?

Il apparaissait important de mettre au point un instrument qui permettrait d'observer l'autre sans le figer dans une identité prédéterminée, et de prendre conscience de ses propres valeurs et croyances. Chacun aurait alors l'occasion de conserver ses valeurs et ses croyances, de les modifier ou encore, de devenir un être marginal, différent des personnes de son groupe d'origine. L'élaboration d'un tel instrument pouvait donc aider la personne à décentrer sa vision de sa propre culture, et à éviter ainsi le *centrisme culturel* ou l'*ethnocentrisme,* «cette attitude extrêmement répandue qui consiste à faire de son propre groupe, de sa propre société, le prototype de l'humanité. À considérer les manières de vivre, de sentir, de penser, les coutumes, les mœurs, les croyances de la société à laquelle on appartient comme les seules bonnes ou du moins les meilleures de toutes. À les ériger en normes universelles.» (Simon, 1993, p. 17)

L'*ethnocentrisme* est une tendance universelle plus ou moins consciente à valoriser sa propre culture et à dévaloriser celle de l'autre. Ne pas prendre conscience de cette influence peut constituer un véritable obstacle à l'intervention. Cependant, il est parfois difficile d'aborder la notion de culture, car elle ne constitue pas une réalité facile à cerner. Pour notre part, comme nous l'avons vu au chapitre 5, nous définissons d'abord la *culture* comme «un ensemble lié de manières de penser, de sentir et d'agir plus ou moins formalisées qui, étant apprises et partagées par une pluralité de personnes, servent d'une manière à la fois objective et symbolique à constituer ces personnes en une collectivité particulière et distincte» (Rocher, 1969, p. 88). Cette définition nous rappelle que différents groupes peuvent adopter des manières différentes de penser, de sentir et d'agir. C'est donc en observant ces différences sur le plan des valeurs et des croyances que nous pouvons mieux comprendre la diversité culturelle.

Nous définissons la *valeur* comme « une manière d'être ou d'agir qu'une personne ou une collectivité reconnaissent comme idéale et qui rend désirables ou estimables les êtres ou les conduites auxquels elle est attribuée » (Rocher, 1969, p. 56). En se fondant sur cette définition, le sociologue québécois Guy Rocher dégage aussi certains traits qui caractérisent les valeurs :

Tout d'abord, la valeur se situe dans l'*ordre idéal* et non dans celui des objets concrets ou des événements. Ceux-ci peuvent exprimer ou représenter une valeur, ils peuvent la rappeler ou s'en inspirer ; mais c'est par référence à un certain ordre moral, esthétique ou intellectuel dont ils portent l'empreinte qu'ils méritent ou appellent le respect. L'univers des idéaux est [toutefois] une réalité pour les personnes qui y adhèrent.

[...] Mais si les valeurs sont inspiratrices des jugements, elles le sont au moins autant des *conduites,* c'est là un second caractère attaché aux valeurs.

[...] Le troisième caractère des valeurs est leur *relativité.* Aux yeux du sociologue, les seules valeurs réelles sont toujours celles d'une société particulière ; ce sont les idéaux qu'une collectivité se donne et auxquels elle adhère. Les valeurs sont donc toujours spécifiques à une société ; elles le sont aussi à un temps historique, car les valeurs sont variables dans le temps comme elles le sont d'une société à l'autre.

[...] Le quatrième caractère a trait au fait que l'adhésion à une valeur ne résulte pas en général d'un mouvement exclusivement rationnel et logique, mais plutôt d'un mélange de raisonnement et d'intuition spontanée et directe, dans lequel l'*affectivité* joue aussi un rôle important. C'est d'ailleurs cette *charge affective* que revêt la valeur qui en fait un puissant facteur dans l'orientation de l'action des personnes et des collectivités. C'est également cette charge affective qui explique, du moins pour une part, la stabilité des valeurs dans le temps et la résistance que rencontre généralement un changement de valeur à l'intérieur d'une société.

[...] Enfin, un dernier trait caractéristique de l'univers des valeurs est son caractère *hiérarchique.* On parle, dans le langage courant, de l'échelle des valeurs pour désigner l'ordre hiérarchique suivant lequel une personne ou une collectivité apprécie ou estime les idéaux auxquels elle adhère.

Ces diverses caractéristiques nous éclairent davantage sur les valeurs et montrent à quel point il est essentiel de ne pas en rester aux seuls comportements pour comprendre les actions d'une personne ; elles montrent également que l'analyse des valeurs dépasse l'observation rationnelle et fait appel à l'affectivité.

Plusieurs chercheurs se sont interrogés sur la façon d'aborder l'étude des valeurs et d'en arriver à une certaine structuration. Diverses recherches ont mené à la constitution de plusieurs échelles de valeurs ; les recherches conduites par Kluckhohn et Strodtbeck (1961) sont particulièrement détaillées et intéressantes, et reposent sur les postulats suivants :

- il y a un nombre limité de problèmes fondamentaux liés à l'existence auxquels les êtres humains de toutes les époques ont dû trouver des solutions ;
- le nombre des solutions possibles à chacun de ces problèmes est limité ;
- lorsque les membres d'une société adoptent une solution de préférence à toute autre, cette solution correspond à une *valeur dominante* dans cette société ;
- les solutions non retenues demeurent cependant présentes dans cette société, à titre de *valeurs variantes* ou *substituts*.

Kluckhohn et Strodtbeck se sont alors attachés à considérer cinq problèmes fondamentaux de l'existence humaine, problèmes auxquels un nombre limité de réponses peuvent être apportées :

1) la conception de la nature humaine ;
2) la relation de l'être humain avec la nature ;
3) la catégorie privilégiée du temps ;
4) les modalités de l'activité humaine ;
5) les modalités des relations interpersonnelles.

Le tableau 8.1 présente ces cinq problèmes fondamentaux de l'existence humaine et les diverses possibilités de solutions, selon Kluckhohn et Strodtbeck.

TABLEAU 8.1	La grille de Kluckhohn et Strodtbeck				
Problèmes	**Solutions**				
Nature humaine	Bonne	Neutre	Bonne Mauvaise	Mauvaise	
	Inaltérable Perfectible	Inaltérable	Perfectible	Inaltérable	Perfectible
Relations être humain-nature	Contrôle de la nature		Harmonie avec la nature	Vénération de la nature	
Temps	Avenir		Présent	Passé	
Activité humaine	*Faire* • Recherche de l'efficacité de la production		*Être en devenir* • Contrôle de soi par la méditation, la sagesse, le détachement	*Être* • Libre expression de ses besoins et de ses désirs	
Relations interpersonnelles	*Individualisme* • Modes individualistes des relations humaines • Relations horizontales		*Collatéralité* • Liens avec ses égaux • Relations horizontales	*Linéarité* • Liens avec ses ascendants et ses descendants • Relations verticales	

Source : Adapté de Kluckhohn et Strodtbeck (1961).

On voit que les différentes réponses à ces cinq problèmes correspondent bien à la définition des valeurs déjà donnée. Effectivement, au regard de chaque problème, une des réponses possibles peut être d'utiliser une manière d'agir préférable aux autres, celle qui répond le mieux à un certain idéal de l'être humain. Si on y regarde de près, on notera d'ailleurs que les cinq problèmes fondamentaux correspondent à autant d'éléments d'une définition de l'être humain par ses diverses activités (Rocher, 1969, p. 61).

La grille de Kluckhohn et Strodtbeck est la première du genre à être élaborée dans le domaine et, malgré certaines faiblesses, elle demeure toujours intéressante et pertinente. En effet, elle permet de ne pas figer certaines caractéristiques d'un groupe culturel et amène la personne à jeter un regard non seulement sur l'autre, mais aussi sur elle-même. Enfin, en offrant la possibilité de choisir trois solutions, elle permet aussi d'éviter la séparation des individus en deux groupes, les bons et les mauvais, ceux qui sont comme nous et ceux qui sont différents. Ainsi, elle ne mène pas à la polarisation habituelle qui est à l'origine de plusieurs dichotomies stériles.

Condon et Yousef (1975) ont poursuivi le développement de cette approche et ont tiré des 5 problèmes fondamentaux de l'existence humaine décrits par Kluckhohn et Strodtbeck 25 questionnements, regroupés dans les catégories «valeurs» et «croyances». En se basant sur les travaux de différents auteurs, ils en sont arrivés à souligner qu'il est possible de déterminer au moins trois domaines à l'intérieur desquels chaque groupe culturel entretient des questionnements semblables : le soi, la société et la nature (*voir la figure 8.1*).

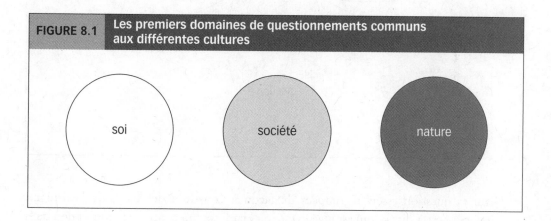

FIGURE 8.1 Les premiers domaines de questionnements communs aux différentes cultures

soi   société   nature

De plus, si on regroupe ces trois domaines, on en obtient, par croisement, trois autres, qui sont la nature humaine, la famille et le surnaturel (*voir la figure 8.2, p. 202*).

Sur la base de ces six domaines s'imbriquant les uns dans les autres, Condon et Yousef, comme Kluckhohn et Strodtbeck, postulent qu'un certain nombre de questions communes à tous les groupes humains et à toutes les cultures suscitent un nombre limité de réponses.

Est-il bon, par exemple, de concevoir l'individu comme un être séparé du groupe auquel il appartient, ou est-il préférable de le concevoir comme une partie intrinsèque de tout groupe auquel il appartient et sans lequel il n'a pas d'identité? Est-il bon d'entrer directement en contact avec les autres ou faut-il le faire par l'utilisation d'intermédiaires? Est-il bon de privilégier une communication informelle lorsque ces contacts se font ou, au contraire, faut-il respecter certaines formalités qui permettent une communication prévisible et sans accroc? Ces questions et réponses sont regroupées de façon à constituer un système de valeurs qui permet de déterminer ce que l'on considère comme «bon» ou «mauvais» pour *soi*, pour la *famille* et pour la *société*.

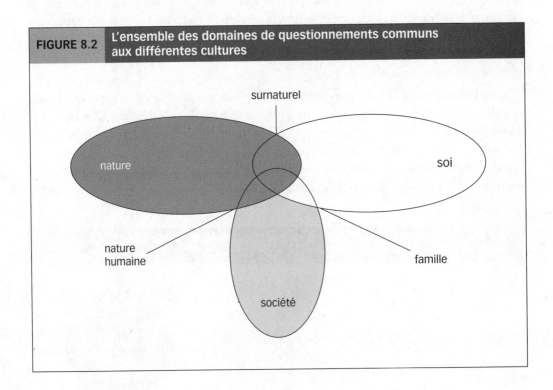

FIGURE 8.2 **L'ensemble des domaines de questionnements communs aux différentes cultures**

D'autres questions sont regroupées de façon à constituer les bases de l'existence, les *croyances,* c'est-à-dire ce qui est jugé «vrai» ou «faux» et qui concerne la conception de la *nature humaine,* le rapport au *surnaturel* et les *rapports de l'être humain avec la nature.* Est-il vrai que l'être humain est foncièrement bon et perfectible? Qu'il est foncièrement mauvais et qu'il ne peut changer? Est-il vrai que l'être humain doit dominer la nature? Qu'il doit, au contraire, l'accepter, car elle le dépasse et est déterminée par des forces extérieures? Est-il vrai que l'être humain décide de son destin? Au contraire, ce destin est-il largement déterminé par des forces surnaturelles?

8.2.1 LE MODÈLE INDIVIDUALISTE-ÉGALITAIRE ET LE MODÈLE COLLECTIF-COMMUNAUTAIRE

C'est en nous basant sur la réflexion de Condon et Yousef et sur nos propres réflexions que nous avons pu élaborer une nouvelle grille, qui sert à connaître les valeurs et les croyances de son propre groupe autant que celles d'autres groupes, donc à saisir leur diversité, et à établir des stratégies réellement appropriées aux difficultés éprouvées.

Afin de rendre notre modèle plus clair et de faciliter sa compréhension, examinons d'abord les notions de *modèle individualiste* et de *modèle communautaire* de la personne, telles qu'elles ont été présentées par Cohen-Emerique (1990). Avant elle, Hofstede (1980) avait développé les concepts d'individualisme et de collectivisme dans son étude sur les différences de valeurs dans les attitudes à l'égard du travail. Dans ses écrits, Cohen-Emerique réfère, quant à elle, aux travaux de Dumont (1978), qui, dans ses recherches sur la conception contemporaine de l'individu, dresse un tableau précis des visions moderne et « holiste » (ou globale) de la personne. Ce modèle individualiste se caractérise par l'autonomie et l'indépendance de chacun, ce qui implique une séparation physique et morale entre l'individu et sa famille à l'âge adulte. Le *soi* est donc privilégié par rapport à l'appartenance à la famille ou au groupe. Dans ce modèle, chacun veille sur ses propres intérêts avec une très grande liberté. Ainsi, ce qui caractérise, entre autres, les sociétés individualistes, c'est qu'il est tout à fait naturel de s'y valoriser soi-même et de chercher à dépasser les autres.

Dans le modèle communautaire, la personne est perçue en fonction de ses relations sociales. Il n'y a donc pas de coupure avec le milieu familial d'origine et le groupe d'appartenance. Le *nous* prédomine sur le *soi*. Dans les sociétés à dominante collectiviste, les liens entre les individus sont étroits et solides, chacun ayant un puissant sentiment d'appartenance à sa communauté d'origine. Il y existe une sorte d'échange où l'allégeance des individus à la famille, au groupe, au village ou à la tribu est récompensée par la protection qui lui est fournie en retour. Enfin, la patience, la coopération et la conciliation y sont encouragées.

Il est aussi tout à fait possible d'imaginer un modèle intermédiaire où les choix de valeurs se situent à mi-chemin entre les modèles individualiste et communautaire, ou ailleurs sur le continuum les constituant (*voir le tableau 8.2, p. 204, et les tableaux suivants*). Un même individu, ou un même groupe d'individus, peut en effet se situer tantôt à un pôle de la grille, tantôt à un autre, en des circonstances particulières ou à des moments précis. Il faut toutefois attirer l'attention sur le fait que ces modèles ont tendance à figer les réalités et à ne pas tenir suffisamment compte des appropriations subjectives.

TABLEAU 8.2	Un profil d'orientation des valeurs : le soi		
Notion d'individu	*Individualisme* • Le soi réside à l'intérieur de l'individu ; chaque individu a une place égale et unique dans la société. • Les concepts d'indépendance, d'autonomie et d'égalité sont importants.	*Individualité* • On réfère tantôt à l'individu, tantôt au groupe, selon le contexte social. • Dans certaines circonstances, le groupe est prééminent ; dans d'autres, c'est l'individu qui compte.	*Interdépendance* • Le soi est extérieur et en rapport avec la place qu'il occupe dans le groupe ; il est déterminé par la relation de la personne avec les autres. • Les concepts de fidélité, d'harmonie et d'appartenance sont importants.
Jeunesse par opposition à âge mûr	*Valorisation de la jeunesse, de la vigueur, de l'idéalisme et de la fraîcheur*	*Valorisation moins polarisée de la jeunesse ou de l'âge mûr* • L'âge moyen est considéré comme le plus souhaitable.	*Valorisation de l'âge mûr et de l'expérience* • Les personnes âgées possèdent la sagesse, la connaissance et l'autorité.
Rôles des hommes et des femmes	*Rôles similaires* • Ces rôles peuvent être identiques ou semblables.	*Rôles complémentaires déterminés par le matriarcat* • Ces rôles sont différents.	*Rôles complémentaires déterminés par le patriarcat* • Ces rôles sont différents.
Réalisation de soi	*Le « faire » est valorisé.* • L'accent est mis sur l'action, la tâche, la modification des situations ; l'efficacité est valorisée.	*Le « devenir » est valorisé.* • Recherche et énergie sont utilisées pour se transformer, se découvrir. Le processus est valorisé.	*L'« être » est valorisé.* • L'accent est mis sur la personne, sur ce qu'elle est, sur ses relations avec les autres. Ce qu'on ressent comme sentiment et émotion dans une activité donne de l'importance à cette activité.

Le découpage que nous adoptons peut être éclairant, car les modèles individualiste et communautaire constituent des pôles opposés pouvant aider à comprendre les positions intermédiaires, à saisir les nuances qui se situent quelque part sur le continuum qui les sépare. Certains associent la deuxième colonne de ce tableau (et des tableaux suivants) au modèle individualiste-égalitaire, et la quatrième colonne au modèle collectif-communautaire ; nous laissons au lecteur le loisir de faire les associations qui lui semblent les plus justes. Loin de nous, toutefois, l'idée d'associer unilatéralement les cultures non occidentales au monde de la tradition et les cultures occidentales au monde de la modernité ; cette façon de classifier individus et sociétés ne rend en effet nullement compte de la complexité des réalités humaines et sociales, et du caractère changeant de la culture.

Ajoutons à ce qui a été dit sur les modèles individualiste et communautaire que, dans certaines sociétés, la nôtre notamment, les rôles sociaux de l'homme et de la femme sont semblables et égalitaires. Dans ces sociétés, où l'on croit souvent que cette vision est de l'ordre de l'idéal, il importe peu que l'homme ou la femme, ou les deux, soient tour à tour pourvoyeurs de fonds, responsables des soins à donner aux enfants, chargés du ménage, etc. Dans d'autres sociétés, la différenciation de ces rôles est forte ; les attitudes reconnues aux hommes et aux femmes autant que les fonctions qui leur sont assignées sont spécifiques et se veulent complémentaires. Dans le modèle collectif-communautaire, ces rôles sont déterminés par le patriarcat du fait de l'importance que prennent la place que l'homme occupe, la responsabilité qu'il assume et le statut dont il jouit. Dans le modèle du centre, ces rôles sont plutôt déterminés par le matriarcat du fait que la femme occupe une place centrale et assume d'importantes responsabilités. Ainsi, on dira, chez les Haïtiens, que la femme est le « poteau-mitan » de la famille.

En ce qui a trait à la valorisation de soi, certaines sociétés privilégient l'action, la tâche et l'efficacité. La compétition relative au rendement est une partie intrinsèque de ces sociétés où l'individu est avant tout valorisé par ce qu'il fait. Il n'est alors pas important d'éviter les conflits : ce qui importe avant tout, c'est de savoir les gérer. Dans les sociétés valorisant plutôt le sens de l'appartenance, il importe, au contraire, d'évaluer les résultats du groupe et de rechercher la coopération et l'harmonie ; dans cette perspective, comme le montre le tableau 8.2, l'évitement des conflits sera valorisé et recherché.

D'autre part, dans les sociétés où l'orientation relationnelle est individualiste, le nombre de personnes qui composent l'unité familiale est généralement petit, et les liens qui unissent les membres des familles sont parfois lâches et ne comportent pas d'obligations strictes (*voir le tableau 8.3, p. 206*). L'autorité est partagée, dans la mesure où la personne qui la détient doit rechercher l'opinion de tous et en tenir compte. Dans les sociétés où l'orientation relationnelle est linéaire, l'identification à la famille est, au contraire, très forte et elle s'étend même à la famille élargie, qui comprend bien souvent des ancêtres de plus d'une génération auxquels on témoigne déférence et respect. L'autorité s'exerce ici de façon hiérarchique, et les ordres doivent être suivis sans réplique. Celui qui est chargé de l'autorité détient non seulement des droits, mais aussi des responsabilités. Le principe d'aînesse détermine sans faille le rang et les prérogatives de chaque membre de la famille par le code de préséance, de pouvoir et de responsabilité qu'il permet d'établir. Les membres de la génération précédente sont tous des pères (ou des mères), et les membres de la même génération sont tous des frères (ou des sœurs). L'autorité du frère aîné (ou de la sœur aînée) se modèle sur celle du père (ou de la mère).

D'un côté, le mode d'attribution des rôles est aléatoire, et les rôles familiaux ont peu à voir avec l'âge et le sexe. L'autonomie du jeune enfant est favorisée, et on lui fournit jouets et activités dans le but de stimuler le développement de son potentiel. Peu d'attention est accordée à sa contribution à la famille, et on lui confie aussi relativement peu de responsabilités. De l'autre côté, les rôles sont, au contraire, attribués selon l'âge et le sexe ; le jeune enfant est éduqué dans un contexte de protection et d'attention où il apprend qu'aider l'ensemble des membres de la famille et répondre à leurs besoins est plus valorisant que de penser uniquement à ses propres besoins. De plus, généralement, il assume assez tôt diverses responsabilités.

TABLEAU 8.3	Un profil d'orientation des valeurs : la famille		
Type de relation favorisé dans la famille	*Orientation relationnelle individualiste* • Identification à la famille immédiate et limitée ; cette dernière peut facilement éclater ; peu d'obligations ; concertation limitée entre les membres de la famille	*Orientation relationnelle collatérale* • Identification à la famille importante mais limitée à un certain nombre de personnes et de générations ; obligations ; concertation entre un certain nombre de personnes	*Orientation relationnelle linéaire* • Identification à une famille très large et étendue sur plusieurs générations ; obligations verticales ; concertation importante entre les membres de la famille
Type d'autorité privilégié	*Autorité partagée et diffuse* • Chacun a son mot à dire ; il faut solliciter l'opinion de presque tous les membres de la famille et en tenir compte dans la prise de décision.	*Autorité centralisée* • L'autorité n'appartient pas à un individu, mais provient d'un pouvoir plus général et plus abstrait qui émerge d'une croyance religieuse ou d'une tradition.	*Autorité concentrée* • L'autorité est clairement assumée par un individu qui détient aussi la responsabilité de prendre les décisions pour le groupe ; en contrepartie, les membres du groupe ont des obligations d'obéissance.
Mode d'attribution des rôles	*Attribution des rôles aléatoire* • C'est le hasard de la naissance ou des circonstances qui détermine le rôle tenu par chaque membre de la famille, et ses droits et obligations.	*Attribution des rôles émergeant de larges catégories sexuelles* • Les droits et obligations existent dans un sens large seulement, ils ne sont ni complètement figés ni complètement libres. • Codification sexuelle des tâches	*Attribution des rôles dépendant spécifiquement du sexe et de l'âge* • Les droits et obligations sont clairement établis selon la classe d'âge et le sexe. • Codification des tâches selon l'âge et le sexe
Rapport avec la mobilité spatiale	*Mobilité constante valorisée* • Mouvement et changement sont considérés comme un effort de valorisation de soi.	*Mobilité périodique acceptée* • Le mouvement est limité, et il y a espoir de retourner dans son lieu d'origine.	*Forte stabilité recherchée* • Le maintien dans le lieu d'origine est valorisé ; quitter les lieux ancestraux est réprouvé.

Dans les sociétés à faible distance hiérarchique (*voir le tableau 8.4*), les relations interpersonnelles se caractérisent par l'indépendance, même lorsqu'il s'agit de relations impliquant des personnes ayant des statuts différents. Les subordonnés s'attendent à être consultés et, souvent, les marques et les symboles du statut social sont peu valorisés. Quant à la façon d'entrer en contact, elle est directe, ne comporte pas d'intermédiaires et est plutôt informelle. Dans les sociétés à forte distance hiérarchique, il y a dans les relations entre les supérieurs et leurs subordonnés des obligations verticales et complémentaires. L'autorité est officiellement reconnue, et un équilibre s'installe entre les gens qui exercent cette autorité et ceux qui s'y soumettent. Entrer en contact suppose la présence d'intermédiaires, qui sont considérés comme essentiels, comme le sont aussi certaines formalités incluant des protocoles, des rites, l'utilisation de titres et le respect de l'étiquette.

TABLEAU 8.4	Un profil d'orientation des valeurs : la société		
Obligations liées aux relations entre des personnes de statuts différents	*Relations caractérisées par l'indépendance* • Peu d'obligations, sauf celles qui ont été établies par un contrat	*Relations d'obligations mutuelles horizontales* • Certaines obligations lient les personnes de même statut ou de la même organisation.	*Relations d'obligations mutuelles verticales* • Des obligations importantes et complémentaires lient les supérieurs et leurs subordonnés.
Façons privilégiées d'entrer en contact	*Les premiers contacts sont directs.* • Valorisation des interactions directes, sans le recours à d'autres personnes ; l'information est obtenue par des questions claires et sans détour ; la parole est valorisée.	*Les premiers contacts sont protégés.* • Préférence pour des intermédiaires techniques ou spécialisés ; contacts indirects, collecte de données par observation et questions indirectes	*Les premiers contacts sont accompagnés.* • Les intermédiaires sont considérés comme essentiels à toute transaction importante ; ce sont eux qui recueillent ou véhiculent l'information.
Façons privilégiées d'entretenir les relations	*Mode informel privilégié* • Les codes de conduite, le respect des titres et les autres procédures semblables sont peu valorisés et parfois considérés comme des entraves à une communication réelle.	*Certaines formalités acceptées dans certains contextes* • La politesse, la courtoisie et le respect des distinctions de statut ouvrent davantage les portes ; il y a des comportements à adopter en fonction du rang.	*Formalités essentielles* • Les formalités permettent une communication prévisible et sans accroc. Les présentations, les discussions, les négociations sont jugées indispensables et se déroulent d'une manière préétablie.

➤

TABLEAU 8.4	(suite)		
Rapport à la propriété	*Propriété privée* • La propriété est considérée comme une extension du moi; elle est donc inviolable. Elle est basée sur l'économie de l'échange et sur le désir de chacun de satisfaire ses envies. • L'accent est mis sur la recherche de son propre bien-être.	*Propriété de type utilitaire* • La propriété n'est pas considérée comme essentielle; ce n'est pas la personne à qui appartient l'objet qui compte, mais la fonction de l'objet, ce à quoi il est destiné. • L'accent est mis sur l'objet.	*Propriété communautaire* • La propriété est collective et partagée par un groupe de personnes; elle est basée sur l'économie de réciprocité, qui est caractérisée par la répétition et la généralisation du don. Le pouvoir et la richesse résident dans la distribution et l'importance des frais engagés. • L'accent est mis sur les besoins d'autrui.

8.3 LA CONFRONTATION DES VALEURS DANS LE CADRE DE QUELQUES INCIDENTS CRITIQUES

À titre d'exemples de chocs résultant de confrontations des valeurs propres à des intervenants et à des clients appartenant à une culture autre que la culture de la majorité, nous reprenons ici les résultats de deux recherches sur les difficultés liées à la pratique interculturelle (Legault et Lafrenière, 1992; Roy, 1991). Les auteures ont utilisé la méthode des «incidents critiques» élaborée d'abord par Flanagan (1954) aux États-Unis puis adaptée au champ des relations interculturelles par Cohen-Emerique (1984).

Pour Flanagan (1954), un des pionniers de cette méthode de collecte de données, la technique de l'incident critique consiste en une série de procédures orientées vers l'observation directe du comportement humain. Reléguée aux oubliettes pendant longtemps, la méthode des incidents critiques a resurgi au tournant du millénaire. Ainsi, pour Cohen-Emerique (1984), les incidents critiques sont des «épisodes problèmes», sources éventuelles de chocs culturels et d'incompréhensions réciproques entre les intervenants sociaux et leurs clients. Pour elle, le récit de ces incidents critiques permet de faire apparaître les différences culturelles les plus évidentes et fait émerger, lorsqu'il y a systématisation et analyse critique de ces incidents, des représentations qui constituent des filtres et des écrans majeurs nuisant au processus d'intervention.

À l'aide d'incidents critiques racontés par des intervenants sociaux, le praticien peut appréhender le « social proche » dont parle Lavoué (1986), qui est constitué de relations d'intersubjectivités entre professionnels et clients appartenant à des univers culturels différents. La narration de ces incidents révèle les difficultés que les intervenants éprouvent dans leur pratique en contexte multiculturel en même temps qu'elle fait apparaître, en filigrane, une façon particulière de résoudre ces difficultés.

Afin d'étudier cette pratique, Legault, Lafrenière et Roy ont choisi de rencontrer des intervenants d'organismes du réseau public des services sociaux là où le pourcentage des clientèles immigrantes est le plus élevé et où, de ce fait, il y a déjà une sensibilisation à la question de la pratique en contexte multiculturel. Elles ont donc utilisé un échantillon de convenance, puisqu'il s'agit d'une première analyse de la parole des intervenants sur leur pratique et sur les difficultés qu'ils affrontent.

Les intervenants sociaux rencontrés possèdent surtout une formation en travail social et environ dix ans d'expérience de pratique ; les deux tiers parlent plusieurs langues. Ces intervenants ont aussi une formation en travail interculturel dans une proportion de 40 % et, dans 48 % des cas, ils n'appartiennent pas à la culture de la majorité.

Les descriptions des incidents critiques qui apparaissent dans ce chapitre ont toutes été recueillies lors d'entrevues semi-dirigées (Gauthier, 1984). Les clients dont les situations ont été analysées sont surtout des immigrants récents venant de pays autres que ceux de l'Europe, ayant une scolarité de niveau secondaire et vivant sous le seuil de la pauvreté. Ils ont des enfants à charge et participaient à un programme d'intervention sociale avec leur famille depuis moins d'un an au moment de l'entrevue de recherche. Plusieurs ne maîtrisaient que leur langue d'origine (28 %).

On a demandé à chaque intervenant de choisir deux dossiers actifs dans lesquels il y avait eu des situations d'incompréhension interculturelle (SII) ou des incidents critiques provoqués par le fait que leurs valeurs et leurs normes étaient entrées en conflit avec celles de leur client et de sa famille, ce qui avait créé un malentendu.

Une analyse du contenu des entrevues a ensuite été effectuée afin de dégager des catégories pertinentes par rapport aux aspects abordés. Pour faire cette analyse des SII ou des incidents critiques, les auteures de la recherche ont d'abord utilisé la typologie de Cohen-Emerique (1984), qui a observé cinq zones principales de chocs culturels dans les interventions des travailleurs sociaux en France :

1) Les chocs relatifs aux différences dans la perception de l'espace et du temps ;
2) Les chocs liés à la représentation de la famille, aux rôles et statuts de ses membres, et aux codes relationnels ;
3) Les chocs liés aux codes des échanges interpersonnels, à la socialisation et à la bienséance ;
4) Les chocs liés aux types de demandes qu'on peut faire aux travailleurs sociaux ;
5) Les chocs relatifs aux rites et aux croyances religieuses ; chocs liés à la représentation du processus de changement culturel.

Les catégories créées ont ensuite été réexaminées et soumises aux règles de Berelson (1952). Selon ce spécialiste en recherche qualitative, les catégories doivent être homogènes, exhaustives, exclusives, objectives, et adaptées au sujet à l'étude et à ses objectifs. Les auteures sont ainsi parvenues à dégager des catégories de situations dans lesquelles se trouvent fréquemment les intervenants sociaux québécois dans leur pratique en milieu interculturel. Il s'agit de situations ou d'incidents liés au contexte professionnel des services sociaux, à la composition de la famille et aux rôles sociaux qu'on y exerce, aux modes d'éducation des enfants, à la conception de la santé, et au rapport au temps et à l'espace.

Voici quelques exemples de SII ou d'incidents critiques relatés par des intervenants sociaux, que les tableaux 8.2 à 8.8 pourront aider à analyser et à commenter.

8.3.1 LES INCIDENTS CRITIQUES LIÉS À LA COMPOSITION DE LA FAMILLE ET AUX RÔLES DE SES MEMBRES

Différentes visions de la personne et des divers types de relations qu'elle entretient avec sa famille peuvent entrer en conflit. Deux situations serviront d'exemples.

Situation 1

Une femme yougoslave de 36 ans rencontre une intervenante pour discuter du suivi du placement de son fils de 11 ans. Ce fils, venu rejoindre sa mère au Canada 10 ans après son arrivée, a d'abord été placé chez son oncle maternel par un autre intervenant. La mère, qui rejette ce fils, fruit d'un viol, ne veut pas le prendre avec elle. L'intervenante est choquée par les pressions multiples que le frère, la belle-sœur et la mère de sa cliente exercent sur elle pour qu'elle prenne son fils ; elle est aussi décontenancée par l'emprise que cette famille exerce sur la vie de sa cliente, choisissant son lieu de résidence et décidant de la façon dont elle doit mener sa vie, des personnes qu'elle peut fréquenter, etc.

Situation 2

Une femme d'origine africaine est toujours accompagnée des membres de sa famille, de ses voisins, etc. lorsqu'elle rencontre une intervenante. Celle-ci demande aux gens de sortir, voulant respecter la confidentialité des relations professionnelles.

Dans les deux situations, la famille est toujours très présente et s'occupe activement du bien-être de ses membres, qui entretiennent des relations étroites ; ces membres s'engagent dans la vie de leurs proches et se sentent responsables d'eux. Les liens d'interdépendance sont donc multiples et complexes. La perception qu'a l'intervenante de la mère de la situation 1 est donc conditionnée par les relations qui unissent celle-ci à sa famille : ses valeurs, ses croyances et ses attitudes personnelles comptent moins que son appartenance et sa place dans le groupe familial, déterminée par les rôles qui lui incombent. Cela contraste avec la vision véhiculée par l'intervenante et par l'univers professionnel auquel elle appartient. Pour elle, une personne se caractérise par son autonomie, son indépendance et son pouvoir sur sa vie. Ayant aidé sa cliente à se déculpabiliser relativement à l'enfant qu'elle rejette, l'intervenante continue de lui apporter son soutien dans l'organisation de sa vie et voit d'un mauvais œil le fait que sa famille y soit si étroitement mêlée. Elle privilégie nettement les choix, opinions et sentiments personnels de sa cliente par rapport à ceux que lui dicte une certaine « fidélité » familiale.

La situation 2, quant à elle, fait état de tiers, de parents et d'amis qui accompagnent un client lorsqu'il rencontre un intervenant. Ces tiers sont, d'après Cohen-Emerique (1990), des médiateurs qui facilitent la communication, qui traduisent les sentiments de l'autre et qui expriment ce que l'autre est incapable d'exprimer. Bref, ce sont des êtres très précieux qui ne doivent pas être écartés de l'entrevue. En effet, ces gens peuvent parfois faire débloquer des situations extrêmement complexes par leur seule présence et leur soutien. Cohen-Emerique décrit ces personnes comme des « moi auxiliaires » du client. Selon Lum (1986), elles forment un « système de support naturel communautaire » qui fait partie du réseau de la famille élargie ; on a donc tout intérêt à les inclure dans les interventions, en dépit de l'entrave à la confidentialité qu'elles constituent. Une fois encore, des conceptions différentes de la personne et de la famille mènent à des incompréhensions et à des malentendus qu'il faut clarifier pour en arriver à effectuer des interventions plus appropriées.

Cependant, à l'appui de la situation 1, qui met en lumière l'« omniprésence » de la famille, et de la situation 2, qui souligne la présence de tiers dans un contexte d'intervention psychosociale, mentionnons le rôle de tuteur de résilience que joue souvent la famille pour les migrants. Une recherche a d'ailleurs été menée en 2001 au Québec auprès de 18 couples de jeunes parents originaires du Maghreb et d'Amérique centrale, recherche qui portait sur le processus par lequel les parents transmettaient leurs valeurs et leur mode de vie à leurs enfants (Helly, Vatz-Laaroussi, Rachédi, 2001). Cette recherche a bien mis en évidence le « cordon ombilical » qui est maintenu avec la famille et qui constitue un point d'« ancrage » dans la nouvelle société.

Examinons maintenant des situations illustrant les rapports hommes-femmes, même si ceux-ci n'appartiennent pas exclusivement au champ de la pratique en milieu interculturel. Nous connaissons d'ailleurs tous des exemples de situations impliquant des Québécois dits « de souche ». Il importe toutefois de dégager, dans ces relations, ce qu'il y a de propre aux immigrants, notamment les conséquences que peut avoir la migration sur le couple et la famille, car ce serait une erreur que d'attribuer l'ensemble des comportements aux seuls facteurs d'ordre culturel. La migration en tant que rupture volontaire ou involontaire avec un environnement social et physique connu est en effet considérée comme un changement ayant une incidence sur le couple et sur les nouveaux rôles sociaux que les partenaires sont appelés à jouer.

Dans les deux situations suivantes, les chocs culturels se multiplient au fil des rencontres. D'après Cohen-Emerique (1984, p. 185), le *choc culturel* est une « réaction de dépaysement, plus encore de frustration et de rejet, de révolte et d'anxiété, […] une expérience émotionnelle et intellectuelle qui apparaît chez ceux qui, placés par occasion ou profession hors de leur contexte socioculturel, se trouvent engagés dans l'approche de l'étranger ». Le premier choc culturel que les intervenants subissent est généralement celui causé par l'omniprésence du père dans toutes les sphères de la vie familiale. L'intervenant doit toujours passer par lui, qu'il s'agisse d'acquérir du matériel scolaire, de communiquer avec la mère, d'obtenir une permission pour demander des ressources, etc. Or, une telle pratique entre généralement de plein fouet en conflit avec la valeur moderne d'égalité parentale que l'intervenant défend.

Situation 3

Une famille turque est dirigée par l'école vers une intervenante après l'observation de négligence dont souffrent les enfants et de mauvais traitements qui leur sont infligés. L'intervenante est choquée par le fait que le chef de famille semble se poser comme le propriétaire de sa femme et de ses enfants. «C'est difficile pour ce monsieur de comprendre que nous autres, nous nous mêlons de ses affaires, car ce sont ses enfants et sa femme», explique-t-elle. Le père est violent et profère des menaces contre l'intervenante, qui doit visiter la famille sous escorte. L'intervenante ne parvient pas à communiquer adéquatement avec l'épouse, qui, après avoir été frappée par son mari, vient lui demander de l'aide et qui ensuite nie les faits. L'épouse ne veut alors plus parler de l'incident, ce qui constitue un nouveau choc pour l'intervenante.

Situation 4

Un enfant d'origine antillaise cause de gros problèmes en classe, à un point tel que cela devient insupportable. On l'envoie chez une travailleuse sociale, qui décide de rencontrer sa famille. C'est le choc : le père est un homme de 70 ans ayant eu une vingtaine d'enfants à l'extérieur du pays et au Québec avec différentes femmes. Sept de ces enfants vivent à Montréal avec une femme beaucoup plus jeune que lui, soumise à la fois aux préceptes bibliques et au pouvoir «tout-puissant» du père, par lequel tout doit passer.

Les intervenants sociaux de la société d'accueil ont une conception généralement «novatrice» du rôle de la femme et partagent une vision de la «femme libérée» qui entre souvent en conflit avec ce qui est perçu comme un abus. Examinons une autre situation illustrant un choc culturel associé au rôle de la femme.

Situation 5

Une jeune femme, originaire du Moyen-Orient, a vécu huit grossesses, dont une dernière très difficile. Elle est invitée par son mari, un étudiant universitaire qui ne veut pas interrompre ses études, à se trouver un travail. La travailleuse sociale est révoltée par le peu de considération du mari à l'égard de sa femme.

Cette situation fait réagir l'intervenante, qui estime que la femme est «exploitée». Au Québec, une mère qui a huit enfants, surtout dans le contexte socioéconomique actuel, jouit effectivement d'une grande considération. Le mouvement des femmes et la marche vers l'égalité ont amené, du moins dans le discours officiel, la reconnaissance de l'équivalence entre le travail ménager et le travail salarié. Une conscientisation s'est aussi opérée au regard de la double tâche des femmes et du poids considérable du seul travail ménager. L'intervenante, qui a intériorisé ces valeurs associées au respect de la femme et à son statut qui en fait l'égale de l'homme, ne peut alors s'empêcher d'être choquée par le sort réservé à sa cliente. Dès lors, son intervention sera teintée par la réaction d'indignation que suscite en elle ce qui lui apparaît comme une injustice faite à une femme.

Comme on le constate, les situations 3, 4 et 5 provoquent un choc culturel qui est lié aux rapports entre les hommes et les femmes ou, plus spécifiquement, au rôle et au statut de la femme dans la famille. En effet, les intervenants voient dans les rapports hommes-femmes une relation où les hommes exercent une domination et un pouvoir, et où les femmes font preuve de soumission, de dépendance, de tolérance et parfois de passivité. Les intervenants se rebellent donc contre «cette autorité absolue et omniprésente de l'homme» qui semble acceptée dans certaines cultures (ou dans certains secteurs de ces cultures) auxquelles appartiennent leurs clientèles.

Mais d'où viennent les caractéristiques attribuées aux rapports hommes-femmes observés par les intervenants? Le pouvoir de l'homme est-il un pouvoir absolu ou une domination réactionnelle?

Juteau (1991) rapporte que des études menées aux Pays-Bas auprès d'immigrants turcs ont montré que le pouvoir des hommes sur leur femme s'est accru sous l'effet de la migration. Manço (2000, p. 52), pour sa part, au terme d'une enquête sur l'évolution des valeurs et des pratiques socioculturelles chez des immigrés turcs en Belgique, en arrive à dire «qu'eu égard aux rôles et aux positions des femmes, les hommes turcs rencontrés en Belgique se montrent moins traditionnels que leurs homologues non immigrés: ils attribuent aux femmes des rôles importants dans la vie socioprofessionnelle, politique et religieuse, contrairement aux hommes interrogés en Turquie, selon lesquels il convient d'attribuer aux femmes un rôle limité surtout au domaine familial et un statut subordonné au mari». Il en conclut donc que l'«expérience migratoire ne force pas les sujets à adopter une position de repli culturel tendant à renforcer les cadres de pensée et les éléments culturels de la région d'origine».

Deux aspects de l'orientation des intervenants aident à expliquer les situations présentées:

1) l'orientation féministe militante de nombreux intervenants après la deuxième vague du féminisme dans les années 1960 et 1970;
2) les conceptions individualiste et communautaire de la personne qui surgissent lorsque les intervenants sociaux entrent en contact avec des clientèles venant de sociétés non occidentales.

L'orientation féministe militante, basée sur une analyse de la situation des femmes dans les sociétés capitalistes et patriarcales, a fait apparaître sous un jour nouveau la situation de plusieurs catégories de femmes qui forment les clientèles majoritaires des services sociaux:

femmes qui vivent des difficultés conjugales et familiales, femmes victimes de violence et d'inceste, femmes pauvres, femmes chefs de familles monoparentales et finalement, femmes immigrantes et réfugiées. Les rouages socio-économico-politiques à l'origine de la situation de ces femmes ont été révélés par des recherches, et la majorité des intervenants sociaux ont été exposés à ces recherches et à leurs conséquences sur l'intervention sociale. Ainsi, les orientations féministes dans la pratique sociale sont multiples, et beaucoup d'intervenants partagent au moins cette orientation féministe réformiste qui consiste à affirmer que les femmes sont des personnes à part entière, pouvant disposer d'elles-mêmes et diriger activement le cours de leur vie, et que, lorsqu'elles ne peuvent le faire, elles peuvent y être aidées par l'entremise de l'intervention sociale.

La conception individualiste de la personne véhiculée par les intervenants sociaux contribue, pour sa part, à expliquer les situations 3 et 4. On se rappellera que les tenants du pôle individualiste-égalitaire n'attribuent pas les rôles en fonction du sexe et qu'ils prônent l'égalité. Or, on reconnaît aisément ici l'orientation des intervenants sociaux, qui résulte essentiellement de toute la démarche développée dans la foulée du mouvement féministe. À l'autre pôle, le modèle collectif-communautaire attribue des rôles propres au sexe, rôles qui sont déterminés par le patriarcat et perçus comme complémentaires. On reconnaît là le modèle de clientèles provenant de certaines communautés formées par une immigration récente.

S'affrontent donc un modèle où les rôles sont perçus comme égaux et semblables (modèle individualiste-égalitaire) et un autre où ils sont perçus comme différents et complémentaires (modèle collectif-communautaire). Sans chercher à trancher ni à démontrer la supériorité de l'un ou l'autre de ces modèles, il est essentiel de les juxtaposer pour comprendre que leur différence peut générer plusieurs conflits, fondés sur des incompréhensions et des malentendus, entre les acteurs qui les défendent. Ces incompréhensions et malentendus, pour être dissipés, requièrent donc une connaissance des modèles sous-jacents et l'élaboration de modalités d'intervention spécifiques. Mais il faut aussi comprendre que la migration a un impact majeur sur les rôles, les comportements et les valeurs des femmes et des hommes immigrants.

Examinons une dernière situation liée aux rapports hommes-femmes.

Situation 6

Une jeune femme d'origine antillaise vient consulter une travailleuse sociale à propos des problèmes de son enfant. Après plusieurs entrevues, elle lui raconte qu'elle est victime de violence. Malgré les ressources d'hébergement qui lui sont offertes et les échanges avec l'intervenante sur les notions de respect de soi et de dignité, la jeune femme décide de continuer à habiter avec son mari et à subir sa violence. La travailleuse sociale ne comprend pas pourquoi sa cliente tolère cette situation.

Cette situation renvoie au problème de la violence contre les femmes, problème dénoncé avec fermeté par le mouvement féministe des années 1970 et 1980, puis par les intervenants sociaux à la recherche de moyens d'intervention adéquats pour le contrer. Dans le présent cas, sur la base d'une analyse de la violence comme phénomène de pouvoir exercé par les hommes en tant que groupe sur l'ensemble des femmes, l'intervenante préconise une intervention proactive, directive, de type féministe et centrée sur la femme. Si ce type d'intervention est toujours prôné par de nombreux groupes de femmes et d'intervenantes sociales, il reste qu'une certaine « relativisation » de la situation vécue n'est pas inutile. Cette relativisation pourrait amener l'intervenante à voir la situation avec « les yeux de la cliente », c'est-à-dire selon son schème de référence et son point de vue. L'intervenante pourrait ainsi se rendre compte de l'importance d'une notion essentielle en travail interculturel, soit celle de l'appartenance à la communauté d'origine. En effet, pour la femme d'origine antillaise dont il est ici question, le processus de séparation d'avec son conjoint comporte le risque d'un rejet par la communauté d'origine, risque qu'elle n'est pas prête à prendre.

Finalement, nous pouvons dire que cette attribution de rôles spécifiques selon le sexe est de plus en plus remise en question par les femmes immigrantes qui, exposées à la modernité, changent la donne. Ainsi, les recherches de Leandro menées auprès de femmes portugaises émigrées en France et en Allemagne montrent que « ce sont les femmes portugaises qui, entrant plus directement en contact avec les sociétés allemande et française et tissant un lien de réciprocité avec les enfants, deviennent les principales actrices de changement auprès de la famille et poussent les hommes à s'ouvrir davantage à l'influence des valeurs de la modernité avancée » (Leandro, 2006, p. 21).

8.3.2 LES INCIDENTS CRITIQUES LIÉS AU MODE D'ÉDUCATION DES ENFANTS

Dans certaines cultures, les modes d'éducation des enfants diffèrent de ceux prônés par la société d'accueil. Ces situations critiques où l'éducation des enfants est en jeu sont souvent abordées par les intervenants des services sociaux, car elles relèvent directement de leurs mandats. Les intervenants sont effectivement appelés à appliquer la Loi sur la protection de la jeunesse, donc, normalement, ils interviennent dans ce genre de situations.

Ainsi, lorsqu'elles incluent des châtiments corporels, les modalités de la discipline imposée par les parents sont jugées sévères, punitives et néfastes pour l'enfant par les intervenants de la société d'accueil, formés en sciences humaines et responsables de l'application des principes « modernes » d'éducation. Ces professionnels veulent donc se faire les garants et les propagateurs de cette pédagogie libérale fondée sur une nouvelle conception de la socialisation de l'enfant (Cohen-Emerique, 1984).

Pourtant, il n'y a pas si longtemps, ces méthodes étaient encore populaires et utilisées dans presque toutes les couches de la société (Falconer et Swift, 1983). Mais, au rythme de la modernisation, on a assisté, dans les pays industrialisés occidentaux, à l'intégration dans l'éducation des grands principes de la psychologie de l'enfant : le développement de ses possibilités intellectuelles, l'importance de son épanouissement affectif, et l'incitation aux explications et au dialogue. Dans cette perspective, examinons les trois situations suivantes.

Situation 7

Une jeune fille de 17 ans est orientée vers une intervenante pour un éventuel placement en foyer de groupe à la suite des plaintes qu'elle a émises relativement aux méthodes de discipline employées par son père, originaire de l'Inde. Elle dénonce certains châtiments physiques que son père lui inflige et les limites qu'il impose à ses allées et venues. L'intervenante est choquée de constater que de telles méthodes disciplinaires sont utilisées avec une fille de cet âge. Quelques échanges avec le père dans le cadre de mesures volontaires amènent certaines améliorations. Mais, une fois ces mesures disparues, la discipline autoritaire du père reprend le dessus, et la fille émet de nouveau le souhait de vivre en foyer de groupe. La mère, déchirée entre son mari et ses quatre enfants, essaye sans succès d'intervenir, mais elle est elle-même très dépendante de son mari, car elle ne parle pas la langue du pays d'accueil et est peu scolarisée.

Situation 8

À l'école, un jeune garçon se plaint des mauvais traitements infligés par son père, originaire du Sri Lanka. L'école le dirige alors vers le centre de services sociaux local. Le père, qui estime être un bon parent, se sent menacé et blâmé au cours de l'intervention sociale. Il abandonne alors complètement son rôle, par peur des représailles du pays d'accueil.

Situation 9

Un homme originaire d'Amérique centrale, dont la femme est retournée au pays avec son plus jeune fils, réside au Québec avec ses deux adolescentes. Il est au chômage et menacé d'expulsion, il ne parle pas le français, il boit, et il est violent avec ses deux filles. Celles-ci se rendent directement au poste de police pour porter plainte et pour faire une demande de placement, qu'elles obtiennent. Quelque temps plus tard, le père « disparaît de la circulation » et semble avoir abandonné ses filles.

Le professeur Douyon, qui travaille auprès des jeunes Haïtiens de Montréal, souligne le danger de dérapage associé à l'obligation de signaler tout cas de mauvais traitements. Comme nous le montrent les situations 7 et 8 et 9, les signalements remettent souvent en cause la philosophie et les valeurs éducatives de certains groupes ethnoculturels, et ils ont alors parfois comme résultat « d'aboutir à une disqualification des parents. [...] Les enjeux du dérapage et du signalement de ces enfants-cibles sont graves. » (Douyon, 1991, p. 2)

Il reste, cependant, que l'interprétation des notions de « capacité parentale » et de « sécurité et développement compromis de l'enfant » est complexe en contexte interculturel ; il faut donc procéder avec beaucoup de circonspection et de doigté au cours d'une intervention sociale. Le défi de l'intervenant n'est-il pas d'assurer la sécurité et le développement des enfants sans porter atteinte à l'autorité et à la responsabilité parentales, qui sont si importantes pour leur estime personnelle? Comment alors, sans négliger les problèmes des enfants qui vivent des contradictions et des conflits difficiles, s'occuper de parents fragilisés par le processus d'adaptation à la nouvelle société?

Le tableau 8.5 nous permet de constater la grande importance qui est accordée par les cultures minoritaires à la famille élargie et à la communauté lorsque des conflits parents-enfants surviennent. Il aide à comprendre, dans certaines circonstances, la surprise et la désorientation que suscite l'intervention de l'État chez les migrants. Bien que les modèles présentés dans le tableau ne correspondent pas à toutes les cultures, ils demeurent éclairants quant aux mesures prises à l'égard des enfants.

TABLEAU 8.5	Les attitudes des cultures majoritaires et minoritaires au Québec à l'égard de la jeunesse	
Cultures majoritaires		**Cultures minoritaires**
• Remplacement graduel de la famille élargie par la famille nucléaire et les institutions		• Maintien des rôles de la famille élargie, intervention institutionnelle vue comme non nécessaire, suspecte et inappropriée
• Droits individuels et responsabilités des enfants et des parents spécifiés dans les lois		• Droits et responsabilités des enfants, des parents, de la famille élargie et de la communauté connus et acceptés sans être écrits
• Les ruptures entre les parents et les enfants débouchent sur l'intervention de l'État.		• Les ruptures dans les relations parents-enfants débouchent sur la prise en charge par d'autres membres de la famille ou de la communauté.
• Punition physique non acceptée et facilement associée à des abus		• Punition physique non abusive acceptée en certaines circonstances

Source: Christensen (1989) traduction libre.

Le psychiatre Dinicola (1985, p. 40) a également soulevé le problème que posent les interventions psychosociales, comme la thérapie familiale, auprès des populations issues du tiers-monde. Pour ce chercheur, l'expression des problèmes et les solutions envisagées par ces familles «vont à l'encontre des hypothèses fondamentales des théories occidentales» qui, ayant généralement l'individu comme fondement, n'encouragent pas particulièrement l'engagement de la famille dans le processus d'intervention. Les familles se sentent ainsi forcées de collaborer à un «plan d'intervention» qui n'est pas le leur et préfèrent parfois «abandonner» leur enfant au système dominant, ne serait-ce que le temps que soit appliquée la mesure recommandée (placement en famille ou en centre d'accueil).

Les *croyances* représentent les bases de l'existence, les convictions des personnes, leurs certitudes, ce qu'elles croient vrai et ce en quoi elles ont foi. «C'est à partir des croyances que les individus et les groupes établissent leurs systèmes de valeurs et les critères qu'ils utiliseront pour établir leurs systèmes de justice, leurs organisations sociales, leurs rituels face à la vie et à la mort, au divin, à la nature.» (Bourque, 1995, p. 75)

Les croyances relatives à la nature humaine (*voir le tableau 8.6*) vont d'une vision positive, selon laquelle l'être humain est foncièrement bon et perfectible, et peut aspirer au bonheur, à une vision négative, où il est mauvais et non perfectible, le bonheur ne lui étant accessible que dans l'au-delà. Quant à l'importance du surnaturel dans la vie des êtres (*voir le tableau 8.7*), elle varie : si on estime, selon une certaine conception, avoir la maîtrise de cette dimension et, par conséquent, une responsabilité en ce qui a trait à son devenir, on peut aussi estimer, à l'opposé, être influencé et déterminé par un surnaturel auquel il serait irrévérencieux de s'opposer ; le bonheur est alors placé avant tout dans les valeurs spirituelles.

TABLEAU 8.6	Un profil d'orientation des croyances : la nature humaine		
Conception de la nature humaine	*Foncièrement bonne* • La nature des personnes est bonne, c'est le milieu qui est mauvais.	*Parfois bonne, parfois mauvaise* • La nature de l'être humain est à la fois perfectible et corruptible. Il est possible de la changer.	*Foncièrement mauvaise* • La majorité des personnes ne sont pas fiables et on ne peut les changer.
Attentes des êtres humains	*Bonheur attendu* • Le bonheur sur terre est possible, et il faut le rechercher. Il suffit de faire certains efforts pour l'atteindre.	*Bonheur et malheur attendus* • Joie et tristesse sont inséparables ; les deux sentiments doivent coexister.	*Malheur accepté* • La tristesse fait partie de la vie humaine. Grâce à la réincarnation, l'être humain peut atteindre sa pleine réalisation.

En ce qui concerne le rapport de l'être humain à la nature (*voir le tableau 8.8*), certains estiment pouvoir la conquérir ; la nature serait donc destinée à procurer bien-être et confort à l'être humain. Selon cette conception, la nature est explicable : elle peut donc être analysée et comprise. D'après une conception opposée, la nature ferait partie de l'être humain, qui, lui-même, appartient à la nature. Elle est alors vénérée et admirée pour sa logique et sa beauté, et elle est interprétée sur un mode spirituel.

La conception du temps est elle-même liée à ce rapport entre l'être humain et la nature. Certains perçoivent surtout le temps comme une droite linéaire qui vient du passé et se dirige vers l'avenir. Cette vision limite l'imprévu et l'incertitude grâce à une formalisation et à une organisation maximales. D'autres entretiennent une vision procédurale du temps : le temps n'a pas de valeur réelle tant qu'un événement ne vient pas le marquer. La vie est alors perçue comme une trajectoire construite sur des répétitions qui n'ont pas de fin. Selon cette conception, l'aspect relationnel, les amis, la famille, les clients sont prioritaires par rapport aux tâches. Les interruptions et les imprévus sont donc fréquents, et les problèmes sont traités de manière globale plutôt que séquentielle.

TABLEAU 8.7	Un profil d'orientation des croyances : le surnaturel		
Importance accordée au divin	*Importance négligeable* • L'être humain est presque égal à un dieu et croit détenir presque autant de pouvoir.	*Présence et influence d'une multitude de dieux ou de forces divines opposés* • Ils coexistent et influencent les humains selon les circonstances.	*Influence importante* • L'être humain est en grande partie influencé par le surnaturel dans divers domaines de la vie quotidienne.
Buts ultimes de la vie	*Bien-être physique visé* • La vie confortable est valorisée. La mort est une fin.	*Développement intellectuel recherché* • Chercher la vérité est le but le plus noble de la vie.	*Buts spirituels très valorisés* • Les valeurs spirituelles sont supérieures aux valeurs matérielles.
Conception de la vie	*Nombreuses chances*	*Chances et malchances*	*Peu de chances* • La vie est déterminée à l'avance.

TABLEAU 8.8	Un profil d'orientation des croyances : les rapports entre l'être humain et la nature		
Conception de la nature	*L'être humain est séparé de la nature et la domine.* • La nature est un élément à conquérir et un défi pour l'être humain, qui peut la *transformer* pour en utiliser les ressources.	*L'être humain est une partie de la nature ; il vit en harmonie avec elle.* • Il cherche à la *découvrir* sans la heurter.	*L'être humain admire et vénère la nature pour ce qu'elle est, sans chercher à la modifier.* • La nature est imprévisible et *déterminée* par des forces extérieures qu'il est impossible de maîtriser. ➤

TABLEAU 8.8 *(suite)*			
Interprétation de la nature	*De façon mécanique* • La nature peut être analysée et comprise (liens de causes à effets).	*De façon organique* • La nature doit être vue comme un tout (chaque élément modifié influence l'ensemble); elle est expliquée par son unité.	*De façon spirituelle* • La nature a une origine et un sens spirituels, il faut l'admirer pour sa logique et sa beauté, sans chercher à l'interpréter.
Conception du temps	*Valorisation de l'avenir* • Ce qui est important, c'est le changement. Il est possible de prévoir et de maîtriser l'avenir en le planifiant. Le temps est une ressource limitée. • Perception linéaire du temps divisé en unités précises	*Valorisation du présent* • Ce qui est important est ce qui arrive maintenant. Il faut vivre pleinement chaque moment. Le temps n'est pas une ressource limitée. • Perception cyclique du temps	*Valorisation du passé* • L'important est de conserver l'héritage du passé. Ceux qui nous ont guidés continuent de le faire. • Changement peu valorisé • Perception procédurale et continue du temps (l'événement fait le temps)
Façon de connaître la nature	*De façon abstraite* • On travaille à la définition du problème ou à la formulation des théories. Cartésianisme	*Par induction et déduction* • On travaille sur les liens entre les causes et les effets, et sur les cas spécifiques.	*De façon spécifique* • On travaille sur la base d'expériences concrètes, on cherche des solutions aux problèmes.

8.5 LA CONFRONTATION DES CROYANCES DANS LE CADRE DE QUELQUES INCIDENTS CRITIQUES

Situation 10

Une école dirige une jeune femme d'une trentaine d'années d'origine antillaise vers une intervenante à cause de problèmes de développement diagnostiqués chez deux de ses enfants, âgés de six et de quatre ans. La mère craint énormément les services sociaux et médicaux, et elle brouille les pistes afin qu'on ne parvienne pas à la joindre. Elle redoute aussi beaucoup le placement de ses enfants. L'intervenante s'interroge alors sur la nature du malaise ressenti par cette femme, qui adopte beaucoup de comportements qui lui paraissent étranges : par exemple, la cliente ne se présente pas à plusieurs rendez-vous à l'hôpital pour ses enfants et, quand on se rend chez elle, les enfants ne sont jamais là. L'intervenante apprend aussi qu'elle pratique plusieurs rites pour guérir ses enfants; apparemment, la jeune femme pense que le vaudou, davantage que toute autre méthode, peut régler le problème.

8.5.1 LES INCIDENTS CRITIQUES LIÉS À LA CONCEPTION DE LA SANTÉ

En nous référant aux résultats des deux recherches dont il est question dans ce chapitre (Legault et Lafrenière, 1992 ; Roy, 1991), regardons maintenant la situation précédente, qui renvoie à des conceptions et à des perceptions différentes de la santé physique et mentale. Dans certains cas, il est difficile pour l'intervenant de préciser la nature du malaise ou de la maladie tandis que, dans d'autres, il lui est difficile d'en préciser la cause ou le traitement.

Cette situation illustre la difficulté pour l'intervenante de se faire une idée juste du malaise de la cliente avec qui elle doit travailler. Elle croit avoir affaire à un cas de maladie mentale et ne sait trop comment intervenir. Or, la conception de la maladie mentale varie d'une culture à l'autre : ce qui est considéré comme pathologique dans une culture peut ne pas l'être dans une autre, et des méprises peuvent alors facilement survenir. Dans la situation 10, la professionnelle s'interroge sur l'intervention qui serait appropriée pour s'attaquer au problème du retard de développement des enfants de sa cliente, tandis que les croyances magico-religieuses de celle-ci font qu'elle s'en remet avant tout au vaudou pour trouver une solution à ce problème. Comme l'explique Bathalien (1991, p. 34), une intervenante haïtienne, « la maladie physique et mentale peut être vue comme un sort jeté par des esprits pour réclamer leur dû ou par des individus malfaiteurs ; elle peut être soignée par le médecin traditionnel, un "docteur-feuille", et, dans le cas d'un sort, on sollicitera les services d'un houngan ou prêtre vaudou ». Par ailleurs, même si ces modes de résolution de problèmes ne sont pas toujours accessibles en situation de migration, l'intervenant doit s'efforcer de les connaître et de les analyser afin de comprendre les registres dans lesquels s'inscrivent les comportements de ses clients.

Le docteur Dongier relate le cas d'un patient originaire de l'Inde souffrant de douleurs musculaires et de troubles du sommeil (Dongier *et al.,* 2007). Ses douleurs sont liées aux tortures qu'on lui a infligées dans son pays d'origine à cause de son attachement à la religion et à la culture sikhes. Le patient est réticent à l'idée de recevoir des soins en santé mentale, car il considère toute cette sphère médicale comme dangereuse et taboue. Il importe donc de bien tenir compte de tous les types de réticences dans l'évaluation des problèmes et dans la façon de les soigner. Dans des cas comme celui-ci, il s'avère également nécessaire de recourir à des organismes aux compétences particulières, comme le RIVO (Réseau d'intervention multiprofessionnel pour les victimes de violence organisée), afin d'aider adéquatement le patient.

8.5.2 LES INCIDENTS CRITIQUES LIÉS AU RAPPORT AU TEMPS ET À L'ESPACE

Dans la situation ci-dessous, le contenu de l'évaluation psychosociale est bien évidemment influencé par le choc ressenti par l'intervenante à la vue des lieux où vivent toutes ces personnes. Les valeurs occidentales quant à l'occupation de l'espace constituent un facteur qui risque de donner une connotation négative à l'évaluation. Il peut même arriver que la situation soit associée à une sorte de promiscuité génératrice de problèmes pour les personnes concernées. Pourtant, en ce qui a trait à l'espace, il existe, une fois encore, d'autres valeurs qui font que plusieurs personnes peuvent vivre ensemble dans un lieu restreint sans que cela cause de problème.

> **Situation 11**
>
> Une travailleuse sociale doit examiner le cas d'un signalement d'abus sexuel et de violence contre deux enfants d'origine antillaise. Lorsqu'elle visite la famille, elle constate que sept personnes vivent dans un trois pièces : la grand-mère, ses trois fils, qui sont de jeunes adultes, ses deux petits-enfants et sa nièce adolescente. La travailleuse sociale est fort étonnée par cette situation.

Des perceptions différentes de la notion d'espace peuvent aussi devenir conflictuelles au moment de certains placements. Ainsi, un enfant pourrait être accepté chez une de ses tantes, mais son logement pourrait ne pas correspondre aux normes des centres de services sociaux, qui prévoient une chambre par enfant. Heureusement, en prenant en considération les réalités des clientèles immigrantes (le manque d'argent pour louer de grands logements, les nombreux enfants immigrants à placer), les organismes bureaucratiques assouplissent de plus en plus leurs exigences.

> **Situation 12**
>
> Après une première rencontre avec une famille d'origine africaine, l'intervenante fixe un rendez-vous à la mère, mais ne le lui indique pas par écrit. La famille ne se présente pas le jour dit, mais se présente sans rendez-vous à un autre moment. La travailleuse sociale considère alors que ces gens la « niaisent ».

Ces situations où les clients ne se présentent pas à leur rendez-vous ou se présentent à des heures variées frustrent souvent certains intervenants sociaux. Ces derniers associent ces incidents à de l'irrespect, quand ce n'est pas à de la résistance au plan d'intervention. Dans une société très bureaucratisée comme la nôtre, la notion de temps est en effet centrale et elle est synonyme d'efficacité. Il existe cependant une autre représentation du temps : celle de son lent écoulement, sans repère quantitatif, et qui peut être de l'ordre du cosmique ou du religieux (Cohen-Emerique, 1984). Lorsque ces deux représentations s'affrontent, comme c'est souvent le cas dans la pratique sociale, un conflit naît, qui ne favorise pas la rencontre interculturelle. Lorsque ce conflit perdure, l'incompréhension s'installe, et seule une modification du système de valeurs peut permettre une ouverture et générer une nouvelle interprétation du même événement.

Nous avons vu, dans ce chapitre, que la conception individualiste de la personne présentée jusqu'ici, avec les choix de valeurs et les croyances qu'elle suppose, prédomine dans le monde occidental et constitue, selon Cohen-Emerique, «un écran majeur dans le décodage de situations impliquant des personnes issues de sociétés où le modèle d'individu est d'un autre type, dénommé collectiviste ou communautaire» (1990, p. 9). Au cours de ses nombreux stages de formation, cette spécialiste de l'intervention interculturelle s'est bien rendu compte de l'importance du rôle donné à l'individu dans le domaine des sciences sociales et des nombreuses distorsions qui en résultent.

Les caractéristiques du modèle individualiste, soit l'émergence d'un moi profond, la nécessaire séparation physique et morale entre l'individu et sa famille à l'âge adulte, l'intériorisation des normes d'autonomie et d'indépendance, ne posent pas de problèmes aux intervenants occidentaux, familiers avec ce modèle. Le modèle communautaire, caractérisé par l'absence d'une nette différenciation entre les personnes, par l'interdépendance et les liens entre les humains, et par le sentiment d'appartenance à un groupe, a pour sa part été supplanté parce qu'il était contraire aux acquis de la modernité. Or, ce modèle est de plus en plus représenté au Québec par l'entremise des nouveaux arrivants, lesquels proviennent principalement de pays où la vision du monde diffère fondamentalement de celle de la société d'accueil.

C'est ainsi que surviennent des conflits de représentation entre les intervenants sociaux et ces nouvelles clientèles, particulièrement dans des domaines perçus comme des gains de la modernité: autonomie des individus, égalité des femmes, droit à l'instruction, etc. (Cohen-Emerique, 1984). Il est donc permis de se demander comment les professionnels de l'intervention, immergés dans leur modèle de représentation du monde, peuvent interagir efficacement avec des individus issus de sociétés non occidentales et différentes.

Comme nous l'avons vu, ces conceptions différentes peuvent être à l'origine de malentendus dans des situations d'interaction interculturelle, et générer alors des confrontations nuisibles à la communication et à l'intervention. Il apparaît donc nécessaire de dépasser la simple empathie et la bonne volonté pour réussir à se rendre au-delà des chocs culturels. Une certaine tolérance au regard de l'ambiguïté est également essentielle, et les pistes suggérées pourront aider l'intervenant à se distancier des projections qu'il a tendance à faire. Nous croyons, en effet, que la Grille des valeurs et des croyances proposée ici constitue un excellent outil qui facilitera le travail des intervenants. Car même si ces notions exigent un temps d'acquisition et d'approfondissement, elles permettent une observation plus décentrée, moins biaisée, et elles favorisent l'apprentissage d'habiletés utiles dans le domaine de l'intervention, quels que soient la culture du client et son degré d'adhésion à cette culture. Cette grille pourra ainsi contribuer à éviter que l'intervenant n'enferme son client dans une identité prédéterminée.

Les résultats des recherches que nous avons présentés dans ce chapitre ont permis de confirmer l'atteinte de trois grands objectifs :

1) mieux connaître ce nouveau domaine de la pratique sociale en contexte interculturel ;
2) circonscrire certaines difficultés propres à ce domaine, principalement sur le plan des orientations et des visions du monde des intervenants et des clientèles issues d'une immigration récente ;
3) reconnaître et analyser certaines « zones sensibles » de la rencontre interculturelle, comme la composition de la famille et les rôles sociaux de ses membres, les modes d'éducation des enfants, la conception de la santé, et le rapport au temps et à l'espace.

La clientèle des services sociaux, qui évolue au même rythme que la société, est de plus en plus diversifiée sur les plans culturel et ethnique. Par conséquent, les intervenants sociaux font de plus en plus souvent face à des situations nouvelles, génératrices de chocs culturels et d'incompréhensions mutuelles. Compte tenu des dilemmes du métier, des contraintes organisationnelles et légales, de la conciliation de l'aide financière avec l'aide psychosociale, de l'intervention dans le respect des croyances ou des visions du monde, les intervenants sociaux marchent sur une corde raide et travaillent bien souvent sans filet.

Mais loin de figer la pratique psychosociale auprès des clientèles multiethniques, les chocs culturels agissent plutôt comme des catalyseurs de nouvelles pratiques. C'est pourquoi, à la fois intuitivement et professionnellement, les intervenants sociaux œuvrant dans des organisations bureaucratiques ont déjà amorcé le « virage multiculturel ».

POUR EN SAVOIR PLUS

 LIVRES

Barette, C., Gaudet, É. et Lemay, D. (1996). *Guide de la communication interculturelle*, Saint-Laurent, Éditions du Renouveau pédagogique.

Cuche, D. (2004). *La notion de culture dans les sciences sociales*, Paris, La Découverte.

Freynet, M.-F. (1996). *Les médiations du travail social : Contre l'exclusion, (re)construire les liens*, Lyon, Chronique sociale.

Hall, E.T. (1971). *La dimension cachée*, Paris, Seuil.

Hall, E.T. (1979). *Au-delà de la culture*, Paris, Seuil.

Karsz, S. (2004). *Pourquoi le travail social ? Définitions, figures, clinique*, Paris, Dunod.

McAll, C., Tremblay, L. et Legoff, F. (1997). *Proximité et distance : Les défis de communication entre intervenants et clientèle multiethnique en CLSC*, Montréal, Éditions Saint-Martin.

Ouellet, F.-R. (1994). « Pour éviter les pièges du relativisme culturel », dans F.-R. Ouellet et C. Bariteau (dir.), *Entre tradition et universalisme*, Québec, Institut québécois de la recherche sur la culture.

Sévigny, R. (1999). « L'adaptation culturelle et ethnique », dans C. Bégin *et al.* (dir.), *Système de santé au Québec*, Québec, Centre de santé publique de Québec, tome II. ➤

ARTICLES ET RAPPORTS DE RECHERCHE

Bourgeault, G. (1998). «Éthique et santé publique : À propos des conflits de valeurs», *Ruptures, Revue transdisciplinaire en santé*, vol. 5, n° 2.

Jimenez, V. (1997). *Communication entre personnes à grande distance culturelle : Patients haïtiens et système sociosanitaire canadien*, Rapport de recherche, Montréal, CLSC Côte-des-Neiges.

Jimenez, V. (1997). *L'expérience des Haïtiens d'immigration récente avec les CLSC à Montréal : Les problèmes de santé et les difficultés de communication avec les intervenants*, Rapport de recherche, Montréal, CLSC Côte-des-Neiges.

Meintel, D., Cognet, M. et Lenoir-Achdjian, A. (1999). *Pratiques professionnelles et relations interethniques dans le travail des auxiliaires familiaux*, Montréal, Les Publications du Centre de recherche et de formation du CLSC Côte-des-Neiges, n° 4.

Renaud, G. (1990). «Travail social, crise de la modernité et post modernité», *Revue canadienne de service social*, vol. 7, n° 1.

Renaud, G. (1995). «Individualisme, individualité et travail social», *Nouvelles pratiques sociales*, vol. 8, n° 2.

Vissandjee, B. *et al.* (1998). «L'interprète en milieu clinique interculturel», *Infirmière canadienne*, vol. 94, n° 5.

 ART ET LITTÉRATURE

Jacob, A. (2006). *La saga de Crin-Bleu*, Saint-Laurent, Pierre Tisseyre.

 SITES INTERNET

Conseil des relations Interculturelles
http://www.conseilinterculturel.gouv.qc.ca/

Interculturelles
http://www.interculturelles.org/

 AUDIOVISUELS

Pure laine, série télévisée, réalisation : Jean Bourbonnais, 2006, 26 épisodes.

La petite mosquée dans la prairie, série télévisée, réalisation : Jeff Beasley, Paul Fox, Michael Kennedy et Brian Roberts, 2007, 28 épisodes.

BIBLIOGRAPHIE

BATHALIEN, A. (1991). «Regard sur les valeurs, croyances et coutumes de la communauté haïtienne», dans *Regard sur les valeurs, croyances et coutumes : Vers une approche interculturelle mieux adaptée,* Actes du colloque, 16 mai, Montréal, Communiqu'elles.

BERELSON, B. (1952). *Content Analysis in Communication Research,* New York, University Press.

BOURQUE, R. (1995). *Communication interculturelle (PPL 3040), notes de cours,* Montréal, Faculté d'éducation permanente, Université de Montréal.

CHRISTENSEN, C. (1989). «Protecting our youth : Cultural issues in the application and administration of the youth protection Act», *Intervention,* n° 84.

COHEN-EMERIQUE, M. (1984). «Choc culturel et relations interculturelles dans la pratique des travailleurs sociaux : Formation à la méthode des incidents critiques», *Cahiers de sociologie économique et culturelle,* n° 2, décembre.

COHEN-EMERIQUE, M. (1990). «Le modèle individualiste du sujet : Écran à la compréhension des personnes issues de sociétés non occidentales», *Cahiers de sociologie économique et culturelle,* n° 13, juin.

CONDON, J. C. et YOUSEF, Y. (1975). *An Introduction to Intercultural Communication,* New York, Macmillan.

DINICOLA, V. (1985). «Le tiers monde à notre porte : Les immigrants et la thérapie familiale», *Systèmes humains,* vol. 1, n° 3.

DONGIER, P. *et al.* (2007). «La santé mentale des immigrants», *La médecine en contexte muticulturel II : Le médecin du Québec,* vol. 42, n° 3.

DOUYON, E. (1991). *Les jeunes Haïtiens à Montréal : Marginalité et adaptation. Pour une éthique du signalement,* Colloque de l'Hôpital Jean-Talon, Montréal, 3 mai.

DUMONT, L. (1978). «La conception moderne de l'individu», *Esprit,* n° 2, février.

FALCONER, N. et SWIFT, K. (1983). *Preparing for Practice,* Toronto, Children's Aid Society of Metropolitan Toronto.

FLANAGAN, J.C. (1954). «The critical incident technique», *Psychological Bulletin,* vol. 51, n° 4.

GAUTHIER, B. (dir.) (1984). *Recherche sociale,* Québec, Presses de l'Université du Québec.

HELLY, D., VATZ-LAAROUSSI, M. et RACHÉDI, L. (2001). *Transmission culturelle aux enfants par de jeunes couples immigrants,* Rapport de Recherche.

HOFSTEDE, G. (1980). *Culture's Consequences : International Differences in Work-Related Values,* Newbury Park (Californie), Sage Publications.

JUTEAU, F. (1991). «Divorce and the migration process among Salvadorians in Montreal», dans S. P. Sharma, A. M. Ervin et D. Meintel (dir.), *Immigrants and Refugees in Canada,* Regina, University of Saskatchewan.

KLUCKHOHN, F. R. et STRODTBECK, F. L. (1961). *Variations in Value Orientation,* Evanston (Illinois), Row, Peterson and Company.

LAVOUÉ, J. (1986). «Du "sens" des pratiques d'intervention et de changement chez les travailleurs sociaux», *Les cahiers de la recherche sur le travail social,* Université de Caen, n° 11.

LEANDRO, M. E. (2006). «Les flux migratoires des femmes portugaises et leur rôle dans les réseaux sociaux», *Migrations et Société,* vol.18, n° 104.

LEGAULT, G. et LAFRENIÈRE, M. (1992). «Situations d'incompréhensions interculturelles dans les services sociaux : Problématique», *Santé mentale au Québec,* vol. XVII, n° 2.

LUM, D. (1986). *Social Work Practice and People of Color,* Monterey (Californie), Brooks/Cole Publishing Company.

► (SUITE)

MANÇO, A. (2000). «Valeurs et projets par-delà la migration : Recherche comparative sur des populations turques immigrantes et non immigrantes», *Cahiers québécois de démographie,* vol. 29, n°.1.

ROCHER, G. (1969). *Introduction à la sociologie générale, tome 1,* Montréal, HMH.

ROY, G. (1991). *Pratiques interculturelles sous l'angle de la modernité,* Montréal, Centre de services sociaux du Montréal métropolitain.

SIMON, P.-J. (1993). «Ethnocentrisme, ethnisme, racisme», dans D. Juteau et M. El Yamani (dir.), *Le racisme à la fin du XXe siècle : Une perspective internationale,* Actes du 1er colloque de la Chaire en relations ethniques, Montréal, Université de Montréal.

CHAPITRE 9

LES FAMILLES IMMIGRANTES ET L'INTERVENTION INTERGÉNÉRATIONNELLE

Michèle Vatz-Laaroussi

> «Je voulais que mes enfants soient éduqués, respectueux des autres, des intellectuels, pour qu'ils puissent comprendre les enjeux de la vie au Québec, qu'ils soient instruits. C'est la raison pour laquelle nous nous sommes exilés.»
>
> *Un père marocain*

> «Ce n'était pas un départ préparé. Avec ma femme, on a tout laissé, on a pris cette décision pour sauver les enfants, on ne pouvait pas vivre en Irak.»
>
> *Un père irakien*

Les deux témoignages ci-dessus annoncent d'emblée que, quels que soient les motifs du départ et la trajectoire suivie, le projet d'immigration des années 2000 est résolument familial, et centré sur la promotion des enfants et des jeunes. C'est une perspective d'avenir qui amène tous les membres de ces familles à emprunter un parcours de migration où le point de départ s'inscrit dans la ligne d'horizon du point d'arrivée et où la famille constitue l'incubateur des identités individuelles en devenir.

C'est pourquoi, dans l'intervention sociale auprès des immigrants, on doit prendre en compte l'entité familiale, les relations intergénérationnelles qui s'y tissent et les stratégies qui s'y développent. C'est sur la base de ce constat que nous proposons un modèle d'intervention intergénérationnel qui s'articule autour de trois domaines : le matériel, l'expérientiel et le relationnel. Ce type d'intervention vise à renforcer les stratégies familiales, les réseaux et la résilience à l'aide de deux processus génériques d'intervention : l'accompagnement et la médiation. Quelques exemples d'interventions menées auprès de familles, de groupes et de réseaux sont présentés dans ce chapitre. Parmi ces exemples, certains sont tirés de plusieurs recherches portant sur des familles immigrantes et réfugiées du Québec, dont les membres (les parents autant que les jeunes) ont été rencontrés au fil des ans ; d'autres sont tirés d'études où plusieurs intervenants dans les domaines du travail social, de l'éducation et de la santé ont été interviewés ; enfin, plusieurs exemples proviennent de projets issus d'une collaboration entre l'Université de Sherbrooke, l'Institut de recherche, de formation et d'action sur les migrations de Belgique, l'équipe Migrations internationales de la Haute École de travail social de Genève (Suisse) et l'équipe de Mohamed Lahlou, de Lyon (France).

Plusieurs recherches (Vatz-Laaroussi *et al.*, 2005) ont déjà démontré que l'immigration et l'insertion s'effectuent toutes deux en famille même si, éventuellement, chaque membre d'une famille suit son propre chemin.

9.1.1 PROJETS, TRAJECTOIRES ET STRATÉGIES

« Il y a ma famille, bien entendu, qui reste mon dernier bastion, mon dernier repli… ma cellule familiale dans laquelle je puise aussi mes énergies. »

Un père algérien

« La famille est le moyen de combler son bonheur… Ma famille, seulement ma famille m'a aidée à retrouver l'espoir… »

Une mère colombienne

« La famille, c'est le pilier, c'est le pilier qui soutient l'enfant. C'est le pilier sur lequel tu te bases pour fonder quelque chose. C'est le noyau de la motivation. »

Un adolescent congolais

Les familles immigrantes rencontrées dans le cadre des nombreuses recherches menées dans les différentes régions du Québec mettent de l'avant un *nous familial* fort, porteur du projet migratoire, vecteur d'insertion dans la nouvelle société, médiateur avec les institutions sociales, catalyseur de résilience et référent quasi unique de la continuité.

En effet, avant de porter cette étiquette qui leur est donnée par la société d'accueil, les familles immigrantes sont d'abord et avant tout des familles en projet. Qu'elles se construisent avant le départ du pays d'origine, pendant le parcours migratoire (c'est-à-dire dans un camp de réfugiés ou dans un pays de transit) ou une fois arrivées au pays d'accueil, leurs membres sont poussés par l'immigration dans une dynamique de projet qui les tire à la fois vers l'avenir et vers l'ailleurs (Jacob *et al.*, 1994 ; Meintel et Le Gall, 1995).

Au cours de ce projet migratoire familial et de son actualisation, l'insertion sociale de l'immigrant passe non seulement par ses réseaux, par ses efforts d'adaptation et par les services qui lui sont offerts, mais aussi par sa famille. Ainsi, quelles que soient les péripéties et la durée du trajet de migration, la question de l'insertion dans la société d'accueil est omniprésente dans les familles d'immigrants, et ce, tout le long de leur parcours migratoire.

En s'inscrivant comme la grande finalité de leur exil, l'insertion et la reconnaissance qui l'accompagne sont les principales incertitudes avec lesquelles elles doivent vivre, et souvent pendant longtemps.

> «Dans l'avion, on pensait qu'on venait de tout laisser, qu'on devait recommencer de nouveau, que c'était toute une vie qu'on laissait derrière nous, tout le travail fait, l'effort fourni. On était heureux, mais on se demandait ce qu'on allait faire au Canada…»
>
> *Une immigrante salvadorienne*
>
> «Quand on arrive ici, les personnes nous disent qu'on doit étudier, qu'on doit apprendre la langue et qu'après, on va voir pour notre statut professionnel, nous qui sommes déjà formés… Nous ne connaissons pas l'avenir que nous pouvons avoir dans notre vie personnelle et professionnelle. Nous sommes ici depuis six mois, et, encore aujourd'hui, on ne sait pas ce qu'on va devenir au niveau professionnel…»
>
> *Une immigrante colombienne*

La recherche d'une position sociale pour soi et pour les enfants conditionne, par conséquent, les sentiments souvent paradoxaux ressentis par les immigrants à leur arrivée dans la société d'accueil. Dès lors, l'insertion n'est pas simplement liée aux demandes de la société d'accueil et à la responsabilité des immigrants, comme les politiques d'immigration le laissent entendre ; il s'agit au contraire d'une finalité et d'une responsabilité qui doivent être assumées tant par les populations migrantes que par les sociétés d'installation (Vatz-Laaroussi, 2006).

Pour parvenir à cette insertion, les membres de familles immigrantes entrent, tout le long de leur parcours migratoire, dans des dynamiques familiales qui assurent à la fois une certaine cohésion dans leur entité familiale et l'établissement de rapports plus efficaces dans l'espace public. Ces dynamiques, qui sont inscrites dans le temps et dans l'espace migratoire, renvoient à différents types de trajectoires ainsi qu'à diverses stratégies familiales qui ont toujours pour visée de permettre à la fois une continuité et un changement dans la transition migratoire. Ces trajectoires et stratégies complexifient de manière inédite les parcours et les projets des divers membres de la famille immigrante. Bien souvent, l'orientation ou la réorientation professionnelles sont au cœur de ces parcours et stratégies.

> «Quand il y a un problème à l'école, c'est ma mère qui y va. Elle était professeure à Sarajevo. Mais s'il y a un problème de santé, c'est mon père, lui était médecin…»
>
> *Un jeune Serbe*

«Ma femme n'a pas eu l'occasion d'aller à l'école quand elle était dans un camp. Moi, j'ai eu plus de chance, car je suis plus âgé qu'elle. Alors, à notre première année au Québec, c'est moi qui suis allé au cégep pour avoir un diplôme d'ici. Elle a suivi des cours de français et s'est occupée des petits avec une gardienne. Cette rentrée, c'est elle qui va suivre les cours de l'école secondaire ; moi, je vais m'occuper des petits et trouver du travail car on a besoin d'argent.»

Un père burundais

Les dynamiques familiales multiples qui éclosent et sont activées dans le temps caractérisent les familles immigrantes en mouvement, c'est-à-dire des familles qui ne portent pas de manière statique leur culture d'origine et qui ne jouent pas de rôles prédéterminés, mais qui, au contraire, sont des vecteurs de changement et offrent un potentiel de citoyenneté à leurs membres. Notons aussi que c'est dans ces dynamiques que les savoirs expérientiels liés à la trajectoire migratoire vont, dans un premier temps, être réorganisés (Guilbert, 2005 ; Vatz-Laaroussi *et al.*, 2007) puis réopérationnalisés dans la mise en œuvre de stratégies d'adaptation et d'insertion. Plus encore, ces dynamiques vont aussi être le catalyseur permettant de définir les critères de choix et d'orienter les processus familiaux de prise de décision à certains moments clés de la trajectoire.

Des recherches menées au Québec sur l'immigration en région (Vatz-Laaroussi *et al.*, 2007) montrent bien que c'est au sein de la famille que se construisent les stratégies qui vont guider les premiers choix de mobilité après l'installation : accepter un emploi déqualifié, retourner aux études, privilégier la proximité avec le réseau ethnique ou le réseau familial élargi, favoriser l'accès des enfants à certains services, etc. Il est important de souligner ici que la famille n'est pas toujours constituée de la seule famille nucléaire, mais qu'elle englobe aussi, parfois, des proches qui se déplacent avec elle. Ainsi, une Colombienne de plus de 40 ans, mariée, avec deux jeunes fils et sa mère à sa charge, explique que la décision de partir de Trois-Pistoles pour Trois-Rivières a été prise «avec toute la famille, incluant mon frère et ma belle-sœur». Souvent, la stratégie familiale en est aussi une de réseau : on consulte alors toutes les personnes qui sont concernées directement ou non par une décision.

9.1.2 LES FAMILLES ET LES RÉSEAUX TRANSNATIONAUX

La famille nucléaire n'est donc pas le seul vecteur de continuité et de changement, voire de résilience, dans l'immigration. Des réseaux transnationaux construits par les immigrants eux-mêmes tout le long de leur parcours migratoire viennent également influer sur les stratégies et sur les parcours familiaux. Des recherches effectuées sur la mobilité des familles immigrantes dans les régions du Québec (Vatz-Laaroussi *et al.*, 2007) montrent que les réseaux familial élargi, ethnoculturel, immigrant et même religieux occupent une place importante dans les choix des femmes immigrantes et de leur famille. Pour les unes, ils sont des réseaux d'accompagnement dans la mobilité. C'est le cas de certaines familles colombiennes et argentines qui, en compagnie de leur réseau familial élargi, se déplacent principalement vers les petites communautés rurales en fonction de leur réseau ethnoculturel. Ces réseaux jouent donc un rôle important lors des immigrations secondaires, lorsqu'il s'agit de faire connaître de nouvelles destinations.

> «L'accueil et l'installation ailleurs auraient été très différents, car la communauté argentine n'est pas présente dans toutes les villes. À Sherbrooke, elle est bien organisée. Ici, nous comptons sur le réseau créé par la communauté argentine.»
>
> *Une immigrante argentine*

Pour d'autres, le réseau familial est surtout un réseau d'information et de référence. C'est le cas pour des femmes et des familles bosniaques, maghrébines ou roumaines qui utilisent la diaspora formée par leur réseau ethnique pour s'informer sur un lieu de destination et pour obtenir des références pour un emploi, un logement et la garde des enfants; les femmes l'utilisent aussi pour connaître les possibilités sur le plan de l'éducation, tant pour elles que pour leurs enfants. Le réseau devient alors essentiellement utilitaire. Il faut également noter la grande importance qu'a le réseau religieux, en particulier pour les femmes et les familles africaines et latino-américaines, et aussi pour des familles originaires d'Europe de l'Est, qui investissent ce réseau comme principal espace de socialisation à leur arrivée. Il s'agit d'un réseau qui guide les femmes dans leurs démarches, qui leur permet d'établir les premiers contacts (ethniques et aussi, parfois, interethniques), et qui est, lui aussi, souvent exploité de manière utilitaire.

Pour les familles qui ont parfois vécu de longues années dans des camps de réfugiés (comme certaines familles africaines, par exemple), le réseau issu de ces camps est un réseau décisionnel qui guide la mobilité. En plus de permettre la transmission d'information, il sert en effet à organiser les départs et les arrivées, et à régler les questions relatives au logement et à l'inscription des enfants à l'école. Il assure ainsi à ces familles une forme de sécurité et de stabilité par rapport à la mobilité et aux changements importants qu'elles vivent. Il est donc à la fois un réseau utilitaire et un réseau de soutien, mais il sert aussi de guide.

Enfin, dans certains cas, des professionnels ou des bénévoles rencontrés par les familles au cours de leur parcours migratoire s'insèrent dans leur réseau transnational et en deviennent des éléments significatifs. Par exemple, Alexandra, une immigrée colombienne, qui affirme que son réseau demeure avant tout familial, raconte qu'elle a connu, dans un organisme d'accueil régional, une bénévole originaire du Honduras avec laquelle elle partage beaucoup d'affinités; elle considère aussi que l'intervenante de l'organisme d'aide à l'emploi qu'elle rencontre régulièrement fait partie de son réseau puisqu'elle travaille avec elle, et « avec son cœur », pour qu'elle réussisse son intégration professionnelle au Québec.

Dans le cadre de recherches portant sur la réussite scolaire (Vatz-Laaroussi *et al.*, 2005), plusieurs jeunes ont insisté sur l'envergure et sur la force que prennent ces réseaux multiformes, qui sont pour eux des tuteurs de résilience et des aides précieuses dans leur parcours scolaire. Il apparaît ici que c'est principalement au sein de la famille élargie que ces jeunes trouvent à la fois des modèles et des moteurs de résilience qui les mènent vers la réussite scolaire. La fierté familiale peut, à ce titre, être une force de résilience et aussi un élément constitutif important de l'insertion sociale de la famille dans sa nouvelle société.

> « J'ai ma grand-mère en Afrique, c'est une personne formidable. Je suis fier d'elle parce qu'elle a fait tellement de choses pour ma famille et pour moi. Et elle est fière de moi parce que je réussis ici à l'école. On se téléphone souvent, elle m'encourage, c'est un peu pour elle que je fais des efforts... »
>
> *Un jeune Burundais*

Mais qu'est ce que la résilience pour ces familles immigrantes et réfugiées ? Comme l'explique Cyrulnik (2003), on peut définir la *résilience* comme « un processus qui permet de reprendre un type de développement malgré un traumatisme et dans des circonstances adverses ». À la suite d'un traumatisme, d'une déchirure, d'une « agonie psychique », l'individu est donc amené à se « raccommoder » en adoptant un type de développement qui lui permettra de continuer à vivre, et même à vivre mieux. C'est ce que Cyrulnik appelle la faculté de « rebondir ». Selon Lecompte et Manciaux (2001), plusieurs éléments marquent et favorisent la résilience : un lien fort avec une personne aimante, la capacité de parler avec lucidité du passé, le fait de donner un sens aux événements passés, de croire que l'avenir est possible, de se mettre en projet, en action, d'entrer en réflexion. Une fois que cette force de résilience est activée, on peut observer sa propagation dans diverses sphères de la vie, de même que le développement d'un sentiment d'efficacité, de contrôle et de pouvoir sur sa vie. Les personnes en processus de résilience peuvent alors voir et saisir les nouvelles occasions qui s'offrent à elles (Drapeau *et al.*, 2003).

Nous constatons donc ici, de façon claire, l'influence majeure qu'exercent les réseaux transnationaux qui se construisent dans l'immigration, et aussi celle du projet d'immigration et des stratégies familiales sur l'insertion des familles, et sur les manières dont elles négocient les changements et les adaptations auxquels elles sont soumises. Plus encore, ce sont ces réseaux et ce *nous familial* qui servent d'appuis aux membres des familles immigrantes et réfugiées (qu'ils soient adultes ou jeunes), et qui permettent et accompagnent la résilience au regard des difficultés éprouvées.

9.2.1 L'INSERTION SOCIOÉCONOMIQUE

Un des problèmes majeurs que doivent affronter les familles immigrantes est l'insertion socioéconomique des adultes. La déqualification et la dévalorisation des professionnels immigrants, tant masculins que féminins, sont maintenant bien documentées, et elles représentent un enjeu de l'accueil et de l'intégration des familles arrivantes. En effet, les parents arrivés au cours des dix dernières années sont, en majorité, des personnes éduquées et qualifiées qui ont une expérience professionnelle et un statut reconnus dans leur pays d'origine. C'est dans le pays d'accueil, au terme d'une trajectoire migratoire remplie d'espoir, qu'elles vont vivre leur plus grande déception : la non-reconnaissance de leurs acquis. Cette déqualification entraîne une diminution des revenus, et conduit généralement à un retour aux études ou au chômage de l'un ou l'autre des membres du couple, ou encore au choix d'occuper un emploi demandant peu de qualifications. Et si l'on peut lier cette déqualification à un passage obligé de l'insertion (Renaud et Cayn, 2006), force est de constater que ce passage a une durée de plus en plus longue (entre sept et dix ans selon l'étude de Renaud, sans compter les immigrants qui ne retrouveront jamais leur niveau professionnel précédent). De plus, c'est pendant cette période que les enfants arrivés jeunes avec leurs parents ou nés au Québec grandissent et sont éduqués. Cette dévaluation des compétences, des expertises, des savoirs et des expériences des parents immigrants a une influence considérable sur l'ensemble de la famille, et plus particulièrement sur les relations de couple et sur les liens parents-enfants.

Dans le couple, plusieurs éléments viennent renforcer les changements liés à cette non-reconnaissance. Ainsi, les couples immigrants et réfugiés sont le plus souvent coupés de leur réseau familial élargi, alors que celui-ci représentait, dans le pays d'origine, leur principal soutien dans l'éducation des enfants. De plus, les difficultés socioéconomiques vécues par les familles après leur arrivée ont des conséquences sur le travail des femmes. En effet, celles-ci acceptent souvent des emplois déqualifiés et précaires, qu'elles trouvent plus facilement que les hommes, afin de procurer les revenus nécessaires à la famille, tandis que leur conjoint cherche davantage un emploi correspondant à ses qualifications ou retourne aux études pour obtenir un diplôme québécois. Parfois, les femmes retournent aussi aux études en même temps que leur conjoint ; la famille vit alors des prêts et bourses du gouvernement, ce qui amène un sentiment d'insécurité et de précarité. Les deux parents sont alors pris par leurs études, et plusieurs suivent en même temps des cours de français ou occupent de petits emplois mal payés. Tout cela fait en sorte que les relations changent au sein du couple et que, parfois, elles se détériorent : les conjoints n'ont plus de temps pour être ensemble ou pour discuter des problèmes éprouvés.

9.2.2 LE REGARD DE L'AUTRE

Les familles doivent aussi faire face à d'autres réalités. Ainsi, un certain féminisme très présent au Québec, qui peut être véhiculé par les intervenantes des diverses institutions sociales et communautaires, apparaît parfois comme un élément venant aggraver les difficultés relationnelles au sein des couples. Ce courant crée une tendance à considérer les femmes immigrantes, originaires d'autres pays, issues d'autres cultures et pratiquant d'autres religions comme des victimes, et leurs maris, comme des dominants patriarcaux. Les femmes et les hommes immigrants se sentent alors dévalués et stéréotypés négativement au cours de l'intervention, ce qui est parfois perçu comme un obstacle pour accéder aux services sociaux, publics et médicaux, à l'école, de même qu'à certains services d'accompagnement en emploi. Bien sûr, la question de la langue d'origine et de la maîtrise du français est souvent citée comme le principal problème relatif à l'accès à ces services, mais en réalité, les éléments s'additionnent et créent des situations complexes. Ainsi, moins les immigrants parlent et comprennent le français, plus les intervenants ont tendance à utiliser un filtre exclusivement culturaliste ou féministe pour comprendre leur situation. Dès lors, les immigrants perçoivent, dans le non-dit et dans les attitudes des intervenants, cette lecture stéréotypée des rapports hommes-femmes. Il arrive alors que certains se replient chez eux ou dans leur communauté, où ils risquent alors de subir de manière encore plus forte les pressions et les contraintes. Au lieu de permettre aux femmes de s'exprimer et d'acquérir de l'autonomie dans leur couple, une telle attitude les renvoie finalement à leurs foyers et à leur communauté, les coupant des ressources sociales dont elles peuvent avoir besoin. C'est la raison pour laquelle peu de femmes immigrantes et réfugiées font appel aux services sociaux des CLSC pour leurs problèmes de couples ou familiaux, et c'est aussi pourquoi elles sont encore peu nombreuses dans les centres pour femmes victimes de violence. Pourtant, la violence conjugale existe dans les familles immigrantes et réfugiées.

De nombreuses recherches viennent aujourd'hui contredire la théorie culturaliste selon laquelle cette violence conjugale est un fait culturel. Il semble plutôt que la trajectoire migratoire et, en particulier, les problèmes de non-reconnaissance qui y sont liés en soient des facteurs et des déclencheurs importants. On ne peut donc s'attaquer à ce problème au sein des familles immigrantes qu'en ayant une compréhension nouvelle des processus liés à la violence conjugale, et en adoptant une perspective familiale et de réseau qui permet d'éviter une bipolarisation du problème (homme-femme).

9.2.3 LE PROBLÈME DES GÉNÉRATIONS

La problématique des relations entre les parents et les jeunes de la première ou de la deuxième génération doit également être abordée de manière globale. De nombreux auteurs, comme Cohen-Emerique (2004), ont abordé la question des conflits de valeurs entre les générations au sein des familles immigrantes et réfugiées. Une première interprétation de ces conflits est d'ordre culturel et repose sur l'hypothèse que les jeunes s'adaptent plus vite que leurs parents à la société d'accueil, grâce à une fréquentation continue d'espaces de socialisation qui réfèrent à la culture de cette même société. L'école est considérée comme le premier de ces espaces de socialisation, ou d'acculturation, des enfants de migrants et de réfugiés. Dans la perspective de cette interprétation, on considère que les enfants intègrent rapidement les valeurs de leur nouvelle société, et s'opposent alors à la vision traditionnaliste liée au pays et à la culture d'origine de leurs parents, lesquels sont moins adaptés et moins acculturés à leur nouvelle société. Des recherches menées en Europe et au Québec (Cohen-Emerique, 1999) montrent que les valeurs en conflit sont essentiellement, d'une part, la liberté et l'autonomie des jeunes, qui sont véhiculées par la société québécoise, et, d'autre part, la protection qu'offre la culture d'origine et l'interdépendance des parents au sein de cette culture. Selon les mêmes recherches, on trouve également une forte opposition entre la communication et le dialogue prônés par la société québécoise, et le respect et l'obéissance, qui seraient le propre des cultures d'origine. Toujours selon cette perspective culturaliste, ces conflits intergénérationnels de valeurs sont la source des difficultés relationnelles entre les parents et les enfants, de la violence familiale, voire des difficultés scolaires, des troubles de comportement et de la délinquance des jeunes.

Une autre perspective, soutenue elle aussi par plusieurs recherches (Meintel et Le Gall, 1995 ; Rachédi et Vatz-Laaroussi, 2004) vient toutefois nuancer cette approche culturaliste. En effet, si, d'une part, les enfants changent et évoluent dans le processus d'immigration, les parents, d'autre part, vivent eux aussi des changements, des adaptations et des acculturations très fortes, qui semblent ne poser aucun problème particulier lorsque leur trajectoire migratoire est synonyme de promotion sociale. Ainsi, des familles salvadoriennes et maghrébines n'hésitent pas à dire que leur objectif n'est pas de transmettre à leurs enfants des valeurs traditionnelles et rigides qui se traduisent par des codes comportementaux, mais plutôt de faire valoir les grandes valeurs universelles que sont l'amour des parents, le respect d'autrui, ou le goût de l'effort et de la réussite (Helly, Vatz-Laaroussi et Rachédi, 2001). Pour elles, cette transmission passe par le dialogue avec les enfants, par le récit de leur histoire familiale, par la désignation de modèles dans le réseau transnational et dans la famille élargie, et enfin par le partage de leur propre expérience, et par l'articulation entre cette expérience et la nouvelle réalité sociale dans laquelle ils vivent. Dans ces familles, le conflit de valeurs entre les générations n'est donc pas un événement majeur. Par contre, de nombreux parents qui vivent une insertion socioéconomique difficile et qui se sentent, de ce fait, en situation d'échec et de non-reconnaissance sociale évoquent le sentiment d'impuissance qui les habite lorsqu'ils veulent transmettre ces valeurs essentielles et, surtout, être des modèles pour leurs enfants. Certains de ces parents perçoivent alors le repli sur leurs valeurs traditionnelles rigidifiées comme le seul moyen de transmission et d'éducation.

Des recherches ont également montré que les enfants, de leur côté, n'adhèrent pas toujours d'emblée ni totalement à l'ensemble des valeurs de la société québécoise, même s'ils y baignent de par leur socialisation scolaire (Vinsonneau, 2002). Ainsi, certains effectuent, au fil de leur construction identitaire, une réorganisation de l'ensemble des valeurs qu'ils acquièrent à l'école, dans leur famille, avec leurs pairs et dans leurs réseaux transnationaux. La hiérarchisation et l'articulation de ces valeurs varient selon les étapes de la vie, et aussi selon les circonstances et les problèmes vécus par ces jeunes. Plus encore, l'opérationnalisation de ces valeurs correspond souvent à un «bricolage» qui leur permet de relier des dimensions en apparence contradictoires sans les confronter ou les opposer. Tout comme leurs parents, les jeunes sont en situation de construction et de reconstruction identitaires, de changement et d'acculturation; beaucoup sont donc aussi à la recherche d'une continuité et d'un sens à leur histoire. Dans de nombreux cas, ces jeunes savent ainsi éviter les conflits majeurs avec leurs parents, surtout si ceux-ci sont en mesure de les aider à connaître leur histoire et à chercher le sens qu'ils veulent donner à leur identité. Par contre, lorsque les parents s'avèrent incapables d'accompagner leurs enfants dans cette recherche de sens et de continuité, quand leur histoire ne leur appartient plus (comme cela peut être le cas pour des réfugiés) ou, encore, quand ils se sentent sans contrôle sur leur situation (et plus particulièrement sur leur situation socio-économique), certains jeunes se sentent abandonnés dans leur quête. Ils ne se réfèrent alors plus qu'à un seul pôle de leur univers valoriel, rejetant la transmission parentale désormais inopérante et trouvant dans la société d'accueil des modèles souvent extrêmes (gangs de rues, jeunes itinérants, toxicomanes, etc.). Ils concrétisent ainsi ce qui était la pire crainte de leurs parents en arrivant dans la nouvelle société et renforcent, par le fait même, le sentiment d'impuissance de ces derniers, faisant basculer la famille dans un cycle continu d'impuissance et de non-dits exacerbé par la non-reconnaissance sociale.

9.3 UN MODÈLE D'INTERVENTION INTERCULTUREL INTERGÉNÉRATIONNEL

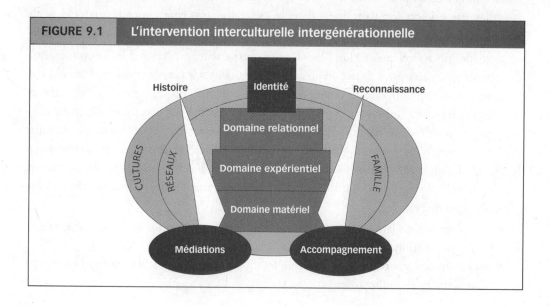

FIGURE 9.1   **L'intervention interculturelle intergénérationnelle**

C'est d'abord parce que les difficultés sont vécues par tous les membres de la famille, mais aussi parce que les stratégies pour y faire face et les vecteurs de résilience sont liés aux réseaux transnationaux et aux familles, que nous avons choisi de présenter une approche d'intervention intergénérationnelle, laquelle permet d'étudier les liens relationnels et la «place sociale» des différents membres de la famille (*voir la figure 9.1, p. 239*).

9.3.1 LES TROIS DOMAINES FONDAMENTAUX: LE MATÉRIEL, L'EXPÉRIENTIEL ET LE RELATIONNEL

Le schéma pyramidal ci-dessus repose, comme nous pouvons le constater, sur trois grands domaines qui doivent être couverts par l'intervention interculturelle intergénérationnelle: le domaine matériel, le domaine expérientiel et le domaine relationnel.

Comme nous l'avons vu, les principales difficultés vécues par les immigrants et les réfugiés ont trait à des lacunes sur le plan de l'insertion socioéconomique, c'est-à-dire sur la baisse de leurs revenus et sur la précarité de leur situation. Il est, par conséquent, essentiel d'analyser d'abord avec les familles les conditions socioéconomiques dans lesquelles elles sont amenées à vivre de même que les conséquences de ces conditions sur la vie sociale et psychologique de chacun de leurs membres. Ainsi, le manque de revenus se traduit souvent par un habitat précaire ou par des déménagements répétés, ce qui peut avoir un impact sur la scolarité des enfants et sur les réseaux familiaux. De plus, une dépendance aux allocations d'aide sociale peut avoir des conséquences négatives majeures sur le sentiment de contrôle des personnes sur leur vie et, ainsi, les amener à une forme d'impuissance passive. Comme dans l'approche structurelle, il faut donc non seulement aborder et essayer d'améliorer les conditions matérielles de la famille, mais, plus encore, il faut envisager les autres domaines de l'intervention (soit l'expérientiel et le relationnel) dans le cadre de ce même contexte matériel et de ses conséquences.

L'expérientiel réfère, quant à lui, à la somme des expériences vécues par les divers membres de la famille, aux stratégies et aux savoirs qui en sont issus. Ces expériences sont liées, d'une part, au contexte prémigratoire et aux expériences scolaires, professionnelles, familiales et sociales des migrants durant cette période, et, d'autre part, à la trajectoire migratoire elle-même, qui a permis de les actualiser, parfois dans les bouleversements découlant de plusieurs déplacements ou d'une situation de survie dans des conditions extrêmes, comme c'est souvent le cas des familles réfugiées. Les familles immigrantes développent donc de nombreux savoirs dans leur migration. Guilbert (2005) identifie ainsi ces savoirs émanant de l'expérience migratoire:

- les savoirs liés aux langues apprises au cours de la migration, mais aussi à la langue maternelle, qui continue d'être une précieuse ressource;
- les savoirs liés aux réseaux sociaux que les immigrants (surtout les femmes) recréent à chaque nouvelle étape de leur parcours;

- les savoirs liés aux stratégies d'adaptation développées par les adultes, mais aussi par les jeunes ;
- les savoirs liés à l'apprentissage de nouveaux codes culturels, qui permettent aux familles d'enrichir leur propre patrimoine culturel par l'ajout d'éléments provenant du patrimoine des pays traversés.

Vatz-Laaroussi et ses collaboratrices (2007) insistent aussi sur la capacité des familles d'aller chercher et de sélectionner l'information pertinente pour leur adaptation, ou les savoirs liés à la connaissance rapide des fonctionnements institutionnels des pays traversés. Du fait de la distance que l'individu doit prendre par rapport à sa propre société et à sa propre culture lorsqu'il est confronté à la nouveauté, la capacité de réflexivité des familles immigrantes (c'est-à-dire leur capacité à poser un regard critique sur leurs propres comportements) fait aussi partie de ces savoirs expérientiels liés à la migration. C'est la raison pour laquelle l'intervention doit également miser sur ce savoir réflexif, souvent tu, mis entre parenthèses à cause des soucis matériels, ou gommé par le regard critique que l'on porte sur les immigrants dans la société d'accueil. En effet, c'est en misant sur ce savoir que l'intervenant peut pénétrer dans le domaine expérientiel des divers membres de la famille et le parcourir en leur compagnie. Pour cela, il se doit de soutenir cette réflexivité et de favoriser son partage intergénérationnel, ce qui constitue un exercice expérientiel rare, mais qui permet sans aucun doute de transformer les habiletés individuelles en savoirs collectifs.

Enfin, c'est après avoir tenu compte de ces deux premiers domaines que l'intervenant peut accéder au domaine relationnel. Sans se focaliser sur les relations qualifiées de difficiles, de conflictuelles, de dysfonctionnelles, voire de pathologiques, l'intervenant doit tout de même s'y intéresser, mais il ne doit les aborder qu'à travers les expériences vécues ou partagées par chaque membre de la famille, les stratégies individuelles et familiales développées, et les contextes matériels qui encadrent ces expériences et ces stratégies. Une telle façon de faire permet de sortir d'une approche trop psychologisante et de tendre vers une compréhension sociale globale de la situation familiale.

9.3.2 LES DEUX AXES TRANSVERSAUX : L'HISTOIRE ET LA RECONNAISSANCE

Comme le montre la figure 9.1 (*voir p. 239*), deux axes traversent ce modèle d'intervention et guident l'intervention dans les trois domaines abordés ci-dessus. L'histoire et la reconnaissance représentent deux composantes essentielles de la résilience, telle que nous l'avons décrite, et de la construction et de la reconstruction identitaires de tous les membres de la famille, qu'il s'agisse des jeunes en plein développement ou des parents qui, selon leur trajectoire, procèdent à un travail de redéfinition identitaire dans leur nouvelle société.

L'*histoire* représente ce que les parents désirent transmettre à leur enfant, c'est-à-dire la mémoire familiale qui, selon eux, leur permet d'ancrer leurs racines pour se développer dans la société d'accueil (Vatz-Laaroussi et Rachédi, 2006). Comme nous l'avons vu, c'est dans cette histoire familiale que les individus se trouvent des modèles intergénérationnels.

> « Quand je veux expliquer des valeurs à mon fils, je lui parle de mon grand-père, je lui raconte ce qu'il a fait... C'est un modèle pour moi, et je veux le lui transmettre. »
>
> *Une mère marocaine*

Mais c'est aussi dans l'histoire romancée, c'est-à-dire l'histoire des légendes et des héros, qu'ils se construisent des idéaux qui les aident à aller plus loin. Enfin, l'histoire est également un vecteur de la continuité, et, dans des trajectoires familiales parfois complexes et parsemées de ruptures, c'est dans ces morceaux d'histoire racontés, retransmis ou encore conservés sous forme d'objets, de lettres ou de livres que les jeunes peuvent aussi trouver une certaine sécurité identitaire et penser à leur avenir sous la forme de projets. Par ailleurs, la perte ou le déni de cette histoire, qui peuvent être causés par des traumatismes personnels, familiaux ou sociaux, représentent pour les individus la perte du sens de leur existence et l'incapacité de pouvoir penser à l'avenir. Aussi, en travaillant avec l'histoire, l'intervenant permet de développer des forces de résilience chez les jeunes et chez leurs parents. En effet, c'est en parlant avec lucidité du passé et en lui donnant un sens qu'on croit que l'avenir est possible et qu'on peut, dès lors, amorcer des projets. Sur le plan matériel, cette histoire peut être exploitée en revenant sur les conditions de vie présentes tout le long de la trajectoire familiale, mais aussi en la contextualisant, c'est-à-dire en tenant compte des circonstances sociales, culturelles et économiques. Dans le domaine expérientiel, il s'agit plutôt de faire surgir l'histoire subjective, souvent non exprimée, et le sens qu'elle prend pour chacun, il s'agit aussi d'établir des liens entre cette lecture subjective de l'histoire et sa compréhension objective. Enfin, dans le domaine relationnel, l'intervenant se doit de contextualiser cette histoire et de s'en servir pour comprendre les relations au sein de la famille. Par exemple, on pourra donner une légitimité historique et sociale à la décision des parents de quitter le pays d'origine et, du même coup, montrer aux jeunes tout l'intérêt que leurs parents leur ont toujours porté.

Le manque de reconnaissance représente, quant à lui, le principal catalyseur des problèmes sociaux et relationnels vécus par les membres des familles immigrantes. Dans l'intervention, il est donc essentiel de travailler en faveur de la reconnaissance des divers membres de la famille, de leurs compétences, de leurs stratégies et de leurs identités. Au sens étymologique, *reconnaître* une personne, c'est à la fois la connaître et donner à cette connaissance un sens et une valeur sociale. Il y a donc, dans la reconnaissance, une prise en compte de la différence culturelle et individuelle, et aussi une considération de l'importance du lien et de l'altérité. Dans l'intervention, sur le plan matériel, l'axe de la reconnaissance doit donc servir à améliorer la valorisation sociale des compétences, des capitaux et des ressources des migrants, et aussi à améliorer la valeur matérielle de ces éléments. Dans le domaine expérientiel, ce sont surtout les savoirs découlant de l'expérience qu'il faut faire ressortir, et qu'il faut reconnaître au sein de la famille et faire reconnaître par les systèmes sociaux. Enfin, sur le plan relationnel, c'est sur le sens et sur le partage des liens qu'il faut travailler. En effet, l'intervention axée sur la reconnaissance favorise à la fois la compréhension et le dépassement des difficultés éprouvées, la résilience (en permettant l'établissement de liens forts avec une ou plusieurs personnes clés), et aussi le développement d'un sentiment de contrôle et d'efficacité, qui, en partant du domaine matériel, gagnera progressivement les autres sphères de la vie des personnes. C'est donc à travers une reconnaissance identitaire, sociale et matérielle que les personnes immigrantes peuvent retrouver, seules ou en famille, un pouvoir sur leur vie.

Ainsi, les deux axes que sont l'histoire et la reconnaissance peuvent soutenir de manière dynamique le développement identitaire, mais aussi l'altérité au sein de la famille et dans ses relations avec son environnement. Par exemple, c'est en comprenant les problèmes de reconnaissance de leurs parents et en percevant, à terme, une meilleure reconnaissance sociale de ces derniers que les jeunes pourront retrouver leur confiance en eux et le respect qu'ils doivent leur témoigner, redonner à leurs parents une légitimité dans leurs pratiques éducatives, et recréer avec eux des liens sécurisants et protecteurs.

9.3.3 DEUX PROCESSUS D'INTERVENTION : L'ACCOMPAGNEMENT ET LA MÉDIATION

Afin de favoriser la résilience et de se développer sur les deux axes que sont l'histoire et la reconnaissance, l'intervention intergénérationnelle doit reposer sur la famille et sur les réseaux, qui sont des vecteurs de sens et de continuité. Mais il semble aussi que deux processus génériques d'intervention doivent être particulièrement développés : l'accompagnement, d'une part, et la médiation, d'autre part.

L'*accompagnement* est un processus décrit dans les années 1990 par Brigitte Bouquet (2003) comme une mise en marche de l'intervenant avec la ou les personnes visées par l'intervention. Les objectifs de ce processus sont définis et ensuite construits collectivement en cours de route. L'intervenant est donc la personne qui, au cours de l'intervention, catalyse certains éléments et en permet l'appropriation dynamique par la ou les personnes concernées. On se rapproche ici de l'*empowerment*, qui vise une prise de contrôle et de pouvoir par la personne elle-même sur sa vie et son destin. C'est en soutenant les stratégies familiales et les processus d'historicisation et de reconnaissance que l'intervenant participe au développement des forces de résilience des membres de la famille et de l'entité familiale elle-même. Plusieurs interventions d'accompagnement des familles s'appuyant sur la narration de leur histoire peuvent servir d'exemples de ce processus. Ainsi, que ce soit dans une démarche d'accompagnement à domicile ou dans des groupes interculturels et intergénérationnels (groupes de familles, de parents, de jeunes, etc.), la finalité est toujours la même : en facilitant la remémoration du passé et sa communication à l'autre, on facilite le partage de l'histoire, lequel permet, sur le plan individuel, de retrouver le sens de son destin et de reconnaître la part des autres membres de la famille dans la trajectoire migratoire.

De son côté, le processus de médiation a été largement développé par les auteurs et praticiens de l'interculturel. Younes et Le Roy (2002) donnent un sens large à la *médiation* en la définissant comme le fait de «faire se rencontrer des personnes ou des groupes qui s'ignorent pour les amener à se reconnaître et à dialoguer, ou [...] faire se retrouver des personnes ou des groupes en opposition ou en conflit pour les amener à s'accorder et à coopérer. Là où il y avait du Rien, que ce soit du néant, l'absence de liens, ou du négatif, la destruction ou la négation des liens possibles, le médiateur fait advenir quelque chose, la confrontation de plusieurs visages et leur reconnaissance mutuelle.» Les notions de pont, de mise en contact, d'espace commun et de dialogue apparaissent donc clairement dans cette description. Lorsque l'on envisage la médiation interculturelle, ce sont les valeurs et les pratiques culturelles qui sont en jeu. Lorsque l'on aborde la médiation familiale, on vise le conflit de valeurs entre les membres de la famille. Enfin, la médiation sociale renvoie, quant à elle, à un processus de création et de réparation d'un lien social, et de règlement des conflits de la vie quotidienne. En intervention sociale, un tiers impartial et indépendant tente donc, en organisant des échanges entre les personnes et les institutions, de les aider à améliorer leur relation ou à régler un conflit qui les oppose. Selon Roos (2007, p. 164), la médiation sociale, apparue au début des années 1980 en Europe, «visait à développer de nouveaux modes de régulation sociale et de dynamisation de la vie collective, en particulier dans les territoires où se concentraient des problèmes d'exclusion et des risques de marginalisation d'une partie de la population, renforcés par la crise économique, le chômage et des problèmes de cohabitation interculturelle et intergénérationnelle. Ces interventions prenaient la forme d'un dialogue renforcé entre les services publics et les populations, de logiques de projets élaborés avec les personnes concernées, voire de création d'activités ou d'emplois de proximité dans ces quartiers.» En ce sens, le processus générique de médiation mis en œuvre avec les familles immigrantes porte principalement sur les dynamiques de la médiation sociale et de la médiation familiale, soit sur le développement de dialogues au sein des familles et entre les familles et les institutions, sur la création de projets communs, et sur le règlement ou la prévention des conflits de valeurs par l'échange sur le sens des stratégies individuelles, familiales et collectives, par la contextualisation temporelle et spatiale de ces stratégies, et par leur reconnaissance et leur négociation.

Des exemples d'interventions ayant la médiation pour processus sont donnés par les interventions intergénérationnelles et interculturelles de quartier, qui visent à créer un dialogue et une reconnaissance entre les générations, les groupes culturels, les habitants et les institutions sociales. Ainsi, en Belgique, on a organisé un voyage en Turquie pour un groupe interculturel de jeunes comprenant plusieurs Turcs. Ces jeunes ont filmé leur voyage, ont fait un reportage sur leurs sentiments à l'égard de leur pays et de leur culture d'origine, puis ont organisé des débats autour du film avec les familles et des membres des institutions du quartier. Ces débats ont permis aux familles de revenir sur leur histoire et de transmettre à leurs enfants des valeurs et une mémoire dont il leur était parfois difficile de parler. C'est donc ici la médiation, par l'entremise du voyage et du film, qui a permis de créer à la fois un dialogue et des liens entre ces jeunes et leurs parents.

Mais qu'en est-il, finalement, de la culture dans cette intervention intergénérationnelle? Ainsi que l'illustre la figure 9.1 (*voir p. 239*), les cultures (celle des familles migrantes, celle du pays d'origine et celle du pays d'accueil, voire celles des pays traversés) représentent le contexte englobant à la fois la famille et les réseaux, mais aussi l'élément qui vient colorer et donner un sens à l'histoire et à la reconnaissance. En effet, les cultures sont aussi constitutives de l'identité et de l'altérité. Et si elles ne représentent aucunement le point majeur de l'intervention ni le problème à résoudre, elles donnent toutefois une orientation aux acteurs de cette intervention, qu'ils soient membres de la famille immigrante, membres des institutions de la société d'accueil ou intervenants. Par ailleurs, de la même façon qu'il doit créer des ponts interculturels entre les membres de la famille, et entre la famille et les institutions, l'intervenant doit prendre en compte sa propre culture, sa propre histoire, son statut et sa génération dans son intervention. Bien entendu, les prendre en compte ne signifie nullement les imposer, mais plutôt prendre une position réflexive par rapport à ces éléments, comme les membres des familles immigrantes, qui ont aussi à mettre en œuvre les capacités réflexives qu'ils ont déjà développées dans la migration.

CONCLUSION

Nous ne saurions clore notre propos sur l'intervention intergénérationnelle sans nous arrêter aux aspects organisationnels qui favorisent ou, au contraire, perturbent la mise en œuvre d'un tel modèle générique. Il ne faut pas oublier, en effet, que l'intervention sous-tend un travail avec l'ensemble des membres de la famille, voire du réseau, à l'aide de techniques telles que la narration, la mise en dialogue, les témoignages, et le partage d'expériences et de stratégies. Avec des groupes de familles, il s'agit aussi de favoriser l'entraide et la solidarité. Avec des réseaux comme ceux des quartiers, il est nécessaire d'utiliser les médias, et d'initier et de soutenir des actions de lobbying. Qu'ils travaillent avec des familles, des groupes ou des réseaux plus larges, les intervenants doivent donc utiliser à la fois des techniques de conscientisation issues de l'éducation populaire, pour favoriser la reconnaissance et les échanges de savoirs, des techniques issues de l'approche ethnoculturelle, qui permettent de parler de soi en groupe en évoquant des objets ou des histoires du pays d'origine ou des pays traversés sans entrer dans une démarche thérapeutique, des techniques et des méthodologies associées aux processus de médiation familiale et collective, et même des techniques d'organisation communautaire de quartier.

Étant donné l'ampleur de ces méthodes et techniques d'intervention, il est évident qu'un contexte d'intervention trop spécialisé ou trop sectorisé ne peut convenir au modèle d'intervention intergénérationnel que nous avons présenté. Il faut, au contraire, concevoir l'intervention comme le fait d'une équipe intersectorielle, multidisciplinaire, voire interdisciplinaire. Non seulement la concertation entre les divers intervenants est-elle utile, elle est même indispensable. Plus encore, puisque l'on parle d'intervention familiale, il est essentiel de penser à un intervenant qui jouera le rôle de pivot au sein de la famille et qui permettra d'éviter le découpage des interactions dans la famille en problèmes générationnels.

Enfin, cette perspective intersectionnelle qui permet de recouper les lectures et les interventions liées aux familles, aux femmes, aux jeunes, aux travailleurs ou, encore, à l'intégration, est une approche novatrice dans des services québécois de plus en plus sectorisés. On peut se demander si l'approche populationnelle prônée par le gouvernement peut permettre l'intersectionnalité nécessaire à une intervention intergénérationnelle et interculturelle. Quoi qu'il en soit, la prise en compte de territoires d'intervention pourrait certainement représenter une réelle occasion de mener des interventions de quartier ou des médiations interculturelles de réseau.

Finalement, nous devons insister sur l'importance d'une approche ciblant les forces, la résilience et l'*empowerment* plus que les problèmes, les conflits et les difficultés des membres des familles immigrantes. Sans nier les différences et les tensions individuelles, on doit s'appuyer avant tout sur les forces et sur la cohésion des groupes familiaux et des réseaux. C'est d'ailleurs là que résident tout le défi et toute la spécificité du travail social : travailler avec des acteurs singuliers, les accompagner dans leurs parcours et soutenir le sens qu'ils donnent à ce parcours. C'est par ce cheminement que pourra sans doute se construire sereinement une société interculturelle, voire métissée, qui laissera aux individus la place qui leur revient tout en les inscrivant dans leurs appartenances et leurs identités multiples. C'est là une forme de cohésion sociale qui reste à construire et dans laquelle le travail social a certainement un rôle à jouer.

POUR EN SAVOIR PLUS

 LIVRES

ALTAMIRANO, C. (1997). *L'intervention jeunesse et la diversification ethnoculturelle : Comment adapter ses compétences ?*, Montréal, Centre de psycho-éducation du Québec et Association des Centres jeunesse du Québec.

BATTAGLINI, A. *et al.* (2000). *Les mères immigrantes : Pareilles pas pareilles ! Facteurs de vulnérabilité propres aux mères immigrantes en période périnatale,* Montréal, Régie régionale de la santé et des services sociaux de Montréal-Centre.

BÉDAY-HAUSER, P. et BOLZMAN, C. (dir.) (1997). *On est né quelque part mais on peut vivre ailleurs : Familles, migrations, cultures et travail social,* Genève, IES éditions.

BÉRUBÉ, L. (2004). *Parents d'ailleurs, enfants d'ici : Dynamique d'adaptation du rôle parental chez les immigrants,* Québec, Presses de l'Université du Québec. ➤

BOURQUE, R., GRAVEL, S. et BATTAGLINI, A. (2000). *Soutien parental et stimulation infantile en milieu pluri-ethnique,* Montréal, Régie régionale de la santé et des services sociaux de Montréal-Centre.

CÔTÉ, A., KÉRISIT, M. et CÔTÉ, M.-L. (2001). *Qui prend pays… L'impact du parrainage sur les droits à l'égalité des femmes immigrantes,* Condition Féminine Canada, [en ligne], http://www.swc-cfc.gc.ca/pubs/pubspr/0662296427/200103_0662296427_f.pdf (consulté le 19 mars 2008).

DAS, K. et EMONGO, L. (2003). *Prise en charge des aînés des communautés ethnoculturelles : Guide de référence et d'inspiration,* Montréal, Institut interculturel de Montréal.

GEADAH, Y. (1996). *Femmes voilées, intégrisme démasqué,* Montréal, VLB.

GUBERMAN, N. et MAHEU, P. (1997). *Les soins aux personnes âgées de la famille d'origine italienne et haïtienne,* Montréal, Éditions du remue-ménage.

GUÉNIF SOUILAMAS, N. et MACÉ, É. (2006). *Les féministes et le garçon arabe,* La Tour-d'Aigues, Éditions de l'Aube.

LAHLOU, M. (2002). «Histoires familiales et mémoires d'exil», dans M. Lahlou (dir.), *Histoires familiales, identité, citoyenneté,* Lyon, Éditions L'Interdisciplinaire.

MALEWSKA-PEYRE, H., GACHON, G. et COHEN-EMERIQUE, M. (dir.) (1988). *Le travail social et les enfants de migrants,* Paris, L'Harmattan (Coll. Migrations et changements, n° 18).

MUXEL, A. (1996). *Individu et mémoire familiale,* Paris, Nathan.

PAUGAM, S. (2007). *Repenser la solidarité : L'apport des sciences sociales,* Paris, Presses universitaires de France.

PLAEN, S. (DE) (dir.) (2004). *Soins aux enfants et pluralisme culturel,* Montréal, Éditions du CHU Sainte-Justine.

«Qu'est-ce que transmettre? Savoir, mémoire, culture, valeurs», *Sciences humaines,* (hors série), n° 36, mars-avril-mai 2002.

SINGLY, F. (DE) (2007). *Sociologie de la famille contemporaine,* 3e édition, Paris, Armand Colin.

VATZ-LAAROUSSI M. (2001). *Le familial au coeur de l'immigration : Stratégies de citoyenneté des familles immigrantes au Québec et en France,* Paris, L'Harmattan (Coll. Espaces interculturels).

VATZ-LAAROUSSI M. *et al.* (2005). *Favoriser les collaborations familles immigrantes-écoles : Soutenir la réussite scolaire. Guide d'accompagnement,* Sherbrooke, Éditions de l'Université de Sherbrooke.

VATZ-LAAROUSSI M., RACHÉDI L. et PÉPIN L. (2002). *Accompagner des familles immigrantes. Guide d'accompagnement,* Sherbrooke, Éditions de l'Université de Sherbrooke.

 ARTICLES ET RAPPORTS DE RECHERCHE

AASSOGBA, Y., FRÉCHETTE, L. et DESMARAIS, D. (2000). «Le mouvement migratoire des jeunes au Québec : La reconfiguration du réseau social, un repère pour étudier le processus d'intégration», *Nouvelles pratiques sociales,* vol. 13, n° 2.

BATTAGLINI, A. *et al.* (2002). «Quand migration et maternité se croisent : Perspectives des intervenantes et des mères immigrantes», *Service social,* vol. 49, n° 1.

CLARKSON, M. et DAHAN, I. (1997). *La famille comme protection : Enquête Santé Québec auprès de la communauté du Maghreb et du Moyen-Orient, rapport de la phase 1 (entrevues de groupe),* Montréal, Santé Québec.

DUVAL, M. (1992). «Être mère au foyer à Montréal… quand on arrive de l'étranger», *Nouvelles pratiques sociales,* vol. 5, n° 2.

➤

GRAVEL, S. (1999). «La situation des femmes immigrantes: Les responsabilités des organismes et services dans la formation interculturelle», dans *Approche interculturelle et violence faite aux femmes, Actes du séminaire tenu le 26 novembre 1998,* Montréal, Table de concertation en matière de violence conjugale et en matière d'agressions à caractère sexuel.

HERNANDEZ, S. (2001). «Intervenir auprès des pères immigrants au Québec, une expérience de groupe, *Revue canadienne de service social,* vol. 18, n° 2.

HERNANDEZ, S. (2002). «Les hommes immigrants au Québec: Effritement du rôle masculin traditionnel et facteurs de vulnérabilité associés», *Intervention,* n° 116.

HERNANDEZ, S. et LOISELLE, M. (2004). «L'homme immigrant de société collectiviste: Dilemmes, tensions et propositions d'intervention», *Intervention,* n° 120.

LACHARITÉ, C. et QUÉNIART, A. (dir.) (2005). «Paternité: Bilan et perspective», *Enfance, Famille, Générations,* n° 3, automne, [en ligne], http://www.erudit.org/revue/efg/2005/v/n3/index.html (consulté le 19 mars 2008).

LEDUC, N. *et al.* (1997). *La perception des jeunes familles d'immigration récente à l'égard des services de santé de première ligne,* Montréal, Colloque Pluriethnicité et services sociaux et de santé de première ligne, CLSC Côte-des-Neiges, 9-10 juin.

LEGAULT, G. et FORTIN, S. (1996). «Problèmes sociaux et culturels de familles d'immigration récente», dans J. Alary et L. Ethier (dir.), *Comprendre la famille,* Sainte-Foy, Actes du 3e Symposium québécois de recherche sur la famille.

MALEWSKA-PEYRE, H. (1993). «L'identité négative chez les jeunes immigrés», *Santé mentale au Québec,* vol. XVIII, n° 1.

MEINTEL, D. et LE GALL, J. (1995). *Les jeunes d'origine immigrée: Rapports familiaux et transitions de vie,* Québec, Ministère des Affaires internationales, de l'Immigration et des Communautés culturelles (Coll. Études et Recherches, n° 10).

TRINH, P. N. (1991). «L'intervention auprès des personnes âgées en centre d'accueil multiculturel», *Écho professionnel,* vol. 4, n° 2.

SITES INTERNET

Conseil de développement de la recherche sur la famille du Québec (CDRFQ)
http://www.uqtr.ca/cdrfq/

ART ET LITTÉRATURE

BENYOUNÈS, A. (2002). *Entre l'érable et le lys, immigrant à vie,* Hull, Centre de promotion artistique.

BLAL, M. (2001). *Une femme pour pays,* Sherbrooke, Productions GGC.

AUDIOVISUELS

La familia latina, réalisation: German Gutierrez, 1986.

The Namesake, réalisation: Mira Nair, 2007.

BIBLIOGRAPHIE

BOUQUET, B. (2003). *Éthique et travail social: Une recherche du sens,* Paris, Dunod (Coll. Action sociale).

COHEN-EMERIQUE, M. (1999). «Le choc culturel», dans J. Demorgon et E.-M. Lipiansky (dir.), *Guide de l'interculturel en formation,* Paris, Retz.

COHEN-EMERIQUE, M. (coord.) (2004). «Médiations et travail social», *Hommes et migrations,* n° 1249, mai-juin.

CYRULNIK, B. (2003). *Le murmure des fantômes,* Paris, Odile Jacob.

DRAPEAU S. *et al.* (2003). *La résilience chez les adolescents placés,* Québec, Centre de recherche sur l'adaptation des jeunes et des familles à risque, Université Laval.

GUILBERT, L. (dir.) (2005). «Appartenances / Migrations / Belonging», *Ethnologies,* vol. 27, n° 1.

HELLY, D., VATZ-LAAROUSSI, M. et RACHÉDI, L. (2001). *Transmission culturelle aux enfants par de jeunes couples immigrants: Montréal, Québec, Sherbrooke,* Montréal, Immigration et Métropoles.

JACOB, A. *et al.* (1994). «Le projet familial des réfugiés: Objectifs ou stratégies», dans *Comprendre la famille,* Sainte-Foy, Presses de l'Université du Québec.

LECOMPTE, J. et MANCIAUX, M. (2001). «Maltraitance et résilience», dans M. Manciaux (dir.), *La résilience: Résister et se construire,* Genève, Médecine et hygiène.

MEINTEL, D. et LE GALL, J. (1995). *Les jeunes d'origine immigrée: Rapports familiaux et les transitions de vie – Les cas des jeunes chiliens, grecs, portugais, salvadoriens, vietnamiens,* Québec, Ministère des Affaires internationales, de l'Immigration et des Communautés culturelles (Coll. Études et recherches, n° 10).

RACHÉDI, L. et VATZ-LAAROUSSI, M. (2004). «Favoriser la résilience des familles immigrantes par l'empowerment et l'accompagnement», *Intervention,* n° 120, juillet.

RENAUD, J. et CAYN, T. (2006). *Un emploi correspondant à ses compétences ? Les travailleurs sélectionnés et l'accès à un emploi qualifié au Québec,* Montréal, Ministère de l'Immigration et des Communautés culturelles.

ROOS, J. F. (2007). *L'obsession sécuritaire,* Mémoire de maîtrise en service social, Université de Sherbrooke, décembre.

VATZ-LAAROUSSI, M. (2006). «Le Nous familial vecteur d'insertion pour les familles immigrantes», *Thèmes canadiens / Canadian Issues,* printemps.

VATZ-LAAROUSSI, M. *et al.* (2005). *Favoriser les collaborations familles immigrantes-écoles: Soutenir la réussite scolaire. Guide d'accompagnement,* Sherbrooke, Éditions de l'Université de Sherbrooke.

VATZ-LAAROUSSI, M. *et al.* (2007). *Femmes immigrantes et réfugiées dans les régions du Québec: Insertion et mobilité,* Rapport de recherche effectué pour Condition féminine Canada, Observatoire de l'immigration dans les zones à faible densité d'immigrants, Sherbrooke, Université de Sherbrooke, mai.

VATZ-LAAROUSSI, M. et RACHÉDI, L. (2006). «Les migrants de la mémoire et de l'histoire: Des témoins de la culture arabo-musulmane», *Insaniyat, Revue algérienne d'anthropologie et de sciences sociales,* n°ˢ 32-33, septembre.

VINSONNEAU, G. (2002). *L'identité culturelle,* Paris, Armand Collin.

YOUNES, C. et LE ROY, É. (2002). *Médiation et diversité culturelle: Pour quelle société ?,* Paris, Karthala.

CHAPITRE 10

LES RÉFUGIÉS :
PROBLÉMATIQUES ET INTERVENTION

Lilyane Rachédi et Gisèle Legault

Même si le devoir de fournir une protection aux réfugiés et de remédier à leurs problèmes est né en 1920 avec la Société des Nations (SDN), l'Organisation des Nations Unies (ONU) reconnaît plus que jamais depuis la fin de la Seconde Guerre mondiale que l'assistance aux réfugiés est un problème de portée internationale et que les États doivent assumer une responsabilité collective envers ceux qui ont des motifs valables de ne pas retourner dans leur pays d'origine. Ainsi, le Haut Commissariat des Nations Unies pour les réfugiés (HCR) est créé en 1951, en remplacement de l'Organisation internationale pour les réfugiés (OIR), dont le mandat était de protéger les groupes de réfugiés qui existaient à cette époque.

Le HCR est un organisme humanitaire strictement apolitique basé à Genève, en Suisse, dont les membres sont élus par l'Assemblée générale des Nations Unies. Son rôle est de fournir une protection internationale aux réfugiés, incluant une assistance matérielle, et de chercher des solutions permanentes à leurs problèmes (Résolution 428 [V] de l'Assemblée générale des Nations Unies, 14 décembre 1950). La protection des réfugiés demeure donc, sans contredit, la raison d'être du HCR, et, pour rendre cette protection efficace, l'organisme tente de garantir à chaque réfugié un asile politique et un statut légal conformes à sa situation et à ses besoins.

Au cours des 50 dernières années, le HCR est venu en aide à environ 50 millions de personnes. À la fin de 1993, on estimait que 18,2 millions de personnes avaient fui leur pays pour échapper aux persécutions et à la violence, sans compter les 24 millions de personnes déplacées à l'intérieur des frontières de leur propre pays (HCR, 1993). Aujourd'hui, 6300 agents du HCR tentent d'aider, dans 110 pays, 32,9 millions de personnes à la recherche d'un refuge (HCR, 2008). Cette augmentation s'explique par plusieurs facteurs, dont une croissance rapide de la population dans certains pays, le sous-développement et l'absence de démocratie (Paringaux, 1991).

Le Québec accueille de nombreuses familles de réfugiés, et, pour intervenir efficacement auprès d'elles, il convient de bien saisir toute la complexité de leur situation, ce qu'elles ont vécu dans les camps et les histoires qui les amènent à quitter leur pays. C'est cette réalité que nous exposerons dans un premier temps. Nous présenterons ensuite la situation propre aux requérants du statut de réfugié (que l'on appelle aujourd'hui des *demandeurs d'asile*), leurs difficultés d'intégration et les ressources disponibles pour leur venir en aide. Il faut savoir que ces populations présentent des caractéristiques particulières, notamment en matière de santé mentale et physique, et sont davantage à risque que les autres immigrants. Déjà, en 1988, le rapport du groupe chargé d'étudier les problèmes de santé mentale des immigrants et des réfugiés au Canada soulignait la vulnérabilité, au regard des troubles mentaux, des enfants, des femmes et des personnes âgées ayant vécu des épisodes de violence, de torture ou de viol (Beiser *et al.,* 1988). Nous nous intéresserons donc aussi à ces questions avant de présenter un modèle d'intervention basé sur un roman jeunesse qui a été expérimenté auprès de jeunes réfugiés.

10.1.1 UNE DÉFINITION TROP RESTRICTIVE

Le Haut Commissariat pour les réfugiés met de l'avant une définition du réfugié acceptée par tous les pays membres des Nations Unies qui adhèrent à la Convention de Genève de 1951. En 1993, 120 États (sur les 183 que compte l'ONU), dont le Canada, ont signé cette convention ainsi que le protocole de 1967 qui la complète (HCR, 1993). Selon le HCR, un *réfugié* est « une personne qui se trouve hors de son pays d'origine car elle craint, avec raison, d'être persécutée du fait de sa race, de sa religion, de sa nationalité, de son appartenance à un groupe social ou de ses opinions politiques et qui ne peut ou ne veut se réclamer de la protection de ce pays ou y retourner par crainte de subir des persécutions » (HCR, 1993).

Cette définition du HCR (1993, p. 12) apparaît trop restrictive à plusieurs acteurs de la scène internationale. Ainsi, l'Organisation de l'unité africaine (OUA) a suggéré, en 1969, que soit considérée comme *réfugiée* toute personne contrainte de quitter son pays « du fait d'une agression, d'une occupation extérieure, d'une domination étrangère ou d'événements troublant gravement l'ordre public dans une partie ou dans la totalité de son pays d'origine ou du pays dont elle a la nationalité ». En 1984, les pays d'Amérique centrale ont eux aussi adopté une définition ; elle est fondée sur celle de l'OUA, mais elle contient un nouveau critère, celui de la « violation massive des droits de l'homme » comme motif de reconnaissance du statut de réfugié. Toutefois, jusqu'à présent, ces définitions élargies n'ont pas été endossées par le Canada, pas plus que par la majorité des autres pays signataires de la Convention de Genève. La seule exception qui a été reconnue par le Canada depuis 1993 comme motif de demande d'asile par une femme est « la crainte d'être persécutée en raison de son sexe » (Commission de l'immigration et du statut de réfugié [CISR], 1993). Il est ainsi admis que, même si le sexe n'est pas mentionné de façon explicite comme un motif permettant d'établir le statut de réfugié au sens de la Convention, la définition de ce statut peut être interprétée de façon à protéger les femmes qui éprouvent une crainte justifiée de persécution fondée sur leur sexe.

Au Canada, on se demande à juste titre si nos exigences relativement au statut de réfugié n'ont pas pour effet de « filtrer » les personnes qui auraient le plus besoin de notre protection. Ainsi, il est dramatique de constater que la majorité des personnes qui déposent des demandes au Canada sont des hommes, alors que les femmes et les enfants sont majoritaires dans les camps de réfugiés (de 75 % à 90 %, selon les pays ; Giles, Moussa et Van Esterik, 1996, p. 44). « La protection des droits de l'enfant et la protection contre la torture et l'esclavage sont en outre aussi importantes que la protection contre la persécution basée sur la race ou la religion et les autres motifs de revendication du statut de réfugié. » (Trempe *et al.,* 1997, p. 86) Toutefois, une protection est parfois accordée par le HCR à des groupes de réfugiés qui fuient à la fois les persécutions, les conflits et les violations généralisées des droits de l'homme.

Le HCR intervient alors en procédant à une évaluation globale des conditions de vie du pays générateur de réfugiés plutôt qu'à un examen au cas par cas des demandes d'asile.

10.1.2 LA SITUATION DANS LES CAMPS DE RÉFUGIÉS

Dans de nombreux pays, surtout en Asie et en Afrique, des personnes sans patrie s'entassent dans des camps situés dans les pays voisins de ceux qui sont en conflit. Ces camps sont de différentes tailles, et les conditions de vie qui y prévalent varient de l'un à l'autre, mais elles sont généralement très difficiles. En effet, on y trouve de fortes concentrations de personnes extrêmement vulnérables ; beaucoup de ces camps présentant de graves insuffisances sur le plan de la nourriture, de l'approvisionnement en eau et des ressources médicales. Les gens y vivent dans l'isolement, l'oisiveté et la dépendance ; ils ne peuvent ni travailler, ni avoir une certaine vie privée, ni penser à l'avenir de leurs enfants, qui bien souvent ne reçoivent plus aucune éducation et cumulent les retards scolaires. Nombre de problèmes s'y développent, et les gens entretiennent peu d'espoir de s'en sortir. Les femmes sont particulièrement vulnérables dans les camps, car elles se trouvent en dehors des structures traditionnelles de protection familiale et communautaire ; par ailleurs, leurs responsabilités sont accrues, et elles disposent de fort peu de ressources. De plus, « les violences sexuelles sont un phénomène courant dans certains contextes, ainsi que les violations de droits fondamentaux comme l'égalité d'accès à l'éducation et la liberté de circulation » (HCR, 1993, p. 48).

D'autres réfugiés vivent près des frontières, dans des villages construits à leur intention ; ces réfugiés ne jouissent d'aucune protection et peu d'entre eux sont autorisés à travailler. Ils sont souvent harcelés, emprisonnés ou encore exploités par des employeurs sans scrupules qui leur imposent des conditions de travail injustes (Coalition for a Just Refugee and Immigration Policy, 1987). Parce qu'ils sont assimilés à l'un ou l'autre des adversaires qui s'affrontent dans un conflit armé, ils sont également soumis à des attaques souvent violentes d'individus hostiles provenant autant du pays d'origine que du pays d'asile.

C'est la raison pour laquelle, parmi toutes les solutions envisagées par le HCR au problème des réfugiés, l'intégration à long terme dans un pays tiers est souvent l'option la plus souhaitable, voire la seule possible. Le Canada, qui est une terre d'asile, s'engage à accueillir chaque année des personnes qui revendiquent cette protection. Certains réfugiés arrivent donc au pays en jouissant déjà du statut de résident permanent, statut obtenu dans les camps, ou parfois grâce au parrainage du gouvernement canadien ou du secteur privé. En 2006, 15 892 réfugiés vivaient au Canada ; ils constituaient 12,9 % de l'ensemble des résidents permanents (Citoyenneté et Immigration Canada, 2006).

10.1.3 LES FAMILLES RÉFUGIÉES ET LEUR RAPPORT À L'HISTOIRE

Des recherches menées au Québec montrent que les histoires familiales singulières des réfugiés de guerre sont étroitement imbriquées dans une histoire à la fois internationale, nationale et locale (Vatz-Laaroussi et Rachédi, 2002). En effet, ces familles réfugiées développent des rapports particuliers à l'histoire en fonction de la trajectoire de leur exil, des types de conflits qu'elles ont vécus dans leur pays d'origine et enfin de la médiatisation dont ces conflits ont fait l'objet. On peut ainsi distinguer quatre principaux rapports à l'histoire :

1) l'histoire comme témoignage social ;
2) l'histoire comme transmission familiale ;
3) l'histoire dérobée ;
4) l'histoire taboue.

L'histoire comme témoignage social est associée aux personnes qui ont été témoins des atrocités des guerres, qui ont vu des massacres et qui ont assisté à des exécutions expéditives. Des gens qui, dans leur pays d'origine, étaient habitués à vivre ensemble et à se côtoyer malgré leurs différences ethniques, religieuses ou autres deviennent subitement des ennemis. Les différences et les appartenances sont alors perçues comme des signes distinctifs légitimant les massacres. Cela caractérise particulièrement les conflits bipolaires, comme ceux qui ont secoué le Rwanda et l'ex-Yougoslavie. Ces conflits sanglants déclenchent des mouvements de population à l'intérieur du pays ou des exodes massifs vers les pays limitrophes. L'histoire dont ces réfugiés sont porteurs les conduit alors à dénoncer ce qu'ils ont vécu ; faire cesser ces guerres fratricides, clarifier les événements et prendre position deviennent alors les objectifs des familles installées dans leurs pays d'accueil. L'impuissance du passé se transforme en responsabilité collective, les survivants se donnant en quelque sorte comme mission de témoigner, mais aussi d'honorer la mémoire des morts dans le pays d'origine.

L'histoire comme transmission familiale est surtout propre aux gens venant de pays comme l'Algérie, où les conflits résultent de trahisons, de contradictions et d'incohérences. La violence nébuleuse qui y règne entraîne une grande méfiance entre les ressortissants de ces pays, qui ne savent plus à quelle faction appartiennent les différentes personnes qui les entourent. Chaque individu est alors considéré comme un ennemi potentiel. Cette violence qui est fuie sert alors de contre-modèle aux parents réfugiés pour enseigner à leurs enfants les valeurs de paix, de tolérance et de fraternité qui sont traditionnellement associées à leur culture et à leurs origines. Ces parents s'évertuent aussi à reconsidérer la valeur et l'importance de leur pays, de leurs origines et des relations d'entraide. La transmission des valeurs n'est donc pas une finalité en soi, le but étant plutôt de légitimer leur départ (l'exil est présenté comme une solution de survie) et d'amener les enfants à se forger une identité adaptative solide.

L'histoire dérobée, quant à elle, concerne les familles issues de pays en conflit où l'Occident (et en particulier les États-Unis) est intervenu, et où une version médiatisée du conflit a supplanté le discours des historiens et des intellectuels. L'Afghanistan et l'Irak font aujourd'hui partie de ces pays qui occupent la scène médiatique de manière continue. Les médias ont dérobé l'histoire de ces familles, ils les ont dépossédées de leur véritable histoire et les ont contraintes à n'être que des témoins impuissants de cette imposture. La situation de ces familles est d'autant plus paradoxale qu'elles vivent au sein même des nations qui ont participé à la destruction de leur pays d'origine. Ces réfugiés sont dès lors contraints d'afficher, dans le pays d'accueil, une passivité de façade, ce qui peut avoir des conséquences sur leur équilibre psychosocial. En effet, ils peuvent être perçus comme des traîtres ou des lâches parce qu'ils se sont installés dans le pays ennemi ou parce qu'ils n'ont pas le courage de faire valoir leur «vérité» une fois qu'ils sont en sécurité. La préservation des liens avec le pays, avec la culture, avec la langue et avec la religion d'origine est alors le moyen, pour ces familles, de procéder à une reconstruction qui est parallèle au discours médiatique.

Enfin, l'histoire taboue est perçue comme une histoire encore menaçante puisqu'elle révèle les responsabilités et les trahisons des uns et des autres. Une certaine confusion caractérise les conflits dans ces pays où les violences sont à l'origine d'histoires chaotiques. C'est le cas, par exemple, de la Colombie. Les soupçons qui pèsent parfois sur les membres de la communauté perdurent jusque dans le pays d'accueil. L'histoire ne doit pas circuler parce qu'elle est fratricide. Privés d'historicité, les parents se concentrent alors sur la transmission de valeurs culturelles, familiales et parfois religieuses ; la reconstruction de la mémoire et de l'histoire se fait ainsi sur la base de valeurs affectives et morales.

10.2 LES DEMANDEURS D'ASILE AU QUÉBEC ET AU CANADA

10.2.1 LES PARTICULARITÉS DU STATUT DE DEMANDEUR D'ASILE

L'offre d'asile à tout étranger en détresse est largement répandue dans les différentes cultures et religions ; c'est là l'une des manifestations fondamentales de la solidarité humaine. Ainsi, dans les années 1970, alors que le flux de réfugiés dans le monde était encore limité, plusieurs pays industrialisés ont offert refuge aux personnes quittant le Vietnam sur des bateaux de fortune (les *boat people*) ou encore aux réfugiés fuyant les pays communistes. Cependant, au cours des années 1980 et 1990, le nombre de demandeurs d'asile s'est accru. En effet, alors que, en 1983, environ 100 000 personnes avaient demandé asile en Europe, en Amérique du Nord, en Australie et au Japon, elles étaient plus de 800 000 en 1992 (HCR, 1993). Il faut souligner que la majorité des demandeurs d'asile quittent leur pays au moment d'exodes massifs et trouvent refuge dans des pays voisins ; ces exodes représentent alors une lourde charge pour les pays d'accueil, souvent soumis aux mêmes conditions socioéconomiques que celles existant dans les pays d'origine. Ces pays voisins accueillent néanmoins de nombreuses populations en danger, mais sans pouvoir répondre à l'ensemble de leurs besoins. Il est donc essentiel que les pays «développés» fassent leur part.

«Comme il n'existe pas de traité ou de convention ayant force de loi pour contraindre les États à accorder l'asile […] chaque État se détermine lui-même quand il s'agit de décider qui sera admis sur son territoire et pourquoi.» (HCR, 1993, p. 32) Les pratiques varient donc considérablement en fonction du niveau de la demande, de l'origine des requérants, de la manière dont leurs motifs sont perçus, et d'autres préoccupations et pressions du moment (HCR, 1993). On évoque aussi parfois les demandes d'asile abusives provenant de personnes qui ne cherchent pas à échapper à des persécutions ou à des dangers réels dans leur pays d'origine, mais qui utilisent les mécanismes de la demande d'asile dans l'espoir d'entrer sur le marché du travail du pays hôte et d'avoir un avenir meilleur. De 1976 à 1986, le Canada a accueilli 150 000 réfugiés, soit, à cette époque, davantage que tout autre pays du monde proportionnellement à sa population. Toutefois, dans le contexte des années 1980 et 1990, le Canada a interprété de façon plus étroite la notion de réfugié, a durci ses procédures de détermination du statut de réfugié et a limité l'accès aux mécanismes de demande d'asile (*voir le chapitre 1*).

Pour maintenir leurs appuis politiques et faire face aux pressions internes, les gouvernements doivent donner l'impression qu'ils conservent la maîtrise du processus de demande d'asile (HCR, 1993). Ainsi, une procédure de reconnaissance du statut de réfugié a été sanctionnée pour la première fois au Canada par la Loi sur l'immigration de 1976, mais ce n'est qu'en 1989, à la suite d'une décision de la Cour suprême, que la Commission de l'immigration et du statut de réfugié (CISR) a été créée.

La CISR décide du bien-fondé des revendications du statut de réfugié ; elle procède sans formalisme et avec souplesse, en se conformant aux dispositions de la Loi sur l'immigration, de la Charte canadienne des droits et libertés et de la Convention de Genève, et en respectant la tradition humanitaire du Canada. La CISR traite les revendications présentées par des personnes qui se trouvent physiquement au Canada et qui entreprennent des démarches de demande d'asile, donc de protection. En 2006, selon Citoyenneté et Immigration Canada, ces demandeurs constituaient 28 % des nouveaux arrivants. Les commissaires de la CISR déterminent si le revendicateur est bien un réfugié au sens de la Convention de Genève et si, par conséquent, il est une personne qu'il faut protéger. Chaque cas est examiné individuellement, et chaque décision rendue se fonde sur les preuves soumises par le requérant, qui doit établir la crédibilité de son récit.

L'audience a lieu à huis clos, et toutes les mesures sont prises pour que le requérant puisse exposer de la manière la plus complète possible les raisons de sa revendication. Le demandeur est protégé par les dispositions de la Charte canadienne des droits et libertés, et il a le droit de participer pleinement aux débats, d'être représenté par un avocat ainsi que de bénéficier, au besoin, des services d'un interprète. À la suite de leur audition, plus de la moitié des requérants se voient accorder le statut de réfugié. En 1991, ce pourcentage était nettement supérieur à celui du Royaume-Uni (15 %) et de la Communauté européenne (20 %) (HCR, 1993, p. 38).

En février 2007, un mémoire déposé par la section canadienne francophone d'Amnistie internationale, par la Table de concertation des organismes au service des personnes réfugiées et immigrantes et par le Centre justice et foi a toutefois fait état de failles importantes dans la procédure d'examen des risques avant renvoi dans le pays d'origine, une procédure qui a pour but d'évaluer si le rapatriement du demandeur d'asile dans son pays risque ou non de menacer sa vie. Ces organismes s'inquiétaient alors du faible taux d'acceptation des demandes d'examen des risques avant renvoi (ERAR), qui n'était, en 2005, que de 3 % sur

6825 décisions rendues. La même année, au Québec, le taux d'acceptation était d'à peine 1 %. Le mémoire stipule que la concentration de responsabilités et de pouvoirs entre les mains des agents (désignés par le ministre) est énorme dans la mesure où ces agents n'ont pas l'obligation de rendre compte de leurs décisions, qui n'ont été examinées ni révisées par personne d'autre. Un dernier recours est toutefois possible pour des raisons d'ordre humanitaire (ROH). La presse a bien traité de quelques cas de personnes s'étant réfugiées dans des églises après avoir été refusées, mais le phénomène demeure rare. En 2004, à Montréal, seules 4 églises hébergeaient des réfugiés, sur 300 paroisses (Beauchemin, 2004). Ce droit d'asile offert par les églises est une tradition séculaire non violente. Toutefois, après la médiatique affaire Cherfi (un immigrant d'origine algérienne demandeur d'asile qui s'était réfugié dans une église en 2004 et qui fut tout de même expulsé du Canada), Judy Sgro, la ministre fédérale de l'Immigration de l'époque, avait invité les Églises du Canada à mettre fin à cette pratique. Celles-ci avaient alors vivement réagi pour manifester leur désaccord.

Il y aurait aussi lieu de se pencher sur la sélection des commissaires, qui doivent représenter la mosaïque culturelle et ethnique du Canada, et provenir de divers milieux. Ils sont actuellement choisis en fonction de leurs connaissances sur les questions relatives aux réfugiés et à l'immigration, de leur intérêt pour ces questions, et de leur connaissance du droit administratif et de la jurisprudence canadienne (CISR, 1994). Toutefois, rendent-ils des décisions libres de toute pression politique?

La figure 10.1 ci-dessous résume le parcours possible des réfugiés et des demandeurs d'asile.

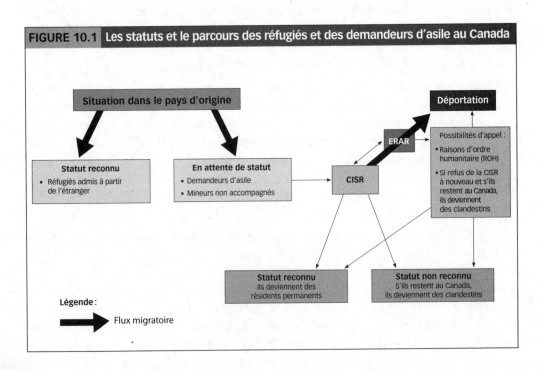

FIGURE 10.1 Les statuts et le parcours des réfugiés et des demandeurs d'asile au Canada

10.2.2 L'INTÉGRATION DES DEMANDEURS D'ASILE

Qu'en est-il de l'intégration des demandeurs d'asile une fois qu'ils sont acceptés? Deux études nous permettent de répondre à cette question.

Celle de Renaud et Gingras (1998) a été réalisée auprès d'un échantillon probabiliste de 407 individus ayant déposé au Québec une demande d'asile en 1994 (c'est-à-dire des personnes réclamant la protection humanitaire du Canada en vertu de la Convention de Genève sur les réfugiés) et ayant obtenu le statut de réfugié puis la résidence permanente avant la fin du mois de mars 1997. Bien que tous aient obtenu le statut réclamé puisqu'il s'agissait là d'une condition pour être inclus dans l'étude, celle-ci a révélé que «les délais administratifs et les conditions mêmes du processus de revendication les ont empêchés de s'intégrer harmonieusement, en dépit du fait que, comme groupe, ils possèdent d'importantes qualités de capital humain (comme la scolarité et l'expérience de travail) qui auraient dû faciliter leur établissement» (Renaud et Gingras, 1998, p. 91).

Le groupe de revendicateurs participant à cette étude était composé de jeunes individus (88,2 % des personnes avait alors moins de 40 ans) ayant fréquenté, dans 27,2 % des cas, une institution postsecondaire et, dans 36,9 % des cas, une institution universitaire. Il s'agissait donc de gens très scolarisés, et qui possédaient également une très bonne maîtrise du français et de l'anglais lors de leur entrevue. Ainsi, trois ans après leur arrivée, seulement 14,5 % des gens n'avaient pas appris le français et 13,8 % n'avaient pas appris l'anglais. Enfin, les trois quarts (78,2 %, exactement) avaient déjà occupé un emploi à l'étranger et connaissaient le monde du travail. Ces personnes avaient donc tout pour s'intégrer au marché du travail et pour se reconstruire une nouvelle vie dans le pays qui leur avait offert l'asile. Pourtant, l'étude montre que la réalité fut tout autre, notamment à cause des longs délais avant que les réfugiés soient enfin fixés sur leur statut (7 mois pour l'obtention du statut de réfugié et 13 mois additionnels pour l'obtention de la résidence permanente, soit 20 mois d'attente avant de devenir un immigrant légal pouvant s'établir au Québec). Près des trois quarts de ces demandeurs ont toutefois profité de ces délais pour entreprendre une formation, souvent à temps plein, ou pour suivre des cours de langues. La majorité d'entre eux ont donc investi pour augmenter leur employabilité et pour tenter d'intégrer le marché du travail, mais malheureusement avec peu de succès[1]. Ainsi, «près de la moitié [des demandeurs] n'a toujours pas eu un premier emploi après trois ans [...] et les emplois qu'ils détiennent sont typiquement de petits emplois [...] concentrés dans quatre secteurs d'industries manufacturières autres que l'habillement, la restauration et les autres industries de services». Ces demandeurs d'asile ont donc «un statut socio-économique très bas, et surtout inférieur de dix-huit points au statut moyen des emplois qu'ils avaient à l'étranger» (Renaud et Gingras, 1998, p. 92).

---

1 Pendant la période d'attente, un permis de travail et une carte d'assurance sociale sont généralement délivrés. Mais un employeur averti sait déceler le statut temporaire de ces documents puisque l'immatriculation des requérants commence par le chiffre 9. Leur chance de trouver du travail est donc réduite.

Une autre étude qualitative menée en 1996 par McAll auprès de 62 anciens requérants du statut de réfugié au Québec a révélé, quant à elle, que l'intégration au marché du travail n'est facile que si l'immigrant est prêt à faire «n'importe quel travail», c'est-à-dire un emploi qui n'exige pas de qualifications préalables, qui est généralement payé entre 4,50 $ et 8,00 $ l'heure, qui est susceptible de se terminer sans préavis et qui s'effectue souvent dans des conditions inacceptables, surtout en ce qui concerne les conditions de santé et de sécurité, ou le non-paiement des heures supplémentaires et des cotisations d'assurance-chômage (McAll, 1996, p. 52). À défaut d'emploi, les demandeurs d'asile vivent de l'aide sociale; ainsi, 44 % d'entre eux reçoivent ces prestations après trois ans de séjour au Québec.

Les conclusions de ces études sont donc navrantes: «alors qu'ils possèdent d'intéressantes caractéristiques pour le marché du travail, les revendicateurs de statut n'y accèdent pas ou peu et leur destin ne semble pas s'améliorer au fil de leurs trois premières années» (Renaud et Gingras, 1998, p. 92). Tout cela place donc les revendicateurs dans une situation globale de marginalité qui ne peut que leur être dommageable, et nuire à leur intégration dans la société d'accueil et à leur santé mentale. En effet, l'incertitude prolongée qui précède la décision de la CISR engendre un climat d'insécurité dans tous les domaines de la vie quotidienne; les revendicateurs ne pouvant planifier ni un travail, ni la venue des membres de la famille demeurés dans le pays d'origine, ni des projets concrets pour leur avenir (Bibeau *et al.,* 1992). Cette attente, qui inclut une menace possible d'expulsion, n'est pas sans leur rappeler des situations vécues dans leur pays d'origine, que ce soit l'emprisonnement, une surveillance tatillonne, et une vie sans cesse perturbée par la peur et l'angoisse. Certains éprouveront d'ailleurs des malaises somatiques ou de l'anxiété, ou deviendront agressifs à l'endroit de la société d'accueil et de ses représentants.

Il importe donc d'intervenir auprès des demandeurs d'asile de façon ciblée et sur plusieurs fronts, en visant avant tout la réduction des délais, sans quoi les organismes gouvernementaux et communautaires ne serviront qu'à gérer cette marginalité plutôt qu'à répondre à un besoin réel d'information sur le logement, les emplois, les centres de dépannage alimentaire et vestimentaire, la Loi sur la sécurité du revenu, les cours de langues, la santé, etc. McAll souligne un autre problème touchant ces organismes: même s'ils tiennent compte de l'ensemble de la situation dans laquelle se trouve le requérant et lui fournissent le soutien affectif et moral dont il a besoin pendant le cheminement de son dossier, ils vivent eux-mêmes une certaine forme de précarité et de marginalité. C'est ce qui fait dire à McAll que «le système de réception mis en place pour les requérants au Québec – que ce soit sur le plan gouvernemental ou non gouvernemental – porte en lui, jusqu'à un certain point, les marques d'incertitude qui caractérisent la population qu'il est censé desservir» (McAll, 1996, p. 69).

10.2.3 DES EXEMPLES DE RESSOURCES LOCALES

Il existe, en région, quelques services offerts aux réfugiés (l'Université Laval offre notamment des ateliers sur l'imaginaire et des consultations en ethnopsychiatrie), mais ils sont, hélas, encore peu nombreux. Les ressources sont donc principalement concentrées à Montréal, où de multiples organismes travaillent auprès des réfugiés et des demandeurs d'asile. Ces organismes offrent différents services, qui vont de l'hébergement au suivi psychosocial, ainsi qu'un accompagnement engagé. C'est le travail complémentaire de chacun de ces organismes qui permet de satisfaire les besoins. Cependant, trois organismes importants mobilisent leurs ressources pour aider les personnes réfugiées et immigrantes.

Le Programme régional d'accueil et d'intégration des demandeurs d'asile (PRAIDA), la Table de concertation des réfugiés et des immigrants (TCRI) et le Réseau d'intervention auprès des personnes ayant subi la violence organisée (RIVO) offrent tous les trois, simultanément, des services à ces populations. Notons toutefois que la TCRI et le RIVO ne travaillent pas exclusivement avec des demandeurs d'asile.

■ LE PROGRAMME RÉGIONAL D'ACCUEIL ET D'INTÉGRATION DES DEMANDEURS D'ASILE (PRAIDA)

Géré par le Centre de santé et de services sociaux (CSSS) de la Montagne, qui remplit des mandats régionaux, le PRAIDA est un service d'accueil dont l'objectif premier est d'offrir un accueil psychosocial aux demandeurs d'asile, qui comprend une évaluation et un suivi à court terme ainsi qu'une aide d'appoint aux nouveaux arrivants (hébergement temporaire, nourriture, etc.). Il offre aussi aux demandeurs d'asile des services de santé et des services sociaux. Les travailleurs du PRAIDA, en collaboration avec le Young Women Christian Association (YWCA), interviennent également en situations de crise et d'urgence.

Selon une entente conclue entre le CSSS de la Montagne, le Centre Jeunesse de Montréal et la Direction de la protection de la jeunesse, le PRAIDA gère les dossiers des mineurs non accompagnés. Il est présent à plusieurs tables de concertation (Commission de l'immigration et du statut de réfugié du Canada [CISR] ; Agence des services frontaliers du Canada [ASFC], ministère de l'Immigration et des Communautés culturelles [MICC], etc.) (CSSS de la Montagne, 2007). De plus, il organise des activités de prévention et d'information sur la santé des femmes, les maladies transmises sexuellement, les aspects juridiques du processus de demande d'asile, la recherche de logement, les services et les ressources communautaires, le marché du travail, etc. (CSSS de la Montagne, 2007). Enfin, les intervenants du PRAIDA collaborent à des projets de recherche et font ainsi avancer les connaissances sur les populations requérantes et réfugiées.

■ LA TABLE DE CONCERTATION DES RÉFUGIÉS ET DES IMMIGRANTS (TCRI)[2]

Cette table regroupe 135 organismes québécois qui œuvrent auprès des personnes réfugiées et immigrantes. Un de ses principaux objectifs est d'offrir un soutien aux organismes participants dans leur travail quotidien. Elle vise aussi à favoriser la concertation et la collaboration entre les professionnels qui travaillent auprès de ces populations, de même qu'entre le réseau communautaire et le réseau gouvernemental ; elle cherche ainsi à améliorer l'ensemble des services offerts aux réfugiés et aux immigrants. Cette table joue également un rôle dans la défense des droits des réfugiés en les aidant dans leur processus d'établissement au Québec.

---

2 Informations tirées du site Web de l'organisme : http://www.tcri.qc.ca/.

Par les multiples activités qu'elle met en place, elle informe et sensibilise le public et les médias de la société d'accueil sur la réalité des nouveaux arrivants, et elle promeut le dialogue interculturel (en offrant, par exemple, de la formation à l'intention des organismes). Enfin, par leur participation à diverses recherches-actions, les membres de la TCRI tentent de valoriser, entre autres, les pratiques plurielles (communautaires et alternatives).

■ LE RÉSEAU D'INTERVENTION AUPRÈS DES PERSONNES AYANT SUBI LA VIOLENCE ORGANISÉE (RIVO)[3]

Le RIVO est un autre organisme montréalais composé d'intervenants et de professionnels de diverses disciplines (travail social, travail communautaire, santé mentale, médecine, droit, etc.) et de multiples organismes. Ce regroupement a trois objectifs principaux. Le premier, centré sur l'intervention auprès des personnes ayant vécu la violence organisée, vise à favoriser, chez ces personnes, la prise en compte de leur expérience traumatique (suivi psychosocial, psychothérapie, suivi médical, accompagnement, art-thérapie, massothérapie, etc.). Le deuxième a trait à la sensibilisation de la société d'accueil; ses membres offrent donc de la formation aux intervenants et aux professionnels afin de les aider à mieux répondre aux besoins de la population cible. Enfin, le troisième objectif du RIVO est de favoriser le développement de liens avec des instances et des organismes œuvrant auprès de cette population. Ainsi, des échanges internationaux sont mis sur pied avec des pays où s'est manifestée une violence organisée qui désirent mettre en place des structures de prévention contre la répression et la torture. Des activités de recherche sont par ailleurs également menées par ce regroupement.

10.3 LES PROBLÈMES DE SANTÉ MENTALE DES FAMILLES RÉFUGIÉES

10.3.1 L'EXPÉRIENCE DU DEUIL

Les membres des familles acceptées au Canada en vertu de leur sélection dans des camps de réfugiés arrivent au pays avec un statut de résident permanent, ce qui leur donne accès à l'ensemble des mesures sociales disponibles. Ces familles sont habituellement parrainées par des groupes et bénéficient d'une aide pour leur établissement. Toutefois, comme les demandeurs d'asile, elles expérimentent parfois des problèmes de santé mentale particuliers qui requièrent l'intervention de spécialistes sensibles aux réalités qu'elles ont vécues.

Rappelons que ce qui distingue l'émigration forcée de l'émigration volontaire, c'est une moins grande aptitude des personnes forcées à immigrer à supporter le deuil provoqué par l'arrachement à leur pays (Abou, 1988). Le départ étant souvent définitif, certains chercheurs établissent même un lien entre cette expérience et celle du décès d'un proche puisqu'il faut, dans les deux cas, vivre un deuil (Disman, 1983; Fantino, 1982). De leur côté, Gringberg

---

3 Informations tirées du site Web de l'organisme: http://www.web.ca/~rivo/.

et Gringberg (1986, p. 43) expliquent qu'«il y a une différence de nature entre le deuil qu'il faut surmonter face à la perte d'un pays, perte résultant des persécutions avec l'augmentation d'angoisses paranoïdes qui en découlent, et les deuils liés à l'abandon volontaire du pays où peuvent prévaloir la culpabilité et les angoisses dépressives». Ce concept de deuil est donc particulièrement pertinent lorsqu'on évoque l'état de détresse particulier qui affecte certains réfugiés durant les premières années de leur installation en terre d'accueil.

Ce deuil est associé aux multiples pertes vécues au cours des périodes prémigratoire, migratoire et postmigratoire. En effet, comme le souligne Bernier (1993), plusieurs pertes sont déjà vécues au cours de la période prémigratoire : nombreux déplacements, bris de l'unité familiale par la mort ou par l'obligation de l'un des membres de la famille de partir seul à l'aventure, appauvrissement causé par la famine et la guerre, perte de liberté en cas de persécution et de travaux forcés. Ensuite, la période de la migration est également marquée par des pertes substantielles : perte de l'espace vital, de l'intimité, de la liberté de mouvement et du pouvoir sur son destin, perte inhérente au statut même du réfugié, qui vit dans l'attente d'être accepté par un pays. Enfin, au cours de la période postmigratoire, le réfugié continuera de vivre de multiples pertes matérielles (biens, souvenirs), culturelles et relationnelles (Bernier, 1993). À cette étape, le deuil implique souvent une idéalisation du passé, une interprétation du présent à la lumière de ce passé, et une négation et un rejet des valeurs du peuple hôte, dont les attitudes et les comportements sont perçus de façon négative. Les conséquences de ce deuil se reflètent dans des sentiments de marginalisation, de déracinement et de non-appartenance, et dans des états de confusion et d'incertitude concernant l'avenir.

10.3.2 LE SYNDROME DE STRESS POST-TRAUMATIQUE ET L'INTERVENTION

Rousseau, une psychiatre montréalaise, a effectué de multiples recherches sur la réalité des réfugiés et surtout sur le stress qui résulte d'une exposition prolongée à la violence organisée qui prévaut dans plusieurs pays. Les réfugiés arrivent en effet dans les pays d'accueil parce qu'ils fuient une violence organisée dans leur pays d'origine, que ce soit la guerre ou la persécution, ou encore les conditions socioéconomiques difficiles qui y sont associées. La *violence organisée* est définie comme «celle exercée par un groupe d'humains contre un autre à cause de ses caractéristiques politiques, raciales, religieuses, ethniques, sociales, sexuelles ou autres» (Rousseau, 2000, p. 181).

À l'instar de Kleinman et Kleinman (1997), Rousseau considère la souffrance sociale comme la conséquence de cette violence organisée. Dans leur pays d'adoption, les réfugiés font face au déni de ce qu'ils ont vécu, ce qui se traduit par une banalisation de leur expérience et par de faux discours sur les réfugiés. Mais, selon Rousseau, une intervention adaptée «peut, à partir d'un rétablissement de liens sociaux même ténus et en se fondant sur les forces des personnes, réhabiliter une position de sujet qui permet de sortir de la paralysie traumatique, de retrouver le mouvement de la vie» (2000, p. 189). C'est donc à la fois en ce qui a trait à la personne, à la famille et à la communauté qu'il faut saisir l'empreinte du traumatisme et intervenir. Sur le plan personnel, la souffrance oscille généralement entre deux pôles : celui de la répétition et celui de l'évitement. La répétition se manifeste par des cauchemars, par des jeux violents chez les enfants ou par un état d'alerte perpétuel, autant de signes qui témoignent du traumatisme vécu. L'évitement, quant à lui, est décelable par l'oubli, par une distance émotionnelle qui témoigne du bris du lien social. On reconnaît bien ici les caractéristiques du syndrome du stress post-traumatique (SSPT), état pour lequel les réfugiés sont souvent traités. Sur le plan collectif, la violence organisée provoque la rupture du lien social (Vinar et Vinar, 1989). En effet, dans un climat où règnent un silence imposé par la terreur et une méfiance qui est gage de survie, il est impossible d'être en continuité avec une histoire, donc de conserver une appartenance collective.

Aussi, l'intervention doit essentiellement permettre au réfugié de comprendre que ses symptômes sont une réponse normale à l'expérience difficile qu'il a vécue, de reprendre le contrôle sur son vécu et de rétablir des liens de confiance. Il ne faut pas oublier que ce travail de construction de sens doit d'abord et avant tout être réalisé à la fois au sein des familles elles-mêmes et au sein du groupe social auquel le réfugié s'identifie. L'intervention doit également tenir compte des dimensions collectives de la violence politique vécue par les réfugiés, car les intervenants « ne peuvent se cantonner dans une position de neutralité sans devenir part de cette réalité qui agresse le réfugié » (Rousseau, 2000, p. 196). Les intervenants doivent, par conséquent, être en lien avec les instances locales qui gèrent le droit d'asile. La dimension collective de la violence organisée doit donc être présente dans l'intervention et venir sceller l'alliance thérapeutique. Les femmes victimes de viols sont des exemples de cette violence politique aux dimensions collectives. En effet, Roy et Shermarke expliquent que, dans des pays en situation de crise sociale ou de guerre, « le viol est une opération militaire visant à affaiblir l'ennemi et finalement à détruire son pouvoir ou sa capacité de résister » (1997, p. 178). Quoi qu'il en soit, la possibilité d'utiliser simultanément plusieurs solutions complémentaires permet aux réfugiés de reprendre du pouvoir sur la situation et de réintroduire dans leur vie le mouvement qui a été suspendu par le traumatisme.

Rousseau s'est également intéressée aux problèmes des enfants réfugiés, un groupe particulièrement à risque. Même si ces enfants expérimentent des problèmes d'adaptation et d'intégration semblables à ceux des enfants immigrants en général, leur situation est particulière. En raison de conditions prémigratoires marquées par la guerre et par des conflits armés, ainsi que par un climat d'incertitude et d'instabilité de leur expérience postmigratoire, ces enfants vivent un stress particulier. Ils font ainsi face à plusieurs problèmes émotionnels (anxiété, dépression, insomnie, énurésie, anorexie) et éprouvent des difficultés scolaires de différentes natures.

Les services qui sont habituellement offerts aux réfugiés visent essentiellement à augmenter leur « sensibilité culturelle ». Mais, même en tenant compte de cette préoccupation, Rousseau croit que l'utilisation exclusive des paradigmes psychologiques des pays développés limite les interventions. Elle recommande donc d'offrir aux intervenants une formation propre à la thérapie transculturelle où seront considérées les expériences traumatiques.

Enfin, la psychiatre prône aussi une ouverture aux formes plus traditionnelles de soins et une approche thérapeutique de groupe. Mais que la thérapie soit individuelle ou de groupe, l'important, selon Rousseau, c'est surtout qu'elle permette une bonne compréhension des drames humains vus à la fois dans leurs aspects historiques, sociopolitiques et psychodynamiques.

10.4 UNE INTERVENTION EN MILIEU SCOLAIRE BASÉE SUR UN ROMAN JEUNESSE

Comme nous l'avons vu, l'histoire est un important marqueur identitaire pour les familles réfugiées, et sa transmission influence les stratégies d'insertion que ces familles mettent de l'avant. Promouvoir l'histoire et l'importance de sa transmission peut ainsi s'inscrire dans l'élaboration d'une intervention dans les écoles. L'intervention suivante montre que le livre peut être utilisé comme un soutien au récit des histoires des réfugiés, histoires difficiles, certes, mais qui portent l'empreinte de grandes forces développées dans l'adversité. Les jeunes rencontrés ici sont des narrateurs potentiels en quête d'un public attentif et curieux de leur vécu qui souhaitaient sensibiliser leurs camarades de classe à leur vécu de guerre et à leur trajectoire migratoire.

Le roman *Lettre à Madeleine*, de Marie-Danielle Croteau (2000), a été choisi comme support privilégié pour cette intervention menée par la RIFE (Rencontre interculturelle des familles de l'Estrie) dans une école secondaire. Les ressources du milieu (la commission scolaire, les écoles, la bibliothèque municipale, le ministère de l'Immigration, etc.) ont fortement aidé à mener à bien cette action auprès de trois classes de secondaire III, IV et V et de leurs enseignants. Il s'agissait de présenter aux élèves les témoignages de réfugiés à l'aide d'un livre de fiction qui aborde cette problématique. *Lettre à Madeleine*, un roman jeunesse, constitue, dans cette perspective, un récit idéal. L'héroïne du livre est Kyhana, une orpheline rwandaise recueillie et élevée par une missionnaire, sœur Gertrude. Madeleine, quant à elle, est une jeune Québécoise dont les parents travaillent au Rwanda et qui se lie d'amitié avec Kyhana. Mais alors que s'amorce le génocide, le Canada doit rapatrier ses ressortissants ; Madeleine quitte donc le Rwanda avec sa famille. Les deux amies se séparent douloureusement, en se promettant de s'écrire. En plein nettoyage ethnique, la quête de Kyhana consiste dès lors à trouver du papier et un crayon pour écrire à son amie Madeleine. Le lecteur est ainsi amené à suivre le quotidien de cette jeune Rwandaise, qui veut survivre dans un pays en proie à un terrible conflit. Sa survie, ses angoisses, son incompréhension, ses contacts avec les représentants des ONG, tout est rendu dans ce récit réaliste et simple, mais jamais simpliste.

Après avoir lu ce roman, les réfugiés et les membres de la RIFE ont ciblé quatre sujets qui leur apparaissaient importants pour faire comprendre aux jeunes le principe de l'escalade de toute forme de violence, celle du génocide en particulier, et pour mettre en évidence le stratégies de survie qu'exploitent les personnes qui vivent un conflit. Ces sujets sont :

1) la colonisation, parce qu'elle incarne l'idée d'une hiérarchie « raciale » dans les rapports interethniques ;

2) le régime dictatorial, parce que la politique n'est pas une chose abstraite, mais bien une réalité qui a un impact sur la vie et le quotidien des gens ;

3) la débrouillardise, parce que, dans un contexte de barbarie, les stratégies de survie et de résilience se déploient envers et contre tout ;

4) la place de l'écriture, parce qu'elle peut avoir une fonction thérapeutique et sociale lorsqu'on a été victime ou témoin d'atrocités.

Dans les classes, les quatre sujets ciblés ont été illustrés par la lecture d'un passage clé du livre, et les élèves ont été invités à comparer la situation décrite avec leur propre vécu. En classe, une exposition itinérante composée de photos de réfugiés et d'immigrants complétait l'animation. Les familles étaient présentées dans différentes situations, tant dans leur pays d'origine qu'au Québec (à la maison, au travail, etc.). Ainsi, les jeunes ont constaté qu'un bon nombre de ces familles ont vu leur statut social se détériorer. Ils sont aussi devenus les témoins des stratégies de réorientation adoptées par certains membres de ces familles, qui se sont notamment lancés dans la création de leur entreprise. Enfin, une présentation d'objets témoins prêtés par les familles réfugiées a permis d'illustrer et de concrétiser des propos évoquant, par exemple, la vie dans les camps, avec ses problèmes de ravitaillement alimentaire, de promiscuité, de scolarisation des enfants, d'hygiène, etc.

Comme l'intervention avait aussi pour but d'établir un lien constant avec la réalité locale, il était important qu'un des animateurs soit une personne ayant vécu la situation des réfugiés. Les élèves réfugiés présents dans la classe ont pu alors saisir l'occasion de raconter eux aussi leurs expériences, tandis que leurs camarades ont pu leur poser des questions qu'ils n'auraient probablement jamais posées si cette occasion ne leur avait pas été offerte.

En plus des discussions soulevées par les quatre sujets ciblés, trois axes de questionnement ont permis de susciter un débat très riche :

1) La guerre vécue par ces jeunes est-elle une expérience à faire valoir ?

2) À quoi sert l'apprentissage de l'histoire et de la géographie dans les écoles ?

3) Quels sont les préjugés qui existent par rapport aux immigrants et aux Québécois ?

Par la première question, on cherchait à connaître l'opinion des élèves sur ce que les jeunes réfugiés leur apportent personnellement et collectivement. Plusieurs sont intervenus pour faire part du fait qu'ils avaient reconsidéré la portée de valeurs telles que la paix, la solidarité intergénérationnelle et la maturité. Certains ont même remis en question le matérialisme et l'individualisme qui caractérisent nos sociétés modernes et occidentales.

La deuxième question a permis d'étudier la situation géographique de certains pays d'Afrique et, ainsi, de sensibiliser les jeunes à l'ailleurs et à l'altérité. Cette activité leur a aussi permis de comprendre concrètement l'importance de bien connaître l'histoire, celle du Québec et du Canada de même que celle des autres pays, puisqu'elle crée une ouverture au regard de la différence.

Enfin, les jeunes ont abordé très spontanément et sans crainte la dernière question, qui a permis de déconstruire plusieurs préjugés réciproques qui ont été nuancés par les interventions des uns et des autres. L'apprentissage sur les différences et les ressemblances entre les cultures a été surprenant.

L'activité s'est ensuite terminée de manière très conviviale par une collation composée de mets de différents pays. Les élèves ont également été invités à inscrire leur nom sur des papiers de différentes couleurs, et un tirage au sort de livres jeunesse en lien avec la thématique de l'immigration a ensuite été organisé. Lorsqu'on a demandé aux élèves ce qu'ils avaient retenu de cette expérience, la plupart ont mis de l'avant les valeurs humanistes et pacifistes, de même que la relativisation de leurs souffrances personnelles.

Cette intervention s'adresse particulièrement aux jeunes qui vivent dans les régions où il y a peu d'immigrants. Grâce à la narration d'une histoire qui doit être transmise pour ne pas s'effacer de la mémoire et être oubliée, elle offre aux jeunes réfugiés une place publique où ils peuvent se raconter (*voir la figure 10.2, p. 268*). Elle tente aussi de rapprocher les jeunes réfugiés de guerre de leurs camarades de classe natifs du Québec. Elle vise également à faire comprendre les intérêts politiques et économiques qui sont à l'origine des conflits mondiaux, ainsi qu'à réhabiliter les mémoires collectives du pays d'origine comme du pays d'accueil. Dans cette perspective, les jeunes élèves réfugiés sont perçus comme des témoins souhaitant informer les autres de leurs parcours et des leçons qu'ils ont retenues de l'expérience de guerre. La considération de la pluralité des vécus mène à la tolérance et permet de regarder l'étranger comme un partenaire avec qui il est possible de bâtir des liens de convivialité. Enfin, les identités plurielles sont plus à même de s'épanouir dans un environnement où les acteurs connaissent la diversité et la reconnaissent comme une source d'enrichissement mutuel. En effet, si cet autre reste à distance, il demeure un étranger, et une attitude ethno-centriste risque alors de biaiser le regard porté sur lui. Une valorisation du partage des connaissances et une ouverture à la différence favorisent au contraire le développement de relations interethniques positives et constructives entre les jeunes. En cela, le livre apparaît comme un espace privilégié de fréquentation de la différence et de l'altérité. Car si le récit remplit une fonction de témoignage pour celui qui écrit, il exhorte également le lecteur à occuper une place de témoin. En prenant connaissance du récit, celui-ci ne peut alors plus ignorer ou faire semblant d'ignorer ce qui se passe ailleurs.

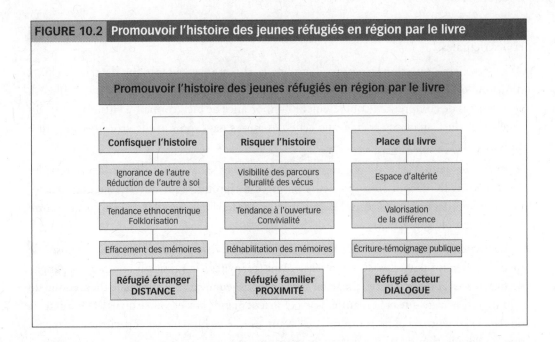

FIGURE 10.2 Promouvoir l'histoire des jeunes réfugiés en région par le livre

Promouvoir l'histoire des jeunes réfugiés en région par le livre

Confisquer l'histoire	Risquer l'histoire	Place du livre
Ignorance de l'autre Réduction de l'autre à soi	Visibilité des parcours Pluralité des vécus	Espace d'altérité
Tendance ethnocentrique Folklorisation	Tendance à l'ouverture Convivialité	Valorisation de la différence
Effacement des mémoires	Réhabilitation des mémoires	Écriture-témoignage publique
Réfugié étranger DISTANCE	**Réfugié familier PROXIMITÉ**	**Réfugié acteur DIALOGUE**

CONCLUSION

Nous avons insisté, dans ce chapitre, sur les particularités des statuts de réfugié et de demandeur d'asile. Tous deux sont soumis à des processus administratifs et juridiques qui diffèrent de ceux des immigrants réguliers. L'histoire des réfugiés et des demandeurs d'asiles est particulière et vient teinter de manière significative leur vécu et leur intégration dans le pays d'accueil. Lorsqu'on aborde ces personnes, on doit donc tenir compte de ces aspects. À ces particularités s'ajoutent aussi des problèmes de santé mentale particuliers et des conditions de vie précaires (deuil, stress post-traumatique, intégration difficile sur le marché du travail, manque de soins, incertitude par rapport aux décisions de la CISR, etc.). L'intervenant dispose ainsi d'un « portrait type » des réfugiés et des demandeurs d'asile avec lesquels il sera amené à travailler et qu'il devra parfois référer à des services spécialisés qui compléteront son action.

La formation en travail social doit tenir compte de ces différentes facettes pour adapter l'intervention en conséquence. Le modèle interculturel systémique présenté au chapitre 5 permet d'intégrer des données fondamentales sur la situation des réfugiés et des demandeurs d'asile (trajectoire migratoire, histoire des pays d'émigration, réseaux primaires et secondaires, politiques à plusieurs niveaux), et apparaît en ce sens tout à fait adapté à l'intervention auprès de ces populations.

POUR EN SAVOIR PLUS

 LIVRES

Haut Commissariat des Nations Unies pour les réfugiés (1993). *Les réfugiés dans le monde : L'enjeu de la protection,* Paris, La Découverte.

Haut Commissariat des Nations Unies pour les réfugiés (1995). *Les réfugiés dans le monde : En quête de solutions,* Paris, La Découverte.

LAPLANTINE, F. *et al.* (1998). *Récit et connaissance,* Lyon, Presses universitaires de Lyon.

TOUSIGNANT, M. (1997). «Refugees and immigrants in Quebec», dans I. Al-Issa et M. Tousignant (dir.), *Ethnicity, Immigration and Psychopathology,* New York, Plenum Press.

 ARTICLES ET RAPPORTS DE RECHERCHE

ATLANI, L. et ROUSSEAU, C. (2000). «The politics of culture in humanitarian aid to women refugees who have experienced sexual violence», *Transcultural Psychiatry,* vol. 37, n° 3.

BERTOT, J. et MEKKI-BERRADA, A. (1999). *Des services aux demandeurs d'asile : Pourquoi ? Ce qu'en pensent les intervenants d'organismes communautaires du Grand Montréal,* Rapport de recherche de la Table de concertation des organismes au service des immigrants et des réfugiés.

FIORINO, G. (1992). «Violence, réfugié et intervention sociale», *Intervention,* n° 92.

FIORINO, G. (1996). «SAVI, SMI, SARIMM : Quarante ans d'intervention sociale auprès des non-résidents, des immigrants et des réfugiés», *Intervention,* n° 103.

GRANGER, E. (2007). «La santé de la femme nouvellement arrivée», *La médecine en contexte multiculturel-I, Formation continue,* [en ligne], http://www.fmoq.org/Documents/MedecinDuQuebec/f%C3%A9vrier-2007/073-077DreGranger0207.pdf (consulté le 4 avril 2008).

JACOB, A. (1996). «Le récit sociobiographique dans l'intervention sociale avec les réfugiés», dans J. Alary et L. Éthier (dir.), *Comprendre la famille, Actes du 3e symposium québécois de recherche sur la famille,* Sainte-Foy, Presses de l'Université du Québec.

MEKKI-BERRADA, A. et ROUSSEAU, C. (1997-1998). «Incidence des séparations familiales prolongées et des politiques d'immigration sur la santé mentale des réfugiés», *Health Culture / Santé et cultures,* hiver.

MONTGOMERY, C. *et al.* (2007). *Intergenerational Transmissions in Refugee Families : The Family Novel Project,* Rapport soumis au CRSH, CRF-CSSS de la Montagne.

MUNOZ, M. et CHIRGWIN, J. C. (2006). «Les immigrants et les demandeurs d'asile : Nouveaux défis», *La médecine en contexte multiculturel-I, Formation continue,* [en ligne], http://www.fmoq.org/Documents/MedecinDuQuebec/f%C3%A9vrier-2007/033-043Munoz-Chirgwin0207.pdf (consulté le 4 avril 2008).

RAPOSO, C. (1999). «La Législation canadienne sur l'immigration et les stratégies des immigrants clandestins», *Cahier québécois de démographie,* vol. 28, n°s 1-2.

ROUSSEAU, C., DRAPEAU, A. et CORIN, E. (1996). «School performance and emotional problems in refugee children», *American Journal of Orthopsychiatry,* vol. 66, n° 2.

ROY, G. et SHERMARKE, M. (1996). «Errance et cul-de-sac institutionnel», *Intervention,* n° 103.

TOUSIGNANT, M. *et al.* (1999). «The Quebec adolescent refugee project : Psychopathology and family variables in a sample from 35 nations», *Journal of the American Academy of Child and Adolescent Psychiatry,* vol. 38, n° 11.

➤

► (SUITE)

 SITES INTERNET

Amnistie internationale
http://www.amnistie.ca/

Charte canadienne des droits et libertés
http://lois.justice.gc.ca/fr/charte/

Commission de l'immigration et du statut de réfugié du Canada
http://www.irb-cisr.gc.ca/

Conseil canadien pour les réfugiés
http://www.web.ca/ccr/

Haut Commissariat des Nations Unies pour les réfugiés
http://www.unhcr.ch/

Human Rights Internet
http://www.hri.ca/

Organisation mondiale contre la torture (OMCT)
http://www.omct.org/

Réseau d'intervention auprès des personnes ayant subi la violence organisée (RIVO)
http://www.web.ca/~rivo/

Table de concertation des organismes au service des personnes réfugiées et immigrantes (TCRI)
http://www.tcri.qc.ca/

 ART ET LITTÉRATURE

CARMI, D. (2002). *Samir et Jonathan,* Paris, Hachette jeunesse (Coll. Le Livre de poche ; Jeunesse, n° 777 ; Mon bel oranger).

HÉBERT, M.-F. (2003). *Nul poisson où aller,* Montréal, Les 400 coups (Illustrations de Janice Nadeau).

MARINEAU, M. (1992). *La route de Chlifa,* Montréal, Québec Amérique.

MUJAWAYO, E. et BELHADDAD, S. (2004). *Survivantes : Rwanda, dix ans après le génocide,* La Tour-d'Aigues (France), Éditions de l'Aube.

RESTREPO, L. (2001). *La multitude errante,* Édition Calmann Levy.

SÈVE, M. (DE) (1991). *L'échappée vers l'Ouest,* Montréal, Centre international de documentation et d'information haïtienne, caraibéenne et afro-canadienne.

 AUDIOVISUELS

Un voyage à finir, réalisation : Antonine Maes, 1987. Entrevue avec Denise Lainé du Centre social d'aide aux immigrants (disponible au Centre de documentation du CSAI).

Clandestins, réalisation : Denis Chouinard et Nicolas Wadimoff, 1998.

No man's land, réalisation : Danis Tanovic, 2001.

Les cerfs-volants de Kaboul (*The Kite Runner*), réalisation : Khaled Hosseini, 2003. ►

➤ *(SUITE)*

Babel, réalisation : Alejandro González Iñárritu, 2006.

Mères courage, réalisation : Léo Kalinda, 2006.

Persepolis, réalisation : Vincent Paronnaud et Marjane Satrapi, 2007.

BIBLIOGRAPHIE

ABOU, S. (1988). « L'insertion des immigrés, une approche conceptuelle », dans P. J. Simon et I. Simon-Barouh, *Les étrangers dans la ville, le regard des sciences sociales,* Paris, L'Harmattan.

Amnistie Internationale, Section canadienne francophone, Table de concertation des organismes au service des personnes réfugiées et immigrantes et Centre justice et foi (2007). *Le processus d'examen des risques avant renvoi au Canada,* Mémoire présenté au Comité permanent de la citoyenneté et de l'immigration, Chambre des communes, Ottawa, 13 février.

BEAUCHEMIN, M. (2004). « Les églises sont révoltées par les propos de la ministre Sgro », *Le Devoir,* 27 juillet.

BEISER, M. *et al.* (1988). *Puis… la porte s'est ouverte : Problèmes de santé mentale des immigrants et des réfugiés,* Gouvernement du Canada, Santé et Bien-être Canada et Multiculturalisme.

BERNIER, D. (1993). « Le stress des réfugiés et ses implications pour la pratique et la forma-tion », *Service social,* vol. 42, n° 1.

BIBEAU, G. *et al.* (1992). *La santé mentale et ses visages : Un Québec pluriethnique au quotidien,* Boucherville, Gaëtan Morin Éditeur.

Centre de santé et de services sociaux (CSSS) de la Montagne (2007). *Rapport d'activités 2006-2007 et orientations 2007-2008,* [en ligne], http://www.lesactualites.ca/CDN/ archive/CSSSdeLaMontagne_C071031.pdf (consulté le 4 avril 2008).

Citoyenneté et Immigration Canada (2006), [en ligne], http://www.cic.gc.ca/francais/ ressources/statistiques/faits2006/apercu/03.asp (consulté le 4 avril 2008).

Coalition for a Just Refugee and Immigration Policy (1987). *Borders and Barriers. An Education Kit : Canada's Policy on Refugees/ Family Reunification,* Toronto.

Commission de l'immigration et du statut de réfugié (CISR) (1993). *Revendicatrices du statut de réfugié craignant d'être persécutées en raison de leur sexe : Directives données par la présidente en application du paragraphe 65(3) de la Loi sur l'immigration,* Ottawa.

Commission de l'immigration et du statut de réfugié (CISR) (1994). *Rapport annuel,* Ottawa.

CROTEAU, M. D. (2000). *Lettre à Madeleine,* Montréal, Éditions de la Courte échelle.

DISMAN, M. (1983). « Immigrants and other grieving people : Insights for counselling practices and policy issues », *Canadian Ethnic Studies,* vol. 25, n° 3.

FANTINO, A. M. (1982). *Psychosocial Processes of Immigrants' Adaptation : Chileans and Argentinians in Canada,* Edmonton, University of Alberta, mémoire de maîtrise en éducation, inédit.

GILES, W., MOUSSA, H. et VAN ESTERIK, P. (dir.) (1996). *Development and Diaspora : Gender and the Refugee Experience,* Dundas (Ontario), Artemis Enterprises.

➤

GRINGBERG, L. et GRINGBERG, R. (1986). *Psychanalyse du migrant et de l'exilé,* traduit de l'espagnol par M. Ndaye Ba, avec la collaboration de Y. Legrand et C. Legrand, Lyon, Éditions Cesura.

Haut Commissariat des Nations Unies pour les réfugiés (HCR) (1993). *Les réfugiés dans le monde, l'enjeu de la protection,* Paris, La Découverte.

Haut Commissariat des Nations Unies pour les réfugiés (HCR) (2008), [en ligne], http://www.unhcr.org/statistics.html (consulté le 4 avril 2008).

KLEINMAN, A. et KLEINMAN, J. (1997). « The appeal of experience ; the dismay of images : Cultural appropriations of suffering in our times », dans A. Kleinman et M. Lock, *Social Suffering,* Berkeley, University of California.

MCALL, C. (1996). *Les requérants au statut de réfugié au Québec,* Québec, Ministère des Relations avec les citoyens et de l'Immigration (Coll. Études et recherches, n° 16).

PARINGAUX, R. P. (1991). « Progression de la misère et de l'insécurité dans les pays pauvres », *Le Monde diplomatique,* juin.

RENAUD, J. et GINGRAS, L. (1998). *Les trois premières années au Québec des requérants du statut de réfugié régularisés,* Québec, Direction de la planification stratégique et Direction des communications du ministère des Relations avec les citoyens et de l'Immigration (Coll. Études, recherches et statistiques, n° 2).

ROUSSEAU, C. (2000). « Les réfugiés à notre porte : Violence organisée et souffrance sociale », *Criminologie,* vol. 33, n° 1.

ROY, G. et SHERMARKE, M. (1997). « Viols politiques et intervention sociale en situation d'extrême souffrance », *Nouvelles pratiques sociales,* vol. 10, n° 2.

TREMPE, R. *et al.* (1997). *Au delà des chiffres : L'immigration de demain au Canada,* Ministère des Travaux publics et des Services gouvernementaux.

VATZ-LAAROUSSI, M. et RACHÉDI, L. (2002). *Familles immigrées des guerres en Estrie : De la connaissance au soutien,* Sherbrooke, Université de Sherbrooke et Rencontre interculturelle des familles de l'Estrie.

VINAR, M. et VINAR, M. (1989). *Exil et torture,* Paris, Denoël.

CHAPITRE 11

LES PREMIÈRES NATIONS DU QUÉBEC : RÉFLEXIONS SUR LE PROCESSUS DE BIEN-ÊTRE

Aline Sabbagh

La santé mentale et le bien-être des Premières Nations sont des sujets qui concernent l'ensemble de la société. La situation psychosociale de ces nations suscite d'ailleurs différentes réactions et opinions, qui sont souvent teintées d'une méconnaissance historique et culturelle des peuples autochtones.

Bien qu'il n'en existe aucune définition officielle, l'expression *Premières Nations* est utilisée pour désigner les Indiens vivant au Canada. Ce terme s'est répandu dans les années 1970, en remplacement du mot *Indiens*, qui désigne tous les peuples indigènes du Canada, à l'exception des Inuits et des Métis. Le terme *Autochtones*, quant à lui, est utilisé pour désigner les Inuits et les Indiens, tandis que le mot *Amérindiens* désigne tous les Indiens d'Amérique.

Tous les intervenants se doivent de bien saisir les conséquences du colonialisme sur le bien-être psychologique et social des Premières Nations, et ils doivent aussi connaître la conception culturelle et traditionnelle qu'ont ces peuples de la santé, du mieux-être et de la guérison afin que l'intervention psychosociale soit plus efficace et plus saine.

Ce chapitre nous permettra de mieux connaître les Premières Nations du Québec, d'abord grâce à un survol de leur situation géographique et historique, puis en expliquant la vision holistique qu'elles entretiennent de leur santé et de leur bien-être, et enfin, en présentant leurs principales problématiques en santé mentale. Ce chapitre propose également un tour d'horizon rapide des quelques pistes d'interventions psychosociales favorisant la guérison des membres de ces communautés.

11.1 LA SITUATION GÉOGRAPHIQUE DES COMMUNAUTÉS DES PREMIÈRES NATIONS DU QUÉBEC

Selon le ministère des Affaires indiennes et du Nord Canada, on dénombrait, en 2006, 69 749 membres des Premières Nations inscrits au Québec. Dix nations amérindiennes vivent actuellement sur le territoire québécois : les Abénaquis, les Algonquins, les Attikameks, les Cris, les Hurons-Wendat, les Innus (auparavant appelés Montagnais), les Malécites, les Micmacs, les Mohawks et les Naskapis (*voir la carte 11.1*). Ces nations sont divisées en 41 communautés, qui sont généralement administrées par un conseil de bande composé d'un chef et de conseillers exerçant un pouvoir politique et administratif dans plusieurs domaines (l'éducation, les règlements, la construction, l'entretien des édifices communautaires, les routes, etc.).

D'une communauté à l'autre, la population varie de quelques centaines à quelques milliers de personnes (*voir le tableau 11.1, p. 276*). Certaines communautés se trouvent à proximité de grands centres urbains, alors que d'autres ne sont accessibles que par des chemins forestiers, par avion ou par bateau. Ces nations se distinguent les unes des autres non seulement par leur territoire, mais aussi par leur langue, leurs croyances et coutumes, leurs traditions et leur histoire. On trouve donc, parmi elles, diversité et similarité : diversité dans la réalité autochtone et similarité dans la conception de la santé, de la maladie, de la vie et de la spiritualité.

À partir de 1995, les politiques des gouvernements fédéral et provincial ont commencé à reconnaître aux Premières Nations le droit à l'autonomie gouvernementale. Ainsi, plusieurs communautés administrent maintenant leurs propres écoles, leurs corps de police, leurs services sociaux et leurs services de santé. Des négociations sont toujours en cours, les Amérindiens visant à acquérir plus de pouvoirs décisionnels et d'autonomie (Gouvernement du Canada, 2006).

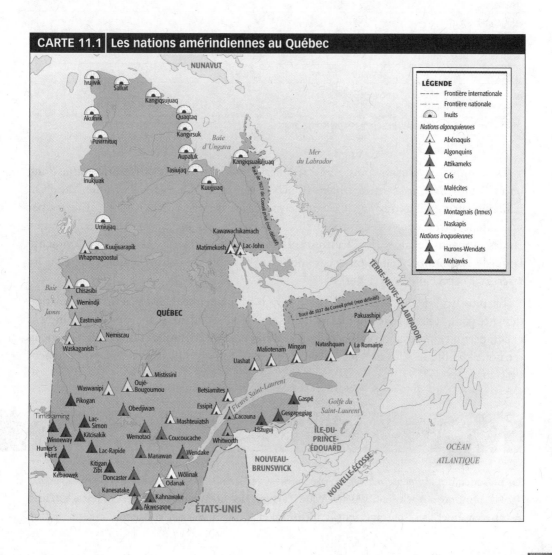

CARTE 11.1 | **Les nations amérindiennes au Québec**

TABLEAU 11.1	La population amérindienne du Québec au 31 décembre 2006		
Nations	**Total**	**Résidents**[a]	**Non-résidents**[b]
Abénaquis	2 074	376	1 698
Algonquins	9 498	5 493	4 005
Attikameks	6 163	5 202	961
Cris	15 120	13 490	1 630
Hurons-Wendat	2 999	1 307	1 692
Innus	15 915	11 275	4 640
Malécites	775	1	774
Micmacs	5 026	2 506	2 520
Mohawks	11 472	8 731	2 741
Naskapis	637	593	44
Indiens inscrits et non associés à une nation			70 169
Total	69 749	48 975	20 774

a Autochtones qui résident dans les réserves
b Autochtones qui résident dans des centres urbains

Source : Ministère des Affaires indiennes et du Nord Canada.

Un nombre de plus en plus grand d'Amérindiens s'installent, à plus ou moins long terme, à proximité des centres urbains (Québec, Montréal, Gatineau, La Tuque, Val-d'Or, Chibougamau et Loretteville). Certains vivent dans ces régions par choix, d'autres par nécessité, car c'est dans ces centres que l'on trouve les ressources relatives à l'emploi, aux études, aux soins de santé, etc. D'autres, enfin, vivent en ville pour se soustraire à la violence familiale et communautaire, ou encore pour fuir la faible vie culturelle qui règne dans les réserves (Petawabano *et al.*, 1994).

En plus des Indiens inscrits sur les listes gouvernementales, il existe une population désignée par le terme *Métis,* dont les membres sont les descendants d'ancêtres à la fois indiens et européens. Leur situation est encore aujourd'hui assez mal connue, et ils n'occupent aucun territoire spécifique. Plus des deux tiers des Métis vivent en milieu urbain (Gouvernement du Canada, 2006).

11.2 UN SURVOL HISTORIQUE

La présence des *Autochtones,* terme qui signifie « nés du sol lui-même » (Petawabano *et al.,* 1994), remonte à quelque 6000 ans avant l'arrivée des Européens au Québec, il y a 450 ans. À cette époque, ils se partageaient le territoire et vivaient en bon voisinage ; chaque nation avait sa propre organisation communautaire et exerçait ses activités sociales, culturelles et économiques. Selon leurs besoins, les nations échangeaient entre elles différents produits (Lepage, 2002). Les Amérindiens faisaient également le commerce des fourrures et d'autres biens avec les commerçants et les navigateurs européens. Ils avaient ainsi créé avec eux une bonne entente dans un esprit de collaboration. Selon Delâge (1991), les traiteurs européens se familiarisaient avec les langues et les coutumes autochtones. Ils entretenaient soigneusement de bonnes relations avec leurs clients dans le but de les inciter à échanger le plus de fourrures possible.

En 1608, au nom du roi de France, Samuel de Champlain fonde la ville de Québec. Sous son administration et celle de ses successeurs, des colons et des marchands français viennent s'établir sur le territoire. Ils sont suivis par des missionnaires chargés de convertir les Amérindiens à la foi chrétienne. L'occupation du territoire par les Français dure 150 ans. Au cours de cette période, l'Angleterre mène une série de guerres contre les installations françaises (Petawabano *et al.,* 1994), car elle désire s'approprier le territoire ainsi que le commerce de la fourrure. Certaines tribus amérindiennes guerroient alors aux côtés des Français, tandis que d'autres choisissent le camp anglais. Les jeux d'alliance diffèrent d'une nation à l'autre et varient d'intensité (Delâge, 1991).

En 1763, la France finit par céder le territoire à l'Angleterre. Mais dès 1760 et jusqu'en 1767, les autorités coloniales du régime anglais prennent possession de plusieurs territoires appartenant aux Autochtones. À partir de 1814, les nations amérindiennes perdent leur position d'alliées stratégiques, car les guerres ont cessé et le commerce des fourrures est en déclin (Lepage, 2002), et, à partir des années 1840, les autorités gouvernementales se dotent «de pouvoirs nécessaires à l'accélération de la dépossession territoriale des Indiens et à la diminution du nombre de ceux-ci par voie d'assimilation au mode de vie blanc» (Savard et Proulx, 1982, p. 86). Puis, en 1867, en vertu de l'Acte de l'Amérique du Nord britannique, le régime canadien fait des Amérindiens de tout le pays et de leurs affaires une compétence fédérale. Ainsi, «toutes les terres mises de côté pour le bénéfice exclusif des Indiens passent sous l'administration et le contrôle du fédéral» (Petawabano *et al.,* 1994, p. 3).

Commence alors un vaste projet d'assimilation au cours duquel les communautés amérindiennes perdent à la fois leurs capacités politique, organisationnelle et territoriale, le pouvoir de s'autogérer selon leur culture, leurs croyances et traditions. Lepage mentionne l'existence d'un système permettant aux agents des Affaires indiennes d'avoir une véritable mainmise sur la vie interne des communautés. Il explique aussi que cet «encadrement administratif prévu par la loi a véritablement miné toute forme d'autonomie au profit d'une approche paternaliste» (2002, p. 27). En effet, les agents s'occupent de presque tous les aspects de la vie quotidienne ; par exemple, ils sont chargés d'émettre des laissez-passer autorisant les Indiens à quitter leur réserve, documents que ces derniers doivent se procurer, même pour des absences temporaires (Ministère des Affaires indiennes et du Nord Canada, 1980). Le processus d'acculturation systématique des Autochtones est ainsi engagé, mécanisme qui durera jusqu'aux années 1960.

11.2.1 LES MISSIONNAIRES

Dès le XVIIe siècle, des missionnaires sont chargés de convertir les Amérindiens au christianisme. Certaines tribus sont converties par des anglicans, d'autres par des catholiques. Beaucoup plus tard viendront les pentecôtistes, dans les années 1970, et les évangélistes du mouvement *born again christians,* au cours des années 1990. Les missionnaires interdisent les cérémonies et les rituels, la danse et le tambour. Pour saper l'autorité du shaman, ils contestent aussi l'efficacité curative de ses pratiques médicales traditionnelles, et prétendent que les prières et les rites religieux sont, même sur le plan physique, plus efficaces. Delâge (1991), un spécialiste de l'histoire des Amérindiens, mentionne qu'en s'attaquant à la médecine, aux shamans, à la religion et aux croyances, les Jésuites ébranlent alors bien plus qu'une société : c'est toute la structure de la personnalité amérindienne qui est affectée. Ce qui importe, c'est d'assimiler les valeurs autochtones aux valeurs chrétiennes des Européens. Dans cette perspective, la Loi sur l'avancement des Sauvages vient légaliser, en 1884, la prohibition des célébrations, des rituels et des cérémonies traditionnelles (Lepage, 2002).

Toujours selon Delâge (1991), les missionnaires français créent, au XVIIe siècle, le concept de réserve. Au départ, la réserve a pour but de protéger les Amérindiens convertis de l'influence perverse de quelques Français et «sauvages» qui sont considérés comme de mauvais chrétiens. Les Amérindiens convertis sont ainsi mis dans une bourgade séparée afin de ne pas subir cette influence négative. Les missionnaires surveillent de près les allées et venues dans les réserves, ce qui a pour conséquence de sédentariser les Amérindiens et de les rendre dépendants des Blancs dans plusieurs sphères de leur vie. «La perte de l'autonomie et du pouvoir s'est d'abord faite par la sédentarisation des communautés. » (Commission de la santé et des services sociaux des Premières Nations du Québec et du Labrador [CSSSPNQL], 2003, p. 13) L'imposition d'un domicile fixe de même que la délimitation des territoires et des droits d'accès à une propriété privée plutôt qu'à la propriété collective font également en sorte que la liberté d'action et le pouvoir de décision des Amérindiens sur leur propre vie sont de plus en plus brimés. Cette sédentarisation forcée et le contrôle de la population autochtone par l'entremise des réserves facilitent ainsi l'application des lois qui sont élaborées au cours des années 1800. Aujourd'hui, la Loi sur les Indiens définit encore la *réserve* comme une «parcelle de terrain dont Sa Majesté est propriétaire et [qui] est mise de côté à l'usage et au profit d'une bande» (Ministère des Affaires indiennes et du Nord Canada, 2007).

11.2.2 LES PENSIONNATS

Le principe des pensionnats «indiens», aussi connus sous le nom d'*écoles résidentielles,* est officiellement instauré au Canada en 1892. «Il est le fruit d'ententes conclues entre le gouvernement du Canada et les Églises catholique romaine, anglicane, méthodiste et presbytérienne. » (Lepage, 2002, p. 30) Curieusement, au Québec, ce système de pensionnats est établi plus tard que dans les autres provinces (Lepage, 2002). On en dénombre environ 90 au Canada en 1931, incluant ceux du Québec. Ces pensionnats se trouvent loin des réserves et des communautés autochtones, et même, bien souvent, dans d'autres provinces que celles où sont installées les communautés d'origines. Leur but premier est, bien entendu, d'assimiler la population autochtone à la culture dominante. De fait, les enfants amérindiens sont pris en charge par les institutions tout le long de l'année scolaire. Selon Chrisjohn et Young (1994), ce système de pensionnats est une offensive concertée pour effriter les mœurs, les coutumes, les croyances, les traditions culturelles et les langues des différentes nations, ainsi que les différentes associations qui peuvent les unir.

L'*ethnocentrisme,* par définition, incite l'individu à privilégier sa propre ethnie, à ignorer ou à gommer la différence qu'il voit dans l'autre, qu'il veut amener à adopter son code culturel afin de le rendre semblable à lui ; c'est cette forme de pensée qui règne en ces institutions. La langue maternelle est donc interdite sous peine de punitions, et les élèves doivent se plier à une discipline rigide. Les visites parentales et familiales sont interdites, et plusieurs enfants souffrent de négligence, d'abus et de sévices physiques ou sexuels. Selon une enquête régionale sur la santé, plus de 71,5 % des enfants ont été témoins de cette violence infligée à d'autres élèves. Plusieurs déclarent avoir eux-mêmes été victimes de violence sexuelle (32,6 %), de violence physique (79,2 %), et de violence verbale ou psychologique (79,3 %) (Gouvernement du Canada, 2006).

Toutefois, il faut mentionner que ce système scolaire a aussi des effets positifs sur certains élèves qui peuvent échapper à la famine et au froid durant leur internat. D'autres bénéficient d'une formation adéquate, qui les prépare à occuper des postes importants dans leur communauté ou dans la société dominante. D'autres encore développent des affinités avec des enfants issus de différentes communautés et de différentes nations, et apprennent ainsi à communiquer dans une langue commune (généralement l'anglais). Ces relations qui se créent dans les pensionnats permettront plus tard d'établir des réseaux d'entraide entre personnes de différentes nations et communautés (Faries et Pashagumskum, 2002). Enfin, cet internat contribue, dans certains cas, à l'émergence d'une mobilisation sociopolitique.

Cependant, même si une minorité d'élèves ne subit aucune violence, il demeure que l'abus de pouvoir, l'abus psychologique, le déracinement et la séparation d'avec les parents sont bel et bien des réalités pour chacun d'eux. Évidemment, un processus d'acculturation appréciable permet à de jeunes Amérindiens d'adopter les valeurs culturelles de la culture dominante. Mais un processus de *déculturation,* c'est-à-dire de perte de ses croyances et de ses valeurs traditionnelles, fait en sorte qu'encore aujourd'hui, plusieurs jeunes et moins jeunes Amérindiens ressentent une perte d'identité culturelle profonde, et méconnaissent les valeurs et les croyances de leurs aînés, ce qui crée un important mal-être à la fois personnel, culturel et social au sein des communautés.

Les sévices subis dans les pensionnats ont, aujourd'hui encore, un impact significatif sur la vie personnelle, familiale et communautaire des victimes. Les abus ont causé des blessures et des traumatismes psychologiques importants, qui ont été transmis et continuent de se transmettre de génération en génération (D'Aragon, 2001). De plus, la séparation d'avec les parents et les membres des communautés a creusé un profond fossé culturel entre de nombreux enfants et leur milieu. Beaucoup de parents ne se reconnaissent plus dans leurs enfants, et ces mêmes enfants, dont plusieurs ne parlent plus leur langue maternelle, se sentent fort éloignés de la culture de leurs parents. Les processus d'acculturation et de déculturation se sont donc immiscés lentement, mais significativement, dans les rapports intergénérationnels et interrelationnels.

Les pensionnats ont non seulement créé une scission physique, psychologique et culturelle au sein des familles, mais ils ont aussi ouvert la voie à des difficultés familiales, qui ont elles-mêmes engendré des générations de personnes déficientes sur le plan des aptitudes parentales (Gouvernement du Canada, 2006). En effet, bon nombre d'adultes ayant fréquenté le pensionnat reproduisent aujourd'hui, avec leurs enfants, les schèmes de comportements et d'attitudes auxquels ils ont été exposés dans ces écoles (oppression, contrôle, violence et négligence). Une faible estime de soi et un sentiment de « non-fierté » culturelle sont également présents chez plusieurs membres des Première Nations.

Les derniers pensionnats ont été fermés en 1990. Selon l'étude de Valaskakis (2007), on ne connaît pas le nombre exact d'enfants qui ont été placés dans ces pensionnats ; il semble toutefois que de quatre à cinq générations d'enfants autochtones y ont séjourné. Statistique Canada estimait, en 2001, que de 105 000 à 107 000 Autochtones toujours vivants ont fréquenté ces pensionnats, dont 80 % d'Amérindiens (soit environ 86 000) et 9 % de Métis (Gouvernement du Canada, 2006). Au Québec, le nombre exact d'Autochtones et d'Amérindiens qui ont fréquenté ces pensionnats n'est pas connu, mais la génération des 25-55 ans semble vraisemblablement marquée de façon significative par le séjour dans ces écoles. C'est d'ailleurs la raison pour laquelle, depuis 1998, le gouvernement du Canada soutient financièrement des initiatives communautaires autochtones visant à entamer le processus de « guérison » (Lepage, 2002).

11.3 LA ROUE DE MÉDECINE

Il existe une grande diversité dans la culture et les traditions des peuples autochtones, mais on trouve néanmoins une certaine homogénéité dans leur conception des notions de santé et de maladie mentale. La perception traditionnelle de la santé mentale est, pour eux, indissociable des autres aspects de la santé et du bien-être général de l'individu. D'ailleurs, l'expression « santé mentale » est une expression plutôt moderne. Dans la plupart des langues amérindiennes, cette expression n'existe tout simplement pas. Dans la langue de la nation crie, par exemple, le mot équivalent à *santé* est *miyupimaatisiuu,* ce qui signifie « être bien en vie » (Conseil cri de la santé et des services sociaux de la baie James, 2001).

La notion de bien-être des Amérindiens est aujourd'hui communément représentée par la roue de médecine (*voir la figure 11.1*). Conçue comme un «cercle d'enseignement amérindien», cette roue est un cercle sacré qui symbolise la vie, la santé et les valeurs amérindiennes (Sioui, 1992). On l'appelle aussi la *roue* parce qu'elle est constamment en mouvement et que c'est en son centre que convergent les quatre points cardinaux (nord, sud, est, ouest). Ce mouvement représente les cycles universels de la vie, comme les quatre saisons, les quatre éléments de la vie (eau, terre, feu, air), les quatre âges de la vie humaine, etc. (Sioui, 1992).

La roue de médecine n'est pas nécessairement utilisée par toutes les nations. Chaque nation a sa propre conception, sa propre interprétation et sa propre utilisation de la roue de médecine par le cercle de santé. De façon générale, toutefois, la roue de médecine enseigne l'équilibre et l'harmonie entre l'inter et l'intrapsychique de l'individu. En ce sens, la santé et le bien-être tels qu'ils sont généralement perçus par les Premières Nations reposent sur l'équilibre et l'harmonie du corps, des émotions, de la pensée et de la spiritualité de l'individu, de la collectivité et de la terre entière (animaux, plantes, roches). Il s'agit d'une conception cosmologique de l'univers dans laquelle les individus sont interreliés et interdépendants dans un ensemble indivisible mis en place par un être supérieur: le Créateur. Une personne en bonne santé entretient donc des relations harmonieuses sur les plans moral et spirituel avec les membres de sa famille, de sa communauté et de sa nation, ainsi

---

FIGURE 11.1 — Le cercle de santé

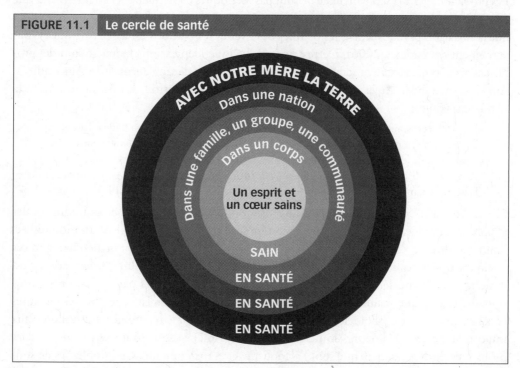

Source: Commission de la santé et des services sociaux des Premières Nations du Québec et du Labrador (2003, p. 25).

qu'avec ses ancêtres. Les liens spirituels avec les ancêtres sont particulièrement significatifs et transcendent les générations et le temps (Gouvernement du Canada, 2006). Lorsqu'une personne est «malade» physiquement ou psychologiquement, l'équilibre et l'harmonie entre les divers éléments de cet ensemble sont rompus. C'est là une vision d'abord et avant tout holistique, systémique et communautaire de la santé et du bien-être.

Le cercle de santé (représenté à la figure 11.1, p. 281) est un exemple des différents modèles représentant cette perception traditionnelle et holistique de la santé et du bien-être des Premières Nations. Waldram (2007) fait remarquer que ce schéma est relativement récent et date des années 1960-1970. Cependant, comme de plus en plus de membres des Premières Nations désirent redécouvrir les traditions orales et spirituelles qu'ils ont perdues, le cercle a l'avantage de schématiser clairement les valeurs culturelles de partage, d'amour, de respect, d'honnêteté, de liberté et de soins qui sont privilégiées par ces nations et, ainsi, d'être leur dénominateur commun.

11.4 L'ÉTAT DE BIEN-ÊTRE DES PREMIÈRES NATIONS

Les problèmes liés à la santé mentale ne sont pas identiques en fréquence et en intensité d'une communauté à l'autre et d'une nation à l'autre. Cependant, plusieurs recherches mentionnent que la situation psychosociale des peuples des Premières Nations est assez tragique (Gouvernement du Canada, 2006). Détresse psychologique, dépression et anxiété sont des problèmes majeurs qui ressortent souvent dans les études sur l'état de santé mentale des Amérindiens. Ainsi, R. Kistabish, de la nation algonquine, décrit la situation des Autochtones de la manière suivante:

> [...] tous ces assauts ont finalement effrité le cercle de santé algonquin en mille miettes [...] l'empire a abusé de l'Autochtone, l'Autochtone a abusé de sa femme, et tous les deux ont eux aussi abusé de leurs enfants [...] l'abus de pouvoir, sous toutes ses formes, a donné naissance à un ensemble de polytraumatisés. Plusieurs de mes contemporains sont de grands brûlés de l'âme, des damnés et des laissés-pour-compte. (Petawabano *et al.,* 1994, p. 143)

Au fil des ans, la colonisation et l'évangélisation ont érodé la culture et les traditions des peuples des Premières Nations. L'oppression intense et prolongée, la sédentarisation forcée, l'impossibilité de s'autogouverner, l'ethnocentrisme et le racisme (pour ne citer que ces quelques tristes réalités) ont entraîné une pauvreté économique, une dislocation et un dysfonctionnement de la famille, une déficience dans les habiletés parentales, une confusion identitaire, une acculturation et une déculturation. Tout ceci a engendré des blessures et des traumatismes psychologiques profonds, qui ont conduit à des problèmes psychosociaux importants, comme la dépression et le suicide, la violence sous toutes ses formes, et les problèmes de dépendances que sont l'alcoolisme et la toxicomanie. Ces problèmes ne sont pas étanches les uns par rapport aux autres: ils sont interreliés, se chevauchent et s'entremêlent.

C'est ainsi qu'une personne ayant subi, par exemple, un traumatisme au pensionnat peut à la fois être dépressive et avoir des problèmes psychosociaux importants.

En 2001, selon Statistique Canada, 13 % des adultes des Premières Nations demeurant à l'extérieur des réserves vivaient une détresse psychologique, contre 8 % des Canadiens, et 12 % souffraient de dépression majeure, contre 7 % des Canadiens (Gouvernement du Canada, 2006). Et d'après une évaluation du gouvernement du Canada menée en 2006, le taux de détresse psychologique et de dépression dans les communautés autochtones pourrait être encore plus élevé.

Les personnes qui ont fréquenté les pensionnats, qui ont été séparées de force de leurs parents, de leurs communautés et de leurs traditions (Kirmayer *et al.,* 1999) ainsi que celles ayant subi des abus physiques et sexuels ont, aujourd'hui encore, des symptômes de stress post-traumatique. Il est aussi démontré qu'un bon nombre de personnes traumatisées ont développé des comportements déviants : violence physique et sexuelle, problèmes de dépendance à l'alcool et toxicomanie (CSSSPNQL, 2003). D'après le Centre national de prévention du crime, les taux de violence conjugale dans les communautés autochtones sont jusqu'à cinq fois supérieurs à la moyenne nationale, et les taux d'homicide entre conjoints sont de 8 à 18 fois plus élevés chez les Autochtones que dans la population non autochtone du Canada. De plus, les enfants sont souvent témoins de scènes de violence et sont eux-mêmes victimes de violence physique ou sexuelle. Selon une étude gouvernementale menée en Ontario, 34 % des répondants des Premières Nations mentionnent avoir vécu au moins un épisode d'abus sexuel. En outre, 28 % des filles de l'actuelle génération des 12 à 17 ans ont également été victimes d'agression sexuelle (Gouvernement du Canada, 2006).

Au Québec, aucune étude de cette ampleur n'a été menée auprès des membres des Premières Nations. Cependant, les observations faites par la Commission de la santé et des services sociaux des Premières Nations du Québec et du Labrador laissent penser que la situation est similaire à celle de l'Ontario (CSSSPNQL, 2003). Les enfants victimes d'abus sexuel développent toute une gamme de symptômes pathologiques, qui les perturbent et perturbent leur famille, et qui affectent aussi les membres de leur communauté. Krugman (1991) a observé chez ces enfants plusieurs symptômes et pathologies : hyperactivité, agressivité, violence comportementale, problèmes d'apprentissage, peur, isolement et problèmes psychosomatiques importants. Krugman précise que ces enfants ont aussi une faible estime de soi, ressentent des sentiments dépressifs et manifestent des symptômes de stress post-traumatique. Et à leurs problèmes psychologiques s'ajoutent des problèmes d'ordre physique, comme des tensions musculaires, et des difficultés gastro-intestinales et génito-urinaires. Kirmayer et ses collaborateurs (1994a) constatent que cette clientèle présente une prédisposition à la dépression, avec ou sans idées suicidaires.

En outre, les recherches rapportent un taux de suicide élevé chez les Premières Nations (le double de la moyenne nationale). En 2000, on a dénombré 24 suicides pour 100 000 habitants dans les populations autochtones, alors qu'on en comptait 12 à l'échelle nationale (Gouvernement du Canada, 2006). Chez les 15 à 24 ans, le taux de suicide est plus élevé chez les hommes que chez les femmes. Or, le suicide au sein de la communauté est vécu comme un phénomène tragique et extrême. En effet, dans la culture amérindienne, les liens familiaux et relationnels sont fondamentaux en ce qui a trait à l'équilibre et à l'harmonie de tous et chacun. Lorsqu'une personne se suicide, son geste affecte non seulement sa famille et sa communauté, mais aussi les personnes des autres communautés de sa nation. Un acte de suicide brise le cercle des relations et ravive de profondes blessures psychologiques dans les populations des Premières Nations (CSSSPNQL, 2003).

De son côté, le rapport sur la santé mentale du gouvernement du Canada (2006) montre que les jeunes dont au moins un des parents a fréquenté un pensionnat « indien » sont plus susceptibles d'avoir déjà eu des idées suicidaires que ceux dont les parents n'ont pas fréquenté ces institutions. Le taux élevé de suicide chez les jeunes Amérindiens reflète donc un profond malaise identitaire résultant de la déculturation subie au fil du temps. En effet, les adolescents et les jeunes adultes ne se reconnaissent plus dans les valeurs et les traditions de leurs aînés, pas plus que dans celles de la culture dominante. Ils se sentent, selon LaFramboise, « désespérément piégés et leur âme [est] emprisonnée » (Kirmayer *et al.*, 1994a, p. 48). D'après lui, le suicide peut être vécu comme une fuite devant une situation intolérable, et devenir une ultime libération. Kirmayer et ses collègues (1994a) jugent donc important que les membres des Premières Nations créent et réinventent leur identité personnelle et collective, car c'est de cette façon que pourront s'implanter une estime de soi positive et une identité culturelle harmonieuse. Pour qu'ils y parviennent, il ne faut en aucun cas qu'ils idéalisent ou dénigrent leurs valeurs et traditions, et celles de la culture dominante. Bref, ce processus est primordial pour que les jeunes puissent se projeter dans l'avenir et participer activement à la vie de la société dans laquelle ils évoluent.

Une autre problématique importante affecte sérieusement la qualité de vie des Premières Nations : la dépendance à l'alcool et à la drogue. Les Amérindiens eux-mêmes reconnaissent qu'il s'agit là d'un problème sérieux pour leurs populations. Ainsi, selon une recherche faite par Kirmayer *et al.* (1994a), 74 % des membres des Premières Nations estiment que la consommation d'alcool et de drogues est un problème dans leur communauté. Plusieurs auteurs, dont Petawabano *et al.* (1994) et Kirmayer *et al.* (1994a ; 1994b), estiment que l'abus d'alcool et de drogues agit la plupart du temps comme déclencheur et accélérateur des problèmes de violence (implosive et explosive), en plus de provoquer de nombreux accidents, mortels ou non. Les problèmes d'alcool et de drogues perturbent l'harmonie, plongent les familles et les membres de la communauté dans des situations dramatiques, et sont les vecteurs de la détresse psychologique, des traumatismes et de la violence, qui perdurent d'une génération à l'autre. Par exemple, certains enfants nés de mères alcooliques souffrent d'anomalies congénitales, notamment du syndrome d'alcoolisme fœtal. Ce syndrome est une affection qui comprend des anomalies physiques, mentales et comportementales découlant, entre autres, de lésions cérébrales irréversibles.

En dépit des graves problèmes psychosociaux décrits précédemment, il est important de souligner que, selon une enquête régionale longitudinale sur la santé des Premières Nations menée en 2002 et 2003 (Gouvernement du Canada, 2006), la plupart des adultes vivant dans des réserves se sentent tout à fait équilibrés et en harmonie avec chacune des quatre sphères de leur vie : physique (71 %), mentale (75 %), émotionnelle (71 %) et spirituelle (69 %). En outre, une volonté de guérison est de plus en plus perceptible, tant chez les décideurs et les individus que dans les familles et les communautés ; cependant, cette guérison ne concerne pas que les populations des Premières Nations, elle concerne aussi l'ensemble de la société et des intervenants en santé mentale.

11.5 QUELQUES PRINCIPES FAVORISANT LA GUÉRISON

À la lumière des éléments présentés dans ce chapitre, on comprend mieux l'origine des problèmes de santé mentale chez les Premières Nations. Et on constate qu'une vision holistique et communautaire qui valorise l'appartenance à la famille et à la collectivité est véritablement la base des valeurs culturelles de la majorité de ces nations. On comprend aussi que la guérison est un processus long et complexe, qui implique toutes les dimensions de la personne : corps, pensées, émotions et esprit. Plusieurs études (Waldram, 2007) ont montré que les démarches thérapeutiques axées sur la culture et la spiritualité sont les plus efficaces. Reconnaître, valoriser et respecter les valeurs culturelles et traditionnelles des Premières Nations est, par conséquent, essentiel à la guérison ; il ne faut pas, cependant, « enfermer » la personne dans ses coutumes traditionnelles.

Les cérémonies traditionnelles ont donc un rôle à jouer dans le processus de guérison et elles sont particulièrement significatives pour la majorité des membres des Premières Nations, mais pas pour tous. En effet, dans une nation, une partie de la population peut avoir été fortement influencée par le christianisme, notamment les personnes les plus âgées. Ces personnes ont davantage tendance à condamner ceux qui privilégient les cérémonies et les rituels traditionnels, qu'elles considèrent comme des pratiques sataniques (Charbonneau, 2001). D'autres Amérindiens, à cause de l'acculturation qui leur a été imposée, en sont venus à dévaloriser leur propre culture. Ces personnes se sont donc assimilées à la culture dominante et ne se reconnaissent pas, ou se reconnaissent très peu, dans les valeurs et coutumes traditionnelles. Ces personnes seront donc plus à l'aise si elles suivent une psychothérapie contemporaine ; le thérapeute doit toutefois tenir compte du contexte de leur culture. Dans une étude menée par Hylton en 2002 (CSSSPNQL, 2003), plusieurs participants des Première Nations ont indiqué qu'ils préconisaient, dans leur cheminement vers la guérison, une approche mariant la psychologie contemporaine et la médecine traditionnelle, où le shaman ou le guérisseur est chargé de procéder aux rituels et cérémonies traditionnels. Le cas suivant illustre une intervention alliant la médecine traditionnelle à la psychologie contemporaine.

Une jeune femme de 30 ans, célibataire et mère de deux enfants, vit et travaille au sein de sa communauté. Elle consulte une psychologue après avoir participé, trois mois plus tôt, à une cérémonie de sudation (*sweat lodge*). Cette cérémonie amérindienne de soin et de purification est pratiquée par les Indiens d'Amérique du Nord. Elle permet à un individu de s'unir aux quatre éléments de la vie (terre, eau, feu et air). Des pierres sont chauffées sur un feu puis placées au centre d'une tente ronde. On verse alors de l'eau sur les pierres brûlantes, et la vapeur qui s'en échappe purifie le corps et l'esprit des participants. Les buts de cette cérémonie sont autant thérapeutiques que spirituels. Des prières, des chants et un partage d'expériences personnelles ont souvent lieu. Des shamans ou des guérisseurs traditionnels guident les participants dans leur cheminement personnel et spirituel. La jeune femme consulte la thérapeute car, depuis qu'elle a participé à cette cérémonie, de troublantes images d'abus sexuel datant de son enfance reviennent la hanter. Elle est bouleversée et se sent étrange, «pas comme avant». En plus d'être dérangée par ces rappels de cette période de sa vie, elle se sent plus distante et méfiante, et elle est excessivement vigilante. Elle constate aussi qu'elle est très irritable, surtout avec ses enfants, qu'elle aime beaucoup. Enfin, elle a de la difficulté à se concentrer et souffre d'insomnie. Une quinzaine de rencontres en psychothérapie ont lieu tout le long de l'année. Au cours de ces rencontres, la psychologue aide la jeune femme à comprendre ce qu'elle a vécu dans son enfance et à retrouver son équilibre. Elle l'encourage à participer à des rituels de guérison traditionnels et l'incite à s'entretenir avec une aînée de la communauté qui a surmonté une expérience similaire, et qui a retrouvé son équilibre et sa sérénité. La jeune femme participe alors à une autre cérémonie de sudation, et en ressort avec le sentiment d'avoir été purifiée et d'être plus près de ses valeurs spirituelles. La fréquence et l'intensité des symptômes posttraumatiques diminuent alors considérablement. Peu de temps après, la jeune femme a retrouvé son équilibre personnel, familial et professionnel.

En lisant ce qui précède, on comprend bien que la jeune femme se sent suffisamment à l'aise au regard de son identité culturelle pour profiter des deux approches thérapeutiques, traditionnelle et contemporaine. On remarque aussi que la psychologue connaît la culture de sa patiente et les cérémonies traditionnelles qui y sont rattachées, ce qui facilite alors l'intégration du processus de guérison.

Ce cas montre qu'un intervenant se doit d'être ouvert et de comprendre la culture de son client, de même que le contexte historique et socioculturel dans lequel celui-ci évolue. D'autre part, le client doit aussi se connaître, et connaître son identité sociale et culturelle. Comme le mentionne Cohen-Emerique :

> Ce processus, cet apprentissage impliquent non seulement une découverte de l'autre dans sa différence, mais aussi une découverte de soi, une réflexion sur soi, une conscience de soi en tant qu'être de culture et de sous-cultures avec ses codes, ses valeurs, ses modèles de comportement, ses aspirations relatives à ses différentes appartenances : nationale, ethnique, religieuse, sociale, régionale, professionnelle et institutionnelle, etc. (dans Legault, 2000, p. 163)

Ce cheminement doit donc être associé à la démarche thérapeutique de la personne qui consulte. Sinon, le regard du thérapeute devient unidimensionnel et réducteur, et dévalorisant pour la personne avec qui il travaille. L'intervenant doit aussi prêter une attention particulière aux jugements de valeurs qu'il pourrait porter, et à une attitude hostile ou paternaliste qui pourrait se manifester à son insu.

L'intervention auprès des membres des Premières Nations est une invitation à se dépasser en tant qu'intervenant. C'est être capable de s'engager dans la relation thérapeutique tout en gardant une distance critique suffisante par rapport à soi et à l'autre. C'est aussi avoir la capacité de reconnaître et d'analyser les chocs culturels qui surgissent tout le long de la relation car, comme le font remarquer Cohen-Emerique (2000) et Sterlin (1993), ce qui choque et qui déroute dans la culture de l'autre, correspond souvent aux zones troubles de sa propre identité culturelle. En tant qu'intervenants, nous avons donc tout « intérêt à explorer [ces zones troubles] pour élargir les horizons de notre "humanitude" et enrichir notre potentiel de jouissance » à travailler avec l'autre (Sterlin, 1988, p. 28). L'*autre* étant l'individu, la famille, et aussi la communauté.

L'approche communautaire s'avère également primordiale dans la reconquête identitaire et collective, et dans la récupération du pouvoir de guérison des communautés des Premières Nations. Il importe donc, ici, de privilégier le développement communautaire et que « les collectivités se prennent en main et exercent, à l'échelle locale, un contrôle sur les services de santé, non seulement pour faire en sorte que les services soient adaptés aux besoins locaux, mais aussi pour promouvoir un sentiment individuel et collectif d'efficacité et de fierté » (Kirmayer, Brass et Tait, 2000). Nombreux sont ceux qui reconnaissent aujourd'hui la sagesse des aînés et l'expertise des membres des Premières Nations. La prise en charge de la communauté par ses membres, le respect du rythme du processus de guérison, la créativité et l'ouverture aux nouvelles façons de faire, la sensibilisation à une vie saine et la promotion de la santé sont aussi reconnus comme des éléments essentiels favorisant le processus de guérison des membres des Premières Nations, et respectant leur vision holistique de la santé et leur cercle sacré.

POUR EN SAVOIR PLUS

LIVRES

Dupuis, R. (2001). *Quel Canada pour les Autochtones ? La fin de l'exclusion*, Montréal, Boréal.

Dupuis, R. (2001). *Tribus, peuples et nations : Les nouveaux enjeux des revendications autochtones au Canada*, Montréal, Boréal.

Duran, E. et Duran, B. (1995). *Native American Postcolonial Psychology*, Albany, State University of New York Press.

Fergus, J. (1997). *Mille femmes blanches*, Paris, Le Cherche midi.

N'Tsukw et Vachon, R. (éd.) (1983). *Nations autochtones en Amérique du Nord,* Montréal, Fides (Coll. Rencontre des cultures).

Sam-Cromarty, M. (1992). *Souvenirs de la baie James,* Val-d'Or, D'ici et d'ailleurs.

Vincent, S. et Arcand, B. (1979). *L'image de l'Amérindien dans les manuels scolaires du Québec,* LaSalle, Hurtubise HMH.

Weatherford, J. (1993). *Ce que nous devons aux Indiens d'Amérique et comment ils ont transformé le monde,* Paris, Albin Michel (Coll. Terre indienne).

ARTICLES ET RAPPORTS DE RECHERCHE

Gatti, M. (2004). «Contes et légendes», dans *Littérature amérindienne du Québec : Écrits de langue française,* Montréal, Hurtubise HMH.

Jaccoud, M. (1999). «Les cercles de guérison et les cercles de sentence autochtones au Canada», *Criminologie,* vol. 32, n° 1.

Olsen Harper, A. (2006). *Fin à la violence dans les communautés autochtones : Pratiques exemplaires dans les centres d'hébergement autochtones et communautaires,* Cercle national des Autochtones contre la violence familiale (CNACFV).

Recherches amérindiennes au Québec, revue spécialisée sur les Amérindiens publiée par la société Recherches amérindiennes au Québec.

Regroupement des Centres d'amitié autochtone du Québec et Femmes autochtones du Québec (2005). *Dans le passé il y a eu des pensionnats indiens... Aujourd'hui, doit-on absolument répéter l'histoire ?,* Mémoire conjoint concernant la révision de la Loi sur la protection de la jeunesse présenté au ministère de la Justice du Québec et au ministère de la Santé et des Services sociaux du Québec, juillet.

Sabbagh, A. (2007). «Santé mentale des Autochtones du Québec», dans H. Dorvil, *Problèmes sociaux, tome IV : Théories et méthodologies de l'intervention sociale,* Québec, Presses de l'Université du Québec.

«Terre Indienne : Un peuple écrasé, une culture retrouvée», *Autrement,* série Monde (hors série n° 54), 1991.

Van de Sande A. *et al.* (2002). «L'approche amérindienne : La roue médicinale», dans A. Van de Sande, M.-A. Beauvolsk et G. Renaud, *Le travail social : Théories et pratiques,* Boucherville, Gaëtan Morin.

Vatz-Laaroussi, M. *et al.* (2005). *Les différents modèles de collaboration familles-écoles : Trajectoires de réussite pour des groupes immigrants et des groupes autochtones du Québec,* Rapport de recherche présenté au Fonds de recherche sur la société et la culture du Québec, Université de Sherbrooke.

SITES INTERNET

Cercle national autochtone contre la violence familiale
http://www.nacafv.ca/

Conseil en éducation des Premières Nations
www.cepn-fnec.com/

►

Dialogue pour la vie
Association Prévention Suicide Premières Nations et Inuits du Québec et du Labrador
http://www.dialogue-pour-la-vie.com/

Femmes autochtones du Québec inc.
http://www.faq-qnw.org/

Ministère des Affaires indiennes et du Nord Canada
http://www.ainc-inac.gc.ca/

Organisation nationale de la santé autochtone
http://www.naho.ca/french/

Portail des Autochtones au Canada
http://www.autochtonesaucanada.gc.ca/

 ART ET LITTÉRATURE

THÉRIAULT, Y. (1958). *Agaguk,* Paris, Grasset.

 AUDIOVISUELS

Sans adresse, réalisation : Alanis Obomsawin, 1988.

Windigo, réalisation : Robert Morin, 1994.

Vivre ensemble, réalisation : Helena Kurgansky, 1996.

Kwekânamad - Le vent tourne, réalisation : Carlos Fernand, 1999.

Le peuple invisible, réalisation : Richard Desjardins et Robert Monderie, 2007.

BIBLIOGRAPHIE

CHARBONNEAU, L. (2001). «Au début, il y avait les Autochtones», *Le Vis-à-vie,* vol. 10, n° 3, janvier.

CHRISJOHN, R. et YOUNG, S. (1994). *The Circle Game, Shadows and Substance in the Indian Residential School Experience in Canada,* Penticton (Colombie-Britannique), Theytus Books.

COHEN-EMERIQUE, M. (2000). «L'approche interculturelle auprès des migrants», dans G. Legault (dir.), *L'intervention interculturelle,* Montréal, Gaëtan Morin.

Commission de la santé et des services sociaux des Premières Nations du Québec et du Labrador (CSSSPNQL) (2003). *Réinventer un partenariat: Plus qu'une nécessité pour la santé mentale des Premières Nations,* Mémoire déposé auprès du Comité sénatorial permanent des affaires sociales, des sciences et de la technologie du Canada.

Conseil cri de la santé et des services sociaux de la baie James (2001). Dépliant sur le *Programme de santé mentale.*

D'ARAGON, N. (2001). «Le suicide et la mémoire des peuples», *Le Vis-à-vie,* vol. 10, n° 3, janvier.

DELÂGE, D. (1991). *Le pays renversé: Amérindiens et Européens en Amérique du Nord-Est, 1600-1664,* Montréal, Boréal.

FARIES, E. et PASHAGUMSKUM, S. (2002). *Une histoire du Québec et du Canada,* Chisasibi (Québec), Commission scolaire crie.

Gouvernement du Canada (2006). *Aspect humain de la santé mentale et de la maladie mentale au Canada,* Ottawa, Ministère des Travaux publics et des Services gouvernementaux Canada, [en ligne], http://www.phac-aspc.gc.ca/publicat/human-humain06/pdf/human_face_f.pdf (consulté le 11 avril 2008).

KIRMAYER, L., BRASS, G. et TAIT, C. L. (2000). «The mental health of Aboriginal peoples: Transformations of identity and community», *Revue canadienne de psychiatrie,* n° 45.

KIRMAYER, L. *et al.* (1994a). *Suicide in Canadian Aboriginal Populations: Emerging Trends in Research and Intervention,* Montréal, Culture and mental health research unit, Division of social and transcultural psychiatry, Department of psychiatry, rapport n° 1, Université McGill.

KIRMAYER, L. *et al.* (1994b). *Emerging Trends in Research on Mental Health among Canadian Aboriginal Peoples,* Montréal, Culture and mental health research unit, Division of social and transcultural psychiatry, Department of psychiatry, rapport n° 2, Université McGill.

KIRMAYER, L. *et al.* (1999). *Widening the Circle: Collaborative Research for Mental Health Promotion in Native Communities,* Montréal, Division of social and transcultural psychiatry, Department of psychiatry, rapport n° 8, Université McGill.

KRUGMAN, R. D. (1991). «Physical indicators of child sexual abuse», dans A. Tasman et S. M. Goldfinger, *Annual Review of Psychiatry,* Washington, American Psychiatric Press.

LEGAULT, G. (dir.) (2000), *L'intervention interculturelle,* Montréal, Gaëtan Morin.

LEPAGE, P. (2002). *Mythes et réalités sur les peuples autochtones,* Québec, Commission des droits de la personne et des droits de la jeunesse.

Ministère des Affaires indiennes et du Nord Canada (1980). *Les Indiens: Situation actuelle,* Canada.

Ministère des Affaires indiennes et du Nord Canada (2006 et 2007), [en ligne], http://www.ainc-inac.gc.ca (consulté le 11 avril 2008).

► (SUITE)

Petawabano, B. H. *et al.* (1994). *La santé mentale et les autochtones du Québec,* Montréal, Gaëtan Morin.

Savard, R. et Proulx, J.-R. (1982). *Canada: Derrière l'épopée, les autochtones,* Montréal, L'Hexagone.

Sioui, G. (1992). *Pour une autohistoire amérindienne: Essai sur les fondements d'une morale sociale,* Québec, Presses de l'Université Laval.

Sterlin, C. (1988). «L'intervenant homéoethnique en contexte interculturel», *Interculturel,* n° 100.

Sterlin, C. (1993). «Ethnocentrisme, racisme et santé mentale», dans *Racisme et santé mentale : Enjeux, impacts et perspectives,* actes du colloque, Association canadienne pour la santé mentale.

Valaskakis, G. (2007). «Funding research to help heal from trauma of residential school abuse», *Canadian Psychiatry,* vol. 3, n° 1.

Waldram, J. B. (2007). *Revenge of the Windigo: The Construction of the Mind and Mental Health of North American Aboriginal Peoples,* Toronto, University of Toronto Press.

BIOGRAPHIES DES AUTEURS

ANDREAS BISCHOFF est anthropologue et océanographe de formation. Spécialisé dans l'anthropologie des religions et la transformation des conflits, ses principaux champs d'intérêt sont les migrations internationales, les autochtones, les jeunes et la gestion des ressources naturelles. Cofondateur et président de Sphère multiculturelle, un organisme d'accueil et d'intégration des nouveaux arrivants en région, il développe également des projets de sensibilisation aux réalités autochtones et de rapprochement avec les communautés autochtones et métisses. Depuis de nombreuses années, il prononce des conférences et anime des ateliers de formation dans le domaine de l'interculturel, en plus d'être engagé dans le développement international. Actuellement, il est agent de liaison interculturel pour le compte du Forum jeunesse de la Vallée-du-Haut-Saint-Laurent.

RENÉE BOURQUE est chargée de cours dans le domaine des relations interculturelles et de l'immigration à l'Université de Montréal et à l'Université du Québec à Montréal. Elle est l'auteure de recueils d'incidents critiques dans ce même domaine et développe divers instruments de formation pour l'animation d'ateliers en communication interculturelle, en gestion de la diversité et en interprétation. Consultante auprès de divers organismes, notamment dans le milieu municipal, elle a souvent recours aux jeux de rôles, aux incidents critiques et aux études de cas pour encourager les échanges et pour faciliter les apprentissages.

JOËL FRONTEAU est né en France et y a fait des études de psychologie. Il a ensuite émigré au Canada, où il a acquis une expérience dans le domaine de la formation en relations interculturelles. Les questions relatives à la problématique de la migration, notamment le processus migratoire, l'adaptation, les chocs culturels et la question identitaire, sont au cœur de ses recherches. Il est actuellement professeur de langue en Chine.

GISÈLE LEGAULT est professeure retraitée de l'École de service social de l'Université de Montréal. Elle a été responsable, pendant 15 ans, de l'enseignement et des travaux de stage et de recherche portant sur la pratique sociale auprès des immigrants et des réfugiés. Ses recherches ont porté sur l'intégration des familles et des femmes immigrantes, ainsi que sur l'accessibilité des communautés culturelles aux services sociaux et de santé. Elle a publié de nombreux articles et présenté plusieurs communications sur ces sujets. Elle est également thérapeute à la clinique transculturelle de l'Hôpital Jean-Talon de Montréal (Centre de santé et de services sociaux du Cœur-de-l'Île) depuis 1996.

JEAN-MARIE MESSÉ À BESSONG détient une maîtrise en sociologie de l'Université Paris X Nanterre, un diplôme d'État français d'assistant de service social et une maîtrise en service social de l'Université de Sherbrooke. Il est actuellement doctorant en sciences humaines appliquées à l'Université de Montréal et chargé de cours à l'Université du Québec à Montréal. Ses recherches actuelles portent sur les pères immigrants et réfugiés, sur la parentalité immigrante et réfugiée, et sur les processus d'inclusion de la diversité ethnoculturelle en service social au Québec. Natif du Cameroun, il a été pendant de nombreuses années travailleur social dans la région parisienne.

LILYANE RACHÉDI, professeure, est travailleuse sociale de formation et a pratiqué dans le domaine du service social en France. Titulaire d'une maîtrise de l'Université Laval, elle a ensuite travaillé au Québec avec les familles réfugiées, puis a été chargée de projet de recherche à l'Université de Sherbrooke. Titulaire d'un doctorat de l'Université de Montréal, elle est membre de la Chaire de recherche sur l'immigration, l'ethnicité et la citoyenneté au Canada (CRIEC) et fait partie de l'équipe Migration et ethnicité dans les interventions de santé et de service social (METISS) du Centre de santé et de services sociaux de la Montagne. Elle enseigne actuellement l'intervention sociale et les relations interculturelles à l'École de travail social de l'Université du Québec à Montréal.

MARIE-LYNE ROC possède une maîtrise en service social de l'Université de Montréal. Elle a œuvré pendant plus de dix ans à titre de travailleuse sociale et de formatrice dans le domaine de l'intervention interculturelle, principalement auprès des demandeurs d'asile. Elle occupe actuellement les fonctions de chargée d'affaires professionnelles pour l'Ordre professionnel des travailleurs sociaux du Québec.

GHISLAINE ROY détenait une maîtrise en service social de l'Université de Montréal et a longtemps œuvré comme travailleuse sociale, formatrice et professeure dans le champ de l'interculturel, un sujet sur lequel elle a d'ailleurs publié de nombreux articles et présenté plusieurs communications. Jusqu'en 2007, elle a travaillé pour le Programme régional d'accueil et d'intégration des demandeurs d'asile (PRAIDA) du Centre de santé et de services sociaux de la Montagne, en plus d'agir à titre de chercheure de terrain pour le Centre de recherche et de formation du CLSC Côte-des-Neiges. Elle est décédée le 3 février 2008.

ALINE SABBAGH est psychologue et pratique en bureau privé dans la région de Montréal. Elle est consultante et formatrice depuis plus de dix ans auprès des communautés des Premières Nations et des Inuits du Québec. Durant plusieurs années, elle a agi comme coordonnatrice du Programme de santé mentale pour les neuf communautés de la nation crie. Elle a fait partie de la clinique transculturelle de l'Hôpital Jean-Talon. Elle a acquis un expertise en approche interculturelle et s'est spécialisée dans le traitement des symptômes post-traumatiques.

MICHÈLE VATZ-LAAROUSSI est docteure en psychologie interculturelle et professeure de travail social à l'Université de Sherbrooke. Après avoir exercé comme assistante sociale en France, elle a mené au Québec des recherches portant sur l'immigration et sur l'intervention sociale auprès de familles immigrantes. Responsable du Réseau de recherche sur l'immigration en dehors des métropoles, membre du centre Métropolis du Québec et du Centre d'études ethniques de l'Université de Montréal, elle poursuit actuellement des recherches sur les politiques municipales en matière de diversité ainsi que sur la mobilité et la rétention des femmes et des familles immigrantes et réfugiées dans divers endroits du Québec et du Canada. Elle est l'auteure de l'ouvrage *Le familial au cœur de l'immigration: Les stratégies de citoyenneté des familles immigrantes au Québec et en France* (Paris, L'Harmattan, 2001).

MARIE-ROSAIRE KALANGA WA TSHISEKEDI est psychologue et travailleuse sociale. Elle a suivi une formation en ethnopsychiatrie en France auprès de Tobie Nathan, Marie-Rose Moro et Etsianat Ondong-Essalt, ainsi qu'une formation en thérapie familale et conjugale à l'Hôpital juif de Montréal. Elle est actuellement thérapeute à la clinique transculturelle de l'Hôpital Jean-Talon de Montréal (Centre de santé et de services sociaux du Cœur-de-l'Île), et consultante dans le réseau public et parapublic, où ses responsabilités regroupent la formation, l'animation d'ateliers et la supervision de stagiaires.

INDEX

A

Abus
– de pouvoir, 279
– physique, 279, 283
– psychologique, 279
– sexuel, 279, 283
Accessibilité
– à la création d'entreprise, 84
– au travail, 57-58, 85, 89
– aux corporations professionnelles, 16-17, 131
– des services sociaux et de
   santé, 136, 237, 262
Accommodement raisonnable,
   30–33
Accompagnement, 112, 230,
   243–244
Accomplissement du processus
   d'intégration, 53–54
Acculturation, 282, 285
– formelle, 62
– matérielle, 62
– processus d'_, 62, 277,
   279–280
Acteurs en présence, 175–179
Actualisation, 49
Adaptation
– différentielle en escalier,
   190–191
– problèmes d'_, 264
– processus d'_, 45–50, 191
Affiliation, 146
Agence des services frontaliers
   du Canada (ASFC), 261
Aide sociale, 240, 260
Alcoolisme, 282–284
Amérindien, *voir* Premières
   Nations du Québec
Amis, 129–130
Amnésie de l'immigrant, 48

Analogie de l'iceberg, 191
Anomalies
– comportementales, 284
– congénitales, 284
– mentales, 284
– physiques, 284
Anorexie, 264
Antiracisme, 103–104,
   106–107
– modèles de l'_, 111–115
Anxiété, 48, 260, 264, 282
Appartenance
– à la famille, 146
– religieuse, 126
Approche
– basée sur le groupe, 147
– communautaire, 287
– ethnopsychiatrique de
   Devereux et Nathan,
   144–157
– interculturelle, 109,
   122–124, 189, 191
   – grille d'évaluation
      en _, 172–174
– perceptuelle, 108
– structurelle, 115
– systémique écologique,
   122–123
Aptitudes parentales, 280
Arrivée
– physique, 46–47
– psychologique, 47–50
Assimilation, 60
Assimilationnisme, 103–104
Attitudes culturelles, 133
Autochtone, *voir* Premières
   Nations du Québec
Autonomie du jeune, 205
Autorité au sein de la famille,
   56, 205–207, 217

B

Barrière linguistique, 48
Besoin(s)
– d'accommodement, 30, 58
– d'immigrants des sociétés
   d'accueil, 13, 16, 21, 26, 29, 134
– de protection, 28, 253
– des immigrants, 58-60, 108,
   132, 181, 260
Biais
– ethnocentrique, 174
– interculturel, 187
Bien-être des Premières
   Nations, 282–285
Bombardement sémantique,
   148, 157

C

Cadre de référence
– de l'intervenant, 126–127
– du migrant, 126–127
Calendrier religieux, 34
Camps de réfugiés, 254
Caricature, 71
Cauchemars, 264
Centre de santé et de services
   sociaux (CSSS), 33, 261
Centre Jeunesse de Montréal,
   261
Centres d'activités et de loisirs,
   131–133
Centrisme culturel, 198
Cercle de santé des Premières
   Nations, 280–282
Cérémonie traditionnelle,
   285–286
Certificat d'acceptation du
   Québec (CAQ), 29
Charia, 33
Charte canadienne des droits
   et libertés, 33–34

Charte de la langue française, 21
Charte des droits et libertés de la personne du Québec, 16, 80, 83
Choc(s) culturel(s), 51–53, 55, 212–213, 287
– d'arrivée, 52
– grille d'analyse des _, 190
– identitaire, 52–53
– zones de _, 209, 287
Chômage, 57
Citoyen canadien, 27
Clandestin, 29
Classe sociale, 115
Commission Bouchard-Taylor, 25–26, 31–33, 88
Commission de l'immigration et du statut de réfugié du Canada (CISR), 28, 257, 261
Commission des droits de la personne et des droits de la jeunesse, 32
Communautés amérindiennes, voir Premières Nations du Québec
Communication non verbale, 127–128
Complémentarisme, 144–145
Complexité, 169–170, 187, 189–190
Comportements
– déviants, 283
– troubles de _, 238
Conditions de travail, 260
– injustes, 254
Conflits
– intergénérationnels, 56, 237–239
– médiatisation des _, 19–20, 255
– nationaux et internationaux, 18–20, 253–256, 263–264, 266
  – mouvement migratoire et _, 18
– parents-enfants, 217

Confrontation, 51–53, 55
– des valeurs, 208–217
Confusion identitaire, 282
Conscience culturelle, modèle de la _, 107–108
Construction identitaire, 48, 238–239, 241
Contrôle, 280
Convention internationale sur l'élimination de toutes formes de discrimination raciale, 16
Convergence culturelle, 24–26, 60–61, 134
Corporations professionnelles, 16–17, 131
Crise d'identité, 52
Croyances, 218
– étude des _, 218–220
– grille des _, 203–208
– incidents critiques liés aux _, 220–222
– questionnaire sur l'héritage personnel et les _, 189–190
– relatives à l'espace, 222
– relatives à la nature humaine, 218
– relatives au surnaturel, 219
– relatives au temps, 219, 222
– relatives aux rapports de l'être humain avec la nature, 218–220
– relatives aux soins de santé, 220–221
Culturalisme, 86
Culture
– définition de la _, 124, 198
– intériorisée, 191
– observable, 191
– scolaire, 131

D

Décentration, 127
Déconstruction identitaire, 48

Déculturation, 282, 284
– processus de _, 279–280
Délais du traitement des demandes d'asile, 259–260
Délinquance juvénile, 238
Demande(s)
– d'asile
  – abusive, 256–257
  – délais du traitement des _, 259–260
– d'immigration, 29–30
– de citoyenneté canadienne, 28
– de regroupement familial, 28
– de statut de réfugié, sentiment face à la _, 180–181
Demandeur(s) d'asile, 252–253, voir aussi Réfugié(s)
– au Canada et au Québec, 256–262
– intégration des _, 259–260
– organismes venant en aide aux _, 260–262
– rapatriement du _, 257
– revendication des _, 257
– statut de _, 256–258
Démographie du Canada et du Québec, 17
Dépaysement, 46–47
Dépendance, problèmes de _, 282–284
Dépression, 264, 282–283
– majeure, 283
Déqualification, 236
Déracinement, 279
Détresse, 263
– psychologique, 282–284
Deuil de l'immigration, 262–263
Deuxième mort de l'immigrant, 52
Dévalorisation des professionnels, 236
Dévaluation des compétences, 236

Différentialisme, 86
Difficultés
– relationnelles, 238
– scolaires, 238, 264
Direction de la protection de
la jeunesse, 261
Discipline, 215
Discrimination, 16, 83–85,
88–89
– directe, 83
– indirecte, 83
– lors de la recherche d'un
emploi, 57–58, 131
– positive, 61
– systémique, 84
Discussion de cas, protocole
de _, 187–190
Dispositif-groupe, 147–148,
150–154
Distance émotionnelle, 264
Diversité religieuse au Canada,
33–37
Domaine(s)
– de questionnements
communs, 201–202
– expérimental, 240–243
– matériel, 240, 242–243
– relationnel, 240–243
Droit(s)
– d'asile, 258
– de l'homme, violation des _,
253–254
– des réfugiés, 261
Dynamiques familiales,
231–235

E

École, 131, 133
– résidentielle, 278
Ecomap, 175–179
Éducation
– des enfants, 56
– incidents critiques liés
à l'_, 215–217
– interculturelle, 136

Émancipation de la femme, 56
Émigration
– forcée, 262
– volontaire, 262
Emprisonnement, 254
Enfants
– nés de mère alcoolique, 284
– réfugiés, 264–267
Enjeux
– démographiques de
l'immigration, 17-18, 21
– économiques de
l'immigration, 16-17
– liés à l'immigration et à
l'intégration, 47, 51-52,
113, 134, 236
– linguistiques, 21
Énurésie, 264
Équilibre, 54
Esclavage, 29, 253
Espace, croyances liées à la
notion d'_, 222
Essentialisation, 87
Estime de soi, 283
État
– d'alerte perpétuel, 264
– de bien-être des Premières
Nations, 282–285
Éthique du témoin, 148
Ethnicisme, 87
Ethnocentrisme, 25, 72–75,
104, 198, 279, 282
Ethnoclasse, 113
Ethnopsychiatrie
– approche de l'_, 144–157
– modèle de l'_, 110–111
Étiologies traditionnelles, 145
Étiquetage, 180
Étiquette, 180
Étude
– des croyances, 218–220
– des valeurs, 199–202
Évaluation interculturelle,
grille d'_, 172–174
Évitement de la souffrance,
264

Exclusion, 106–107
– des indésirables, 88
– mécanismes d'_, 68–90
– par altération contextuelle, 73
– par attribution de caractéristiques inhumaines, 73
– par omission ou négation, 73
– symbolique, 87
Exosystème, 130–133
Expérience
– acquise, 54–55
– du deuil de l'immigration,
262–263
– migratoire, 44–45, 240–241
Exploitation, 254

F

Famille(s), 129–130
– appartenance à la _, 146
– comme domaine de
questionnement, 201–202
– dynamique des _ dans
l'immigration, 231–235
– élargie, 185, 211, 217,
233–235
– histoire de la _, 241–243,
245, 254–256, 265
– incidents critiques liés à la _,
210–215
– nucléaire, 112
– obstacles et difficultés dans
l'immigration des _, 236–239
– reconnaissance de la _,
241–243, 245
– réfugiées, 254–256
– problèmes de santé
mentale chez les _,
262–265
– valeurs liées à la _, 206
Fatigue culturelle, 48, 52
Femmes
– rapports entre hommes et _,
211, 213–214
– rôles des _, 204–205,
212–213

– victimes de violence,
214–215
– victimes de viols, 264
Filiation, 146, 185
Filtre, 71, 125, 127, 187-188,
208, 237
Flux
– de réfugiés, 256
– migratoire, 9, 12, 17, 133
Folklorisation, 24
Formation de l'intervenant,
135–137

Gangs de rue, 239
Garderie, 131, 133
Génogramme, 182–187
Ghettoïsation, 24, 105
Grille
– d'analyse des chocs culturels,
190
– d'évaluation interculturelle,
172–174
– des problèmes de l'existence
humaine selon Kluckhohn et
Strodtbeck, 200–201
– des valeurs et des croyances,
203–208
Groupe en ethnopsychiatrie,
147–148, 150–154
Guerre, *voir* Conflits

Harcèlement, 79–82, 254
– racial, 79
Haut Commissariat des
Nations Unies pour les
réfugiés (HCR), 252–253
Héritage personnel et les
croyances, questionnaire
sur l'_, 189–190
Histoire
– comme témoignage social,
255
– comme transmission
familiale, 255

– dérobée, 255–256
– familiale, 241–243, 245,
254–256, 265
– taboue, 255–256
Historicisation, 241–243, 245
– processus d'_, 112
Hommes
– rapports entre femmes et _,
211, 213–214
– rôles des _, 204–205

Idées suicidaires, 283
Identification des acteurs en
présence, 175
Identité(s)
– adaptative, 255
– composites, 55
– de crise, 52
– ethnique, 115
Idéologie(s)
– antiraciste, 134
– d'insertion
– du Canada, 23–24
– du Québec, 24–26
– interculturelle, 25
– d'intervention, 102–107
Immigrant(s)
– amnésie de l'_, 48
– clandestins, 29
– deuxième mort de l'_, 52
– issus du regroupement
familial, 28
– paradoxe de l'_, 53
– statuts des _, 27–30
Immigration
– au Canada et au Québec
– contexte historique
de l'_, 12–16
– enjeux de l'_, 16–18
– conflits internationaux et
durcissement envers l'_, 18
– mandat canadien sur l'_, 21
– obstacles et difficultés de l'_,
236–239

– procédures de demande et de
sélection de l'_, 29–30
– quotas d'_, 134
– schéma de l'_, 123
– système de pointage pour les
candidats à l'_, 20–21
Incidents critiques
– confrontation des croyances
dans le cadre de quelques _,
220–222
– confrontation des valeurs
dans le cadre de quelques _,
208–217
– liés à la composition de la
famille et aux rôles, 210–215
– liés au mode d'éducation des
enfants, 215–217
– méthode des _, 127, 190, 208
Inclusion, mécanismes d'_, 44
Indépendants (statut), 27
Industrie du sexe, 29
Initiation, 146–147
Insertion, 231–232
– socioéconomique, 236, 240
Insomnie, 264
Intégration
– communautaire, 60–61
– cordiale, 60
– d'aspiration, 50
– de fonctionnement, 50
– de participation, 50
– définition de l'_, 60
– des demandeurs d'asile,
259–260
– familiale, 56–57
– institutionnelle, 58–59
– linguistique, 57
– personnelle, 51–55
– politique, 59
– problèmes d'_, 264
– processus d'_, 50–61
– scolaire, 59
– sociale, 58
– socioéconomique, 57

Interaction intervenant-client, 126

Interculturalisme, 25, 60–61, 103–106, 134
– modèles de l'_, 107–113

Intervenant, modèle de formation de l'_, 135–137

Intervention
– axée sur l'histoire, 241–243, 245
– axée sur la reconnaissance, 241–243, 245
– en milieu scolaire, 265–268
– idéologies d'_, 102–107
– interculturelle
  – définition de l'_, 122
  – intergénérationnelle, 239–245
– processus d'_, 243–245
– psychosociale, 217
– stress post-traumatique et _, 263–265

Isolement, 47

Itinérance juvénile, 239

J

Jeux violents chez les enfants, 264

Jugement, 75, 125, 189, 287

L

Laïcité, principe de la _, 33–35

Langue, 18, 21-24, 57, 103, 107, 127, 180-181, 237, 240, 279-280

Lieux
– d'activités et de loisirs, 131–133
– de culte, 35–37, 58, 60, 131–133

Logement, 131–133

Loi antiterroriste, 18

Loi sur la protection de la jeunesse, 215

Loi sur la sécurité publique, 18

Loi sur le ministère des Relations avec les citoyens et de l'Immigration, 25

M

Macrosystème, 133–135

Main-d'œuvre illégale, 29

Maladie
– mentale, 221, 280
– physique, 221

Marginalité, 260

Mécanismes
– d'exclusion, 68–69
  – visant l'exploitation de la différence, 83–90
  – visant la dévalorisation de la différence, 74–82
  – visant la neutralisation de la différence, 69–75
– d'inclusion, 44

Médecine traditionnelle, 285–286

Médias
– accommodements raisonnables et _, 31–32
– conflits internationaux et _, 19–20, 255
– problèmes sociaux et _, 133

Médiation, 112, 128, 230, 244–245
– familiale, 244
– interculturelle, 244
– sociale, 244

Mésosystème, 130

Méthode
– des chocs culturels, 127
– des incidents critiques, 127, 190, 208

Métis, 276

Microsystème, 129–130

Migration
– économique, 9–10
– politique, 10–12

Milieu scolaire, intervention en _, 265–268

Mineurs non accompagnés, 29, 261

Ministère de l'Immigration et des Communautés culturelles (MICC), 261

Minorités
– antiracisme et _, 106-107, 113-114
– discrimination des _, 30, 84-85
– logique des _, 61
– majorité et _, 13, 32, 134

Missionnaires et la conversion des amérindiens, 278

Modèle
– axé sur le concept de minorités, 113–114
– basé sur le va-et-vient entre la culture du client et celle de l'intervenant, 109–110
– basé sur les rapports sociaux d'insertion, 114–115
– collectif-communautaire, 145–146, 204–205
– communautaire, 147, 203, 205
– d'intervention intergénérationnel, 230, 239–245
– de l'approche interculturelle, 109
– de l'ethnopsychiatrie, 110–111
– de la sensibilité ou de la conscience culturelle, 107–108
– du travail social
  – culturellement sensible, 113
  – interculturel, 108
– individualiste, 145–146, 203, 205
– individualiste-égalitaire, 145–146, 204
– interculturel systémique, 122–123
  – formation de l'intervenant pour l'application du _, 135–137
– systèmes du, 123–135

– systémique
  – adapté à la culture,
    111–112
  – familial, 112
Monoculturalisme, 103–105
Mouvement migratoire, 9
– conflits internationaux et _,
  18–20
Multiculturalisme, 23–24,
  60–61, 103–105, 134

N

Nature, 201–202
– humaine, 201–202
Négligence envers les enfants
  autochtones, 279–280
Négociation, 128
Néoracisme, 86–87
Non-reconnaissance
– des acquis, 126
– des professionnels, 236
– sociale, 238–239
Nous, 203
– familial, 112, 231, 235
Nouveaux réseaux, 175

O

Ontosystème, 124–129
Organisation de l'unité
  africaine (OUA), 253
Organisme
– communautaire, 131–133
– d'aide aux demandeurs
  d'asile, 260–262
Orientation
– féministe, 213–214
– relationnelle, 205
Origine des immigrants
  canadiens, 13-14, 28–29
Outils de pratique, 168–192
Ouverture, 53–55

P

Paradoxe de l'immigrant, 53
Paralangage, 128

Parcours migratoire, 124,
  231–234
Parenté transnationale,
  129–130
Pauvreté, 57, 282
Pensée
– complexe, 169–170,
  189–190
– raciste, 87
– réflexive, 168
Pensionnats pour les Premières
  Nations du Québec,
  278–280
Persécution, 253
Personne
– déplacée, 12
– notion de _, 145–146
– sans statut, 27–29
– vivant clandestinement au
  Canada, 29
Perturbation mère-enfant, 147
Phase
– migratoire, 191
– touristique, 46
Pluralisme, 60–61
Pluriculturalisme, 103–104
Point de vue du client,
  180–181
Politique(s)
– d'immigration, 133
  – du Canada, 20–21,
    23–24, 134–135
  – du Québec, 21–27,
    134–135
– de régionalisation du
  Québec, 26–27
– sociales, 133
Pratiques
– discriminatoires, *voir*
  Discrimination
– interculturelles, 102
  – idéologies d'intervention
    des _, 102–107
  – modèles des _, 107–115

Précarité, 236, 240, 260
Préjugé, 75–77, 81–82
Premières Nations du Québec,
  274
– état de bien-être des _,
  282–285
– missionnaires chez les _, 278
– pensionnats pour les _,
  278–280
– principes favorisant la
  guérison des _, 285–287
– roue de médecine chez les _,
  280–282
– situation géographique des
  communautés des _,
  274–276
– survol historique des _,
  276–280
Principe de la laïcité, 33–35
Problèmes
– d'adaptation, 264
– d'intégration, 264
– de dépendance, 282–284
– de santé mentale, 282–285
  – chez les familles réfugiées,
    262–265
– de violence, 284
– émotionnels, 264
– fondamentaux de l'existence
  humaine selon Kluckhohn et
  Strodtbeck, 200–201
– intergénérationnels, 237–239
– psychosociaux, 282–283, 285
– sociaux, médias et _, 133
Procédés d'exclusion, 73
Processus
– d'acculturation, 62,
  279–280
  – systémique, 277
– d'adaptation, 45–50, 191
– d'évaluation en approche
  interculturelle, 172–174
– d'historicisation, 112
– d'intégration, 50–61

– d'intervention, 243–245
 – par l'accompagnement, 112, 230, 243–244
 – par la médiation, 112, 128, 230, 244–245
– de codage culturel, 110
– de déculturation, 279–280
– de reconnaissance, 112
– de résilience, 235
– iniatique, 146
– migratoire, 44–45
– prémigratoire, 44–45
Programme régional d'accueil et d'intégration des demandeurs d'asile (PRAIDA), 260
Projet migratoire, 131, 231
– familial, 231
Protection, 147
Protocole de discussion de cas, 187–190
Psychologie perceptuelle, 108
Psychothérapie, 285

Q

Quartier, 131–133
Questionnaire sur l'héritage personnel et les croyances, 189–190
Quotas d'immigration, 134

R

Racisme, 16, 31, 78, 86–90, 106, 134, 282
Rapatriement du demandeur d'asile, 257
Rapports
– de l'être humain avec la nature, 202, 218–220
– majoritaires-minoritaires, 122, 133–135
Ré-apprentissage, 49
Reconnaissance, 232
– de la famille, 241–243, 245
– identitaire, 243
– processus de _, 112

Reconstruction identitaire, 241
Réflexivité, 168, 241, 245
Réfugié(s), *voir aussi* Demandeur(s) d'asile
– camps de _, 254
– définition de _, 253
– démographie des _, 11
– devoir de protection des _, 252–254
– droits des _, 261
– familles de _, 254–256
 – problèmes de santé mentale chez les _, 262–265
– flux de _, 256
– sentiment face à la demande de statut de _, 180–181
– signification du terme _, 180–181
– statut de _, 27–29
Regard de l'autre, 237
Régionalisation, 26–27
Regroupement ethnique, 46
Relation(s)
– communautaires, 60
– interethniques, 267
– intergénérationnelles, 230
– intervenant-client, 126
– sociales, 175
Relativisme culturel, 31, 86
Répétition
– de la souffrance, 264
– interfamiliale, 186
– intergénérationnelle, 186
Réseau d'intervention auprès des personnes ayant subi la violence organisée (RIVO), 261–262
Réseau(x)
– d'information, 234
– de référence, 234
– de soutien, 175
– décisionnel, 234
– familial élargi, 233–235

– institutionnel, 176
– nouveaux _, 175
– primaires, 129–130, 175–176
– secondaires, 130–133, 175–176
 – non formels, 131
– transnationaux, 112, 129–130, 233–235, 239–240
Résident
– permanent, 27–28
– temporaire, 27
Résilience, 235, 240
Resocialisation, 51
Ressources
– communautaires, 176
– locales, 260–262
Revendicateur du statut de réfugié, 27-29, 254, 257, 259-260
Rôle(s)
– de la femme, 212–213
– familiaux, 205–206, 212–215
– sociaux, 204–205
Roue de médecine, 280–282

S

Sans-papiers, 29
Santé
– croyances liées aux soins de _, 220–221
– mentale, 110–111, 144, 280
 – problèmes de _, 262–265, 282–285
Savoir, 135-136, 138, 165, 240-241, 243
– réflexif, 241
Savoir-être, 135-138, 165
Savoir-faire, 135-138, 165
Schéma
– de l'immigration, 123
– des acteurs en présence, 175–179
Schèmes de référence, perte des _, 47

Sédentarisation forcée, 278, 282

Ségrégation, 87

Sélection à l'immigration, procédures de _, 29–30

Sensibilité
– culturelle, 49, 264
   – modèle de la _, 107–108

Sentiment(s)
– d'appartenance, 49, 132, 146
– d'efficacité, 243
– d'impuissance, 238–239
– d'incertitude, 260
– d'insécurité, 236
– de contrôle, 240, 243
– de dévalorisation, 48–49
– de réification, 48–49
– dépressifs, 283
– face à la demande de statut de réfugié, 180–181

Services
– d'accueil, 261
– de santé, 131–133, 261
– sociaux, 131–133, 261

Situation d'incompréhension interculturelle (SII), 209

Socialisation, 132
– des jeunes, 131
– scolaire, 238

Société
– à faible distance hiérarchique, 207
– à forte distance hiérarchique, 207
– collectiviste, 203
– individualiste, 203, 205
– valeurs liées à la _, 201–202, 207–208

Soi, 145–146
– valeur du _, 201–204

Soins de santé et croyances, 220–221

Souffrance sociale, 263–264

Statut(s)
– de demandeur d'asile, 256–258

– de réfugié, sentiment face à la demande de _, 180–181
– des immigrants, 27–30
– socio-économique, 259

Stéréotype, 69–71, 75

Stigmatisation, 87

Stratégies familiales, 112, 232–233, 235, 240–241, 243

Stress post-traumatique, 283
– intervention et _, 263–265

Subjectivisme, 174

Suicide, 282–284

Surnaturel, 201–202

Symboles du génogramme, 182–183

Syndrome
– d'alcoolisme fœtal, 284
– de stress post-traumatique, 264
   – intervention et _, 263–265

Système
– de pensionnats, 278–280
– de valeurs, 202

T

Table de concertation des réfugiés et des immigrants (TCRI), 261–262

Taux de suicide, 283–284

Temps, croyances relatives au _, 219, 222

Terrorisme, 18

Théorie(s)
– de la complexité, 187
– ethnopsychiatrique de Devereux et Nathan, 144–148
– étiologiques traditionnelles, 145

Thérapie familiale, 217

Torture, 253

Toxicomanie, 239, 282–284

Trafic humain, 29

Trajectoire
– migratoire, 124, 232–233, 240, 263
– postmigratoire, 124, 263
– prémigratoire, 124, 263

Transmission des valeurs, 255–256

Traumatisme, 264, 283–284
– psychologique, 280

Travail
– comme source de réseau, 131, 133
– conditions de _, 254, 260
– social interculturel, modèle du _, 108

Troubles de comportement, 238

 V

Valeur(s), 124
– caractère des _, 199
– conflits intergénérationnels et _, 238
– confrontation des _, 208–217
– culturelles, 256, 285
– de la société d'accueil, 133
– définition de _, 199
– dominante, 200
– étude des _, 199–202
– familiales, 256
– grille des _, 203–208
– relatives à la famille, 206
– relatives à la société, 206–207
– relatives au soi, 204
– religieuses, 256
– système de _, 202
– traditionnelles, repli sur les _, 238
– transmission des _, 255–256
– variante, 200

Valorisation de soi, 205

Vieillissement de la population, 17

Viol, 264
Violation des droits de
  l'homme, 253–254
Violence, 282, 284
– conjugale, 214–215,
  283
– envers les enfants
  autochtones, 279–280

– familiale, 238
– organisée, 263–264
– physique, 283
– politique, 264
– psychologique, 279
– sexuelle, 254, 279, 283
– verbale, 279
Voisins, 129–130

X

Xénophobie, 77–79, 82
– collective, 78

Unleash the Animal inside you, _____,

and become Wildly Successful!

Unleash the Animal in You

Terry Nicholson

Unleash the Animal in You

How to Become Wildly Successful by Acting Like an Animal

Edited by Scott Iverson

Published by VenVest, Inc.
7777 Bonhomme Ave., Suite 1800
Clayton, MO 63105
314-862-8181

Unleash the Animal in You may be purchased in quantity discounts for educational, business, or sales promotional use. Please contact:

Wildly Successful Department
VenVest, Inc.
7777 Bonhomme Ave., Suite 1800
Clayton, MO 63105
314-862-8181
tnicholson@venvestinc.com

Cover design by Fred Robinson, Image Lab

Library of Congress Cataloging-in-Publication Data has been applied for:

ISBN # 0-9707743-0-3

Printed in the United States of America

Acknowledgements

This book would not have been possible without the efforts, dedication, and talents of Scott Iverson . . . and all of the other creatures in the animal kingdom.

Dedication

To my family, Karen, Brendan, Kelly, Connor, Clifford, and Moose with all my gratitude, love, and respect.

Special thanks to my parents, Pat and Larry, for starting my appreciation of animals way back on the farm.

Table Of Contents

Page

Becoming Wildly Successful   *xiii*

Introduction   *xv*

CHAPTER ONE:
Retrieving Success   *1*
Success Lessons of Clifford, the Yellow Lab

CHAPTER TWO:
Be Aware, Prepared, & Stand Tall   *17*
Success Lessons of the Prairie Dog

CHAPTER THREE:
Eat Rocks, Fly in Circles, Flap Fast   *31*
Success Lessons of the Loon

CHAPTER FOUR:
Think Before You Jump   *51*
Success Lessons of the Red Squirrel

CHAPTER FIVE:
No Bones—Just Regeneration & Jet Propulsion   *63*
Success Lessons of the Octopus

CHAPTER SIX:
The Smell of Success Isn't Always Sweet   *77*
Success Lessons of the Porcupine

CHAPTER SEVEN:
Soaring High in Turbulent Skies
Success Lessons of the Bald Eagle

91

CHAPTER EIGHT:
Take the Bites to Win the Fights
Success Lessons of the Elk

115

CHAPTER NINE:
I'll Stand Guard If You Make Dinner
Success Lessons of Ants and Aphids

133

CHAPTER TEN:
Shock Absorbing Acorn Protector
Success Lessons of the Woodpecker

149

The Animal in You

163

Becoming Wildly Successful

What does it take to become Wildly Successful? I urge you to go into this book with an open mind. If you do, you'll find at least one thing that changes the way you think about life or look at your actions.

Each chapter is structured around the lessons you can learn from different animals. You'll discover the connection between the fascinating world of animals and how we act each day.

Reading the whole book in one sitting is not a requirement to becoming Wildly Successful. On the contrary, I recommend reading one chapter a week. After you've read a chapter, think about and complete the questions in the Achievement Catalyst at the end. Reflect on what they mean to you and then spend the rest of that week creating positive changes in your life based on what you've discovered.

If you do that, you'll get every ounce out of this book and you'll develop the tools you need to become Wildly Successful.

Introduction

It was a crisp October afternoon when the idea for this book came to me from my most trustworthy and loyal of friends: Clifford, my Labrador retriever. It was a Sunday, and as I waited for the next football game to start, Clifford and I stepped outside to play a rousing game of fetch. Though I soon got a little bored, I realized that retrieving a simple stick could keep him happy for hours. The thought that stuck with me was that Clifford was most excited about getting outside to run.

It's the simple things. Clifford's not after the latest high-definition TV. He doesn't need the fastest car or the trendiest furnishings. All he needs is a stick and someone to throw it.

As I stood there with my nose getting colder, I thought about what I needed to focus on to be happy. I'm not going to spout a cliché like, "It made me realize how lucky I was," or that I was going about life all wrong. But another cliché does fit: It made me appreciate the small things. That's a simple idea, but now it's one I think about every time I throw that stick. Playing fetch is more a time for reflection than a time to aimlessly toss a stick across the yard.

Clifford's been a part of my family for a long time. I've learned something from everyone else in the family, so why not from him? That thought got my wheels turning. What else could I learn from ol' Clifford?

I know what you're thinking: "Great, I just bought a book about stuff this guy learned from his dog." But keep reading. You may end up learning something about the world and about yourself. It's a big world out there, and humans are just a tiny

piece. Sometimes with our hectic lives and busy schedules, we lose sight of that. There are lessons to be found all throughout nature—not just from my dog.

Humanity against nature is one of the most common themes in our stories and movies. Humans are always trying to climb faster, dive deeper, and soar farther. Yet we don't always win the humanity vs. nature battles, and that leads me to believe we've got something to learn from the world of nature.

I hail from the more slower-paced world of Missouri's Ozark country. While growing up in a more rural setting than people living in cities and expansive metropolitan areas, I learned a great deal by observing everything going on around me. And believe me there was a lot going on! Ants working together, fish swimming upstream, and squirrels storing food for winter were part of my education in the wild.

From those early observations, I learned to notice all the lessons taking place around us in the world, every day.

Where does my dog fit in? I live with Clifford. I see him every morning and come home to him every night. His behavior has taught me lessons that I think about every day when my alarm goes off and I open that one sleepy eye to see him staring at me. The value of a good attitude, the power of determination, and the importance of loyalty are lessons from Clifford that have made me more successful.

I started thinking that if I can learn such powerful lessons from my dog, there must be countless others to be learned in nature. That one little idea got this whole book rolling.

I set out to find which other lessons I could learn from the animals inhabiting our wonderful, mysterious world. Through reading books and encyclopedias, watching hours of the Discovery Channel and Animal Planet, and observing animals in their natural settings, I found the awesome and the curious, the ordinary and the extraordinary, and countless examples that provide amazing insights into our behavior. There are so many things animals do in their normal, everyday lives that would be

extraordinary for you or I to achieve. Learning those lessons can make us more successful in our lives.

The world of nature truly is an arena for "survival of the fittest." Animals are adapting all the time. They're constantly becoming better, faster, and stronger. Shouldn't we do the same? If we stop changing, we're dead. Someone will inevitably pass us by. What happens if animals stop evolving? They become extinct! How's that for motivation?

Our world also is one in which the fittest survive. Success can be a sink or swim endeavor, and only the most fit will swim the longest. I hope that with the lessons you'll learn on the following pages, you'll soon be swimming longer, farther, and stronger than anyone else.

If I can show you an important lesson about motivation through the behavior of my dog (the first lesson I'll share with you in this book), just think of the tremendous insights we can learn from the likes of the bald eagle, the elk, and even the prairie dog.

The world of nature may be about survival, but I want to do much more than see you survive. I want to see you become Wildly Successful.

Unleash the
Animal in You

Chapter One

Retrieving Success

Labrador Retriever

✓ Found in black, chocolate brown, and yellow.

✓ Skilled at retrieving game for hunters and at leading the blind.

✓ Obedient and quick to learn.

Success Lessons of Clifford, the Yellow Lab

Since the idea for this book came from my Labrador retriever, Clifford, we'll start our journey through the animal kingdom with a look at what my four-legged best friend has taught me over the years. I learn more every day from Clifford.

Clifford Enthusiasm— It's Not Just for Breakfast

Our journey to make you Wildly Successful starts with Clifford at his usual post. He's 11 years old and a certified member of the family. In fact, we used to throw birthday parties for him.

Let's start by focusing on Clifford's love for his job. Clifford likes to sleep next to my side of the bed. He's there every morning, and I believe that's because he's so dedicated to his work. It's his way of showing me he's always ready to go and ensuring that he'll be on time for work.

Clifford's job starts as soon as the alarm sounds. Sometimes he's so eager that he wakes me up before the alarm. Now that's ambition. Can you imagine waking your boss in the morning because you can't wait to get to work?

Once the alarm signals the start of the day, Clifford thrusts his chest into the side of the bed to make sure I'm getting up. He will even place his wet dog nose under my arm and hurl it upward with all his might. This technique usually elicits a groan from me as I slap the alarm clock out of commission. In the

meantime, Clifford trots to the top of the stairs and impatiently runs in circles.

If I don't get out of bed, it won't be long before Clifford is bedside for Round Two. Before my eyes have closed again in a post-snooze button bliss, Clifford is once again hurling his chest against the bed. If that doesn't work, I know I will be hit in the face by a big, wet dog tongue. Nothing says good morning like a sloppy one from your dog! That's all the motivation I need to get going.

As soon as my feet hit the floor, Clifford's back circling the top of the stairs. He'll look downstairs, back at me, back downstairs, and then back at me. I can almost hear him saying, "Let's go! I have work to do!"

Once I make my way to the stairs, it's "go time" and Clifford flies down in what seems like warp speed. As he hits the hardwood floor at the bottom of the staircase, he goes into a hyperslide in which he appears to lose all control of his legs. After Clifford regains his footing, he runs back to the stairs to check my progress and then cruises to the front door.

It's amazing how much energy that non-coffee drinking dog has from the first moment of the day. He goes from zero to 60 before I can roll out of bed. By the time I open the front door, he has his eyes on the prize.

Clifford leaps off the front porch and bolts across the yard toward the newspaper. He circles his victim and leans down to make the scoop. It's a challenge today because it's Sunday, and he must contend with the extra weight. He clenches that huge Sunday paper in his jaws and lifts his head. After a few short trial steps, Clifford tears off toward the house with his jaws gripping the paper. He bounds up the stairs and drops the prize at my feet, radiating pride for another job well done. Sometimes he seems to be smiling.

Why Don't You Run in Circles at the Top of the Stairs?

Are you that enthusiastic about waking up for your job in the morning? Do you go to the top of the stairs and run in circles?

What I learned from Clifford was an important lesson that I applied to myself: love what you do. What if we all got as excited as Clifford every morning? Wouldn't the world be a thrilling place?

If you're not this excited about your job, why not? Is it the job or something inside you? Either way, the answer is the same: change. If your job is bringing you down, causing too much stress, or ruining your happiness, change it. Happiness is price-less. Don't waste your time doing something that doesn't leave you fulfilled and wanting more.

Is that challenge somewhere inside you? Does your attitude cause you to get buried under mountains instead of moving them? Then, find your enthusiasm and be like Clifford. He is uncontrollably excited about the opportunity to do the same mundane task every morning.

What are your unique opportunities every morning? These are the things that should launch you out of bed and jumpstart your day. Clifford was the only dog with the opportunity to retrieve our paper that morning, and the pride this opportunity generated in him was palpable.

You are the only one with the opportunity to serve your clients' needs every day. Why not take pride in this idea and make your service memorable? What are the motivators to pro-vide excellent customer service that will throw you out of bed each morning?

This idea goes beyond business. What can you learn each day? How can you grow? Those are the thoughts that should get you out of bed.

Be Happy to Be Alive

Clifford's story is a perfect place to start our journey together as we discover the secrets of success hidden within Mother Nature's inspiring world. Why? Because it's about the kind of enthusiasm I hope you'll have when you finish this book. The kind of enthusiasm that radiates the, "I'm just happy to be alive today" feeling that we get from lovable dogs like Clifford. Each day truly is a gift, so we need to be enthusiastic about our opportunities and radiate excitement at every turn.

This idea can be intimidating. If Clifford can wake up with unbounded enthusiasm for the opportunity to trudge out into the yard and carry back that heavy and difficult-to-hold Sunday paper, I certainly should be able to get excited about the opportunities I'm presented with each day.

When I have a particularly grueling day ahead, I think of it as my Sunday paper. I may not be looking forward to a particular sales call or assignment, but it's a challenge I can conquer if I approach it with a dose of Clifford enthusiasm.

It makes the morning much brighter when you can wake up with that kind of enthusiasm. If you don't wake up with it, then create it within yourself. Take a few moments before you go to bed to make a short list of things you were thankful for during the day. Make a list of what you are looking forward to the next day. Then put this list where you'll see it in the morning. By thinking about the things that went right in your day, you'll go to sleep thinking about the good stuff rather than what may have gone wrong. You'll wake up feeling more enthusiastic about the day ahead. And then the list of things you're looking forward to will help you get off on the right foot.

Wake up each morning, read your list, and be thankful for your opportunities. Starting your day with this type of enthusiasm will help you conquer your Sunday paper.

Think of the impact a big dose of Clifford enthusiasm will have on everyone around you. We all love working with pleas-

ant, positive, and motivated people, and that's what you'll be. Positive attitudes are more infectious than the flu, so if you bring that enthusiasm with you throughout the day, chances are someone else will be infected. Everyone around you will accomplish more, and you'll end your day with an immense feeling of satisfaction and pride, just like Clifford when he triumphantly drops the Sunday paper at my feet.

Don't be afraid to take pride in your accomplishments. I'm not suggesting you run out to boast about yourself to anyone who will listen. While Clifford certainly doesn't walk around the house gloating over his feat with the Sunday paper, something in his behavior tells me that when he drops the paper on the floor, he knows he has done a good job. He doesn't have to wait for me to pat him on the head. So, be your own cheerleader. Pat yourself on the back. If you don't take pride in what you do, you can't expect anyone else to, either.

Think about all of the people in this world who overcome extreme challenges and emerge with fantastic attitudes and an even stronger sense of self. There are people dealing with hardships that I can't imagine, and yet they have the strength to overcome it all and succeed. They're all around us.

Lance's Journey Back to Life— And Across France

One of my favorite examples of this is American cyclist Lance Armstrong, whose story is one of perseverance and ambition. In 1996, Armstrong was diagnosed with an aggressive form of testicular cancer. When the cancer was found, it had already spread to his lungs and brain. The future looked bleak for his survival, let alone a return to competitive cycling.

Yet after two surgeries and extensive chemotherapy, Armstrong lived to return to cycling. He trained continuously, not allowing his ailment to hold him back from winning the ultimate in cycling—the tortuous, 2,400-mile Tour de France.

Three years after treating his cancer and fighting back to health, Lance won the Tour de France in 1999, and then repeated his feat in 2000, 2001, and 2002.

It's truly an amazing story, but Lance is only human. If he can overcome so much, why can't you? While most of us won't face challenges that severe, we also won't ever achieve as much. Why is that?

Dogged Clifford Determination

When you start each day with Clifford enthusiasm, you'll begin accomplishing more and appreciating each day more. Eventually, though, you may encounter unexpected challenges, or you may find that something is harder to achieve than expected. It's inevitable. Nothing is ever as easy as it seems. At times like these, you can excel by discovering the second trait I learned from my trusty friend: Clifford Determination.

We wimp out all the time. Admit it. When was the last time you quit something because it was too hard or you just didn't understand it? We all do it. Think of all the New Year's resolutions you never followed and all the times you said, "I'll get around to it." Everyone will slink away from an occasional challenge when things get difficult. I've been there.

Nobody runs out looking for difficult tasks. But maybe you should. How else are you going to grow unless you continually face new challenges? Some believe that to truly grow as a person, you should do something difficult every day. When I get into these situations, I step back and take a moment to consider how Clifford would approach things.

I'm not saying I consult my dog on difficult business decisions. Yet I do occasionally think about how he would handle a tough spot. The answer is always the same: with determination.

One of Clifford's favorite pastimes is digging. While he loves it, my yard does not. At any given time, I can almost guarantee Clifford will have left his mark somewhere in the backyard. I like to think he's digging for buried treasure, and, boy, would I

be a proud owner if he finds one. Yet the truth is I'm never sure what he's after.

What can you or I take away from this bizarre habit that will help us through our struggles to succeed?

What strikes me about this digging is Clifford's determination. Once he sets his mind to digging, he won't stop until he finds what he is after, be it a rock or a bone he had buried. I've even seen him dig in the rain as his hole fills with water and collapses on him. Nothing deters him.

That's inspiring. Sure, Clifford's only a dog who may not know any better, but I prefer to think he knows exactly what he's doing. He sets his heart, or his nose, on a goal and doesn't quit.

I think about that determination when I'm facing a difficult challenge. Would Clifford give up or keep digging? If my dog can do it, why can't I? So I keep digging. My challenges don't seem as bad when I throw a little Clifford determination at them.

Try it next time you're in a bind or stuck trying to overcome a challenge. Think about that determined Labrador inside you that just wants to keep digging and pushing. That's the kind of determination you need to succeed.

The number of success stories from people who refused to give up is astounding. Colonel Sanders was rejected 1,009 times by investors before he found someone to back him and his chicken dreams. Can you imagine a world without KFC? Walt Disney was rejected 302 times in his quest to find someone to fund Disneyworld. Imagine if Disney had given up after his 301st rejection. Twenty-three publishers rejected Dr. Seuss's first children's book. The lucky 24th publisher sold millions of copies.

If you keep trying, you'll eventually come across a "yes." Each obstacle or challenge simply reduces the amount of "no's" you have to go through to reach that "yes." Every setback propels you one step closer to achieving your goals.

Everything that happens to you, good or bad, carries a message. If you've done something right, learn from it and discover

how to do it right again and again. If you've done something wrong or fallen upon a great challenge, learn from it so that you can avoid it in the future.

If you're after a certain job, don't give up until you've got it. If you're pursuing a big account, don't quit until it's yours. Persistence is your strongest ally in getting what you want. Don't stop until you've found what you're after.

Keep digging.

Clifford Loyalty

Loyalty. It's another characteristic dogs are known for, and Clifford has it. He's there to wake me up in the morning. When I walk through the door at night, he's there to greet me. I know I can count on Clifford. I know that when I sit down, he'll be there to sit beside me. I know I can trust Clifford. He's never going to do anything to harm or betray me. His dependability is reassuring.

Can people count on you?

Adopting these ideas of loyalty and dependability will attract others to you. A good maxim is, "To find success, help others find success." If you are loyal to others and help them succeed, you will succeed. When you are loyal to others, they will be loyal to you.

People who go through life striving to get ahead by stepping on the backs of others don't get far. Those that do usually don't stay at the top for long. Why? Because no one is loyal to them. They succeed at the expense of instead of at the gain of others, so nobody is in their corner.

Think of what you can do to help others succeed. It could be as simple as teaching someone in your office to use the copier or volunteering to tutor someone in your spare time. Anything you can do to help others succeed ultimately will help you succeed. I've seen it happen many times.

While your road to success won't be easy, it will be considerably smoother if you have others to help you along the way. As with Clifford, it's reassuring to have someone loyal to depend on. Be loyal to your family, friends, and coworkers, and they will be loyal to you.

Yet loyalty comes with a price. To truly be loyal to someone, you may have to do things they won't like. You may have to tell them when they aren't behaving properly or that the choice they are thinking about isn't the best one. When you're loyal, you're responsible for looking out for the well-being of the other person. When you keep an eye out for others, they'll keep an eye out for you. Loyalty means being faithful to someone or to something.

Another important part of success is being loyal to yourself. Do you let others push you into things you would not normally do? Do you get pulled into situations where you feel forced to go against your normal behavior? In these instances, you may not be remaining loyal to yourself.

Think about peer pressure. Alcohol, drugs, and reckless behavior can be the partners of peer pressure. If you're in a situation where there is pressure to take part in something you don't want to do, simply take a cue from Clifford. It's difficult to get him to do anything he doesn't want to do. If Clifford doesn't feel like walking, he's not going to walk. If he feels like running, he's going to run. The idea is to stay loyal to yourself. Don't let others pull you in directions you wouldn't normally go.

You're in charge of your path to success. Don't lose sight of your goals. Don't let damaging behavior send you off course.

Clifford Lessons

Here are successful behaviors you can discover from Clifford to make you Wildly Successful:

- Remember how important your attitude is. If you approach each day with a positive attitude, you'll be able to

achieve more, and you'll enjoy each day more than the last.

- Don't be afraid to face the challenges that come before you. Instead of slinking away, attack them with vigor. Just think of Clifford vs. the Sunday Paper.

- Take pride in what you do. Be your own cheerleader. Let yourself know that you've done a great job. There's nothing wrong with patting yourself on the back without gloating.

- Be enthusiastic about your opportunities. Each new day is loaded with potential new experiences, knowledge, and opportunities.

- Don't give up! Stay determined. Keep digging for what you are truly after in life.

- Stay loyal to those around you. Help others and they will help you.

Wildly Successful Achievement Catalyst

Of all of the lessons I have gained from Clifford, the most important one to me now is:

_____
_____
_____
_____
_____

This is important to me because:

_____
_____
_____
_____
_____
_____
_____

How can I apply this lesson to my daily life?

_____
_____
_____
_____
_____

What do I hope to accomplish with this lesson?

_____
_____
_____
_____
_____
_____

I will take these steps to achieve my goal:

1. _____
   _____

2. _____
   _____

3. _____
   _____

4. _____
   _____

5. _____
   _____

6. _____
   _____

7. _____
   _____

8. _____
   _____

Date for achieving my goal:

_____

The following person/persons would also benefit from this lesson or would provide me support in accomplishing this goal:

_____
_____
_____
_____
_____

Chapter Two

Be Aware, Prepared, And Stand Tall

Prairie Dog

✓ Primary food is grass but occasionally eats insects.

✓ Named for their "doglike" bark.

✓ Lives in "towns" with populations that can reach into the thousands.

Success Lessons
of the Prairie Dog

Now I want to help you unleash your inner prairie dog. Sounds funny, doesn't it? After all, prairie dogs are just fuzzy little critters that like to scurry around and burrow in the ground. What can we learn about success from these guys? Read on.

Take a moment to think about a prairie dog. What image do you have?

My wife, Karen, and I often take our kids to the St. Louis Zoo. Here in St. Louis, we have a world-class zoo, full of exotic animals. Yet even among all of the exotic animals—from the lions to the elephants—the prairie dog pit always draws a crowd. They aren't the most interesting animals in the zoo, but they can be very entertaining. They scurry around their little burrows, and one is always standing tall on its hind legs, watching us watch them. Just keeping an eye out.

Standing Tall

If you encounter prairie dogs in the wild, chances are they will be on their hind legs standing tall on top of their home: a great big mound. That's because they knew you were coming. A group of prairie dogs always will be on the lookout for danger because they have no way to protect themselves. To survive, they must be alert and ready to run into their holes at a moment's notice.

When a prairie dog senses danger, it will run to the top of its mound and stretch as tall as it can to look around.

How ready are you for danger? Do you stand tall and look out for danger, or are you so absorbed with things in your life that you don't see it coming? One thing to learn from our friend the prairie dog is that to succeed, you must stand tall.

One of the keys to success is looking out for danger. If you think of success as a journey, then all danger will do is knock you off the path of your journey. The successful will climb back on their path when this happens, but some will give into their fear of meeting danger again and never return to the path. To reach the end and find success, you need to stay on target and not be deterred by obstacles.

So how can you and I apply this behavior of the prairie dog to our lives? How do you keep a lookout for danger? You may not have to worry about a fox or a rattlesnake creeping up on you, but you do have to worry about your competition.

When you sense that your competitors may be gaining ground, stand up and take notice. Stretch on your hind legs to get a clear view of what is happening. If you take the time to pay attention, you may be able to prevent your competition from taking over.

Of course your competition is only part of the danger. To truly be successful, you also need to notice danger signs within yourself. If you are a business owner, you should look at your financial statements every day to determine where you are compared to your goals. If things don't seem to be going the way they should, you can immediately adjust to get everyone back on track. If you don't get these statements in a timely fashion, you'll be unable to recognize danger in time to correct the problem.

Look for danger signs in your personal life, too. Perhaps your eating habits have slipped or you've stopped exercising. It's imperative to recognize these behaviors and stop them before they lead to more serious problems. Protect yourself and your path to success. Stand tall and watch for danger.

Stand Tall Together

Prairie dogs look out for themselves and those around them. If one prairie dog senses danger, every other one in the area soon will know about it.

The prairie dog's warning has two different degrees. The first simply is an alert that there may be danger. The second is a warning that sends every prairie dog in the area scrambling for its burrow. This warning is a combination of a high-pitched bark and a flick of the tail, which provides a visual cue. It's a great system that provides for the best possible protection for all the prairie dogs in the area.

This propelled me into thinking about how often we look out for others in our lives: not just our friends and family, but everyone. As humans, we have the tendency to fall into a "me" state of mind in which we think of success as something we need to do on our own.

In reality, though, success is something we can obtain much easier by enlisting the help of others. This goes back to the idea in Chapter 1 that it's easier to become successful by helping other people become successful. When you help someone through something, you'll often learn how to overcome the challenge as well. As they avoid danger, so will you.

Seek the advice of others and help them to notice danger in their lives and others will help you with your dangers. If you notice a coworker or friend falling into bad habits, don't be afraid to confront them. They may not be able to see the danger signs that you do, but by helping them you'll keep them from falling off the path. It's just a matter of paying attention to the world and the other people in it. Pretty simple idea, isn't it?

Be aware.

Keep Your Grass Trimmed

Do you know how the height of the grass around a prairie dog's mound affects its safety? If you've ever seen a prairie dog's

mound, you may have noticed that the grass around it is very short. This isn't an accident. Prairie dogs use their teeth to trim the grass around their homes in approximately a 10-foot radius.

This type of organization and attention to detail helps the prairie dog locate danger even faster. Since the prairie dog is so short, it needs well-manicured grass around its home to enable it to see what's going on around it.

Are you keeping your grass neatly trimmed? I'm not talking about your lawn at home, though that might help you keep an eye on your neighbors! I'm actually referring to the other grass in your life. If you are a business owner not receiving your financial statements on time, for example, then this may be preventing you from seeing the danger ahead. By "trimming this grass" and getting your reports on time, you can make adjustments to limit damage to your business. If you spent too much on supplies one month, you could correct it for the next month and boost your bottom line. Without this information, you would never know.

You don't have to be a business owner to find some truth in this idea. Everyone has some grass they need to keep trimmed.

What about your personal finances? Is your checkbook in disarray? Think of areas like this where you could use more organization and planning. This is where you need to trim your grass to make sure everything is in order. No late payments, no bounced checks, and better time management add up to a more organized, successful life.

You can get organized by simply buying some file folders and a box, or you can get one of the dozens of computer programs that helps you do this. The important thing is to keep your house in order so you won't be blindsided.

Trim the grass around you so you can see danger creeping in before it's on top of you. Organize to protect yourself.

Simple on Top, Complex on the Bottom

The prairie dog may seem like it lives in a little mound in the middle of nowhere, but underneath that simple mound is a complex infrastructure of tunnels and rooms. It's an intricate system that you would never expect by looking at the mound of surface dirt. The main tunnel may go down as far as 10 feet into the ground. Shooting off this main tunnel can be more than a dozen other tunnels, all with rooms and dead-ends with their own purposes.

What do people see when they see you? Another aspect to success is being more than you appear. It's a great thrill to hire someone for a simple task and realize they are capable of doing much more. Strive to be complex underneath.

You can do this through training. By learning and mastering skills, you'll become an even more valuable asset in any organization and everywhere in your life. Use one night a week to take a class to learn a new skill or trade.

Don't have time for a class? Start reading. Reading books on a topic is an easy, cheap way to build an enormous body of knowledge. By reading 15 minutes a night on a subject, you'll be a master in no time. Think about how much you would know about marketing, computers, or any subject if you read about it for 15 minutes each night. After a few years at 15 minutes a day, you would be approaching guru status.

Another way to become more than you seem is to develop a network of contacts in your industry and other industries. This can be a great way to discuss issues and get feedback for ideas from someone you trust but who also can be objective. Find people who will give you honest feedback and criticism about your ideas so you can determine what works and what doesn't.

Think about being a lifelong learner. There is something to learn in your life every day. In fact, if you don't learn something new every day, then you aren't trying. You aren't noticing the things going on around you. There are lessons everywhere, and you don't have to stick your nose in a book to find them. By con-

tinually learning, you'll naturally grow and become more complex.

Be more than you appear.

Always Be Prepared

Most of a prairie dog's time is spent in constant preparation. They are constantly building and repairing their homes or modifying them to provide better defense against enemies. This is how the prairie dog survives. They are always prepared for an attack by an enemy or for a storm that could flood their burrows. The mounds on top of their burrows are constructed to provide a barrier that prevents water from filling their homes.

Amazingly, prairie dogs also prepare for the harsh, dry periods that strike the prairie in the summer. How? By storing water, which for them is not as easy as buying bottled water.

The prairie dog secures its water for the dry months by storing grass underground. They'll put the grass in underground rooms where the air is particularly humid. The grass then does its part by soaking up the moisture in the air. Then, when it's 98° in July, all the prairie dog has to do to quench its thirst is to trot down to that room and munch on some grass. Careful preparation makes the thirst-quenching grass possible.

With most of its time spent in preparation, the prairie dog is always ready for anything. Are you? Are you ready to survive a sudden storm or an attacker? This question has many facets, but it's always good to have a plan. If, for instance, you were injured at work tomorrow, would you and your family be able to survive?

Prairie dogs spend most of their lives in preparation and planning. How much time do you spend? Do you know where you want to be in the next year? Do you know where you want to be in the next 10 years? When was the last time you spent five minutes, let alone most of your time, preparing for the future?

Most people spend more time planning their vacations than they do planning their lives, and that's usually because the vacation is an escape from the life they haven't been planning.

I've been guilty of not taking the time to plan. Then I learned how vitally important a plan is. Without a plan, you won't know where you are headed or how to get there. It's like trying to drive across country without a map. Sure you could get to the other coast by heading in the same direction, but if you had a plan and a map, you could have a much more efficient and scenic journey.

Life is the same way. You may be able to get where you are going without a plan, but wouldn't it be better to have one? By knowing where you are going, you won't have to stress about where you are headed. And if you know how to get there, you'll be able to focus on your goals.

My challenge to you is this: Set aside a day where you simply lock yourself away. Don't emerge from that room until you have a plan. Think about where you want to be in a year and in five and ten years. Plan or be planned for. Those are your only options.

Take a lesson from the prairie dog by planning for the future and preparing for the unforeseen. You never know what is going to happen tomorrow.

Be prepared for anything.

Prairie Dog Lessons

Here are successful behaviors you can discover from the prairie dog to make you Wildly Successful:

- Keep your eyes open and stand tall to look out for danger all around you.
- Keep your grass trimmed and your life organized so you can see where you are headed and what challenges may be coming your way.
- Become the best you can be. Be more sophisticated underneath than you appear on the surface. Constantly train and learn to keep improving yourself. Make contacts so that others can provide you with feedback and opinions on how to make your ideas even better.

- Don't forget how important it is to plan. Take time to prepare for your future. Our friend the prairie dog is always prepared for the worst. Make sure you have a plan for where you want to go, how you're going to get there, and what you'll do if a challenge arises. Be prepared.

Wildly Successful Achievement Catalyst

Of all of the lessons I have gained from the prairie dog, the most important one to me is:

_____

_____

_____

_____

_____

This is important to me because:

_____

_____

_____

_____

_____

_____

How can I apply this lesson to my daily life?

_____

_____

_____

_____

_____

What do I hope to accomplish with this lesson?

_____

_____

_____

_____

_____

_____

I will take these steps to achieve my goal:

1. _____
   _____

2. _____
   _____

3. _____
   _____

4. _____
   _____

5. _____
   _____

6. _____
   _____

7. _____
   _____

8. _____
   _____

Date for achieving my goal:

_____

The following person/persons would also benefit from this lesson or would provide me support in accomplishing this goal:

_____
_____
_____
_____
_____

Chapter Three

Eat Rocks, Fly in Circles, Flap Fast

Loon

✓ Capable of swimming long distances underwater.

✓ Given the name "loon" for its distinctive wailing cries.

✓ Capable of diving 200 feet deep.

Success Lessons of the Loon

Loony! That's what I hope you'll be after we look at the world of this beautiful bird. These majestic birds sport a striking combination of black and white on their bodies, making them beautiful to see in the wilderness. Loons are a species that embody the feel of the great outdoors, and I love catching a glimpse of one during my family's annual summer camping trip in Canada.

You can find the common loon in the northern United States and Canada during warmer parts of the year. During the winter, they make their way south to the U.S. coasts and even down to the Gulf of Mexico.

The loon must be an extremely skilled flier to travel such great distances. Yet with this skill comes several safety risks.

It seems strange to think we can learn something from a bird called a loon. Certainly the name doesn't evoke images of the most Wildly Successful creature. But there are lessons everywhere.

What secrets can this majestic inhabitant of the Canadian wilderness share to help us on our journeys toward success?

Before we start the journey, we have to find our wings.

Troubling Takeoff

Loons have a tough time with takeoffs. They require a huge stretch of water to start their wings and get into the air. When a loon decides it's time to take off, it will typically need about a quarter-mile of water to succeed. The loon will move to one end

of the lake like a player getting ready to make a mad dash down a football field. Then it's time for the frenzied takeoff. With wings flapping furiously, the loon will half-run and half-fly across the water as it paddles frantically with its powerful feet.

After some distance and a considerable amount of effort, the loon slowly begins to take flight. Though the loon's ascent has begun, it's not yet smooth flying. Often they need to circle the lake a few times to reach the speed and altitude necessary to clear the trees. Only when they accomplish this is the journey underway.

Whew! That's a lot of effort to get airborne. Think about what would happen if the loon never faced this challenge and simply sat in the lake all year. Without the courage to perform this difficult task, the loon would eventually get trapped in an icy grave as the lake froze around it.

Learning about the tremendous effort the loon must exert every time it wants to soar challenged me to think about the effort I need to put forth to soar. Think about the effort required for you to find your wings. Becoming a success isn't easy, and taking off is only the beginning! All that energy will just get you into the air. You'll need tremendous dedication to continue your journey.

Consider what would happen if you didn't spend the energy required to take off. If the loon doesn't take off, it risks being frozen into the lake and eaten by a predator. What will happen if you don't seize the moment and take off? Being frozen in the lake might mean being stuck in a job you could have moved past if you had taken the initiative to train yourself. Perhaps there is an opportunity presented to you. If you aren't willing to take the risk and give the effort needed to take advantage, you'll never reap the benefits.

Start flapping your wings and don't be afraid to take off.

When Ice Attacks

The danger for the loon is being trapped on a lake that's too small to accommodate its takeoff requirements. Besides being an excellent flier, the loon is an outstanding diver and fisher. So good, in fact, that it's easy for it to think about fishing and eating and to forget that the lake is freezing.

To combat this, the loon must know when it's time to take off and must plan for the ice. It can't get so wrapped up in itself that it forgets what's going on around it. When people get that wrapped up in themselves, pride can take over and cloud their vision. This is a condition—hubris—that goes back to the ancient Greeks. Basically, hubris is self-destructive pride. The loon might take so much pride in fishing and filling its belly that it might not realize it's being trapped.

Hubris can be tough to combat, and no one is immune to its effects. I know it's happened to me. Imagine you're involved in making an important decision with a group. All the evidence points one way, but you're determined to go the other because "you know better." When it turns out you're wrong, the only thing you have to blame is hubris.

The loon has to know when it is time to quit what it is doing and fly away. You also must know when it is time to move on. Don't get so caught up in what you're doing that you don't realize that things are freezing up around you. Always know the repercussions of your actions and the consequences they create. If you do something, you may get stuck in the ice. Learn from the loon by knowing when it is time to fly away.

Be Careful Where You Land

Because of their small wings and heavy bones, loons need a long distance to be able to take off and fly. To be successful, they have to plan ahead before they land. Many loons have frozen to death in lakes they have been unable to take off from after landing.

It's wise to plan ahead when you are looking to land. Just like the loon is doomed if it lands in a pond that's too small, there are situations you should avoid unless you want to be trapped in your own lake.

The recent corporate accounting scandals are a good example of this. If Enron's executives had followed the example of the loon, perhaps they would not have made the choices that eventually got them trapped in an inescapable pond.

Be careful where you land.

Overcome Your Small Wings, Solid Bones, And Short Legs

Loons are one of the hardest-working birds in nature. Unlike other birds of a similar size, loons have very small wings. To make things even more difficult for them, these wings are located further back on their bodies than most other birds. With these limitations, the loon must flap its wings 260 times a minute to stay in the air. That's 4.3 flaps every second! Can you flap your arms that fast?

Most birds are light. They have pneumatic bones that are mostly full of air. These bones give them a distinct advantage when taking off and flying because there is naturally less of them to carry. Yet the loon has the additional obstacle of having a body made of solid bones.

Even with these challenges, the loon has managed to become one of the animal kingdom's strongest fliers. But there is one area where the loon will never overcome its challenges, and that is on land.

A loon on land is extremely vulnerable to predators. While nature gave it the ability to fly long distances, it did not grant the loon the ability to run fast. The loon's feet are attached to its body at the ankle, so it doesn't have the long legs required for running. Think of trying to run while your feet are in shackles and you have an idea of what the loon has to go through on land.

While the loon's legs hold it back on land, they also make it an excellent diver and swimmer. With most of the loon's legs encased inside its body, there is little drag produced when swimming and diving. Its feet also produce powerful thrusts enabling it to be an extremely fast swimmer.

The loon doesn't spend much time on land. Since its strengths lie in the water and in the air, that's where you'll usually find it. Do you know your strengths? Do you spend your time in those areas where you are the strongest? Those are the areas in which you can excel.

We often try to do too much. When we try to be too diverse, we get stretched thin and end up being a jack-of-all-trades but a master of none. Think about Michael Jordan. He's arguably the greatest basketball player to ever hit the court, but there was a period when even he tried to stretch himself into the baseball world. What ensued was a media circus instead of a major-league career.

After a brief baseball career spent mainly in the minor leagues, Jordan realized he was not using his strengths. He was like the loon caught on land, and just as the loon will return to its strengths on the water, Jordan returned to the court where he was king. Today, he's using his strengths on the court as a player and off the court as a coach, passing on his wisdom to younger generations.

The loon's short legs are a challenge that it must overcome by drawing on its strengths. Jordan returned to his strengths. What are your strengths? Are you making the most of them in your life or could you push harder?

Just like the loon, we all have challenges. Life isn't easy and it doesn't always go our way. The Wildly Successful person overcomes the challenges that life throws at him or her.

When you're trying to migrate for the winter, worrying about your small wings won't get you far. The key is to thrive despite your challenges. Success doesn't always go to the most talented or the most gifted. Success also comes to those who work the hardest.

To overcome their small wings, loons simply flap their wings faster than other birds. That extra effort keeps them soaring.

What can you do every day to achieve more? Can you wake up 15 minutes earlier? Think how much you could accomplish with an extra hour and 45 minutes each week. That's more than 11 eight-hour days a year. Think about what adding 11 extra workdays to your year would do for your productivity. Or you could use that extra 15 minutes to study a subject or to work out. With 15 extra minutes a day, you can greatly enhance your mind and body.

Can you stay 15 minutes later at work each day? No? How about 10? That still gives you nearly an extra hour each week. Think of what you could accomplish in that hour. Now, think about how much *more* you could accomplish by staying 15 minutes longer. To be Wildly Successful, you'll have to commit and put in the effort. You'll have to work harder and flap your wings faster.

The first step to overcoming your challenges is understanding and accepting what they are. You can't overcome something if you don't acknowledge that it's there. If you jump to conclusions about things but aren't aware of this habit, for example, then how can you correct it? You can't. The first action step is to take stock of who you are.

Make a personal trait inventory. In what areas are you strongest? Are you loyal? Are you a good listener? Are you a leader? Be honest with yourself. This will be the easiest step along the way.

The hard part is to list the areas where you are weak. It may be tough to admit areas of weakness to yourself, but that is the only way to grow.

Let's not call them weaknesses, which carries a negative connotation. Instead, let's call them "points of improvement" or your very own small wings. Once you have your list of small wings, you can begin to overcome them.

This requires a "little engine that could" mindset. Staying positive is the name of the game. Don't forget your Clifford Atti-

tude. If you don't think you can improve and overcome these challenges, then you won't. The "I think I can" attitude is the key to achieving more and overcoming your small wings.

Embrace and learn from your small wings. Keep your solid bones because they'll give you a strong foundation. Run with your short legs, but know when it is time to take to the skies and soar.

Don't Let Them See Your Feet

You probably never would think of camouflaged feet in the world of human beings. After all, as Tim Robbins' character said in *The Shawshank Redemption,* "How often does a man look at another man's shoes?"

But the concept of camouflaged feet is more than a reality to the loon. It's a distinct advantage.

The loon survives by fishing in ponds and lakes. If you've ever been fishing, you'll know that fish are easily spooked. If you make a noise or sudden movement, they dart away. So, how does the loon manage to be such a great fisherman?

Part of its success is because of its two-colored feet. The tops of its feet are black, which blends with the lake when viewed from above. The bottoms of its feet are white, which means that when an unsuspecting fish looks up, the loon's feet will blend in with the sky.

Camouflaged feet? What a great concept! What if people couldn't see you coming? Catching people off guard can be an effective way to succeed.

I don't want to equate success in life with war, but sometimes we fight battles in our lives. The most successful war strategy is to catch the opponent off guard.

What's the best way to please an angry spouse? Catch him or her off guard. Why do flowers usually work miracles for a man who is in trouble with his wife? Because when he brings her flowers, he can catch her off guard. Of course if he is constantly buying flowers, he needs to work on more than camouflaging his feet!

I also like this concept in marketing. Think of your favorite ads. The most memorable ads often are the ones that catch you off guard, that throw you a curveball.

The movie *The Sixth Sense* won an amazing amount of acclaim and accumulated a huge box office return based on the strength of its curveball ending. People didn't see it coming.

Everyone loves to be surprised. If you continually strive to surprise others—in a good way—then you'll end up surprising yourself along the way.

Know the Difference Between Big Fish And Little Fish

How about some fishing tips from the loon? It's one of the most prolific fishers in the world of nature. One secret of the loon is that it changes its method depending on whether it's pursuing small or big fish.

If the loon is going after small fish, it will dive down and devour the fish while under the water. If the loon is going after big fish, it will bring the fish above water and toss it into the air. When the fish comes down, the loon will eat it in one gulp.

You don't have to rush out and try that trick to become Wildly Successful, but it's interesting that the loon will vary its style depending on the size of the fish. Otherwise it might risk losing all the big fish.

To be Wildly Successful, you have to be able to change your tactics. It's insane to keep doing the same thing and expect to get different results. If you want something different, you have to put in different efforts.

Many people will continue to drive themselves into the ground because they are too stubborn to change. They have not figured out the difference between the little fish and the big fish. They'll say, "I wish I could catch more big fish." Yet they'll keep using small-fish tactics. If you want big-fish results, you have to use big-fish tactics and put in big-fish efforts.

Wildly Successful people change according to the situation. They don't keep doing something that isn't working.

What Type of Fish Are You Chasing?

You need to know what type of fish you are chasing. Do you know the personality of the fish (or person) you're dealing with?

There are many different personality types and many different ways of dealing with those personalities. If you want to make the most of a negotiation or a simple request, it's a good idea to figure out the person's personality type.

Imagine the person you are dealing with has a factual personality. He or she responds well to a lot of facts. What if, without knowing that, you present a case based purely on emotion? The person probably will not respond the way you were hoping.

If you take the time to learn what type of personality the other person has before you ask for something, you have a much better chance of presenting your request in a way that will compel him or her to listen.

A huge part of being Wildly Successful is learning how to deal with people. This book may be based around the behavior of animals, but it's understanding the behavior of humans that will help you achieve what you want.

Follow the loon's example and figure out what type of fish you are dealing with before you dive into the water. This will enable you to alter your style to be more effective. Don't expect anyone else to change their style to match yours. If you are asking for something, you should be the one to change.

If you are making a sales presentation, it's imperative that you determine what type of person your client is. Does he or she like to ask questions? Does he or she respond well to facts? Does the person have concerns you need to address? Try to find out in advance, if possible.

Eat Your Rocks

Everyone does what they have to do to survive. Think about movies that show people stranded on a desert island. Those castaways do whatever they need to do to survive. If you were stranded on a deserted island, so would you. But would you eat rocks?

I've never been so thankful for my teeth as when I learned what the loon has to go through every day to survive.

The loon has no teeth. So, how does it chew those fish it swallows in one gulp? It eats rocks. The loon must fill its gizzard with rocks so it can grind up the fish it swallows. Without teeth, the loon needs the rocks for grinding so it doesn't choke on the fish's bones. The loon must eat small rocks every day to replenish the supply in its gizzard. Without the rocks, the loon would starve.

That puts into perspective what you have to do to survive. And I'm sure you appreciate your teeth much more.

Wildly Successful people need to eat rocks. They need to do what it takes.

I'm not advocating being ruthless or stepping on people. But if you want results, you have to put in the effort. If the loon wants to get the nutrition from the fish it eats while not choking on the bones, it has to eat rocks. If you want to lose weight, you have to put in the effort to eat right and to exercise. You won't get results unless you are willing to put in the effort.

Becoming Wildly Successful requires even more effort. You need to stay that extra 15 minutes, to wake up 15 minutes earlier. You need to take on challenges instead of shying away. Eat a few extra rocks.

Don't let yourself off easy. If you know you aren't putting all your effort into a task, recognize that and change it. Follow through on tasks. Reach all your goals. Be relentless. If you need a reminder of what it takes to survive and to be successful, take a tiny rock to work with you.

Going back to school for more training is the perfect example of eating your rocks. If you aren't training and learning, you aren't doing what it takes to survive into the future. If a loon doesn't eat rocks, it won't die today. But it will slowly decline until it does pass away.

If your goal is to lose 20 pounds, then get up earlier each morning to exercise and be sure to eat properly. If your goal is to have a happy family life, do what it takes to make that happen. Spend quality time with your spouse and children. If your goal is to become your company's leading salesperson, then you need to constantly train and improve yourself and your presentation.

Your ascent to your goals will be as quick as you make it. No one will do the work for you. You have to swallow your own rocks.

A Loony Kind of Love

It's a cute scene. Shortly after they are born, a mother loon carries her young on her back. She makes a little cradle for them on her back amidst the feathers. Then she sets out across the lake with them on her back.

The next scene, however, startled me. The mother loon suddenly throws her young off of her back and into the water. Without any warning, these baby loons are brought into the world and tossed into the water. How's that for a rude awakening?

It's this tough love, though, that quickly acclimates them to the water. Since loons are fairly helpless on land, to ensure their survival the mother must get her young into the water as soon as possible.

The mother may also take her young on her back and dive down into the water. After about three weeks of this intense training, the new loons learn what they need to do and are rarely seen again on their mother's back.

Please don't try this with your kids. That's not what I'm suggesting!

I am suggesting, though, that a little tough love might be what a lot of us need to become successful. Think back to school. Chances are you had one professor who was so laid back and cool that everyone wanted to be in his or her class. You probably also had the tough-as-nails teacher who didn't take any grief and gave a lot of quizzes.

I would venture to say that most people learned much more from the tough-as-nails teacher. Why? Because it's tough love. If you wanted to pass all those quizzes, you needed to learn the material.

That concept never changes. Imagine that you have a great idea for a new marketing piece. You write it down and are ready to get some feedback. Should you take it to someone who will sugarcoat it and tell you it's great, or should you go to someone who will tell you exactly what is good and bad and how to improve it? Naturally, you want the tough love kind of person. You will benefit more from the person who will, in a positive way, show you what you can do to enhance your idea.

Of course, it's not often that we get thrown into the water that quickly. You wouldn't normally start a complex job without some kind of training. A great way to learn is by having a mentor.

Think of a mentor as someone who will throw you into the water if it helps you learn to swim. The best way to become a great salesperson is to learn from a great salesperson. The best way to learn how to work on your car is to find a master mechanic to act as your mentor.

The idea of a mentor doesn't just pertain to the business world. It reaches out to every aspect of your life. Any time you are looking to learn something new is a perfect time to find a mentor.

If you are a mentor, don't be afraid to toss your protégé into the water. If you are seeking a mentor, find someone who will throw you in. You can't hope to learn to swim if you aren't in the water, and you can't hope to learn anything new if you aren't exposed to it.

Becoming Wildly Successful will require you to seek help along the way. Don't be timid about asking for it.

Most importantly, don't shy away from being thrown into the water. It's the only way you'll learn.

Loon Lessons

Here are successful behaviors you can discover from the loon to make you Wildly Successful:

- Taking off on a journey may require a tremendous amount of energy, but if you don't put in the effort, you'll never reach your destination. Like the loon, you may become stuck as the lake freezes around you.
- Don't get so absorbed in what you're doing that you don't notice the lake freezing around you. Be mindful of the consequences of your actions. Just like the loon must know when it is time to move on from its lake, know when it is time to leave behind bad behaviors.
- Consider where you are landing. The loon will be trapped if it lands in a lake that is too small. Before you jump into a situation or an opportunity, investigate the effects of your choice.
- No one is perfect. Just like the loon has small wings, solid bones, and short legs, we all have obstacles we must overcome to reach the success we desire. Being Wildly Successful involves working to overcome your challenges and putting in the effort to succeed.
- It helps to catch people off guard. Surprising people in a positive way is a great way to make an impact and to win them over. Always strive to surprise yourself, too.
- The loon needs to fish differently for big fish than it does for little fish. Always know what type of fish you are after. Everyone has a different personality type, so determining what the other person's is will give you an advantage.
- To be Wildly Successful, you have to eat rocks. You have to do whatever it takes to achieve your goals. Determine

what you want to achieve and then how you will get there. Stick to your plan and see it through to the end.

- Tough love can be the most beneficial thing for us. Find a mentor who will help you to learn how to swim like the mother loon who teaches her young to swim by throwing them into the water. You can't learn to swim unless you're in the water.

Wildly Successful Achievement Catalyst

Of all of the lessons I have gained from the loon, the most important one to me now is:

_____
_____
_____
_____
_____

This is important to me because:

_____
_____
_____
_____
_____
_____

How can I apply this lesson to my daily life?

_____
_____
_____
_____
_____

What do I hope to accomplish with this lesson?

_____
_____
_____
_____
_____

I will take these steps to achieve my goal:

1. _____
   _____

2. _____
   _____

3. _____
   _____

4. _____
   _____

5. _____
   _____

6. _____
   _____

7. _____
   _____

8. _____
   _____

Date for achieving my goal:

_____

The following person/persons would also benefit from this lesson or would provide me support in accomplishing this goal:

_____
_____
_____
_____

Chapter Four

Think Before
You Jump

Red Squirrel

✓ There are more than 150 different
species of squirrels.

✓ An average squirrel will collect 10
bushels of nuts and pinecones each
year.

✓ They use their whiskers to measure the
size of holes before entering them.

Success Lessons of the Red Squirrel

You see them every day. They're in your city. They're on your street. They're probably even in your backyard. They scurry around avoiding anything bigger than them. They avoid you at all costs.

They're squirrels! Who ever thought we could learn anything from these creatures? They're never around long enough for us to notice what they're doing.

The truth is that the red squirrel has some behaviors that can teach us some valuable lessons.

Know Your Enemy

The red squirrel is its own worst enemy.

It is obviously not a fighter. Squirrels aren't known for their ability to attack anything other than unsuspecting acorns. They don't have much ability to fend off enemies like an owl or a bobcat.

To protect themselves, they depend on being alert and quick. They have one defense: their speed. The moment they sense danger, their only hope is to quickly dart away and shoot up the nearest tree.

The red squirrel thus can become its own worst enemy and sabotage its only defense. That's because when caught off guard or startled, the red squirrel can literally become paralyzed by fear.

Fear is the red squirrel's greatest enemy. When it strikes, the squirrel's body tenses up and becomes immobile. It can't flee, and with no other way to defend itself, the squirrel becomes an easy target for any predator.

To survive, the red squirrel must overcome its fear. To be Wildly Successful, that is what you must do.

Can you think of an instance when you were paralyzed by fear? Fear is what keeps many of us from following our dreams. It's what keeps us timidly hoping for a brighter future without finding the courage to work toward it. Fear can hold us prisoner.

Think of someone you know who is paralyzed by fear. Most likely you've heard them say things like, "I wish I could do that," or "I can't do that." When you think you can't do something, you can't do it. Fear is the first obstacle you must overcome to become Wildly Successful.

Some people are paralyzed by a fear of success. Feelings like that usually stem from self-doubt and low self-esteem. If you don't think you are good enough to succeed, then you aren't. You have to know you are good enough to get what you want.

It's easy to notice people who have high self-esteem. They appear more confident and driven, and, as a result, more successful.

Are you holding yourself back? Don't read on until you have thought about that for a few moments.

What are you telling yourself throughout the day? It may sound silly, but everyone hears voices. You have a voice inside you that is your inner self-talk. What kind of messages are you feeding yourself? Are they negative, or are you bolstering your self-confidence?

This is where many people become their own worst enemies—by telling themselves they can't do something. Damaging self-talk can derail you before you have a chance of achieving your goals. How do you combat it?

The first step is to change the types of messages you are allowing to enter your mind. One good idea is to end your day

with an affirmation exercise. An example of this would be to write down what you were grateful for or the things you accomplished at the end of each day. This exercise will help you focus on positive thoughts when your mind is most vulnerable—right before you go to sleep.

Your mind is still working while you sleep. Your subconscious is mulling over everything you've thought and done throughout the day. Have you ever gone to sleep thinking about a problem and awakened in the morning with the answer? Your subconscious mind was working out a solution as you slept.

The same thing happens when you end your day with negative thoughts and fear. Your mind will spend the hours that you are asleep thinking about that fear and dwelling on those negative thoughts. You will wake up feeling more negative than when you went to bed. It's a vicious cycle, but one you can stop by ending your day on a positive note.

Don't be your own worst enemy like the red squirrel. Don't let fear paralyze you. Some fears, of course—like walking alone down a dark street at midnight—are valid. By avoiding that situation, however, you won't have to fear it.

Fear can derail your most important ambitions. It can ruin relationships and destroy fortunes. It's an enemy that lives inside each of us—if we let it.

Don't let it. Know your enemy. The red squirrel must overcome its fear to survive. Overcome yours to succeed.

Use Your Bobblehead

If you've seen a red squirrel in action, you may have seen it crouched on a tree branch bobbing its head up and down. Chances are that seconds later it leaped off the branch with what appeared to be wild abandon.

Our friend the squirrel wasn't hurling himself to his death. He was performing a precise, calculated jump.

When a red squirrel is perched on a branch, ready to leap to a nearby branch, it will bob its head slightly up and down. This

technique is called parallax. The red squirrel also does this to determine how far away an enemy is.

The bobbing squirrel actually is taking a reading of the distance of that object, whether it is an enemy or a branch, from two different angles. It will look at the image from one angle and then bob its head up or down to get a view of the object from a slightly different perspective.

Big deal, right? But what if the squirrel wasn't able to calculate distance using this technique? Quite a few branch-to-branch jumps would have turned into branch-to-ground jumps, and quite a few predators would have had a tasty meal.

How often do you look at opportunities or problems from two different points of view? How often do you leap without checking the parallax and end up falling to the ground?

If we all looked at things the way the red squirrel does, we'd have a lot fewer accidents and mishaps when we leap from branch to branch. I'm not suggesting that physically bobbing your head is the answer. I don't want you to become a bobblehead.

When you have a decision to make, how often do you take the time to look at every angle? If it's a big business decision, there are several angles to consider. How will it affect the bottom line? How will it affect your employees? How will it affect the future of the company? If you don't take the time to nod and check out your decision from each angle, you might be headed for the ground.

Like so many lessons, this one isn't confined to the boardroom. It also reaches into the living room. Every decision we make has consequences, and to truly "look before you leap" you must consider the consequences of your decision.

If you are thinking about having a child or already have one, think about all the changes involved with being a parent. It transforms everything about your life. Certainly you should stop and nod before you jump to the parenthood branch.

The "red squirrel nod" also comes into play in disagreements you might have. Next time you are in a heated argument

with someone or you can't seem to see things from another point of view, take time to nod. Where are they coming from? What is their point of view? What are they looking to achieve?

If the red squirrel didn't take the time to nod at its enemy, it might walk right into trouble. Hmm . . . that idea sounds familiar. Have you ever walked into trouble? I know I've made my share of unwise decisions. Some could have been avoided if I'd stopped to nod and to check out all the sides of my choice.

Always look at things from more than one angle. Don't assume you are always right. If you let them, the opinions and viewpoints of others can enhance your decisions.

Nod when you are considering a new opportunity. Nod when you have a decision to make. Nod when you are in an argument or disagreement.

From the Leftovers Spring the Bounty

I recently read an article about Oscar-winning actor Kevin Spacey. He was discussing his new enterprise, Triggerstreet, which is dedicated to helping young actors, writers, and directors get into show business.

In the article, Spacey said, "I believe very strongly that if you've done well in your profession your obligation is to spend about half your time sending the elevator back down—to help others fulfill themselves."

That's not the kind of thing you normally hear big Hollywood stars say in interviews, and it struck me as an important fact—we should all give back.

How in the world does Kevin Spacey tie into the red squirrel?

Each fall, red squirrels start gathering food for the winter. They gather so much food that it is always more than they can eat, but who can fault them for being prepared?

What struck me, though, was what happens each spring. After they've survived off their supplies through the long winter, there are always some seeds and acorns left over in the

spring. Instead of gorging themselves on the food they spent so much time gathering the previous fall, red squirrels will leave their leftover seeds and nuts in the ground.

What happens to them? Those seeds and nuts germinate and grow into new trees. By leaving some seeds and nuts in the ground, the red squirrel is ensuring there will be trees there in the future, too. They're giving something back to the forest.

For us, the idea of giving back has many different facets. For Kevin Spacey, it means spending energy and resources helping young filmmakers reach their dreams of making it in Hollywood. What does it mean for you?

For each of us to be fulfilled, we have to give something back. If you've truly been blessed in life, think about what you can do to help others achieve those blessings.

You don't have to start a company to help young filmmakers. But what can you do?

If you are affluent, do you give to charities or invest in programs to help our youth? Just like the squirrel nurturing the future trees by donating its seeds and acorns to the forest, we can nurture our future by helping children reach their potential.

That's just one idea. The number of ways you can give back to others is endless. If you are successful, help someone else to become successful. Be a mentor.

If you have a special talent, help someone else to learn your talent. Take the time to volunteer in a community organization.

Think about how different our world would be if every human being took a cue from the red squirrel and gave something back. If everyone took time to give back to the earth and to each other, we would all prosper.

It's no secret that charity is a great function of prosperity. When someone is prosperous, they can give back to others in the form of charity. That charity will then make others more prosperous and the cycle continues.

My mission for you is not to run out and give everything away. It's not to go out and help young filmmakers. My mission

for you is to stop and to think about how you can give back. All of us have some way that we can help each other or our planet.

Plant a tree. Mentor someone. Volunteer in your community. If you are happy, this idea can be as simple as smiling and sharing that happiness. The chain reaction of happiness from one smile can be seen as soon as that smile gets passed along.

Take a moment to think about how you can give back. Don't think you have to eat all the nuts and seeds you have stored up, because your leftovers could help create tomorrow's bounty.

Red Squirrel Lessons

Here are successful behaviors you can discover from the red squirrel to make you Wildly Successful:

- Don't let fear paralyze you. Don't let fear keep you from accomplishing all that you want out of life. Take the steps to eliminate fear and self-doubt. You'll feel more successful and you'll achieve all you are after.
- Nod. When you are faced with a problem or a decision, don't forget to look at it from more than one angle. If you are arguing with someone, take a moment to look at things from his or her perspective. By doing this, you'll know where you are leaping before you jump.
- Give back. We've all been blessed in some way. Use what you have been given to give back to others. Once you've achieved your dreams, help others to achieve theirs.

Wildly Successful Achievement Catalyst

Of all of the lessons I have gained from the red squirrel, the most important one to me now is:

_____

_____

_____

_____

_____

This is important to me because:

_____

_____

_____

_____

_____

_____

How can I apply this lesson to my daily life?

_____

_____

_____

_____

_____

What do I hope to accomplish with this lesson?

_____

_____

_____

_____

_____

_____

I will take these steps to achieve my goal:

1. _____
   _____

2. _____
   _____

3. _____
   _____

4. _____
   _____

5. _____
   _____

6. _____
   _____

7. _____
   _____

8. _____
   _____

Date for achieving my goal:

_____

The following person/persons would also benefit from this lesson or would provide me support in accomplishing this goal:

_____
_____
_____
_____
_____

Chapter Five

No Bones—Just Regeneration And Jet Propulsion

Octopus

✓ Ejects an inky substance when endangered.

✓ Moves by crawling along the ocean bottom with suckers on its tentacles.

✓ Thought to be the most intelligent invertebrate animal.

Success Lessons
of the Octopus

Creatures from the deep like the octopus fascinate me. We'll never know what it feels like to live in the octopus' world, far beneath the ocean's surface.

But just because we can't relate to where the octopus lives doesn't mean we can't learn some valuable lessons from this mysterious creature.

Aside from the fact that they can stick to the walls of our local aquariums, most of us don't know much about these strange inhabitants of the deep. But there is a lot more to the octopus than tentacles and suckers. Or should I say, a lot less.

No Opening Too Small

One of the most fascinating things about the octopus is that the beak area around its mouth is the only hard part of its body. It has no bones!

More amazing than that are the feats an octopus can perform because of its lack of bones. It is so flexible that there is little that can stand in its way when an octopus sees what it wants.

Think about half an inch. Not very long, is it? Now think about an octopus creeping through an opening that's half an inch in diameter. The octopus actually can flatten itself to nearly paper-thin. As long as it can find an opening to stick its beak through, the rest of its body can flatten and constrict to pass through.

Octopi have been known to squeeze their way through openings that are only a half-inch wide. In fact, a 60-pound octopus would be able to fit its entire body through a hole that is only two inches wide!

That's a truly amazing feat. Can you do that? I'm not talking about flattening your body to fit through a two-inch hole. I'm talking about not letting things hold you back from what you want.

If an octopus really wanted to get out of its cage, it could find a way. Give it the tiniest opening and it will make the most of it. It also can pull itself out of a tank by using the powerful suction of its tentacles.

Do you have the effort to overcome obstacles and reach your goals? If all you had to do to achieve your goal was to lift yourself out of a tank, could you do it? Of course that tank is a metaphor for everything in your life that you might need to overcome.

I see this all the time with friends trying to quit smoking. They all say they are going to quit, but they don't have the strength or desire to pull themselves out of their tank. Kicking the habit is a two-inch hole that they can't quite squeeze through.

Cigarettes are an extremely difficult addiction to break, but I believe that if someone puts their mind to something, they can accomplish it. Just like the octopus that puts its mind to getting through the tiniest opening, we can make the sacrifices we need to achieve our goals.

The same goes for someone trying to lose weight or to end any bad habit. A good habit can be formed by doing the same thing for at least 23 days. If you have the discipline to do what it takes for those 23 days—whether it is to stop smoking, eat properly, or exercise—then you should have an easier time squeezing through that hole to get what you want.

There is no opening too small. If your dream is to be a newspaper reporter, don't be afraid to take the smallest opening possible. Your opportunity might come when the neighborhood paper publishes one of your articles.

Take advantage of all the available tiny openings. If you are interested in a specific career, ask questions of people already in that field. Find out what it takes to succeed. How did they do it? What can you do?

Take a cue from the octopus and believe that no opening is too small for you to go through. Instead of thinking it can't happen, determine how you can make it happen.

Just remember that there's no opening too small.

Don't Let Your Arms Hold You Back

What happens when an octopus loses a tentacle? It grows back! These amazing creatures actually have the ability to regenerate limbs.

If an octopus loses one of its arms, its brain can automatically shut off the blood flow to that arm. Each tentacle of the octopus has its own veins, so when one is severed the brain can shut off the flow of blood to that arm.

Once the bleeding is controlled, the octopus begins the process of regenerating another arm. That's truly an amazing feat.

There are two lessons we can take away from this astounding feat of octopus behavior that will help you become Wildly Successful.

The first lesson parallels a story from the Bible, but the theme is universal. Jesus teaches his disciples that if their hand offends them, they should cut it off. Of course the appalled crowd asks Jesus to clarify. He responds that it is better to cut off the offending hand than to risk losing their entire body.

How does the octopus fit in here? What Jesus is saying—and what we learn from the octopus—is that if an important part of your life is bringing you down, it's best to cut it off and move on.

Say you have a friend named Ray who is a negative influence. Ray has a tendency to involve you in activities that are not in your best interest. He doesn't give you positive affirmation, and, in fact, is full of negativity. You usually feel worse after being around him.

Is Ray the type of friend you want to keep? Certainly not—but many do. People in abusive relationships have a hard time breaking free, even if they know it's best.

To become Wildly Successful, you must learn to cut off that arm and move on so that a more positive one can grow back. Lose the tentacle that is clutching onto this negative person, vice, or bad habit, and then regenerate a more positive relationship or habit.

Don't let your arms hold you back from improving yourself.

The second lesson from this regeneration story is that you can't dwell on the past. What would the life of an octopus be like if it spent all its time brooding about its lost arm? It might forget to shut off the blood to that arm and bleed to death, or it might forget to regenerate a new one. How often do we get so caught up in the past that we forget about tomorrow?

The future you live tomorrow is the future you build today. Nowhere in that statement is there any mention of yesterday. That's because yesterday is something you can't control. You can't go back and change your past.

You simply have to move on and regenerate a new tentacle. Dwelling on the past will only help you miss the future, which is exactly why some people do it. Those who dwell on the past may be afraid of the future or unhappy with the present they have created.

Think of that tentacle that gets cut off as your past. In a sense, you are losing a tentacle with each day that passes. Instead of dwelling on that lost tentacle, focus on tomorrow and on regenerating a new one.

Don't dwell on lost arms and don't let them hold you back from a brighter tomorrow.

Your Jet Propulsion

You'd probably never know it, but octopi have jet propulsion. When they are in a tight spot with a predator, they have the ability to give an extra push to propel themselves away from danger.

An octopus has a collar of skin and muscle called a mantle. This mantle is like an afterburner. It creates a cavity between it and the octopus's body. The octopus can draw water into this cavity and keep it there. If the octopus needs to get away from a dangerous situation, it can call on this water reserve and propel away. By shooting the water out from a funnel underneath its body, the octopus creates a jet propulsion to speed it away from danger.

Do you have a jet propulsion reserve? I'm not talking about the ability to run away from trouble or to shoot out water. I'm asking about your ability to give that extra effort when it counts. When the octopus needs to get away from danger, it calls on its reserves.

Do you have a little extra that you can tap into when the going gets tough? It's like being an Olympic runner and rounding the final corner. When you hit that home stretch, you need to exert your final kick to take you to the finish line.

Imagine putting your goals on that finish line. Do you have the extra effort that it might take to make it down the home stretch to reach your goal? Even if the race thus far has worn you down? It can be tiring.

This is the point where those who are not Wildly Successful give up. They say, "I'll never get there" or "It's too hard." But if you are going to be Wildly Successful, this is where you have to kick in your jet propulsion and propel yourself toward your goals.

When the going gets tough, think about your own mantle. Think about the inner jet propulsion that can take you over the finish line.

It's your will, your determination, your guts. This ability to call on jet propulsion to go the extra step will help you become Wildly Successful.

Change Your Color

One of the most bizarre traits of the octopus is skin deep. In fact, sometimes you wouldn't even know it's there.

The octopus has an amazing way of adapting to its surroundings: It changes its color. If an octopus is against a rock, it can change its color to match the rock and blend into the background. If the octopus is trying to hide in the sand, it can turn itself into the color of that sand.

The octopus has three distinct layers of skin. Within each of these layers are hundreds of individual color sacs in red, blue, and yellow. Using these sacs, the octopus can change to match virtually any color. It simply expands or contracts the various sacs according to the color it is trying to match.

Much like humans, the octopus also can change its color based on mood. When you get angry, does your face get flushed and red? The same happens with the octopus.

Its color matching is so sophisticated that it even can match up with stripes and spots. If the octopus wants to blend in with something, it can. Can you?

I know you can't change the color of your skin to match a brick wall or turn your skin into stripes, but are you sensitive enough to adapt to the world around you?

That's a trait of a Wildly Successful person. You must be able to adapt to different people and situations. Just like the octopus can change its color to blend into any surrounding, it's important for you to be able to blend in with other people.

You aren't going to blend with everyone, but you should be responsive and open to everyone. You never know who may be able to help you on your journey to becoming Wildly Successful.

Changing your color in a situation might be as simple as accepting the fact that you were wrong about something. Acknowledging that the other person is right is like changing your color to adapt his or her viewpoint.

When you are faced with a difficult situation, open up to all that is around you and remember to change your color.

Remember Your Shapes

You wouldn't expect it from a creature that can flatten itself—including its brain and organs—down to the size of a two-inch hole, but the octopus is a strong learner.

It can be taught to discriminate between different shapes and colors. The problem is that once the octopus has learned these things, it quickly forgets. It can only retain what it learns for a few days. The octopus learns about shapes and colors, but then doesn't internalize or reinforce this knowledge. It's an example of training only being as good as the execution.

Did you take a foreign language class in high school or college? Chances are you've forgotten all of it except for the most colorful words.

That's because you learned it and then didn't use it. Whenever you learn anything new, you have to continually practice and reinforce it until this knowledge becomes second nature.

It's a tragedy to pay a large sum of money to attend a training seminar or class and then, a few months later, completely forget or ignore what you learned. As a long-time trainer, I've seen it happen many times.

What do Wildly Successful people do with the knowledge they gain from training? They use it. They don't let it gather dust in their minds or on their bookshelves.

If a salesman goes to a class and learns new closing techniques, he is wasting his time and money if he isn't role-playing through them every day. Reinforcing the knowledge you gain in training is almost as important as the training itself.

Truly being dedicated to improving yourself means practicing. Look at professional athletes. These are some of the world's most physically gifted people. While I can't imagine playing basketball like Michael Jordan or hitting a baseball as far as Barry Bonds, they didn't get there by accident. They continuously trained and reinforced what they learned in training.

Professional baseball players know how to catch a pop-up, but that doesn't stop them from gathering in spring training to

practice the basics. Spring training is a time to review all the fundamentals and reinforce all the knowledge they've gained in the past.

Do you have spring training? Because everything is built on the fundamentals, you must continuously revisit them. It's not enough to train. You have to reinforce the training as often as you can.

If you're a business owner, you have to know the fundamentals of accounting and management so you can apply them to your business. If you are in sales, you have to know the fundamentals of closing and negotiating if you are going to succeed.

It's terrible to spend time and energy learning your shapes only to forget them. Remember your shapes.

Watch Out for Poison

The octopus might not look like the most fearsome killer in the animal kingdom, but it can be deadly. When attacking its prey, an octopus normally will strike with its beak. It uses the beak to wound and then bring the victim close to its body. Then the octopus will spit a potent poison into the wound. Within a minute or two, the victim is paralyzed.

The venom, however, isn't strong enough to kill humans. If an octopus manages to get close enough to a human to spit in a wound, it would only produce a burning sensation.

If the octopus can't poison you, you shouldn't let others poison you, either. Its poison only causes a mild burning sensation. But the poison you may receive from other people can do much more damage.

The negativity of other people can harm your attitude and motivation. If the octopus were trying to attack you with its venom, you would know since it would have to bring you in close to its body. But when your attitude is under attack from other people, you might not know until it's too late.

What would have happened if Michael Jordan had been surrounded by people who told him he would never make it as a

professional basketball player? What if Bill Gates had been surrounded by people who told him that his ideas would never work?

Don't let the poison of other people keep you from believing in yourself. To be Wildly Successful, you must believe in yourself and in your ability to achieve your dreams.

Believe in yourself and watch out for the poison.

Octopus Lessons

Here are successful behaviors you can discover from the octopus to make you Wildly Successful:

- Be willing to do what it takes to achieve your dreams. The octopus will do whatever it has to do to make it through the tiniest of holes. Are you willing to do the same to succeed?
- Don't let your arms hold you back. If a part of your life is keeping you from achieving what you want, get rid of it and move on to regenerate something better. Don't dwell on the past. Move on to a brighter future.
- Do you have a reserve you can tap into when you need that little extra push to achieve your goal? Ensure that your jet propulsion is ready to go whenever you need that extra boost. Don't give up!
- Know how to change your color. Accept different people and be open to changing your viewpoint or color to adapt to a situation.
- Training is incredibly important, but reinforcing that training is even more important. Training is only as good as your implementation. Implement what you learn and then reinforce it until it is second nature. Remember your shapes once you've learned them.
- Watch out for poison. Some people can bring poison into your life in the form of negative ideas and outlooks. Don't let them paralyze you. Believe in yourself.

Wildly Successful Achievement Catalyst

Of all the lessons I have gained from the octopus, the most important one to me now is:

_____

_____

_____

_____

_____

This is important to me because:

_____

_____

_____

_____

_____

_____

How can I apply this lesson to my daily life?

_____

_____

_____

_____

_____

What do I hope to accomplish with this lesson?

_____

_____

_____

_____

_____

_____

No Bones—Just Regeneration and Jet Propulsion

I will take these steps to achieve my goal:

1. _____
   _____

2. _____
   _____

3. _____
   _____

4. _____
   _____

5. _____
   _____

6. _____
   _____

7. _____
   _____

8. _____
   _____

Date for achieving my goal:

_____

The following person/persons would also benefit from this lesson or would provide me support in accomplishing this goal:

_____
_____
_____
_____
_____

Chapter Six

The Smell of Success Isn't Always Sweet

Porcupine

✓ Mainly nocturnal.

✓ Though quills break off easily, porcupines can't throw them.

✓ Will lick the handles of axes and other
   items with traces of salt on them.

Success Lessons
of the Porcupine

Porcupines aren't swift. They aren't going to outrun a would-be attacker and they aren't going to dig a hole. Armed with a built-in suit of armor, these members of the animal kingdom are content to simply hold their ground and to meet challenges head-on.

When we think of a porcupine, we think of quills. A baby porcupine is born with quills concealed inside thick black hair. A few hours after its birth, a new porcupine's quills harden and are ready to defend.

When an attacker goes after a porcupine, it's sure to come away with a paw full of quills and not much else. Only a few of those painful quills are enough to drive away most attackers. With more than 33,000 quills covering its body, the porcupine is secure.

Stand Secure

When danger approaches, most animals turn and head for the hills. The porcupine isn't like most animals. While deer and rabbits scurry away from danger, the porcupine stands its ground.

It's easy to be secure with yourself when you're covered with natural, 33,000-quill armor. Yet what stands out about the porcupine is its courage.

What happens when you face a challenge? Do you shy away or stand your ground? We can learn a lot about someone's character by watching how he or she deals with life's challenges.

A challenge doesn't have to involve danger like the porcupine's. It could be as simple as how a person deals with a spouse during a disagreement. Some run away and avoid conflict, leaving the issue unresolved. Confident people, though, stand their ground and work out the situation.

Understanding how you handle challenges will help you face them in the future. It's hard to admit to ourselves that we shy away from formidable tasks. But this admission is the first step. Once you accept it about yourself, you can take steps to face more of life's challenges instead of running away.

It sounds easy for the porcupine to face danger with a prickly suit of quills. Certainly it would be nice to have a coat of quills that wards off challenges. Yet that suit of quills also would shut out a lot of joy.

Think about what you would miss if you lived behind quills. It would be incredibly difficult to get close to people. Hugs would be out of the question. Even a high five would require caution.

The same happens when you shy away from challenges. We grow by facing the challenges that life puts in front of us. We become stronger by overcoming them.

In that sense, you do have a suit of quills: It's called your confidence or self-esteem. The porcupine's suit of quills assures it that it can overcome danger. Your suit of quills is the feeling that you are strong enough to beat the challenges life throws at you. That feeling will create your own set of quills.

Be secure in who you are. All of us have inner strength. But only those with the will to find this strength and to create their own suit of quills will prosper.

Pay attention to how you handle challenges and note what you can do better. Where can you improve? How did you face a challenge and emerge a stronger person? Discover and learn from these examples.

Develop your own set of quills through positive affirmation. Build your self-esteem armor by achieving goals.

Imagine that it is December 24th and you have to do all your Christmas shopping in the next two hours. The mall is teeming with hundreds of last-minute shoppers. Armed with your quills and your confidence, you are ready to face this challenge.

This situation easily could bring out negativity and stress. To overcome this challenge, you must engage in positive self-talk. If you tell yourself that you won't accomplish your goal, you won't. Tell yourself that you can overcome this challenge and then keep reinforcing that feeling.

You also must set achievable goals. In the Christmas shopping example, your goals easily could be broken down into a series of achievable goals. Your first goal might be to buy a gift for your spouse. Next might be your children. Breaking the larger challenge into smaller segments makes it more manageable.

The porcupine draws its strength from quills. You must draw your strength from within. By achieving your goals and being confident, you can stand tall.

Follow Your Nose, Not Your Eyes

Many hunters and others who spend time in the forest have the impression the porcupine is a dumb animal. That's because it never seems to know where it's going. Porcupines have been known to walk up to a hunter and to begin chewing on his shoes. That behavior doesn't exactly position the porcupine as one of nature's most intelligent animals.

While the porcupine might seem dimwitted, it is one of the smarter animals in the woods. A porcupine has the ability to find its way through complex mazes and has a well-developed memory.

While it is true that an unsuspecting porcupine will approach a hunter in the woods, that's because its eyesight is poor. The porcupine is so nearsighted that anything beyond a few yards away appears blurry.

With eyesight that bad, how does the porcupine survive? How does it get around in the woods? How does it find its way home? The answer is a stinky one.

The porcupine uses its highly developed memory to guide it in the direction of its home. It also uses its keen sense of smell to follow the scent of its own urine that it leaves throughout the forest. The porcupine uses its urine to carefully mark its tracks so it can maneuver back home.

Imagine what our world would be like if everyone had to mark their way back home with their own urine. Rush hour would be even more brutal!

While I'm not advising you to start peeing wherever you go, there are some ideas to take away from the behavior of our near-sighted friend.

If the porcupine didn't keep track of where it had been, it would be lost. By paying attention to where it's going in the forest, the porcupine knows where it has been and where it's headed.

Without that trail of urine, the porcupine wouldn't have a clue where it was going. It might end up running around in circles. Do you ever feel like you are running in circles?

It's important for us to take stock of where we have been so we know where we are going. You don't have to mark your trail with a scent, but you must never lose sight of your past. While some may call it your roots, I'd like to call it your back-story.

Your back-story is what makes you what you are today. It's everything that led you to this moment. What have you learned along the way? What have you "marked" so that you'll remember it?

Your emotional back-story involves how you've made it through the hard times in your life, the power of family, and the greatness of friends. These all are things that should never be forgotten and that help us keep our place in the world.

Take time to reflect on where you've come from. A simple reflection at the end of each day often reveals something you may have overlooked. Take a moment each night to review your

day. Think about what you'd like to remember, what you are grateful for, and what you would change.

The porcupine's trail will lead it back through each step of where it has been. It also will present the porcupine with a map of where it has come from and where it is going. While its eyes may deceive, its nose will guide it home.

Mark where you've been, so you'll know where you are going.

The Enemy Within

Like the red squirrel paralyzed with fear, our friend the porcupine can be its own worst enemy. Quills ensure that it's not fear that holds back the porcupine. Instead, its enemies attack from within.

The porcupine has a tendency of neglect. Because it never cleans its den, parasites—its worst enemy—flourish underneath its roof. Imagine inviting your biggest enemy into your home and allowing it to flourish and destroy you. The filth inside the den can consume so much space that the porcupine is left with no living area. Yet the porcupine still will neglect to clean its den.

As a result, the porcupine lives its life infected with tapeworms and ringworms. Many die with hundreds or thousands of these parasites inside their bodies. The porcupine's habit of neglect literally poisons it from the inside out.

Examine your habits. Which are benefiting your life and which are destroying you from the inside? An easy place to start is by looking at your diet. Is it balanced? Do you receive all of the nutrients that your body needs to grow and stay healthy? Or do you live on cheeseburgers, extra-large fries, deluxe pizzas, and two-liter bottles of soda?

Take an honest look at what you are putting into your body. One way to find out is to keep a food diary. Use a small notepad to record everything you eat throughout the day over the course of a month. Record it all, from the healthy meals down to the

handfuls of chips and pieces of candy. By noting those occasional munchies, you'll become more aware and then be able to eliminate them.

I'm not going to tell you all the benefits of a healthy diet or which foods you should eat. There are plenty of other books for that. I do know that a healthy diet will make you feel better, give you more energy, and help you avoid the enemies from within.

While you and I don't have to worry much about tapeworms or parasites, we do have other internal enemies that bear watching. The porcupine's troubles all stem from its neglect of its home and failure to care for itself.

Are you taking care of yourself? A healthy diet is only the first step. Are you exercising? This probably is the most important step. If you aren't exercising, you're neglecting your most precious gift as a human: your body. Exercise will ward off enemies from within. It will boost your immune system to help with everything from fighting the common cold to cutting your chance for heart disease.

I'm not going to tell you that exercise is going to be easy—only that it will be beneficial. Doing it takes planning. It may not happen if you don't set aside a certain time every day. Exercising at the same time every day will enable you to develop a healthy routine, which is the key to long-term fitness.

Once you've taken stock of your diet and exercise routines, it's time to look at your other habits.

The red squirrel already has taught us about the damaging effects of negativity and fear. What other habits do you have that are eating you away from the inside? Drugs and alcohol are common enemies. As millions of smokers know, smoking literally destroys their bodies from within. Yet they continue to smoke.

Learn from the porcupine's filthy house by not falling victim to these internal enemies and doing something about your negative habits and attitudes. Don't let them fester. Revamp your diet. Get regular exercise. Kick the habits.

Take a cue from the porcupine. Do something about your internal enemies. Start living a better future today.

Know Your Glass Jaw

That prickly coat of quills might lead you to assume that the porcupine is invincible. Yet it does have a vulnerable spot. The porcupine's glass jaw is the part of its head just above the nose. An attacker that strikes a sharp blow there would damage most of the porcupine's major blood vessels and nerves.

Even with its glass jaw, I wouldn't mess with a porcupine. Its quills are incredibly sharp and can embed themselves into an attacker's skin. Knowing this seemingly untouchable animal has a weakness made me feel better about facing my own weakness.

The porcupine must take steps to protect its glass jaw. Knowing the porcupine has this glass jaw, I set out to discover my own. I'm not going to tell you mine, but I encourage you to determine if you have one so you can protect it.

I know someone who suffered from terrible writer's block. Though he was an excellent writer, sometimes the words wouldn't flow. It didn't help that he also was a huge procrastinator. He would never have been able to overcome those two glass jaws if he hadn't first admitted them.

Once he decided he had a problem with procrastination, he set out to cure himself of this time-wasting trait. He devised schedules and deadlines that included smaller, easily achievable goals.

Next, he took steps to solve his writer's block. When it hit, he simply would walk away from that project for a while. Rather than doing something other than write, which often fed his procrastination, he began writing something different. His mind was still engaged in writing but focused on a fresh topic.

You can become more productive simply by recognizing your glass jaw and taking action to protect yourself. Your glass jaw is where you are vulnerable. It might be a habit that is cutting your productivity or limiting your opportunities.

Take the steps to discover your weaknesses and then transform them into strengths. Like the porcupine, we must protect our glass jaws to survive.

Porcupine Lessons

Here are successful behaviors you can discover from the porcupine to make you Wildly Successful:

- Be secure in who you are. Just as the porcupine doesn't shy away from challenges because of its quills, you should not shy away from life's challenges. Find the internal strength to overcome them and to succeed.
- It's important to know where you're headed, but it's also important to know where you've been. Take a moment at the end of each day to look back. Reflect on what you've accomplished and why you are grateful. Then take a moment to think about what you can improve tomorrow.
- Beware of the enemy within. One of the porcupine's most dangerous enemies is itself. Its failure to clean its den leads to parasite infestations. What are you neglecting in yourself that is destroying you from the inside? Pay attention to any habits that are ruining your health or compromising your success. Take steps to correct those habits.
- Know what your glass jaw is. What is your biggest weakness—the one that causes you to stumble time after time? Is it procrastination? Fear of rejection? Recognize what is holding you back or making you vulnerable so you can overcome it.

Wildly Successful Achievement Catalyst

Of all of the lessons I have gained from the porcupine, the most important one to me now is:

_____

_____

_____

_____

_____

This is important to me because:

_____

_____

_____

_____

_____

_____

How can I apply this lesson to my daily life?

_____

_____

_____

_____

_____

What do I hope to accomplish with this lesson?

_____

_____

_____

_____

_____

I will take these steps to achieve my goal:

1. _____
   _____

2. _____
   _____

3. _____
   _____

4. _____
   _____

5. _____
   _____

6. _____
   _____

7. _____
   _____

8. _____
   _____

Date for achieving my goal:

_____

The following person/persons would also benefit from this lesson or would provide me support in accomplishing this goal:

_____
_____
_____
_____

Chapter Seven

Soaring High in Turbulent Times

Bald Eagle

✓ National bird of the United States since 1782.

✓ Can fly at speeds of 20 to 40 miles per hour.

✓ Capable of diving at nearly 100 miles per hour.

Success Lessons
of the Bald Eagle

What image captures the feeling of freedom better than a powerful bald eagle soaring high above the tree line? These once-endangered birds are one of America's proudest symbols. The bald eagle has long stood for freedom and prestige.

It also has been a symbol of pride and success. Advertisers, peddling everything from cars to beer, love to show the bald eagle flying high above mountains and forests. What is our connection to this majestic bird?

There's a lot we can learn from this symbol of success about how to become Wildly Successful.

The Fruits of Adversity

Out of adversity comes character. Your character grows out of how you handle life's challenges. The bald eagle must have one of the strongest characters in the animal kingdom. It doesn't just survive through adversity—it thrives.

Most birds stay in their nests or seek shelter during a violent storm. The bald eagle uses the turbulent winds to reach its highest heights. Approaching storms create strong thermal updrafts. Taking advantage of a unique wing construction in which the tapered ends of its main feathers reduce drag, the eagle uses these thermal updrafts to fly much higher than typically possible. The bald eagle shines its brightest during a storm.

We also shine the brightest when we overcome adversity. How do you handle the violent storms that blow into your life? Do you slink away and find shelter, or do you seize the opportunity to soar higher?

The bald eagle also thrives on adversity in other areas. A scarcity of food has forced it to develop keen eyesight, blinding speed, and accurate diving skills. The lonely heights where the eagle nests allow it to care for its family and to train its young.

To discover our character and to achieve our dreams, we must overcome adversity. Think of people you look up to in the world. Our heroes often have overcome tremendous odds to achieve greatness. History is built on their stories.

Franklin Delano Roosevelt was inflicted with polio. He wore large leg braces and spent most of his time in a wheelchair. Yet FDR didn't let that stop him from achieving greatness by becoming one of America's greatest presidents.

When Jackie Robinson burst into the national spotlight to play for the Brooklyn Dodgers, the amount of adversity he had to overcome was staggering. Breaking the color barrier in professional baseball created a maelstrom of opposition, hate mail, and name-calling. Like the eagle, though, Robinson used this adversity to fuel his rise to the top. Robinson became a tremendous baseball player and paved the way for change in professional sports and American society.

Ordinary people who overcome blindness and deafness offer incredible stories of battling adversity. Imagine being a composer and losing your ability to hear music. Ludwig van Beethoven, one of history's greatest composers, gradually started to lose his hearing in his twenties before ultimately becoming completely deaf. Yet he overcame this challenge to create some of our greatest classical compositions.

Actor Christopher Reeve is beloved for his portrayal of Clark Kent and Superman. In 1995, Reeve was thrown from a horse and landed on his head. A fracture to his uppermost vertebrae left him paralyzed and unable to breathe. Surgery

restored his breathing, but today Reeve is confined to a wheel-chair. Yet this adversity has not stopped him. He is an activist for people with disabilities and a spokesman for spinal cord injuries. He travels across the country talking to audiences about how to overcome adversity.

Stories like Reeve's illustrate what is possible when we refuse to be defeated by hardship. While I hope your challenges are never as drastic, the same principle applies: Don't give up.

In the movie *Castaway*, Tom Hanks plays Chuck Noland, an ordinary man who finds himself stranded on a deserted island following a plane crash. He has no food. He has no supplies. He has the clothes on his back and a few packages from the plane that wash ashore.

What makes this story so compelling is how one ordinary man overcomes tremendous adversity. Though there is little dia-logue through the middle part of the movie, we are captivated by how Noland refuses to give up.

Instead, Noland stands up to the challenge and survives on the island until the day comes for him to try and escape on a makeshift raft built from debris collected from the shore. After refusing to let several failed attempts thwart him, Noland over-comes the waves, wind, a shortage of supplies, and a lack of sail-ing knowledge to make it off of the island.

If you haven't seen *Castaway*, watch it to see what it means to overcome adversity.

Where do you and I find the courage to overcome chal-lenges? You must be courageous when a crashing wave smashes into your little raft. If you aren't, you won't survive. Where do you find the courage to do what you feel is right when others don't agree: to dissent when your opinion isn't the most popu-lar? That type of real courage comes from within. It has to spring from a desire to be true. When you are true to yourself, you will emerge victorious.

Like the eagle who soars highest during the most violent storms, you will be your brightest when your hero within

shines. Jackie Robinson, FDR, and Christopher Reeve all found their hero within and overcame tremendous obstacles. How do you do the same?

✓ Recognize your strengths. When you are experiencing adversity, it's important to keep sight of these strengths. Roosevelt didn't let his disease stop him from becoming president because he knew he was a skilled politician and a gifted leader. Your strengths will enable you to overcome adversity.

✓ Accept what has happened and what is out of your control. Beethoven couldn't change the fact that he was deaf. But if he had refused to come to terms with his affliction, he would not have returned to composing. Nothing will change until you accept what has happened. Accept that you will not be able to change everything. Then put your energy into overcoming those things that you can change.

✓ Once you recognize your strengths and what you cannot change, you can tackle your obstacles. It's important to have a goal to work toward. Do you have a higher purpose? Jackie Robinson wasn't simply working to become a baseball player when he broke into the major leagues. He was breaking the color barrier. That higher purpose guided his actions and kept him going when times got tough.

Let a higher purpose guide you. It's easy to give up when times get tough, but if you are striving to achieve something great, you'll have a reason to keep going. You'll have a reason to achieve.

Your higher purpose doesn't have to be as ambitious as world peace. It could be as simple as fulfilling a lifelong dream. It may be to lead a happy life or to make your family and friends feel loved. It may be creating a better quality of life for your family. Let this purpose guide you.

When times get tough, remember the eagle soaring above adversity to reach new heights.

Build High

When it's time to build a nest, the bald eagle goes straight to the penthouse. The eagle will construct its home in the highest tree or crevice it can reach.

Building so high means the eagle must haul the material for its nest much higher than the average bird. But this extra effort pays off in the end.

This lodging provides it with a great vantage point from which to monitor its territory and to protect its family. Living high above all the other birds and animals in the forest, the eagle can see far and wide. This enables it to spot enemies before they are too close and to track and swoop down on prey.

Being so high in the air also helps the eagle take flight. Instead of burning energy lifting off the ground, the eagle simply can leap from its perch and let the wind start its flight. It's then able to generate a quick speed burst to swoop down on prey.

The eagle reaps great benefits from the extra effort required to build its nest so high. The same applies to us. The more effort we invest in something at the beginning, the greater our returns.

Think about your education. Did you put forth the maximum effort while you were in school? Did you get the most out of your classes? Would you be experiencing different results now if you had put in the extra effort then?

That's an idea I try to instill in my children when they complain about not wanting to go to school. But how do you communicate to a child that education will pay off in the end? One way is by reading with them and helping them with their schoolwork. This gives them a sense that education is valuable. By taking the time to help your children with their education now, you'll see great rewards in the future.

Giving an extra effort now means sacrificing for the future. The entire financial planning industry is built around this concept. Everyone with an IRA or a 401(k) is practicing this principle when they deposit money into their fund. They are work-

ing harder now so they can experience stronger returns in the future. Work now and reap the benefits later. In our "I want it now" culture, this can be a hard concept for people to grasp.

Many kids don't receive much of a financial education. Most are given an allowance or occasional money that they can spend however they choose. They rarely are brought up to know the virtues of saving money and investing. Both those ideas involve sacrificing now for what you will get in the future. If you have children, it's a good idea to get them hooked on the idea of saving as soon as possible.

You can be the bank. Create a savings program where you'll give your kids interest when they "invest" their money with you. Show them how saving their money will create an even larger sum without any extra effort. It's never too early to start planning for tomorrow.

While you are helping your children plan for tomorrow, what are you doing to prepare? Do you have goals that you are working toward? Will you be financially secure when you retire? What are you doing today to make tomorrow better for your family?

Can you put in a little extra effort building that nest at the top of the tree today so that tomorrow will be better?

This concept supports the idea of training. You'll never learn anything unless you invest the effort. That's training. Sometimes it's not easy to get started. It's tough to motivate yourself to practice your sales presentation. It's tough to sign up for a class for advanced training. It's tough to read books to learn more about a subject. Yet the training will be worth it.

If you are training to improve your skills and achieve greater success, please realize that you must keep working. Success only happens when you keep training. You could learn the world's most advanced techniques, but if you forget them the next day then your training was for nothing.

Take time to plan for tomorrow to make it better than today. Strive to improve and don't be afraid to put in more effort now for greater future returns. Take the time to build your nest high so that you can enjoy it for years to come.

Come on in

The eagle likes to keep its nest clean. While you might clean your house by vacuuming the dirt or replacing old carpet, the eagle simply covers the old, dirty parts of the nest with new leaves and branches.

This cleaning technique ensures that the eagle's nest continually grows bigger as new sticks and grass are added. Some nests end up reaching more than 20 feet deep and nine feet across!

It's fascinating how this expanding nest helps other birds. Feathered creatures such as the oriole and the sparrow are able to live in the nest's lower portion. Animals such as the porcupine may even use the nest as a shelter by making a den underneath it.

The eagle's continuous improvement helps other members of its community. That's a mission we should all consider. How can your skills and talents benefit your community? If you don't think they can, maybe you can donate money to a local organization or donate your time as a community volunteer.

As you gain more wealth, consider giving some to charitable organizations. As you gain more knowledge, share it with others. You could mentor someone who is entering your field. Bring them under your wing, so to speak.

Helping in your community doesn't have to involve constructing a house big enough for others to live underneath, but it does involve sharing what you've been blessed with to help others. The intrinsic reward of helping others can be the best benefit of all.

That First Flight

If you're a parent, you can vividly remember your child's first steps. You can picture that first jittery step as your child let go of the table or couch and lurched toward your waiting arms. It wasn't long before your child was taking two steps, and, from there, running around in wild abandon.

That first step, though, didn't happen overnight. Your child didn't simply stand up one day and take a step. Before that first step, there were weeks of crawling. And there was a period of pulling up on furniture. Before that, there was the period of simply discovering that he or she had legs!

All that is similar to an eaglet's first flight. Before the eaglet has left the nest, great preparation and training have gone into that first flight.

The training starts with the eaglet hopping around the nest. While a baby will crawl for a while before trying to stand, the eagle will hop from one side of the nest to the other to get used to the movement of its legs.

That is followed by a period of stretching and awkward wing flapping. It will train inside the nest by practicing the movement of flapping its wings.

When the eaglet gets stronger, those hops around the nest turn into jumps. These jumps get increasingly higher—some may be 15 feet above the nest. That hang time gives the eaglet an opportunity to flap its wings a few times to get ready for its first flight.

All that preparation usually results in the first flight of the eaglet being a successful journey of a mile or more. And I was excited when my son took two steps!

The preparation that the eaglet puts into its first flight is a perfect example of the benefits of training. Think about trying to learn a new skill. I always fight the temptation to dive into something to try to fix it before I've learned how.

To succeed at something you've never done, it's imperative to invest time to learn about it and to practice. But like the eaglet learning to hop and flap its wings, you must start slowly. To learn more about your computer, it's probably not the best idea to take it apart. Start by figuring out what the parts are, what they do, and how they go together. Armed with that knowledge, your first effort in understanding computers will be much more successful.

Take a cue from the eaglet and your children and prepare before you take that first flight or step.

Eaglet Motivation

Eaglet motivation might seem cruel, but it works. Teaching your children something new can be tough, but I'm sure most parents wouldn't consider starving their children to persuade them to learn to walk.

That's basically what the eagle does with its young. The eaglet normally will leave the nest on its own after it has prepared for its first flight and is ready to flap its wings. Occasionally, though, the eaglet might stay in the nest. After all, its parents are bringing food and providing shelter. Who could blame the young eaglet for hanging around? When it's finally time to coax the young eaglet to leave the nest, its parents practice old-fashioned eagle motivation.

Instead of bringing the eaglet's food into the nest, the eagle will leave it on a nearby branch, forcing the young eaglet to fly there if it wants to eat. When it gets hungry enough, the young eaglet takes flight to claim its food.

It's a tough lesson, but one the eaglet must learn to survive. An eagle that couldn't fly wouldn't be able to capture any food or to defend the nest. The adult eagles know the eaglet must learn to fly for its own survival, and that's why they do this.

What does it take to draw you out of the nest—and I don't just mean leaving home? What would it take for you to leave your comfort zone?

Imagine that you are in a job you don't like. What you would really like to do is to start your own restaurant. What is stopping you? Sometimes it takes the food being left on the branch to influence us to act on our dreams.

People who survive life-threatening situations often feel that sense of urgency. They've seen the food on the branch and they are more likely to leave the nest to grab it. Escaping death

gives them a new perspective on what is important in life and on what they want to spend their time doing. They often spend it following their dreams.

Don't wait until you have an experience like that to take stock of what is important in your life and to figure out what you want to do. How many times do we hear about people that work so long and hard that they have heart attacks in middle age? Time is precious, so make the most of it.

If you aren't doing something that leaves you incredibly happy and satisfied, then leave the nest. Don't wait for hunger to force you out. Don't be afraid to venture out of your comfort zone.

Putting in the work required to achieve your goals can be tough. You will need the type of motivation that eagles give their young. Turn to your spouse or a friend for help. Before you start, tell your spouse or friend what your goal is and ask them to hold you accountable. With that extra push, you'll have an easier time making your first flight.

Reaching outside your comfort zone is never easy. But with a little motivation, you'll be making that first flight in no time.

Flying Alongside

Once the parents have coaxed the young eaglet out of the nest, it's time to teach it how to fly like an eagle.

To do this, the parents will fly alongside the eaglet. As the eagle flaps its wings, the primary feathers at the end of its wing create whirlpools of air that the nearby eaglet uses to rise higher. In a sense, the eagle is carrying the young eaglet on its wings by creating drafts that move the eaglet along. The eaglet thus gets training wheels while it learns to fly.

It's always easier to do something new when you have help. The young eaglet wouldn't be able to make it as far in its initial forays without those updrafts of air from its parents. That's what parenting is all about. We provide our children with the wind they need to find their wings and fly on their own.

Find someone in your profession who already has wings. Ask if you can fly alongside for a while to learn.

If you have the wings, offer to "carry" someone with you. Pass on your knowledge and skill by lifting others.

It's easier to soar when you have a wingman. With this type of cooperation, everyone will eventually ascend higher. Look for updrafts and, once you are up there, provide the wind for someone else's wings.

The Pecking Order

The early bird gets the worm.

That old adage definitely holds true in the eagle's world. An eagle typically lays more than one egg. The eaglet that hatches first will get a head start on the others. The first to hatch will begin to grow first in size and strength and establish itself at the front of the pecking order amongst the eaglets.

The first eaglet hatched becomes first in the feeding order. To be the first in the pecking order, you have to be the first to emerge from your shell.

That's the spirit of risk-takers and entrepreneurs in today's world. Those that succeed are the ones who don't hesitate. They jump on opportunities when they are presented.

How cautious are you about jumping at opportunities? If you are too cautious, you may find yourself missing out on exciting new possibilities. Sometimes you need to take a chance.

Other times, though, it makes sense to sit back and examine the pros and cons of a decision. Think about buying a car. You might be tempted to walk onto a lot, find the one you want, and then leap at the first opportunity to buy it. But it could make more sense to pull back from the situation and examine the facts. Look at other models and other dealers' prices.

Yet it often does pay to be the first out of your shell. If there is an assignment that you want, don't wait for it to be offered. Be first in the pecking order by requesting it. If there is someone

you want to ask on a date, don't wait for him or her to come to you. Be the first one out of the shell and ask.

Being first in the pecking order is about taking initiative. Gather your confidence and burst out of your shell. Go after what you want. Wildly Successful people don't sit around waiting for opportunities to fall into their laps. They take the initiative and make things happen. That's why they're atop the pecking order.

Taking the initiative isn't a trait reserved for high rollers and movers and shakers. You can do it every day by going after what you want. If you want to be a painter, buy supplies and start painting. If you want to be a writer, sit down and let the words flow. If you want to be a runner, lace up your running shoes and hit the pavement.

Getting what you want involves taking initiative. A variety of things prevent people from pursuing what they want. Most often, though, these reasons link back to a fear of rejection or failure. You'll never know until you try.

The pain of regret often is more biting and long-lasting than the pain of failure. Failing will sting for a while. If someone denies your request for a date, it will hurt for a while but the pain is temporary. The pain of regret for not taking action can stay with you much longer.

Put your dreams and desires at the top of your pecking order. Then take the initiative to burst out of your shell and attain them. Go after what you want.

Fish vs. Eagle

A "Fish vs. Eagle" matchup seems ridiculously lopsided. With its strong wings, sharp talons, and blinding speed, who wouldn't pick the eagle? The reality is that the eagle will win this battle 99% of the time.

How can a fish beat an eagle? Not just any fish can beat an eagle, but the eagle can get itself into trouble by grabbing a fish that's too big.

When an eagle spies a fish in the water, it swoops in with an amazing amount of speed and power. As the eagle closes in, its razor-sharp talons grab the fish. Each toe of the eagle has a long claw sharp enough to pierce the toughest hide. The muscles of the eagle's talons are so strong that its hold can become a vice grip.

The grip on the fish can be so tight that the only way to break it is by applying upward pressure to the eagle's talons. In other words, the eagle may not be able to break its grip. If the eagle gets its claws into a fish too big for it to carry, the eagle risks drowning. As the fish pulls the eagle deeper into the water, the eagle must carry the fish to shore or die.

I'll bet Mr. Eagle isn't thinking about some silly fish drowning him when he snares him with his talons. But that could happen if he bites off more than he can chew. While it's important to strive to achieve more, everyone has limits. Don't take on too much.

Burnout happens all the time. Today, it's more common than ever. We pile on top of our jobs dozens of other activities and tasks that we need to accomplish in a day. Then we try to sneak in those eight hours of sleep that never seem to be enough.

Does this sound familiar? What can you do about it?

First, look at all the things you have to do today and determine which ones are important. Which could be left for another day or be forgotten? I'm not advocating procrastination, but I'm suggesting you prioritize. Don't stress about something at the end of your list while the top still needs attention

If you have the opportunity to delegate tasks, do it. If you are swamped, get help. If you're at the office, find someone to help. If you are running errands, split the list with your spouse or a friend.

Here are some tips for delegating:

✓ Pick the right person for each task. Make sure the person can handle the responsibility.

✓ Explain exactly what you want. The person you are delegating the task to must know what is expected to com-

plete the task to your approval. Tell them upfront what you need.

✓ Follow-up to make sure everything is being done properly. Once your person gets into the task, he or she may have questions. Make sure all is going according to plan.

✓ Set a deadline. If you don't communicate that you need it done in 10 minutes, they won't know to do it right away. Inform the person to whom you are delegating the task when you need it completed.

✓ Don't forget gratitude. If a person saves you time and effort, thank him or her and convey that you appreciate the effort.

By seeking help from others, you'll be less likely to feel like you've bitten off more than you can chew. Sometimes we have to bite off a lot. During those times, it's important to build in some release time or you may find yourself being dragged under the water by a huge to-do list. Schedule some time for yourself into your list each day.

This gets harder as your responsibilities increase. When it seems that work and children are consuming most of your time, it's imperative to set aside time to assess what's happening. Take 10 minutes to walk. Take 20 minutes to read. Take a few minutes to listen to your favorite song.

Though it doesn't have to be a lot of time, don't forget to take these daily breathers. Otherwise, it will feel like you've snagged a fish too big to bring to shore. Don't let that fish drown you. Take control of your life and your responsibilities. After all, you are the eagle.

The Eagle Eye

You've heard the expression that someone has an "eagle eye," but what does it mean? Eagles have developed an amazingly keen sense of sight. The term "eagle eye" means you can see things the average person can't.

An eagle's eyes are larger than a human's. Its vision also is about six times sharper than ours. This means that while we would have difficulty seeing a quarter 35 yards away, the eagle would have no problem spotting that quarter at more than 200 yards!

The eagle can see a rabbit or fish from about a mile away. Coupled with amazing speed, that sharp eyesight makes the eagle an extremely effective hunter.

What does it mean to have an eagle eye in your life? How can you develop this unique skill to become a master at what you do? I wish I could tell you the secret to making your eyesight six times sharper, but you and I will have to keep squinting to see those quarters.

The power of the eagle's eye is that it gives the eagle a skill that other birds may not possess, which is something you and I can do. We all can foster skills and traits in ourselves that others do not have. If you are looking to advance your career, hone in your vision on something that no one else in your workplace is able to do. Become an expert at something.

Reading up on a topic is a great way to develop your eagle eye focus. By studying a subject for a short period every day, you'll develop the knowledge you need to become a master.

What makes the eagle such an effective hunter is that it can see things that other birds can't. Try to see what others can't and you will become just as effective. Seek out new ways of doing things. Notice the details that others may have missed. By specializing in or gaining as much knowledge as you can about a subject, you'll become the eagle eye.

Don't Let Others Bring You Down

Even the eagle can fall victim to the harassment of others. You wouldn't think the majestic eagle could be bullied out of the skies, but it happens.

Even with its awesome size and strength, smaller birds like

crows and hawks often harass the powerful eagle. The harassment can become so great that it drives the mighty eagle out of the sky. The eagle will actually go to the ground to avoid it. Or, if the eagle chooses, it can catch an updraft and soar above the harassing birds.

How do you react to the attitudes of others? Do you let their negativity drive you to the ground, or do you find the strength to rise above it? Does the harassment make you doubt yourself? Do you find others bringing you down more often than lifting you?

Letting the negativity of others affect your attitude and performance is a sure way to find yourself grounded. A positive attitude is your greatest ally. Don't let the harassment of others compromise it.

It is true that you can't always avoid dealing with negative people. They are a fact of life. You can, however, limit your exposure to their poisoning negativity. Attitudes can spread from one person to another faster than the flu. A single smile can set off a chain reaction of smiles that will brighten the days of many people. At the same time, a negative attitude can poison the attitudes of everyone it touches.

It's not always easy to soar above this. Sometimes the people we are around every day are the ones with the negative attitudes. Family members and co-workers may be the ones feeding you negativity.

No matter how you approach those people, it's imperative to walk away with your positive attitude intact. To boost your positive attitude during the day, carry something motivational to read. If you work at a desk, post a motivational quote so you can see it when your mood starts to sour. You can subscribe to several email newsletters and daily affirmation services that provide motivational quotes and articles.

If you're flying high, don't let a minor setback derail your progress and send you to the ground. Mistakes will happen and everything won't go your way all the time. Realize that setbacks are challenges you must deal with, and push on with the moti-

vation to succeed. Don't quit and fall victim to the harassment and negativity of others. Find the courage, strength, and optimism to soar above it.

Fall in Love

Falling in love is a wild ride. It's full of highs and lows and every emotion in between. When humans fall in love, it's all emotion. It doesn't include an actual "fall" like the eagle's.

The eagle's courting ritual is a romantic mid-air dance. During the mating season, the female eagle will spot a prospective male. The female then will carry a stick high into the air and drop it near the male. If the male is interested in the female's advance, he will swoop down, retrieve the stick, and return it to her. This game can be repeated several times.

What happens next is fascinating. After the male has proven his intentions to the female by retrieving the stick, each eagle will soar high into the air. Once there, they will lock together their talons and draw in their wings. Locked together, they will begin tumbling toward the ground. Just before they hit the ground, they will unlock their talons, open their wings, and soar back up into the sky—together.

Puts a new spin on falling in love, doesn't it?

Don't be afraid to fall in love. If the eagle didn't risk falling to the ground, it would never fall in love. We're no different. If you aren't willing to risk a fall, you'll have a hard time finding whatever you want—be it love, success, or anything else.

Don't be afraid to fall in love with people. Don't be afraid to throw yourself into a new job or project and really fall in love with it. Don't be afraid to go after what you want. It's in the risk of falling that you are able to soar to new heights.

Eagle Lessons

Here are successful behaviors you can discover from the bald eagle to make you Wildly Successful:

- Find the courage within yourself to rise above adversity. Setbacks will occur, but you must find the strength to move past them and succeed. The eagle can soar its highest during violent storms, reaching heights it normally would not be able to attain. Like the eagle, make the most of the challenges that life puts in front of you. By overcoming those challenges you will reach new heights.

- The eagle makes an extra effort to build its nest at the top of a tree or on a high crevice. While this requires extra upfront work, this location allows the eagle to raise its family in a protected environment and gives it a perfect lookout position. By planning and training, you can put in extra effort today to improve your future.

- Other birds and animals will live in the lower portions of an eagle's nest as it grows. As the eagle continuously adds clean sticks and grass to the nest, it begins to provide shelter for other animals. Find ways that you can support your community and help others.

- An eaglet's first flight doesn't just happen. It's the result of training and preparation to leave the nest. You can't expect to jump into something without preparing for it. To get the best results, take the time to train. That way your first flight will be a success.

- Don't be afraid to leave your comfort zone to find what truly makes you happy. Parents coax an eaglet from the nest by leaving food on a nearby branch. When it gets hungry enough, the eaglet will leave the nest to retrieve the food. Don't wait until you are hungry enough to make positive changes in your life. Do it now.

- Eagles help their young fly by gliding alongside them and creating winds that push them upward. If you are trying to learn something new or to succeed at something, find someone to "fly" alongside. Learn what they know and use this information to fly solo.

- The first eaglet to hatch will have the advantage over the others. They will be first in the feeding order and become

stronger and larger faster. Don't wait to go after what you want. Break out of your shell and take your spot at the top of the pecking order.

- Be careful of biting off more than you can chew and drowning. An eagle may be drowned by a fish if the fish is too big to carry. If you are being buried under a mountain of "to do's," seek help. Don't get swept away.

- Create your own eagle eye. With its amazing eyesight, the eagle can see objects and details that others can't. Become the "eagle eye" in your field. Be the one that others turn to for help at finding details they have missed.

- Eagles can be harassed out of the skies by smaller birds. Don't let the negative attitudes or harassment of others bring you down. To get away from the harassment, the eagle must soar above it. Do the same. Rise above negative talk, gossip, and bad attitudes.

- Don't be afraid to fall in love with others, your work, and your life.

Wildly Successful Achievement Catalyst

Of all of the lessons I have gained from the bald eagle, the most important one to me now is:

_____

_____

_____

_____

_____

This is important to me because:

_____

_____

_____

_____

_____

_____

How can I apply this lesson to my daily life?

_____

_____

_____

_____

_____

What do I hope to accomplish with this lesson?

_____

_____

_____

_____

_____

I will take these steps to achieve my goal:

1. _____
   _____

2. _____
   _____

3. _____
   _____

4. _____
   _____

5. _____
   _____

6. _____
   _____

7. _____
   _____

8. _____
   _____

Date for achieving my goal:

_____

The following person/persons would also benefit from this lesson or would provide me support in accomplishing this goal:

_____
_____
_____
_____

Chapter Eight

Take the Bites to Win the Fights

Elk

✓ Males may reach more than five feet tall
  and between 650 and 1100 pounds.

✓ Second-largest living deer behind the
  moose.

✓ Males lose antlers each March.

Success Lessons of the Elk

With its majestic antlers and prancing stride, the elk is one of the forest's most impressive animals. Today, elk are mainly found in the mountainous regions of North America.

Elk are members of the deer family. The male bulls are known for their incredible antlers. Each spring, the bulls shed and grow new antlers. In just 90 to 120 days, the bull will grow an entirely new set of antlers.

The new antlers are covered in soft velvet, which the bull rubs off as the mating season approaches. He sharpens his antlers and prepares for the fighting that accompanies the mating season. In the summer, the bulls live in "bachelor" herds away from the females and calves. Once the fall approaches, it's time for the mating season and the bulls will fight for control of a herd of cows.

This is the circle of life for the majestic elk, which is one of the most picturesque animals in the American wilderness. A bull elk with a full rack of antlers is a potent symbol of strength.

Timing Is Everything

For the elk, timing is everything. Elk live mainly in mountainous areas, where it gets quite cold during the winter. For that reason, elk have winter and summer feeding grounds.

As winter approaches, the elk will make its way from the summer feeding ground toward the winter ground. Reaching the other feeding ground is the goal but timing determines its survival.

The elk must time its journey perfectly so it does not run out of food along the way. If it reaches the winter ground too early, it may use up all its food before it's time to return to the summer feeding ground. If it waits too long in the summer area, there may not be enough food to eat along the way to the winter grounds. Timing is everything.

Timing is a huge part of our world. Think of all the schedules you have to keep. If you have children, mastering all their schedules and getting them to each practice, game, and meeting requires coordination skills worthy of an airport traffic controller. Add your schedule to the mix and time becomes a precious commodity.

What value do you put on time? In today's world, time is no longer money—it's more valuable. People are spending more money to get more time. Any gadget or "breakthrough" method that makes someone's life easier or saves people a couple of minutes will be a success. Why? Because people will exchange money for time.

How do you treat your time? Do you spend your free time exercising or reading or do you eat fast food in front of the TV?

Are you on time? Punctuality can be an incredible reflection of attitude and character. Think about how you arrived at work yesterday. Did you show up 15 minutes early with the attitude that you were ready to dig in and get things done, or did you drag yourself into the office five minutes late because you had overslept?

In a world where time is everything, it's good advice to follow the rules of one of the greatest motivators of all time: Green Bay Packers football coach Vince Lombardi. Lombardi expected his players to be 15 minutes early to every practice or meeting. If they were 10 minutes early, then they were five minutes late. Try using that discipline in your life.

Start by setting your watch ahead 15 minutes. When you leave for a meeting, you will have a 15-minute cushion. Being on time will reflect positively on you. You'll seem more considerate, punctual, and organized.

If you had an interview for your dream job tomorrow, you probably would arrive 15 minutes early. Why not apply that same approach to everything you do?

Most of the stress we experience about our schedules comes from that "rushed" feeling. You get up in the morning and rush to work with a few minutes to spare. You rush home after work. Next, you rush to whatever you have planned that night. It begins to feel like all you do is rush around town. Why not take away that sense of rushed panic by getting to your destinations earlier?

Nothing is stopping you from being punctual except for your own discipline. Since timing is everything in our world, make the most of it.

Do It for the Antlers

A bull elk's antlers are its most valuable resource. They are its tool, its protection, and its ticket to dominance. Yet these impressive racks fall off each spring, leaving the bulls' heads barren. Over the next few months, the bulls will grow an entirely new set of antlers.

The elk must continually eat to feed the growth of its new antlers. This means it must go into pastures full of lush grass to eat. These pastures happen to be full of something in addition to grass: insects and mosquitoes.

The bites of flies and mosquitoes can deform the elk's growing antlers. Without going into the pastures to feed on the grass, though, the antlers can't grow. To develop its antlers, the elk must endure the pain of the insect bites to feed on the grass.

To succeed, you'll have to enter these insect-ridden pastures. You'll have to make sacrifices to achieve what you want. If you want antlers, you'll have to do what it takes to get them.

It's not always easy to choose to do what will make you successful. If success were easy, everyone would achieve everything they wanted. The truth is that it's not easy. Going into those pastures is difficult. It takes discipline, a belief that you'll emerge

from the pasture closer to your goals, and a willingness to sacrifice to achieve your dreams.

Think about what you must do to become successful. You must train and improve yourself through education. This can be time-consuming and expensive. But once you've endured these "bites" of time and cost, you emerge from the pasture with the knowledge of what you must do to get all you want in life.

If you're going to be successful, you'll have to relinquish your bad habits. Stopping the bad habits can be as painful as a pasture full of mosquitoes, but it must be done. If you're disorganized, you'll have to get organized before you can hope to grow the antlers that success brings. If you are chronically late, you'll have to learn the skill of punctuality. If you have a vision of the antlers you want, you will have to make the sacrifices to achieve them.

Success isn't easy, but it comes to those who work for it. All bulls lose their antlers each year. While one bull may have the largest antlers one year, he may not the next. If one elk is willing to endure more bites from the flies and mosquitoes, he may emerge from the pasture with the largest antlers.

Success is a product of your effort and determination. Sometimes that involves making tough sacrifices. It may mean not going out on the town with your friends on the night before a big presentation. It may mean not buying the latest gizmo so that you can save money for a training program. It will include tough choices. But if you set your vision on what you want, you'll be able to make choices that enhance rather than derail your success.

It takes courage for the elk to endure those bites that nurture his antlers' growth. The elk doesn't simply eat the grass and watch its antlers grow. Instead, it's making a sacrifice for the future so it will have the antlers it needs to protect itself and its herd.

You might not see the results of your choices right away, either. You might go to a training program and not experience immediate results. But if you keep working with the material

and continually strive to improve yourself, your success will happen. Have faith that the sacrifices you are making now will pay off in the future.

Have a vision of what you want to achieve: your antlers. Then make the choices and sacrifices you must endure to grow these antlers. Those sacrifices and "mosquito bites" along the way won't seem as painful once you've reached your goal. Keep reminding yourself that you're doing it for the antlers.

Use Your Nose

It's the middle of January, and it's five below zero with a howling wind. Your driveway is covered with a blanket of snow. You bundle up and head out with your shovel to clear a path.

Now imagine shoveling the snow with your nose. That's what elk do all winter.

If they don't uncover the grass and plants beneath the snow, they'll starve. That's a little more motivation than just needing to get your car out of the garage. Do you do what it takes to survive and thrive? Wildly Successful people do.

It's tough to get up early. It's no fun to stay at work late. Learning new skills and programs can be difficult. That's why not everyone does it. Not everyone is willing to push the snow away with their nose.

The elk would starve to death if it didn't shovel snow with its nose. If we don't do what it takes to achieve, we'll never attain our goals.

Think of the next challenge you face as a snow-covered hill. On the side of that hill is lush green grass buried under six inches of snow. Your goal is the grass, but your challenge is the snow. What do you do?

You could walk away and never put in the effort. Or you could seek out another hill with less snow. If you take this route and find an easier patch of grass, what have you gained? You've gained food for a while, but what happens when all the hills are covered in snow?

By tackling the difficult challenge now, you'll have the skill and confidence to tackle it again the next time. Think of the next challenge you face as a snow-covered hill you must dig through to find the nourishment. Don't let the snow stand in the way. Use your nose if that's what it takes.

And think about the elk next time you find yourself bundled up in the snow shoveling your driveway.

Going the Distance

Marathons are impressively difficult. I've never heard anyone say running a marathon is easy. It's a test of endurance in which you must conserve your energy so you have enough to keep going when the finish line approaches 26.2 miles later.

A marathon runner who tries to run the entire course at a full sprint wouldn't make it anywhere near the finish line. Marathoners must know exactly how fast they can go to maintain their energy all the way through the race.

The elk uses this same restraint on its journey. If the elk trots, it can travel at about nine miles per hour. If it goes at a full gallop, the elk can reach speeds of 35-45 miles per hour. But it can't keep that blistering pace for long. After a short distance, it will tire and need to rest.

If the elk practices restraint, it can travel at a single-foot gait, lifting each foot up and then putting it down alone, for exceptionally long distances. Slow and steady wins the race.

Don't get discouraged if you are in the slow and steady race. Don't waste your time envying those who are sprinting. Chances are you will pass them later as they rest on the side of the road. Just concentrate on your unwavering journey to success.

Sometimes the slow and steady path may not seem to be taking you anywhere. Stick with it. Working your way up through the ranks of an organization is a time-consuming process. It's a deliberate way to succeed, but often it leaves you with greater rewards.

Training and education provide a slow and steady path to your goals. The saying goes that, "If you give a man a fish, he'll eat for a day, but if you teach a man to fish, he'll feed for a lifetime." Being given a fish today is certainly the quick and easy way to get food. Learning to fish is the slow and steady path that will feed you forever.

Learning to fish will take time. At first, you may not catch a thing. The key is to stick with it. If you invest the energy to learn, you'll reap benefits for years to come.

This concept applies to anything in your life. It may occasionally feel like you are going nowhere, but if you are learning, then you are moving forward. Education always will help you toward the finish line.

Don't get discouraged. If you are trying to master a new sales presentation, you have to review and rehearse it dozens of times before you are polished enough to go in front of a customer. Your first few calls may be flops, but your education is growing. You're steadily becoming better. Don't worry if others pass you at first. Once you master this new skill, you'll pass them.

Don't be tempted to go full throttle when a slow and steady pace may serve you better. Have patience. With drive-throughs, the Internet, and credit cards, we live in a world of immediate gratification. It's hard to wait for anything. But the skills you need to succeed might not be acquired immediately.

Start your journey with a destination in mind and keep your pace until you get there. Don't pay attention to how fast others are going. The journey to success is a personal one. Simply concentrate on what you must do and go the distance.

The Battle for the Top

The pinnacle of the bull elk's year comes in late September or early October. After a summer spent eating to strengthen its antlers and sharpening them on trees and rocks, the desire to lead a group of cows becomes the bull elk's sole purpose. The battle for leadership commences.

The desire to lead grows in the bulls. After about six weeks, it becomes each bull's only focus. This period of time is known as the "rut." As an elk enters the rut, it is in peak condition. Its coat is sleek. Its muscles are strong. Its antlers are sharp and polished.

The leadership battle begins with bugle calls. An elk sounds its bugle call as a challenge to other bulls during mating time. The unique sound of the elk's bugle call can fill forests and canyons during the rutting season. Often, two bulls will climb opposing ridges or hills and defiantly shout out bugle calls at each other. It's time for confrontation.

A bull will challenge other bulls by pawing at the dirt, snorting, and thrashing the bushes and trees with its antlers. When an opposing bull accepts the challenge, the battle starts. The sounds of the skirmish can be heard from nearly a mile away.

The bulls charge at each other and lock horns. They push against and shove each other. The intent is never to kill, but the possibility of death is always present. The most dangerous aspect of the fight comes not from the elk's sharp antlers, but from its hoofs. During battle, the elk often will rear up on its hind legs. When this happens, each will lash out at the other with sharp hoofs. Once in this vulnerable hind-leg position, the elk is exposed to a deadly blow to its chest or flank.

All these confrontations stem from the elk's burning desire to lead the pack of cows. The rut is so powerful that it's all the elk can think about during this time. It spends all summer preparing to do battle in the fall—even if it means fighting to the death.

Are you ready to fight for what's important? Though I don't expect you to go into the woods and bang your head against someone, fighting for what you want can become a raucous pushing and shoving match.

At times, you may only be fighting with yourself. While this battle is much quieter, it can be harder. When you are the obstacle that stands in the way of your goals, it's difficult to

overcome and sometimes even difficult to see. The elk's battle focuses on gaining control. When battling yourself, your goal is the same.

When you fight an internal battle, it usually is centered on fear. If you're afraid to go after what you want or tell yourself that something is out of your reach, then you are fighting this battle. Before you can hope to challenge anyone else and achieve what you desire, you must first believe you can achieve and win—that you can prevail in the battle for leadership.

Once you believe you can achieve what you're after, it's time to sound your bugle call. If you want to be your company's highest-grossing salesperson, go to training classes and throw all your energies into becoming the best. Make it your sole focus, just as the elk's focus is on leading a group of cows.

When these goals become your focus, all your energies will be channeled into making them a reality. But you still must be willing to fight for what you want. Will you do what it takes to achieve your goals? Are you willing to train and work? Are you willing to sacrifice other activities? Until you are, you'll have a hard time winning this battle.

To attain your goals, find your rut. Approach your goals like the elk approaches this season of challenges and leadership. Determine what you want. Take the time to prepare yourself to achieve it.

The elk spends months polishing its antlers, building strength, and getting ready for the mating season. You can do the same by researching what you want, practicing, training, and getting ready for your opportunity.

The elk seeks out challengers so it can face them in the battle to become the best. Do the same by seeking out your opportunities. Don't wait for it to come to you. Make your goals your rut, your sole focus. Think about achieving them as you go to bed at night and then start each day by reaffirming your quest.

By preparing and focusing on what you want, you will be able to emerge victorious.

The Death Grip

Battles for elk supremacy are marked by violent clashes between the powerful antler racks of the bulls. In these clashes, the racks of the elk can become locked together in a grip neither can break.

When this occurs, each bull in the lock usually will die. It's a tragic event when these battles for supremacy turn deadly. The elk must strive to save its life by avoiding these grips.

Does it ever feel like you're butting heads with someone? There always will be a point when you won't see eye to eye with another person. In these instances, it's important to recognize what's happening and to avoid getting locked in a death grip.

Unresolved conflicts have a way of locking you into a situation that can drag you down. Think about a conflict you've had with a friend or spouse. Left unresolved, those conflicts can cloud your relationship. They also can suck away your energy as you wonder how to handle the situation.

Don't get so caught up in a problem that you find yourself locked up in something you can't control. Don't let unresolved conflicts derail you.

Conflicts always will arise. Your poise in resolving them will allow you to continue pursuing your goals and avoid being caught in a situation that will hold you back.

Resolve conflicts as they arise and learn from them. Determine what you can do in the future to avoid that specific conflict. By continually learning from conflicts, you'll avoid the "death grip."

A Little R&R

All that rutting, bugle calling, and fighting for leadership takes its toll on a bull elk. The mating season is an exhausting time. During the rut, the bull elk will drink a lot of water. Yet with its complete focus on gaining leadership, it often will forget to eat. About six weeks of forgetting to eat and fighting for leadership will leave it exhausted.

At the end of those six weeks, the bull retreats and seeks out old-fashioned rest and relaxation. The elk becomes so intent on protecting its cows that it forgets to eat. It may lose as many as 100 pounds during the rutting season. This period of relaxation comes at the right time for the bull to regain its strength.

The elk will use this time to wander off alone to a secluded area to relax. Its retreat often is a clump of dense trees and bushes in a remote place. Here it will rest and recharge before beginning its journey to the winter feeding grounds.

Everyone needs an occasional retreat to gather his or her strength and senses. The elk finds his in a retreat of dense trees and grass. Where do you find yours?

Taking time away from the world's hustle and bustle is as important to your success as setting goals, working hard, and following a plan. This time is so important and valuable that you may have to plan it to ensure it happens. That's what the elk does as part of its instinct. That period is so vital to the elk's survival that only heavy snows can drive it from its place of refuge.

You should take it that seriously. In today's world, that little piece of tranquility and serenity is priceless. Everyone is looking for more peace. Yoga is increasingly popular as a way to release stress and refresh minds and bodies. Amtrak has reinstated quiet cars on certain routes. In New York, there is a trend toward "silent parties" in which people communicate by writing on note cards to find relief from crowd noise.

Finding your own refuge of dense trees and bushes has never been more important. Batteries need to be changed, cars need to be refueled, and you need to be recharged. How do you find time to do that?

Like the elk, you have to make the time. It doesn't have to be a long period, but it's important to do it consistently. Take a few moments throughout your day to take a few deep breaths. Breathe deep and exhale slowly. Do this a few times and you'll feel more relaxed before you know it.

Stress is a part of everyday life. There are commutes to the workplace, kids to get to school, and deadlines to meet. But

some people have figured out how to deal with the stress of everyday life. How do they juggle everything and still seem happy? Chances are they take at least a little time each day for themselves.

This time out doesn't have to be a vacation or a big event. The key is to find little things that relax you. Everyone enjoys different forms of relaxation. You may have your own methods or you may want to try one of these:

✓ Listen to music.
✓ Try meditation.
✓ Take a walk.
✓ Spend time exercising.
✓ Get a massage.
✓ Take a nap.
✓ Do some gardening.
✓ Take a drive with the windows down.
✓ Spend time with friends.
✓ Read a book.
✓ Watch a movie or TV show.
✓ Work at one of your hobbies.

The list of relaxing activities is endless and unique to each person. The important thing is to determine what you need to do to recharge your batteries and to set aside time to do it.

Without this period of rejuvenation, the elk would never reach its peak for the cold winter and the next rutting season. Without a little relaxation each day to recharge, you'll find it hard to reach your peak.

Elk Lessons

Here are successful behaviors you can discover from the elk to make you Wildly Successful:

- Timing is everything. Plan ahead. The elk has to plan ahead each season to know when to head to the next feeding ground. If its timing is off, it may not survive the transition. Be punctual.

- For the elk to get the nourishment it needs for its antlers to grow, it must endure the bites of flies and mosquitoes. To be successful, sometimes you must make small sacrifices and endure hardships to reach your goals. Don't let the flies and mosquitoes keep you from the nourishment your goals need.
- To find the food it needs to survive, an elk must use its nose to shovel away snow. Do you do what it takes to achieve your goals? Do you go the extra mile or do you pass up the challenge in search of an opportunity that doesn't require digging? Sometimes the only way to reach your goal is by using your nose.
- Slow and steady will win the race. Don't be discouraged if you are on the slow and steady path. Success is difficult. It doesn't happen overnight. You will have to work for it.
- Bulls prepare for months to get ready to battle for leadership. Are you ready to fight for what you want? When you know what your goal is, put in the effort and focus on how to achieve it. Fight for it.
- In their battles for leadership, two bulls run the risk of permanently entangling their antlers. If this happens, each will die. Don't get caught in a conflict that drags you down. Resolve it before it gets the better of you.
- After every rut and mating season, the elk takes a few months to revive itself. The male will escape to a secluded area and eat to regain strength lost in the leadership struggle. Take time to relax in your life. Make it a priority and plan for it, even if it's just a few moments a day.

Wildly Successful Achievement Catalyst

Of all of the lessons I have gained from the elk, the most important one to me now is:

_____
_____
_____
_____
_____

This is important to me because:

_____
_____
_____
_____
_____
_____
_____

How can I apply this lesson to my daily life?

_____
_____
_____
_____
_____
_____

What do I hope to accomplish with this lesson?

_____
_____
_____
_____
_____
_____

I will take these steps to achieve my goal:

1. _____

   _____

2. _____

   _____

3. _____

   _____

4. _____

   _____

5. _____

   _____

6. _____

   _____

7. _____

   _____

8. _____

   _____

Date for achieving my goal:

_____

The following person/persons would also benefit from this lesson or would provide me support in accomplishing this goal:

_____

_____

_____

_____

_____

Chapter Nine

I'll Stand Guard if You Make Dinner

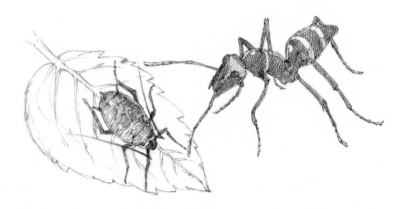

Ant

✓ Smell and touch organs are located on the antennae.

✓ Colonies may have tunnels up to 10 feet long.

✓ Ants have one true stomach and one social stomach for sharing food with others.

Aphid

✓ Approximately the size of a pinhead.

✓ Fifteen generations of aphids may develop in one year.

✓ Winged aphids develop whenever a colony is overcrowded so they can fly somewhere else.

Success Lessons
of the Ant and Aphid

Big success—or at least the secrets to big success—can come from the smallest places. Some of the tiniest inhabitants of the animal kingdom are ants and aphids. Everyone knows what an ant is, but an aphid is more of a mystery.

Aphids are tiny, pear-shaped insects that rarely grow more than one-eighth of an inch long. Aphids, which come in various colors, do considerable damage to crops and plants. These tiny insects also can migrate up to 60 miles a day. They are known for their ability to pierce the tissue of plants and suck them dry, but it's their relationship with ants that gives us clues about being Wildly Successful.

You Scratch My Back And I'll Scratch Yours

Ants and aphids have developed a mutually beneficial relationship. They help each other with everyday tasks.

Ants look to aphids on the plants near their nests for food. The aphids feed on the sap that flows inside plants. Aphids can pierce the plant tissue and suck out its sap. When too much sap for it to hold flows into the aphid, the excess sap moves through the aphid's body and comes out as droplets of sap called honeydew. Droplets that fall to the ground provide food for the ants.

What do aphids get from the deal? Security. In exchange for their honeydew, ants defend the aphids from attackers. You rarely will find aphids in places where ants aren't present. They

have a difficult time surviving without the ants' cooperation. It's a coalition that helps both species thrive.

What coalitions do you belong to? Who do you team with to ensure that you each benefit? Your coalitions could be anything from a partnership with your neighbor to a trade organization.

The relationship between ants and aphids illustrates how interdependence can benefit both parties. This is an important concept for people who want to be Wildly Successful. You might be able to complete a project by yourself, but think how much more you could do working with someone else.

That's the beauty of teams. You can accomplish much more than would be possible alone. The teaming of the aphids and ants is based on each of their strengths. The aphids would not be able to defend themselves if attacked, but the ants can protect them. The ants would be unable to get the nourishing sap of plants without the aphids. It's a win-win situation.

Life works best when we're in win-win situations. If you help others, you often will succeed along with them. When you respect the feelings and interests of others, you will create mutually beneficial situations.

The first step toward acting with a win-win attitude is taking stock of your actions. Do you already think about the effect of your actions or do you act without concern for others? That's an important question to answer.

We often hear the win-win philosophy associated with sales. Salespeople want win-win options because this helps their customers agree to the sale. No one likes to lose. If you can make other people feel like they also have won, you'll consistently create positive feelings and outcomes.

Once you've taken stock of how you act, it's time to start paying attention to people around you. What are their goals and struggles? By understanding their needs and desires, you'll be able to help them achieve those goals. You'll look like a hero and they will be more willing to help you. That's win-win!

Acting with a win-win philosophy will benefit every facet of your life. Applying this approach to all your relationships will strengthen them and attract more people to you.

It's a simple but powerful idea: Look out for others.

If you advance at the expense of others, it will come back to haunt you. Wouldn't you rather make it to the top with the help of others so you can look back and be proud?

Look out for the interests and lives of others. With a win-win philosophy, no one loses.

Stay Productive

Are there times when you don't feel productive? Do you feel like you aren't accomplishing anything though you're working hard? It would be great to have some ants around at times like this.

After feeding on a plant for a while, the aphids will eventually run out of sap to siphon. When this happens, the ants gather the aphids and guide them to another plant.

Ants guide the aphids to keep them productive. When ants see aphids working on a plant that is nearly depleted of its sap, they start the aphids on a new plant. The ants are the motivators. It's a relationship that allows the aphids to be more productive.

Ants aren't going to motivate us. We need to find it within. We're the ones who must decide when it's time to move on to a new plant.

Wildly Successful people motivate themselves. They know when it's time to move on. No matter what you do, there comes a time when the energy you put into a project won't be worth the return. This is when you should find a new plant.

Think about trying to perfect something. You could spend a relatively small amount of time getting your project 98% right, but you might have to spend an incredibly long time to get that other 2%. If you have to get it perfect, then you have to put in the time. Yet often it makes sense to get as close to perfect as

Unleash the Animal in You

possible and move on. You could accomplish many other things in the time it would take you to perfect that last 2%.

Unlike the aphid, you may not have anyone there to tell you to move on to something new. That's for you to determine. It's a good idea to move on to another project, at least temporarily, when you are stuck. If you can't figure out how to begin an important letter, for example, it might help to switch your attention to another project and come back to the letter. Your subconscious will continue mulling over the problem while you work on something else. That's the reason solutions can simply "present" themselves. Your subconscious works to devise a solution while your focus is directed on another task. In this sense, you really can do two things at once!

There is an important principle to consider when thinking about how you expend your energy. It's called the Pareto Principle. The 80:20 rule comes from an Italian economist named Vilfredo Pareto who studied the distribution of wealth in 1900. He found that 80% of the wealth was held by 20% of the people. This discovery became known as the Pareto Principle.

Today, this principle is applied to just about everything—especially time management. About 80% of the food at a party will be eaten by 20% of the people. About 80% of the traffic accidents in the world will be caused by 20% of the drivers. About 80% of your productivity will come from 20% of your time. That means that in an eight-hour workday, you'll accomplish about 80% of your production in 20% of your day: 1.6 hours.

The challenge for you is to maximize the other 80% of your time. Think about how productive you could be if you got the most out of the other 6.4 hours in your eight-hour day!

Where does the time go? It goes into the five minutes you spend getting a cup of coffee, the 15 minutes it takes to check your email, and the half-hour you spend chatting with co-workers. It adds up. Your mission is to pay attention to those time-wasters and gather them up to use to your advantage. If you

focused on a project for those 15 minutes it took to check your email, think how much more productive you could be.

The difficult part is disciplining yourself to know when it is time to move on to something new. Don't get trapped into thinking, "If I work hard enough, I can finish everything." Often it is not an issue of working hard enough—it's about working smart. Pay attention to how you spend your time, especially the 80% that yields 20% of your results.

If you can harness the power and possibility of that 80% and make it as productive as the other 20% of your time, you'll accomplish more than you ever thought possible. If you believe you can achieve more, then you will. First you must motivate yourself. Don't wait for the ants to guide you.

Running in Circles

Ants don't see well, so to get around they depend on their sense of smell.

As worker ants travel out from the colony to search for food, they leave a trail of drops that contain a scent known to all in the colony. This trail ensures the worker will be able to get home and that other workers will be able to find the food. The ants depend solely on this sense of smell to guide them to the food and back home.

With that in mind, it's crucial that the workers never cross their own path. Doing so would cause the scent path to turn into a circle. This wouldn't be a huge problem if the ants could see where they were going, but without good eyesight the ants depend on that smell.

What happens to the ants when the workers cross their own path? They will continue following the scent and will travel in a circle. Without the ability to see where they are going, they'll continue in that circle until they die from exhaustion.

Life feels like you're running in circles sometimes, doesn't it? Especially when you are following people who don't know

where they are going. It's important to your success and prosperity that you make the right choices and create your own path.

This is your "road less traveled" moment. If you have a yearning desire to do something with your life, go for it. Don't be content to follow the same circular path.

Life is a journey. Don't get stuck with the same scenery on your journey.

The most important thing is to learn from your mistakes. Ants that follow the same wrong path until they die obviously haven't mastered this skill.

Unlike the ants, you and I can see where we've gone wrong—at least most of the time. When we do, we can learn from our mistakes so we don't choose the wrong path again. Also learn from the mistakes of others. If you see someone circling, don't follow them. Study what they're doing wrong and discover how you can make adjustments so you're on the right path.

The Mad Hatter makes a great example of this idea in the book, *Alice in Wonderland*. He says, "We only go around in circles in Wonderland, but we always end up where we started." That's fine if you want to end up where you started, but life is a journey. You'll never get anywhere if you keep returning to the beginning.

Keep moving forward while being mindful of where you've been. Once you've learned how to do something, keep doing it. If you've made a mistake, study what went wrong so you can correct it. "History repeats" because most people, like ants, don't learn from their mistakes.

Wildly Successful individuals do know how to learn. They abandon circular routes and start their own paths.

How can you avoid the trap of running in circles? The best way is to do things right the first time. In that scene from *Alice in Wonderland*, Alice later replies to the Mad Hatter by saying, "You're quite right, Mr. Hatter. I do live in a topsy-turvy world. It seems like I have to do something wrong first, in order to learn from what not to do. And then, by not doing what I'm not supposed to do, perhaps I'll be right. But I'd rather be right the

first time, wouldn't you?" Yes, Alice, I would rather be right the first time. But that doesn't always happen.

If you have the time to put into a project, learn how to do it properly the first time so you can learn from your successes rather than your mistakes. Often we do something right and then forget how. We focus so much on learning from our mistakes that we forget to learn from our successes. Alice was onto something.

Your focus should be to learn from everything on this journey through life. When you do something successfully, remember how and learn to do it better. If you've been struggling with how to set the clock on your VCR and you finally figure it out, make a note to yourself and stick it under the VCR for the next time the power goes out and you have to re-set the clock. Don't get caught back at square one.

Life and success are journeys. To get anywhere, you have to avoid going in circles.

Pull Your Weight . . . or More

Most people know ants can carry much more than their body weight. You've probably seen the *National Geographic* pictures and videos of ants marching in a line and holding leaves over their heads.

Think about how much more the leaf weighs compared to that little ant. In fact, most ants can carry items that are much heavier than the leaf. Most can carry up to 10 times their body weight. Imagine hauling something that is 10 times heavier than you! A 200-pound man would be carrying 2,000 pounds on his back. Extraordinary!

Some species of ants can carry items that are 50 times heavier than their body. In human terms, that 200-pound man would have to carry 10,000 pounds. Impossible.

When an ant encounters an object it can't lift, it tries anyway. If it is unsuccessful, it returns with hundreds of its closest friends.

You or I would need a lot of friends to lift something 10 times heavier than we are. Humans do have moments of super-human strength. Often these moments happen during times of great stress when people are running on adrenaline. They don't think about what they are doing—they just do it.

That's a good theme to follow. You and I are capable of a lot more than we think. If you put your mind to it, you can accomplish much more than you think. I doubt ants look at a leaf and question whether they can lift it. Yet people do that all the time. We're experts at talking ourselves out of things.

Consider how often you have thought, "I couldn't do that," or "I'm not good enough for that." It happens all the time. It's time to start thinking like ants. It's time to start giving ourselves credit for what we can do.

Next time, instead of saying, "I can't do that," try saying, "How can I do that?" Once you've told yourself that you can do it, you can find a way. If you have the will, you'll find the way.

Sadly, most people don't get past the will. People talk themselves out of trying things they could have accomplished. Do you ever do this? It's tragic because you probably could have accomplished what you told yourself you couldn't and then gone on to achieve even more.

Accomplishments build on each other. Once you accomplish one thing, you'll naturally move on to something else. But if you talk yourself out of attempting something, you are preventing yourself from accomplishing that task and many more down the line.

Start your momentum by having the courage to pull your own weight. Before you know it, you'll be pulling even more.

Make it Easy on Yourself

Aphids, the tiny insects that feed on plants and provide ants with honeydew, can be great travelers. These little insects are capable of going several hundred miles when the conditions are right.

Most aphids don't have wings. Those that do can travel quite a distance, and they've learned how to make that travel fairly easy on themselves. The aphids are drawn upward by warm rising air created by sunlight. But before the aphids can begin their ascent, the temperature has to be at least 62 degrees. At that temperature, the aphids know there will be enough thermal updrafts to carry them quite a distance. Without those updrafts, the aphids wouldn't make it far.

Humans are no different in this respect. We're always looking for ways to make things easier. With new technology, things keep getting easier and more productive.

I'm writing these words using a powerful computer that will allow me to make changes to the text and will even make some of them for me. Just 20 years ago, I'd have been pounding these pages out on the keys of a typewriter. If I made a mistake, correcting it would have taken a lot more than the push of a button.

Things have become easier. Don't hesitate to make things easier on yourself.

How many times have you thought, "There has to be an easier way?" Chances are there is, but you didn't take the time to find it. If you're involved in something that's giving you trouble, take a step back and look at it. Is there an easier way? If you don't see one, ask for help. Someone else may be able to spot an easier way or even help you. Check books or the Internet.

Don't make things harder on yourself than they need to be. Feeling stressed? Maybe you're doing too much. You can make life too difficult by committing yourself to too many things. By making things easier on yourself, you'll be able to accomplish more and you'll feel more relaxed.

Aphids wouldn't be able to get as far if they didn't know how to make flying easier on themselves. You'll get further in life and have more fun doing it if you make things easy on yourself when you can.

Ant And Aphid Lessons

Here are successful behaviors you can discover from the ant and the aphid to make you Wildly Successful:

- Ants and aphids live in a mutually beneficial relationship. They foster a win-win atmosphere. The ants provide the aphids with protection and the aphids supply the ants with food. Focus your energy on living with a win-win philosophy. By helping others, you'll help yourself.
- When the aphids start to work on a plant that isn't yielding any food, the ants will guide them to a more productive plant. We have to find our motivation within. By working off the 80:20 Pareto Principle, you'll be able to accomplish much more in the same amount of time.
- If ants cross their own path while out looking for food, they'll end up walking in circles until they die. They rely on smell instead of sight. Because they don't learn from their mistakes, they continue along the circular path. Don't make that blunder. Learn from your mistakes and successes. Work to do things correctly, and then continue to do so.
- Ants can pull at least 10 times their body weight. Like them, you and I are capable of much more than we think. We just have to try. If you tell yourself you can't do something, you'll never do it. Spend your time figuring out how you can do it.
- There's got to be an easier way—you just have to find it. The aphids found a better way to travel. By waiting for thermal updrafts to take them away, they have made it much easier on themselves and they are able to accomplish more. With the help of the wind, they can fly much farther.

Wildly Successful Achievement Catalyst

Of all of the lessons I have gained from the ants and the aphids,
the most important one to me now is:

_____

_____

_____

_____

_____

This is important to me because:

_____

_____

_____

_____

_____

_____

How can I apply this lesson to my daily life?

_____

_____

_____

_____

_____

What do I hope to accomplish with this lesson?

_____

_____

_____

_____

_____

_____

I will take these steps to achieve my goal:

1. _____
   _____

2. _____
   _____

3. _____
   _____

4. _____
   _____

5. _____
   _____

6. _____
   _____

7. _____
   _____

8. _____
   _____

Date for achieving my goal:

_____

The following person/persons would also benefit from this lesson or would provide me support in accomplishing this goal:

_____
_____
_____
_____

Chapter Ten

Shock-Absorbing Acorn Protector

Woodpecker

✓ Most live a solitary life.

✓ Mainly silent except during the spring mating season when males issue loud calls and peck on hollow wood and metal.

✓ Bill is flattened like a chisel at the end.

Success Lessons
of the Woodpecker

My advice to you is to bang your head. Sounds like some strange advice. What does it mean? It means a lot if you're an acorn woodpecker. This bird is known for its ability to ceaselessly pound its head into trees to peck out a hole.

What can you and I hope to learn from a hardheaded little bird? I'm not going to suggest you go out and bang your head against a tree, but that would teach a lesson.

Leave Some for Later

When times are good, animals and humans have a tendency to feast. If you get a raise, what's the first thing you think about doing? "What can I buy?" We forget to build for the future when we get wrapped up in the here and now. Yet even during times of prosperity, the woodpecker is mindful of the future.

Even when acorns are all around, the woodpecker will eat only what it needs. It doesn't let the abundance make it lazy. The woodpecker keeps working. It will continually gather acorns and store them in holes pecked out of nearby trees.

By storing extra nuts in the tree, the woodpecker ensures it will have enough food stored up to survive tough times. The reserve will be there when it needs it.

Are you prepared for the future? Do you save money? We all need to plan for the future.

How do people become millionaires? Some inherit the money, some win it, and some earn it. Yet the majority of millionaires in America have saved the money. Average people who save little by little end up with a big chunk in the end.

If the woodpecker's goal is to eat as many acorns as possible, then it fails. But if the woodpecker's goal is to survive and have the food it needs to eat, then it succeeds.

The same is true for you and me. What is your goal? That should be your focus. If you want to own the biggest house, fanciest car, and nicest clothes, then spend your income on these items. But if you are interested in accumulating wealth, saving for the future, and having the money you need to live on later, spending isn't the best option.

We live in a spend culture. Everyone is trying to keep up with the Joneses. What people don't realize is that the Joneses don't have any money. They spent it all instead of saving for the future.

The key is to live within your means. That's hard for some people to comprehend, but if you can do it, you'll be better off. Living within your means doesn't mean you have to avoid the finer things in life. It simply means you have to exercise moderation.

That's how so many ordinary people in the United States end up becoming millionaires. They save before they spend. The best way to do this is to make saving a habit. If your bank has direct deposit, have a portion of each paycheck taken out and placed in a savings account. You'll develop a nice habit and not even miss the money you are saving.

You also have to prepare for emergencies. What will happen if you lose your job or become disabled? Do you have enough money saved? A good rule of thumb is to have enough cash for three month's worth of expenses saved as your emergency fund.

How often do you hear about entertainers and athletes going bankrupt though they had earned millions of dollars? They never learned how to live within their means.

Think about your ability to save money. Are you frugal or do you live paycheck to paycheck? The first step is to pay your debts, especially credit cards. Then it's time to start saving. Make it continuous and it will become one of your healthiest habits.

Money doesn't buy happiness, but saving for the future can help you enjoy the present. You won't have to worry about what will happen in the event of an emergency.

By stashing away acorns for another day, the woodpecker is always prepared for a time when it has no food. By creating these reserves, the woodpecker doesn't have to stress about its next meal.

Remember to leave some for later.

A Flight of Ups And Downs

The flight of a woodpecker provides a good parallel to life. It's full of ups and downs; it takes a lot of effort, and is not a straight line.

A woodpecker can't fly straight. Its flight is more like an airplane with a sputtering engine than a thing of beauty. In the air, the woodpecker will feverishly flap its wings to rise. Then it will pause and bring its wings into its sides. As this happens, the bird will begin to sink. To rise again, it will flap its wings. The entire flight is a series of ups and downs.

Do you ever feel like you're flying along with the woodpecker? Life will be going great until you pause and start to sink. Then you must scramble and put in a tremendous effort to get back up high. No matter how often you fall, you have to keep flapping your wings to get back to the top.

Don't give up. If the woodpecker gave up, it would crash to the ground or simply sit on a tree. Instead, it puts in the effort to fly. It might be ugly, but it gets the bird where it needs to go.

If you want to get somewhere, keep flapping your wings. When life sends you spiraling down, flap harder. It's perseverance. You can give up or keep fighting.

Wildly Successful people keep battling. Others give up. They let life drive them down, and they never flap hard enough to move forward.

Everyone has ups and downs, but the true mark of character is how a person deals with them. Do you battle on in spite of your challenges or do you give up?

Next time you're faced with a challenge, think of the woodpecker. No matter how hard that challenge may seem, if you keep flapping your wings, you'll rise again. If you don't try, you'll keep falling and never make it where you are trying to go.

Life isn't always a straight flight. It's full of ups and downs. Just keep flapping.

Every Acorn Is Important

With all the acorns falling in the woods, you would think the woodpecker wouldn't care if one occasionally fell to the ground. After all, there are plenty more to find. But the woodpecker treats each acorn like a precious jewel.

If the woodpecker drops an acorn, it immediately picks it up. If the acorn slips off a branch while the woodpecker is trying to open it with its beak, the woodpecker will quickly form a pocket with its wings to catch the acorn. If the woodpecker drops the acorn in midair, it will change direction quickly and swoop to catch the acorn. All that effort goes into protecting each acorn.

How much effort do you put into protecting your clients or into protecting your friends and family members? Do you treat others as well as the woodpecker treats its acorns?

If you treated your clients as well as the woodpecker treats its acorns, you'd have a client list longer than this book. If you treated those around you as well as the woodpecker treats its acorns, you'd have an incredibly loyal circle of friends and loved ones.

Take a moment to think about how you treat others. Are they like precious jewels or do you occasionally let them drop

to the ground? Think about how many acorns there are in the world. Even with a seemingly endless supply, the woodpecker treats each acorn like it's the only one.

Now think about how many clients you have. The amount seems miniscule compared to all the acorns in the world. But do you treat them as well as the woodpecker treats its acorns?

Resolve to "make every acorn important." Treat every person—client, friend, relative, or stranger—with importance.

If you're a business owner, your clients are your most important resource. Without them, you wouldn't be in business. Don't ever let one fall to the ground.

How do you protect them? Any client relationship is built on service. Are you there when they need you? Can you solve their problems? Are you providing your clients with outstanding service? If not, what can you do differently?

It's important to build relationships with your clients. People who have good relationships with you and your company are far less likely to leave you for a competitor. And they are far more likely to recommend your services to friends and family.

By treating every client with the care and respect the woodpecker gives each acorn, you won't lose any. In fact, you'll gain quite a few.

This lesson goes beyond business and bottom lines. It involves treating everyone with respect. That's what the woodpecker is doing—treating every acorn with respect. You should follow the woodpecker's lead.

Kindness creates kindness and loyalty creates loyalty. If you are loyal to those who depend on you, they will be loyal to you. If you respect others, you will be respected.

The next time you are about to disappoint one of your friends or to disrespect someone in your family, think about the woodpecker. Would it let that relationship fall and be harmed or would the woodpecker cradle it in his wings to protect it?

No acorn touches the ground on the woodpecker's watch, and none of your relationships should suffer on yours.

Don't Take It Personally

Have you ever tried banging your head against a tree all day, every day? Imagine the aspirin bill. The first lesson here is that you aren't a woodpecker. Don't try it at home.

How does a woodpecker bang its head all day without causing serious damage? It actually can slam its head against a solid tree more than 100 times a minute without getting a headache.

Nature has given the woodpecker a distinct advantage. Its beak is not really attached to its head—or to its skull, to be precise. The shock of hitting the tree doesn't make it to the woodpecker's brain. Instead, it gets absorbed in a spongy material that separates the beak and the skull to absorb the shock.

You and I have to learn not to absorb all the shocks in our lives. We have to develop our own spongy material to absorb the negativity we encounter. We have to learn to not take it personally.

What if the President of the United States took everything personally? Slander and criticism come with the job, and all presidents must deal with them. They can't take the opinions of millions of people personally. Those opinions often relate to the job the President has done and not to the man himself. That's an important distinction if you are going to let your spongy material soak up the criticism.

It's not personal. Criticism is part of life. People are always going to have opinions on what you do. But you do have a choice about how to deal with it. Will you accept the criticism for what it is—an assessment of your choice—or take it as a personal attack?

If you take everything personally, you'll end up spending most of your life upset—and that's no way to live. You need to develop your own layer of spongy material.

It starts with a good self-image. You have to believe in yourself. If you don't, who will? When you believe in yourself, it won't matter what other people say. Insults fade and criticisms rarely stick. Don't carry them with you.

The Wildly Successful person accepts and grows from criticism. Constructive criticism can be helpful. Even damaging criticism can force you to take a fresh look at something. Just remember your core beliefs. Don't cheat yourself by going along with others when they criticize you.

The lesson for the Wildly Successful person is that it's rarely personal. If the woodpecker let every blow to the head hurt him, its lifespan would be much shorter. Don't get bent out of shape if things don't go your way. Everything won't always happen the way you expect it to, but the important thing is to shake it off and move on. The opinions of others should never knock you off your course toward success.

The woodpecker's goal is to find a spot for its acorns. To do that, it has to peck at trees. It won't let 100 blows to the head a minute distract it from its focus. That's dedication.

Develop the same dedication. Don't let anything take you off course from your goal. Don't take things personally.

Find Your Spot

Even the woodpecker picks its spots. It has a favorite spot where it will go to open its acorns. This spot is often a crack in a horizontal limb of a tree. In the crack, the woodpecker will position the acorn so it can use its beak to split open the acorn and feast on the contents. This spot is where the woodpecker does most of its work. It's where it is most productive.

Where is your spot? Everyone has a certain spot where they go to get things done. To become Wildly Successful, you should understand where you work best and in what type of environment you are most productive.

Do you work well in an environment with complete silence? Do you work better surrounded by commotion? It's important to know what kind of environment suits you so that when you need to get something done, you can seek out that type of environment.

It's also important to know what time of day is most pro-

ductive for you. Do you get more done when you are up with the sun or when you're the only one still awake? Find out what time of day you are most productive and plan your time accordingly.

If you focus your energy at the right time in the best work environment, the results can be astounding.

Like the woodpecker, find your spot.

Woodpecker Lessons

Here are successful behaviors you can discover from the woodpecker to make you Wildly Successful:

- The woodpecker always leaves some acorns for later. Even when times are plentiful, it respects the future by storing some acorns. Do the same in your life. By living within your means, you'll be prepared for whatever the future brings.

- The flight of the woodpecker is never a straight line. It's full of ups and downs as the woodpecker sinks and then flaps its wings harder to regain altitude. Life is not a straight flight. When you're down, never stop fighting to get back on top.

- Every acorn is important to the woodpecker. It doesn't let one hit the ground. You and I should have the same concern for people in our lives. Think about how pleasant our world would be if we treated everyone with the same amount of respect the woodpecker shows a lowly acorn.

- The woodpecker is able to bang its head against a tree all day because its beak is not connected to its skull. It is cushioned by a spongy material that absorbs the blows. Develop your own spongy material to absorb the shocks in your life. Don't take things personally. If things don't go your way, don't dwell on them. Absorb what happens and move on.

- Find the place where you can be most productive. The woodpecker has its own private spot where it works the best. Define your ideal surroundings and then strive to put yourself in that work environment.

Wildly Successful Achievement Catalyst

Of all of the lessons I have gained from the woodpecker, the most important one to me now is:

_____

_____

_____

_____

_____

This is important to me because:

_____

_____

_____

_____

_____

_____

How can I apply this lesson to my daily life?

_____

_____

_____

_____

_____

What do I hope to accomplish with this lesson?

_____

_____

_____

_____

_____

Shock-Absorbing Acorn Protector

I will take these steps to achieve my goal:

1. _____
   _____

2. _____
   _____

3. _____
   _____

4. _____
   _____

5. _____
   _____

6. _____
   _____

7. _____
   _____

8. _____
   _____

Date for achieving my goal:

_____

The following person/persons would also benefit from this lesson or would provide me support in accomplishing this goal:

_____
_____
_____
_____

The Animal in You

*A*s you can see, there is a great deal we can learn from the animal kingdom. There is something to be learned from everything around us, and I've barely scratched the surface. This volume details only a handful of the wild kingdom's animals and insects.

The animal kingdom is even more diverse and exciting than the urban or suburban jungles that you and I inhabit. Animals have their own personalities and unique behaviors. What's exciting is that we have the opportunity to learn from them.

I know that by learning about the animals in this book you've discovered at least one secret you didn't know about being Wildly Successful. I hope you'll join with me in the future for even more enlightening looks at how you can Unleash The Animal in You.

If you would like to order
additional copies of
Unleash the *Animal in You,*
please call
877-862-8181